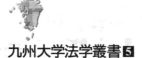

九州大学法学叢書 5

行政情報の法理論

村上裕章 [著]

有斐閣

は し が き

　本書は，筆者がこれまでに公表した論文のうち，情報公開及び個人情報保護に関わるものを基礎として，若干の書き下ろし論文を加え，体系的に再構成したものである。筆者にとって本書は，『行政訴訟の基礎理論』（有斐閣，2007年）に続く2冊目の論文集となる。

　収録した論文には公表からかなり時間が経過したものもあるが，誤植の訂正を除き，原則として原型のままとし，必要最小限の補注を付すにとどめた。

　本書は，「第1部　情報公開」，「第2部　個人情報保護」，「第3部　行政情報手続」の3部から構成される。

　「第1部　情報公開」には，情報公開制度について論じた研究を収録した。「第1章　情報公開制度概説」（書き下ろし）に続き，「第2章　特定秘密保護法と情報公開」，「第3章　裁判所における情報公開——司法行政文書を中心として」，「第4章　公益上の理由による裁量的開示」，「第5章　情報公開法改正案の検討——インカメラ審理を中心として」，「第6章　集団食中毒の発生と情報提供のあり方——O-157東京訴訟控訴審判決を契機として」，この分野に関する裁判例・答申例の研究を収録した「第7章　事例研究」からなる。

　「第2部　個人情報保護」には，個人情報保護制度について論じた研究を収録した。「第1章　個人情報保護制度概説」（書き下ろし）に続き，個人情報保護と関連の深い2つの法律を概説した「第2章　住民基本台帳法と番号法」（書き下ろし），「第3章　個人情報保護制度の日仏比較」，「第4章　ドイツにおける民間個人情報の立法的保護」，「第5章　国境を越えるデータ流通と個人情報保護——欧州連合個人データ保護指令の第三国条項を手がかりとして」，この分野に関する判例研究を収録した「第6章　事例研究」からなる。このうち第3章は，2011（平成23）年に開催された第8回日仏共同研究集会における報告原稿で，フランス人向けにフランス語で執筆した文章を日本語に訳したものであり，体裁がやや不自然なのはそのためである。

　「第3部　行政情報手続」には，情報公開及び個人情報保護に関する申請手

続，不服申立手続，訴訟手続について論じた研究を収録した。「第1章　行政情報手続概説」（書き下ろし）に続き，「第2章　開示手続」，「第3章　第三者の意見聴取」，「第4章　情報公開訴訟におけるインカメラ審理」，「第5章　インカメラ審理」，この分野に関する裁判例・答申例の研究を収録した「第6章　事例研究」からなる。「行政情報手続」という用語は熟していないが，情報公開制度と個人情報保護制度に手続面で共通する部分があることに着目した造語である。

　大学院入学後，筆者は行政訴訟の研究を志したが，北海道大学赴任直後の1994（平成6）年，札幌市情報公開審査会等の委員を委嘱されたことを契機として，情報公開及び個人情報保護に関心を持つに至った。2006（平成18）年から2012（平成24）年まで，内閣府の情報公開・個人情報保護審査会の委員も務めた。九州大学に赴任後，2013（平成25）年からは，福岡市個人情報保護審議会の会長を務めている。

　本書に収録した研究は，もとより非常につたないものではあるが，このような実務経験に多くを負っている。様々なご教示をいただいた同僚の委員諸氏及び事務局の皆様方に，この場を借りてお礼を申し上げたい。

　本書の出版に当たっては，九州大学法学部国際学術交流振興基金の助成を受けた上，「九州大学法学叢書」に加えていただく栄誉に浴することができた。九州大学大学院法学研究院の同僚の先生方に感謝申し上げたい。

　また，本書の刊行に際しては，有斐閣法律編集局長の高橋均さんに担当していただくことができた。練達の編集者である高橋さんのご尽力のおかげで，出版準備が十分ではなかったにもかかわらず，短期間で刊行にこぎ着けることができた。心よりお礼を申し上げる。

　最後になるが，これまで筆者を温かく見守ってくれた父照勝及び母慶子に，本書を捧げたい。

　2018年2月

村　上　裕　章

目　　次

第1部　情報公開

第1章　情報公開制度概説 ……………………………………………… 2

1　はじめに　2

2　情報公開制度の意義　2

3　用語の定義　3

　⑴　行政機関　3

　⑵　行政文書　3

4　開示請求権　4

5　不開示情報　4

　⑴　個人情報　4

　⑵　法人等情報　6

　⑶　国家安全情報　6

　⑷　公共安全情報　6

　⑸　審議検討情報　7

　⑹　事務事業情報　7

6　部分開示　7

7　裁量的開示　8

8　存否応答拒否　9

第2章　特定秘密保護法と情報公開 ……………………………………… 10

1　はじめに　10

2　沿　革　10

iii

(1) 制定前の状況　10

(2) 制定の経緯　11

3　特定秘密保護法の概要　12

(1) 目　　的　12

(2) 特定秘密　12

(a) 特定秘密の指定（12）　　(b) 指定に伴う措置（13）　　(c) 指定の有効期間（13）
(d) 特定秘密の保護措置（13）

(3) 特定秘密の提供　14

(a) わが国の安全保障上の必要による特定秘密の提供（14）　　(b) その他公益上の必要による特定秘密の提供（14）

(4) 適正評価　15

(a) 特定秘密の取扱者の制限（15）　　(b) 適正評価の実施（15）　　(c) 適正評価の結果等の通知等（16）

(5) 特定秘密保護制度の適正な運用を確保するための措置　16

(a) 特定秘密の指定等の運用基準等（16）　　(b) 国会への報告等（18）　　(c) 特定秘密保護法の解釈運用（18）

(6) 罰　　則　19

4　特定秘密保護法と情報公開　19

(1) 特定秘密保護法における情報提供制度　19

(a) 国会に対する報告と公表（20）　　(b) 運用基準案等の公表（20）

(2) 特定秘密保護法と情報公開制度の関係　20

(a) 情報公開制度の適用（20）　　(b) 情報公開審査会による審査（21）　　(c) 裁判所による審査（22）

(3) 文書管理制度との関係　24

(a) 情報公開と文書の存在（24）　　(b) 公文書管理法の適用（25）　　(c) 国立公文書館等における利用請求（25）

5　おわりに　27

第3章　裁判所における情報公開──司法行政文書を中心として ……………… 28

1　はじめに　28

2　裁判所における情報公開と憲法　29

（1）　情報公開の憲法上の根拠　29

　　（a）　根拠としての国民主権（29）　　（b）　情報公開と国民主権の関係（30）

　　（c）　司法権の独立との関係（31）

（2）　情報公開と裁判の公開の関係　32

　　（a）　裁判の公開の目的（32）　　（b）　検　　討（37）

3　司法行政文書の公開　39

（1）　現行制度の概要　39

　　（a）　対象文書（39）　　（b）　開示の原則（39）　　（c）　不開示情報（40）　　（d）　部分開
　　示・裁量的開示・存否応答拒否（40）　　（e）　開示の担当部署（40）　　（f）　開示の申
　　出の手続等（40）　　（g）　開示の申出に対する対応（41）　　（h）　第三者に対する意見
　　聴取（41）　　（i）　開示の実施（42）　　（j）　苦情の申出がされた場合（42）

（2）　検　　討　43

　　（a）　解　釈　論（44）　　（b）　立　法　論（47）

4　おわりに　49

第4章　公益上の理由による裁量的開示 ……………………………………… 51

1　はじめに　51

2　本条の趣旨　51

（1）　本条の趣旨　51

（2）　制定の経緯　52

3　本条の適用　53

（1）　適用領域　53

（2）　実体的要件　53

（3）　手　　続　54

4　争訟手続における審査　54

（1）　不服申立て　54

（2）　訴　　訟　55

5　課題と展望　55

第５章　情報公開法改正案の検討──インカメラ審理を中心として …………… 56

1　はじめに　56

2　情報公開法改正案について　56

(1)　目的規定　56

(2)　不開示情報　57

(a)　権利濫用（57）　　(b)　個人情報（57）　　(c)　法人等情報（57）　　(d)　国家安全情報及び公共安全情報（58）　　(e)　審議検討情報（58）　　(f)　部分開示（59）

(3)　開示手続　59

(a)　理由付記（59）　　(b)　開示決定等の期限（59）　　(c)　手　数　料（60）

(4)　不服申立て　60

(a)　諮問までの期間（60）　　(b)　裁決に係る内閣総理大臣の勧告（61）

(5)　訴　　訟　61

(a)　管轄及び移送の特例（61）　　(b)　釈明処分の特例（62）

(6)　情報提供　62

(7)　内閣総理大臣の役割　62

3　インカメラ審理について　62

(1)　適用領域　63

(2)　実体的要件　63

(3)　手　　続　63

(a)　手続の形式（63）　　(b)　申　立　て（64）　　(c)　当事者の同意（64）
(d)　ヴォーン・インデックスとの関係（65）　　(e)　文書提示（提出）義務（65）
(f)　開示請求の禁止（65）　　(g)　被告の立会（65）　　(h)　文書不存在・存否応答拒否への対応（66）

(4)　憲法上の問題　66

4　おわりに　66

第６章　集団食中毒の発生と情報提供のあり方
──O-157 東京訴訟控訴審判決を契機として ……………………………… 68

1　はじめに　68

2　事実の概要　68

目　次

3　3判決の骨子　69

　⑴　13年判決　69

　⑵　15年判決　70

　⑶　14年判決　70

4　検　　討　71

　⑴　食品の特質について　71

　⑵　本件各報告の評価　73

　⑶　公表の法的根拠　73

　⑷　本件各公表の適法性　74

　　⒜　評価の枠組み（74）　　⒝　公表の目的（75）　　⒞　公表の必要性（76）
　　⒟　公表の方法（77）

5　おわりに　78

第7章　事例研究 ……………………………………………………………… 79

1.　議会文書の公文書該当性——徳島県議会食糧費等情報公開訴訟上告審判決　79

2.　警察・議会文書の公文書該当性——福岡県警察及び議会の懇談会・旅費関係
　　文書　87

3.　開示請求の対象——県営渡船越立業務等に関する公文書　90

4.　役職名の冒用と個人情報——東京都財務局事件　95

5.　公表情報——旧日本軍朝鮮人軍人・軍属名簿　106

6.　公務員等の氏名の個人情報該当性——大阪市食糧費事件　109

7.　会合出席者氏名等の個人情報該当性及び取消訴訟の終了　119

8.　制裁的処分と法人等情報——警備業法に基づく処分　133

9.　行政指導と法人等情報——特定専門学校における授業の改善等に関する文書　136

10.　財産及び収支に関する報告書と法人等情報　141

11.　非公開約束情報——原子力発電の経済性試算に関する資料　145

12.　国際機関との信頼関係と事務事業情報——博覧会国際事務局訪日目的記載文
　　書　150

13.　高レベル放射性廃棄物処分予定地選定調査資料と事務事業情報　154

14.　ワシントン条約該当生薬の在庫数量等調査結果と事務事業情報　158

15. 部分開示——大阪府知事交際費訴訟第2次上告審判決　161

第2部　個人情報保護

第1章　個人情報保護制度概説 ……………………………………………… 172

1　はじめに　172

2　個人情報保護制度の意義　172

3　用語の定義　173

　⑴　行政機関　173

　⑵　個人情報等　174

　⑶　本　　人　175

4　行政機関における個人情報の取扱い　175

　⑴　個人情報の保有の制限　175

　⑵　利用目的の明示　176

　⑶　正確性の確保　176

　⑷　安全確保の措置　176

　⑸　従事者の義務　176

　⑹　利用及び提供の制限　176

　⑺　保有個人情報の提供を受ける者に対する措置要求　177

5　個人情報ファイル　177

　⑴　個人情報ファイルの保有等に関する事前通知　177

　⑵　個人情報ファイル簿の作成及び公表　177

6　開示・訂正・利用停止請求権　177

　⑴　開示請求権　177

　⑵　訂正請求権　178

　⑶　利用停止請求権　178

7　監督機関　178

目　次

第2章　住民基本台帳法と番号法 ………………………………………………… 180

1　はじめに　180

2　住民基本台帳法　180

(1)　はじめに　180

(2)　住民基本台帳　180

　(a)　意　　義（180）　(b)　住民票の記載事項（181）　(c)　住　　所（181）
　(d)　住民基本台帳の閲覧等（181）

(3)　戸籍の附票　181

(4)　住民基本台帳ネットワーク　182

(5)　外国人住民に関する特例　183

3　番　号　法　184

(1)　本法の概要　184

(2)　個人番号等の利用　185

　(a)　個人番号の指定等（185）　(b)　個人番号の利用（185）　(c)　特定個人情報の
　提供（186）

(3)　個人情報の保護　187

　(a)　個人番号等の取扱い等（188）　(b)　特定個人情報保護評価（188）　(c)　個人
　情報保護委員会（189）　(d)　マイナポータル（190）

(4)　おわりに　190

第3章　個人情報保護制度の日仏比較 ……………………………………………… 191

1　序　　論　191

2　立　　法　191

(1)　沿　　革　191

　(a)　地方立法の時期（1988 年まで）（191）　(b)　第 1 次の国の立法の時期（1988 年
　〜 2003 年）（192）　(c)　第 2 次の国の立法の時期（2003 年以降）（192）

(2)　個人情報保護に関する現行法上の制度　193

　(a)　一般原則（193）　(b)　公的部門（194）　(c)　私的部門（194）

(3)　フランス法との比較　195

　(a)　立法の手法（195）　(b)　公的部門と私的部門の区別（195）　(c)　地方公共団

ix

体に関する立法（195）

3 規 制 196

(1) 公的部門 196

(a) 処理の適法性の要件（196） (b) 個人情報ファイルに関する規律（198）

(c) 本人の権利（198） (d) 刑 事 罰（201）

(2) 私的部門 201

(a) 処理の適法性の要件（201） (b) 本人に対する義務（205） (c) 監督機関の権限（207） (d) 刑 事 罰（208） (e) 自主規制（208）

(3) フランス法との比較 209

(a) 事前規制と事後規制（209） (b) 一定の範疇のデータの処理（210） (c) 公的部門と私的部門の区別（210） (d) 自主規制（210） (e) 外国に対する個人データ移転の規律（211）

4 監 督 211

(1) 公的部門 211

(a) 国の行政機関（211） (b) 独立行政法人等（211） (c) 地方公共団体（212）

(2) 私的部門 212

(a) 主務大臣（212） (b) 内閣総理大臣（212）

(3) フランス法との比較 212

(a) 監督機関の多元性と一元性（212） (b) 監督機関の独立性（213） (c) 監督機関の権限（213）

5 結 論 213

(1) 公的部門と私的部門の区別 214

(2) 自主規制の役割 214

第4章　ドイツにおける民間個人情報の立法的保護 ………………………………… 215

1 はじめに 216

2 規制の対象 217

(1) 非公的機関 218

(a) 意 義（218） (b) 蓄積機関（218）

(2) 対象となるデータ 219

(a) 個人データ（219） (b) データファイル（220） (c) 業務上もしくは職業上

目　次

　　　または営業上の目的（222）

　(3)　収集・処理・利用　222

　　　(a)　収　　集（223）　　(b)　処　　理（223）　　(c)　利　　用（224）

3　個人データ処理等の要件　225

　(1)　処理・利用の通則　225

　　　(a)　処理・利用の一般的禁止（225）　　(b)　データの秘密（228）　　(c)　技術的及び
　　　組織的措置（228）　　(d)　自動引出手続の設置（229）　　(e)　委託に基づく個人デー
　　　タの処理・利用（230）

　(2)　自己使用目的でのデータの蓄積・提供・利用　231

　　　(a)　概　　説（231）　　(b)　蓄積・変更・提供・利用の要件（232）　　(c)　提供・利
　　　用の特則（235）　　(d)　収集の一般原則（236）　　(e)　異議申立て（237）
　　　(f)　目的の拘束（237）

　(3)　提供目的での業務上のデータ蓄積　238

　　　(a)　概　　説（238）　　(b)　蓄積・変更の要件（239）　　(c)　提供の要件（239）

　(4)　匿名化された形で提供する目的でのデータ蓄積　240

　　　(a)　概　　説（240）　　(b)　ファイル分離の原則（241）　　(c)　変更の要件（241）
　　　(d)　消去義務（242）

　(5)　国外へのデータ提供　242

　(6)　特別の目的の拘束　243

　(7)　届出義務　243

　　　(a)　概　　説（243）　　(b)　対象となる機関（244）　　(c)　手　　続（244）
　　　(d)　届出事項（244）

4　本人の権利　245

　(1)　一般原則　245

　　　(a)　合意による排除の禁止（245）　　(b)　蓄積機関が複数である場合の取扱い（246）

　(2)　本人への通知　246

　　　(a)　概　　説（246）　　(b)　通知義務（246）　　(c)　通知義務の例外（247）

　(3)　本人への開示　250

　　　(a)　概　　説（250）　　(b)　開示請求権（250）　　(c)　開示請求権の例外（251）
　　　(d)　手　　続（252）　　(e)　開示の費用（252）

　(4)　データの訂正・消去・封鎖　253

xi

(a) 訂正義務（253）　　(b) 消去の適法性（253）　　(c) 消去義務（254）
(d) 封鎖義務（255）　　(e) 訂正・封鎖・消去義務の例外（256）　　(f) 受領者への通知（256）

(5) 損害賠償責任の特則　257

5　監督制度　257

(1) データ保護受託者　258

(a) 概　　　説（258）　　(b) 任　　命（258）　　(c) 地　　　位（260）
(d) 任　　　務（261）　　(e) データファイル概要（262）

(2) 監督行政庁　263

(a) 概　　　説（263）　　(b) 個別審査権限（264）　　(c) 一般的監督権限（264）
(d) 情報請求権限（265）　　(e) 調査権限（265）　　(f) 命令権限（266）

(3) 連邦データ保護監察官　267

6　おわりに　268

第5章　国境を越えるデータ流通と個人情報保護
——欧州連合個人データ保護指令の第三国条項を手がかりとして ………… 271

1　はじめに　271

2　原　　　則　273

(1) 概　　　説　273

(2) 適正な保護水準に関する作業班の見解　275

(a) 規範の十分な遵守（275）　　(b) 本人による権利行使への支援（276）
(c) 適切な損害賠償（276）

(3) 自主規制（self-regulation）の評価に関する作業班の見解　276

(a) 規範の十分な遵守（276）　　(b) 本人による権利行使への支援（277）
(c) 適切な損害賠償（277）

(4) 具体的な評価　277

(5) 小　　　括　278

3　例外事由　279

(1) 概　　　説　279

(2) 例外事由　279

(a) 本人の同意（26条1項a）（279）　　(b) 本人と処理責任者の間の契約等（26条1

項b）（279）　　(c)　本人のための処理責任者と第三者の間の契約（26条1項c）（280）　　(d)　重要な公益等（26条1項d）（280）　　(e)　本人の死活に関わる利益（26条1項e）（280）　　(f)　公の登録簿（26条1項f）（280）

(3)　小　　　括　281

4　例外許可（契約による解決）　281

(1)　概　　　説　281

(2)　契約による解決に関する作業班の見解　283

   (a)　適切な損害賠償（283）　　(b)　本人への支援（283）　　(c)　規範の十分な遵守（284）　　(d)　法抵触の問題（284）　　(e)　結　　論（284）

(3)　欧州委員会が承認した標準契約条項　284

   (a)　決定本文（285）　　(b)　標準契約条項（286）

(4)　小　　　括　288

5　セーフ・ハーバー制度　288

(1)　概　　　説　288

(2)　決定本文　289

(3)　セーフ・ハーバー・プライバシー諸原則　291

   (a)　前　　　文（291）　　(b)　通知（Notice）（292）　　(c)　選択（Choice）（292）　　(d)　再移転（Onward Transfer）（293）　　(e)　安全（Security）（293）　　(f)　データの完全性（Data Integrity）（293）　　(g)　アクセス（Access）（293）　　(h)　執行（Enforcement）（294）

(4)　小　　　括　294

6　おわりに　295

第6章　事例研究 ………………………………………………………………… 298

1.　死者の診療記録の相続人による開示請求　298

2.　公文書公開条例に基づく診療報酬明細書の公開請求　303

xiii

第3部　行政情報手続

第1章　行政情報手続概説 ……………………………………………… 310

1　はじめに　310

2　処分手続　310

  (1)　開示等の請求　310

  (2)　審　　査　311

  (3)　決　　定　311

  (4)　開示等の実施　311

  (5)　手数料　312

3　審査請求手続　312

  (1)　審査請求の提起　312

  (2)　諮問手続　312

  (3)　裁　　決　313

4　訴訟手続　313

  (1)　訴訟類型　313

  (2)　インカメラ審理　314

  (3)　立証責任　314

第2章　開示手続 ……………………………………………………… 316

1　はじめに　316

2　開示請求に対する措置（9条）　316

3　開示決定等の期限（10条）　318

4　開示決定等の期限の特例（11条）　320

5　事案の移送（12条）　321

6　第三者に対する意見書提出の機会の付与等（13条）　322

7　開示の実施（14条）　323

8　他の法令による開示の実施との調整（15条）　325

9　手数料（16条）　326

10 権限または事務の委任（17 条） 328

11 おわりに 329

第3章　第三者の意見聴取 330

1 はじめに 330

2 本条の趣旨 330

　(1) 本条の趣旨 330

　(2) 制定の経緯 331

3 任意的意見聴取（本条1項） 331

　(1) 1項の趣旨 331

　(2) 第三者に関する情報 332

　(3) 通　　知 333

　(4) 意見書の提出 334

4 義務的意見聴取（本条2項） 334

　(1) 2項の趣旨 334

　(2) 意見聴取が必要な場合 334

　(3) 通　　知 335

　(4) 例　　外 335

5 争訟の機会の確保（本条3項） 336

　(1) 3項の趣旨 336

　(2) 通知等が必要な場合 336

　(3) 開示決定等の通知 337

　(4) 開示実施までの期間 338

6 課題と展望 338

第4章　情報公開訴訟におけるインカメラ審理 340

1 はじめに 340

2 これまでの経緯 341

　(1) 情報公開法をめぐる議論 342

　(2) 判　　例 344

(3) 小　　括　345

3　憲法上の問題　346

(1)　裁判の公開原則との関係　346

(a)　裁判の公開原則に関する学説（346）　(b)　検　　討（348）

(2)　「訴訟の基本原則」との関係　350

(a)　「訴訟の基本原則」と憲法 32 条（350）　(b)　「訴訟の基本原則」とインカメラ審理（351）

(3) 小　　括　353

4　立法化に向けて　353

(1)　従来の提案　354

(a)　日弁連試案（354）　(b)　日弁連提言（355）　(c)　民主党案（357）
(d)　内閣府案（358）　(e)　アメリカ合衆国（360）　(f)　ド イ ツ（361）

(2)　検　　討　363

(a)　憲法上の制約（364）　(b)　適用領域（365）　(c)　実体的要件（367）
(d)　手　　続（368）

5　おわりに　372

第 5 章　インカメラ審理 ……………………………………………… 374

1　インカメラ審理の意義　374

2　審査会によるインカメラ審理　375

(1)　はじめに　375

(2)　審査会の提示要求権限　376

(3)　諮問庁の提示義務　378

(4)　開示請求の否定　378

3　裁判所によるインカメラ審理　379

(1)　はじめに　379

(2)　情報公開法をめぐる議論　379

(3)　判　　例　380

(4)　憲法上の問題　382

(a)　裁判の公開原則（382）　(b)　裁判を受ける権利（384）

目　次

第6章　事例研究 ………………………………………………… 386

1. 公共安全情報該当性の立証責任——自衛隊燃料購入関係文書　386

2. 情報公開訴訟におけるインカメラ審理　391

3. 情報公開法 36 条 2 項に基づく移送申立事件　394

初出一覧　xviii／事項索引　397

初 出 一 覧

※論文名は原題を表す。

第 1 部　情報公開

第 1 章　書き下ろし

第 2 章　「特定秘密保護法と情報公開」岡田信弘＝笹田栄司＝長谷部恭男編『高見勝利
　　　　先生古稀記念・憲法の基底と憲法論』(信山社, 2015 年) 883 〜 900 頁

第 3 章　「裁判所における情報公開──司法行政文書を中心として」法政研究 83 巻 1 =
　　　　2 号 (2016 年) 1 〜 28 頁

第 4 章　「行政機関情報公開法第 7 条 (公益上の理由による裁量的開示)」右崎正博ほか
　　　　編『新基本法コンメンタール情報公開法・個人情報保護法・公文書管理法』
　　　　(日本評論社, 2013 年) 69 〜 71 頁

第 5 章　「情報公開法改正案の検討──インカメラ審理を中心として」法律時報 84 巻 1
　　　　号 (2012 年) 72 〜 76 頁

第 6 章　「集団食中毒の発生と情報提供のあり方──O-157 東京訴訟控訴審判決を契機
　　　　として」ジュリスト 1258 号 (2003 年) 112 〜 118 頁

第 7 章　事例研究

1. 「徳島県議会食糧費等情報公開訴訟上告審判決」判例評論 524 号 (判例時報
　　1791 号, 2002 年) 2 〜 4 頁

2. 「福岡県警察及び議会の懇談会・旅費関係文書」季報情報公開 11 号 (2003 年)
　　21 〜 23 頁

3. 「県営渡船越立業務等に関する公文書」季報情報公開・個人情報保護 19 号
　　(2005 年) 39 〜 42 頁

4. 「東京都財務局が作成した懇談会開催の起案文書中の相手方出席者の都議会会
　　派の役職名は, 懇談会が実際に開催されたものではなく, 役職名は冒用され
　　たものであるから, その者の『個人に関する情報』を記載したものには当た
　　らないとされた事例, ほか」判例評論 489 号 (判例時報 1685 号, 1999 年) 21
　　〜 25 頁

5. 「旧日本軍朝鮮人軍人・軍属名簿」季報情報公開 13 号 (2004 年) 50 〜 51 頁

6. 書き下ろし

7. 「会合出席者氏名等の個人情報該当性及び取消訴訟の終了」民商法雑誌 131 巻
　　2 号 (2004 年) 329 〜 343 頁

初出一覧

8. 「警備業者に対する行政処分の報告書」季報情報公開 7 号（2002 年）26 〜 27 頁

9. 「特定専門学校における授業の改善等に関する文書」季報情報公開 14 号（2004 年）33 〜 35 頁

10. 「前払式特定取引業者の財産及び収支に関する報告書」季報情報公開 16 号（2005 年）34 〜 36 頁

11. 「原子力発電の経済性試算に関する資料」季報情報公開 8 号（2003 年）25 〜 27 頁

12. 「博覧会国際事務局訪日目的記載文書」季報情報公開 10 号（2003 年）13 〜 17 頁

13. 「高レベル放射性廃棄物処分予定地選定調査資料」季報情報公開 17 号（2005 年）20 〜 23 頁

14. 「ワシントン条約該当生薬の在庫数量等調査結果等」季報情報公開・個人情報保護 18 号（2005 年）36 〜 37 頁

15. 書き下ろし

第 2 部　個人情報保護

第 1 章　書き下ろし

第 2 章　書き下ろし

第 3 章　「日本公法における個人情報の保護」第 8 回日仏共同研究集会報告集『情報』（ICCLP Publications No. 12, 2012 年）43 〜 64 頁

第 4 章　「ドイツにおける民間個人情報の立法的保護」田村善之編『情報・秩序・ネットワーク』（北海道大学図書刊行会，1999 年）117 〜 186 頁

第 5 章　「国境を越えるデータ流通と個人情報保護——欧州連合個人データ保護指令の第三国条項を手がかりとして」川上宏二郎先生古稀記念論文集『情報社会の公法学』（信山社出版，2002 年）321 〜 351 頁

第 6 章　事例研究

1. 「死者の診療記録の相続人による開示請求」季報情報公開 15 号（2004 年）13 〜 16 頁

2. 「公文書公開条例に基づく診療報酬明細書の公開請求」岩村正彦編『社会保障判例百選〔第 5 版〕』（2016 年）62 〜 63 頁

第 3 部　行政情報手続

第 1 章　書き下ろし

第2章 「情報公開法9条～17条——開示手続」ジュリスト1156号（1999年）61～67頁

第3章 「行政機関情報公開法第13条（第三者に対する意見書提出の機会の付与等）」右崎正博ほか編『新基本法コンメンタール情報公開法・個人情報保護法・公文書管理法』（日本評論社，2013年）84～88頁

第4章 「情報公開訴訟におけるインカメラ審理」法政研究77巻4号（2011年）1～41頁

第5章 「特別解説2 インカメラ審理」高橋滋＝斎藤誠＝藤井昭夫編『条解行政情報関連三法——公文書管理法・行政機関情報公開法・行政機関個人情報保護法』（弘文堂，2011年）491～500頁

第6章 **事例研究**

1. 「自衛隊燃料購入関係文書」季報情報公開12号（2004年）18～21頁
2. 「情報公開訴訟におけるインカメラ審理」判例セレクト2009［Ⅱ］（法学教室354号別冊付録，2010年）6頁
3. 「情報公開法36条2項に基づく移送申立事件」季報情報公開6号（2002年）19～20頁

凡　　例

〔文献名〕

　本文中，以下の略称を用いるほかは，原則として正式名称を用いた。

民集	最高裁判所民事判例集	**法時**	法律時報
集民	最高裁判所裁判集民事	**法セ**	法学セミナー
行集	行政事件裁判例集	**曹時**	法曹時報
判時	判例時報	**最判解**	最高裁判所判例解説
判評	判例評論	**重判解**	重要判例解説
判タ	判例タイムズ	**主判解**	主要民事判例解説
判自	判例地方自治	**民商**	民商法雑誌
ジュリ	ジュリスト	**ひろば**	法律のひろば
法教	法学教室	**自正**	自由と正義

〔法令名〕

　本文中で略称を掲げる場合を除き，原則として正式名称を用いた。ただし，括弧内で条文を引用する場合には，有斐閣『六法全書』巻末の「法令名略語」にも従った。

第 *1* 部

情 報 公 開

■第1章

情報公開制度概説

1 はじめに

　本章では情報公開制度の概要を説明する。情報公開制度の意義（2），用語の定義（3），開示請求権（4），不開示情報（5），部分開示（6），裁量的開示（7），存否応答拒否（8）について順次解説を加える。情報公開の手続（処分手続，審査請求手続，訴訟手続）については**第3部第1章**で扱う。

2 情報公開制度の意義

　情報公開制度とは，国・地方公共団体が，請求に応じて，自らの保有する情報を開示する制度をいう。これに対し，国・地方公共団体の側から自発的に情報を公開する制度を，情報提供制度という（**第6章**参照）。

　日本においては，国レベルでは国民主権，地方レベルでは住民自治が基本理念とされ，国民・住民が国・地方公共団体のあり方を決定できる建前となっている。しかし，国民・住民が正しい判断を行うことができるためには，国・地方公共団体について正確な情報をえていることが前提となる。そこで，国民主権・住民自治を実質化する上で不可欠となるのが情報公開制度である。

　現代的な情報公開制度の嚆矢となったのは，1966（昭和41）年に制定されたアメリカ合衆国の情報自由法（Freedom of Imformation Act, FOIA）である。日本においては，1982（昭和57）年に山形県金山町及び神奈川県で最初に条例が

制定され，地方の対応が先行したが，1999（平成11）年に，国レベルでもようやく行政機関の保有する情報の公開に関する法律（情報公開法）が制定された。2001（平成13）年には，独立行政法人等の保有する情報の公開に関する法律（独立行政法人等情報公開法）も制定されている。

　以上のような経緯から，情報公開法は国の行政機関にのみ適用され，独立行政法人等には独立行政法人等情報公開法が適用される。地方公共団体については，各地方公共団体の情報公開条例が適用される。これに対し，裁判所及び国会（衆議院・参議院）については，法令ではなく，要綱等に基づいて情報公開が行われている（裁判所については**第3章**を参照）。

　なお，2011（平成23）年，情報公開法の改正案（以下「情報公開法改正案」という）が国会に提出されたが（**第5章**参照），その後廃案となった。また，2009（平成21）年には，行政機関における公文書の管理について定めた公文書等の管理に関する法律（公文書管理法）が制定された。2013（平成25）年に特定秘密の保護に関する法律（特定秘密保護法）が制定されたが，同法は情報公開と緊張関係にある（**第2章**参照）。

　本章では情報公開法を中心に説明を加え，引用する条文はとくに断らない限り同法のそれを指す。

3　用語の定義

⑴　行政機関

　情報公開法が適用されるのは国の「行政機関」である（2条1項）。「行政機関」は内閣を除く国の行政機関を意味し，外務省，防衛省，国家公安委員会，警察庁などのほか，会計検査院も含む。

⑵　行政文書

　情報公開法に基づく開示請求の対象となるのは，「行政文書」である（2条2項）。同法制定以前の条例では，正式の決裁・供覧手続の対象となる文書（決裁供覧文書）のみを対象としているものが多かった。情報公開法はその範囲を拡大し，行政機関の職員が組織的に用いるものとして当該行政機関が保有してい

第 1 部　情報公開

る文書（組織共用文書）を広く対象としている。電磁的記録（電子データ等）も含む。

　これに対し，公務員が個人的に保有している文書（個人メモ）は対象とならない。もっとも，組織共用文書と個人メモの区別はしばしば困難であり，当該文書が作成・取得された状況，利用・保存の状況等を総合考慮して，個別具体的に判断する必要がある。

4　開示請求権

　情報公開法は，「何人」にも開示請求権を保障している（3条）。同法が国民主権の理念に基づいていることからすると（1条），日本国民に限定することも考えられるが，情報公開を広く認める趣旨から，このような規定となった。

　同法が開示請求権を保障していることから，不開示決定（一部不開示決定を含む）がなされた場合は，開示請求者は審査請求や訴訟を提起してこれを争うことができる（第 3 部第 1 章 3・4 参照）。

5　不開示情報

　開示請求を受けた行政機関の長は，一定の不開示情報が記録されている場合を除き，開示請求に係る行政文書を開示しなければならない（5条柱書）。原則開示とする趣旨であるが，不開示情報の定め方によっては，情報公開制度の趣旨が損なわれることにもなりうる。情報公開法は，不開示情報として，①個人情報，②行政機関非識別加工情報，③法人等情報，④国家安全情報，⑤公共安全情報，⑥審議検討情報，⑦事務事業情報を定めている。

(1)　個人情報

　情報公開制度においては，一般に，個人情報が不開示情報とされている。もっとも，個人が識別される情報を広く不開示とする立法例（個人識別型）と，プライバシーを侵害するおそれがある場合に限って不開示とする立法例（プライバシー型）がある。条例にはプライバシー型もあるが（大阪府条例など），個人

4

識別型をとるものが多い。

　情報公開法は，個人情報を，「個人に関する情報……であって，当該情報に含まれる氏名，生年月日その他の記述等……により特定の個人を識別することができるもの（他の情報と照合することにより，特定の個人を識別することができることとなるものを含む。）又は特定の個人を識別することはできないが，公にすることにより，なお個人の権利利益を侵害するおそれがあるもの」（5条1号本文）と定義しており，基本的に個人識別型である。

　「他の情報と照合することにより，特定の個人を識別することができる」とは，行政文書だけでは特定の個人を識別できないが，他の情報（たとえば新聞記事）を参照すると特定の個人を識別できる場合も，不開示情報とする趣旨である。

　「特定の個人を識別することはできないが，公にすることにより，なお個人の権利利益を侵害するおそれがあるもの」とは，個人の極めて機微にわたる情報（反省文，カルテなど）については，特定個人を識別できない場合であっても，不開示情報とする趣旨である。

　個人識別型を採用する場合，不開示情報が過度に広範となりうるので，例外的に開示すべき場合を規定する必要がある。情報公開法は，①公表情報（5条1号ただし書イ），②公益情報（同ロ），③公務員の職及び職務遂行内容に関する情報（同ハ）につき，開示を義務付けている。

　このうち③には，公務員の氏名が含まれていない。情報公開法の立法者は，公務員の氏名を原則不開示とし，幹部職員のみ①の公表情報に当たるとして氏名を開示することを意図していた。その後，公務員の氏名の公開を求める声が高まったこと等を受けて，2005（平成17）年の各府省申合せにより，特段の支障がある場合を除き，公務員の氏名を①の公表情報として開示することとされた。情報公開法改正案は，明文で公務員の氏名を開示することとしている。

　そのほか，2016（平成28）年，行政機関の保有する個人情報の保護に関する法律が改正され，「行政機関非識別加工情報」（同法2条9項参照）の制度が導入されたことに伴い，当該情報も個人情報に準じて不開示情報とされている（情報公開法5条1号の2）。

第1部　情報公開

(2)　法人等情報

　　法人その他の団体に関する情報については，①当該法人等の正当な利益を害するおそれがある情報（正当利益侵害情報，5条2号イ）と，②非公開の約束がある情報（非公開約束情報，同号ロ）が不開示情報とされている。例外的に，人の生命，健康，生活または財産を保護するため，公にすることが必要とされる情報は開示される（同号ただし書）。なお，「事業を営む個人の当該事業に関する情報」は，法人等情報と同様の性質を有するため，法人等情報として扱われている（5条1号本文・2号本文）。

　　正当利益侵害情報については，法人等の種類・性格，権利利益の内容・性質，憲法上の権利の有無，行政機関との関係等を総合考慮して判断する必要がある。

　　非公開約束情報については，非公開の約束があるというだけで不開示とするのは疑問であるとの批判もあった。そこで，情報公開法は，行政機関の要請を受けて任意に提供されたこと，当該条件を付することが当該情報の性質，当時の状況等に照らして合理的であること等の要件を加えている。もっとも，そうすると正当利益侵害情報によっても十分カバーできるとも考えられる。そこで，情報公開法改正案は，非公開約束情報に係る規定を削除することとしている（**第5章**参照）。

(3)　国家安全情報

　　公にすることにより，国の安全が害されるおそれ，他国もしくは国際機関との信頼関係が損なわれるおそれ，または他国もしくは国際機関との交渉上不利益を被るおそれがあると行政機関の長が認めることにつき相当の理由がある情報は，不開示情報とされている（5条3号）。

　　「行政機関の長が認めることにつき相当の理由がある」という文言が用いられているのは，行政機関の長に裁量を認める趣旨とされている。

(4)　公共安全情報

　　公にすることにより，犯罪の予防，鎮圧または捜査，公訴の維持，刑の執行その他の公共の安全と秩序の維持に支障を及ぼすおそれがあると行政機関の長

が認めることにつき相当の理由がある情報も，不開示情報とされている（5条4号）。国家安全情報と同様，行政機関の長に裁量が認められている。

(5)　審議検討情報

　国の機関，独立行政法人等，地方公共団体及び地方独立行政法人の内部または相互間における審議，検討または協議に関する情報であって，公にすることにより，①率直な意見の交換が不当に損なわれるおそれ，②不当に国民の間に混乱を生じさせるおそれ，または，③特定の者に不当に利益を与えもしくは不利益を及ぼすおそれがあるときも，不開示情報とされている（5条5号）。

　情報公開法制定以前の条例では，意思形成過程に関する情報を不開示とするのが一般だった。しかし，国民・住民の参加の観点からは，こうした情報はむしろ積極的に公にすべきであるとも考えられる。情報公開法は，「意思形成過程」という文言を意識的に避けるとともに，不開示とすべき場合を上記の3つの場合に限定し，さらに，「不当に」という文言を加えることにより，開示によってえられる利益と比較衡量すべきことを求めている。このうち②については，不開示情報とすることに疑問があるため，情報公開法改正案はこれを削除することとしている。

(6)　事務事業情報

　国の機関等が行う事務・事業に関する情報であって，公にすることにより当該事務・事業の適正な遂行に支障を及ぼすおそれがあるものも，不開示情報とされている（5条6号）。同号ではイないしホが列挙されているが，これらは例示であって，いずれにも当たらない場合は柱書が適用される。「適正な」遂行という文言は，開示による公益との比較衡量を義務付ける趣旨である。「支障」は，名目的なものではなく，実質的なものでなければならず，「おそれ」についても，法的保護に値する蓋然性が必要と解されている。

6　部分開示

　行政機関の長は，開示請求に係る行政文書の一部に不開示情報が記録されて

第 1 部　情報公開

いる場合において，不開示情報が記録されている部分を容易に区分して除くことができるときは，開示請求者に対し，当該部分を除いた部分を開示しなければならない（6 条 1 項）。できるだけ不開示部分を限定する趣旨である。たとえば，行政文書に企業のノウハウが記載されている場合は，当該部分を黒塗りにするなどして開示することになる。

　個人情報については特則がおかれている。すなわち，開示請求に係る行政文書に個人情報（特定の個人を識別することができるものに限る）が記載されている場合において，当該情報のうち，氏名その他の特定の個人を識別することができることとなる記述等の部分を除くことにより，公にしても個人の権利利益が害されるおそれがないと認められるときは，当該部分を除いた部分は，個人情報に含まれないものとみなして，部分開示を行う（6 条 2 項）。情報公開法では，個人を識別する部分（氏名など）とそれによって識別される部分（たとえば収入）をあわせて不開示情報としている。しかし，個人識別部分を不開示とすれば，それによって識別される部分を開示しても個人の権利利益を侵害しない場合もありうることから，できるだけ不開示部分を限定する趣旨でこの規定が設けられた。

　最判平成 13 年 3 月 27 日民集 55 巻 2 号 530 頁（大阪府知事交際費訴訟第 2 次上告審判決）は，6 条 2 項が設けられていることを根拠として，いわゆる「情報単位論」を採用し，ひとまとまりの情報を細分化して開示する必要はないと判示しているが，これは上記のような 6 条 2 項の立法趣旨を誤解したことによるものである（本書 167 頁以下参照）。

7　裁量的開示

　行政機関の長は，開示請求にかかる行政文書に不開示情報が記録されている場合であっても，公益上とくに必要があると認めるときは，当該行政文書を開示することができる（7 条）。不開示情報に当たる場合でも，例外的に公益上開示が必要な場合もありうることから，行政機関の長が裁量によって開示できることを認める規定である（詳しくは**第 4 章**参照）。

8

8　存否応答拒否

　開示請求に対し，当該開示請求に係る行政文書が存在しているか否かを答えるだけで，不開示情報を開示することとなるときは，行政機関の長は，当該行政文書の存否を明らかにしないで，当該開示請求を拒否することができる（8条）。たとえば，特定個人の前科に関する情報が記載された文書の開示が請求された場合，当該文書が存在することを前提として不開示決定をすると，当該個人が前科を有することが明らかになってしまう。そこで，このような場合には，当該文書の存否を明らかにしないで，開示を拒否できることを認めた規定である。

■第2章 ─────────────────────

特定秘密保護法と情報公開

1 はじめに

　2013（平成25）年12月，特定秘密の保護に関する法律（以下「特定秘密保護法」または「法」という）が制定された[1]。この法律に対しては批判が強く，憲法との関係でも問題点が指摘されている。本章では，これまでの沿革（2）と同法の概要（3）を確認した上で，同法と情報公開の関係に絞って検討を加える（4）。

2 沿　　革

(1)　制定前の状況

　特定秘密保護法の制定前においても，国等の秘密を保護する制度は存在した[2]。

　まず，1948（昭和23）年に改正された国家公務員法は，国家公務員に守秘義

---

[1]　同法については，内閣官房特定秘密保護法施行準備室「特定秘密の保護に関する法律【逐条解説】」（2014年12月9日）があるので，以下では「逐条解説」として引用する。

[2]　秘密保護法制の沿革については，斉藤豊治『国家秘密法制の研究』（日本評論社，1987年），松村昌廣「『特別秘密』概念の問題と課題──『秘密保全法案』の争点として」桃山法学20＝21号（2012年）205頁，瀬畑源「日本における秘密保護法制の歴史」歴史評論775号（2014年）23頁，小田中聰樹『国防保安の歴史的考察と特定秘密保護法の現代的意義』（東北大学出版会，2014年）など参照。

務を課し（同法100条1項），その違反に対して1年以下の懲役または50万円以下の罰金を科している（同法109条12号）。1950（昭和25）年に制定された地方公務員法も，同様に，地方公務員に守秘義務を課し（同法34条1項），その違反に対して1年以下の懲役または50万円以下の罰金を科している（同法60条2号）。

また，1954（昭和29）年に制定された日米相互防衛援助協定等に伴う秘密保護法は，日米相互防衛援助協定等に基づき，アメリカ合衆国政府から供与された情報である特定防衛秘密を漏えいした者等に対し，10年以下の懲役を科している（同法3条1項2号・3号）。

その後，自衛隊法の2001（平成13）年改正により，防衛秘密（同法96条の2第1項）を漏えいした者について，5年以下の懲役が科されることになった（同法122条1項）[3]。

このような状況については，秘密保護法制として不十分であり，特にアメリカ合衆国等の同盟国との情報共有の障害となっているとの批判がかねてから存在した。そして，包括的な秘密保護法制を整備しようとする動きが何度かあったが，これまではすべて失敗に終わっていた。

(2) 制定の経緯

今回の特定秘密保護法制定に向けた動きが具体的に始まったのは，自公政権下の2008（平成20）年頃である。その背景には，2007（平成19）年に日本とアメリカ合衆国の政府間で締結された軍事情報包括保護協定（GSOMIA）により，秘密保護体制の整備が必要となったことがあると指摘されている[4]。しかし，2009（平成21）年の政権交代によって，この動きはいったん終息した。

2010（平成22）年の尖閣漁船衝突事件に係るビデオを海上保安官がインター

---

[3]　自衛隊法のこれらの規定は，特定秘密保護法の制定に伴って削除されている（法附則4条）。

[4]　田島泰彦＝清水勉編『秘密保全法批判——脅かされる知る権利』（日本評論社，2013年）13頁以下［田島執筆］，青井未帆「特定秘密保護法案・考」法時85巻13号（2013年）1頁など。GSOMIAについて詳しくは，福好昌治「軍事情報包括保護協定（GSOMIA）の比較分析」レファレンス682号（2007年）129頁参照。

第1部　情報公開

ネットに流出させた事件等を契機として，具体的な検討が再び始まり，2011（平成23）年8月，秘密保全のための法制のあり方に関する有識者会議が「秘密保全のための法制の在り方について（報告書）」を取りまとめた。

　この動きは2012（平成24）年の再度の政権交代後も引き継がれ，2013（平成25）年9月，政府が特定秘密保護法の原案を公表した。直ちにパブリック・コメントに付されたが，その結果，約77%が同原案に反対の意見だった。しかし，政府・与党は検討を進め，同年10月25日には特定秘密の保護に関する法律案が閣議決定され，国会に提出された。

　同法案は，一部修正の上，同年11月26日，衆議院本会議で可決された。同年12月6日，参議院本会議で可決・成立し，同月13日公布された。

3　特定秘密保護法の概要

　以下では，特定秘密保護法の目的，保護される特定秘密の意義，特定秘密の提供，特定秘密を取り扱う者についての適性評価，特定秘密制度の適正な運用を確保するための措置，罰則について概観する。

(1)　目　　的

　特定秘密保護法の目的は，「我が国の安全保障……に関する情報のうち特に秘匿することが必要であるもの」の保護に関し，「特定秘密の指定及び取扱者の制限その他の必要な事項を定めることにより」，「その漏えいの防止を図り，もって我が国及び国民の安全の確保に資すること」である（法1条）。

(2)　特定秘密

(a)　特定秘密の指定
　行政機関の長は，次の3つの要件を満たす情報を，特定秘密として指定するものとする（法3条1項本文）。後に触れる（(5)(a)）運用基準に詳細な基準が示されている（2(1)）。
(ア)　別表該当性
　当該情報は，当該行政機関の所掌事務に係る情報であって，特定秘密保護法

別表に掲げる事項に関するものでなければならない。

別表に掲げられているのは，①防衛に関する事項，②外交に関する事項，③特定有害活動（スパイ活動等）の防止に関する事項，④テロリズムの防止に関する事項である。

　(イ)　非公知性

当該情報は「公になっていないもの」でなければならない。

　(ウ)　特段の秘匿の必要性

当該情報は，「その漏えいが我が国の安全保障に著しい支障を与えるおそれがあるため，特に秘匿することが必要であるもの」でなければならない。

　(b)　指定に伴う措置

行政機関の長が特定秘密の指定をしたときは，指定に関する記録を作成するとともに，特定秘密である情報を記録した文書等に特定秘密の表示をするなどの措置を講じなければならない（法3条2項）。

　(c)　指定の有効期間

行政機関の長は，特定秘密の指定をするときは，5年を超えない範囲内においてその有効期間を定める（法4条1項）。有効期間は5年を超えない範囲内において延長することができるが（同条2項），通算して30年を超えることができない（同条3項）。

もっとも，指定に係る情報を公にしないことが現にわが国及び国民の安全を確保するためにやむを得ないものであることについて，その理由を示して，内閣の承認を得た場合は，行政機関の長は，当該指定の有効期間を，通算して30年を超えて延長できる（同条4項本文）。その期間は通算60年を超えることができないが，武器等の防衛の用に供する物などに関する情報については，60年を超える延長も許される（同項ただし書）。なお，内閣の承認が得られなかったときは，行政機関の長は，当該情報が記録された行政文書ファイルの保存期間の満了とともに，これを公文書館等に移管しなければならない（同条6項）。

行政機関の長は，指定をした情報がその要件を欠くに至ったときは，有効期間内であっても，速やかにその指定を解除するものとする（同条7項）。

　(d)　特定秘密の保護措置

行政機関の長は，特定秘密の指定をしたときは，当該行政機関において当該

第1部　情報公開

指定に係る特定秘密の取扱いの業務を行わせる職員の範囲を定めること等，当
該特定秘密の保護に関し必要なものとして政令で定める措置を講じるものとす
る（法5条1項）。

(3) 特定秘密の提供

特定秘密の提供は次の2つの場合に許される。

ⓐ わが国の安全保障上の必要による特定秘密の提供

行政機関の長は，別表に掲げる事項に係る事務を遂行するため必要があると
認めたときなどは，①他の行政機関，②都道府県警察，③適合事業者，④外国
政府等に対して，特定秘密を提供することができる（法6条〜9条）。適合事業
者とは，物件の製造または役務の提供を業とする者で，特定秘密の保護のため
に必要な施設設備を設置していることその他政令で定める基準に適合するもの
をいう（法5条4項）。

ⓑ その他公益上の必要による特定秘密の提供

行政機関の長は，①国会の各議院等が審査または調査を非公開で行う場合，
②刑事事件の捜査または公訴の維持に必要な場合，③民事訴訟においてインカ
メラ手続（民事訴訟法223条6項）を行う場合，④情報公開・個人情報保護審査
会設置法（以下「審査会設置法」という）に定める情報公開・個人情報保護審査
会等がインカメラ審理（審査会設置法9条1項等）を行う場合に，特定秘密を提
供する[5]ものとする[6]（法10条1項）。

---

5)　これらのうち，②〜④については，「提示する」という文言が用いられている。「提示す
る」とは，当該行政文書を直接見分させればよく，必ずしも「提出する」ことまで要しない
とする趣旨と解される。高橋滋ほか編『条解行政情報関連三法』（弘文堂，2011年）493頁
［村上裕章執筆］〈本書377頁〉など参照。もっとも，「提示する」場合に「提供する」とい
う表現は，ややわかりにくい。

6)　各都道府県に設置された情報公開審議会等についても，当該都道府県の警察本部長が特
定秘密を提示する場合がある（法10条2項）。この点については，海渡雄一ほか『秘密保
護法　何が問題か——検証と批判』（岩波書店，2014年）284頁［清水勉執筆］参照。

第2章　特定秘密保護法と情報公開

(4)　適性評価

(a)　特定秘密の取扱者の制限

特定秘密の取扱いの業務は，当該業務を行わせる行政機関の長等が実施した適性評価において，特定秘密の取扱いの業務を行った場合にこれを漏らすおそれがないと認められた者でなければ，行ってはならない（法11条本文）。もっとも，行政機関の長等は，適性評価を受ける必要がない（同条ただし書）。

(b)　適性評価の実施

行政機関の長は，当該行政機関の職員または適合事業者の従業者として，①特定秘密の取扱いの業務を新たに行うことが見込まれることとなった者，②適性評価に係る通知があった日から5年を経過した日以後特定秘密の取扱いの業務を引き続き行うことが見込まれる者，③適性評価において特定秘密の取扱いの業務を行った場合にこれを漏らすおそれがないと認められた者であって引き続き当該おそれがないと認めることについて疑いを生じさせる事情があるものについて，適性評価を行う（法12条1項）。

適性評価は，適性評価の対象となる者（評価対象者）について，次に掲げる事項についての調査を行い，その結果に基づき実施する（同条2項）。すなわち，①特定有害活動及びテロリズムとの関係に関する事項（評価対象者の家族及び同居人の氏名，生年月日，国籍及び住所を含む），②犯罪及び懲戒の経歴に関する事項，③情報の取扱いに係る非違の経歴に関する事項，④薬物の濫用及び影響に関する事項，⑤精神疾患に関する事項，⑥飲酒についての節度に関する事項，⑦信用状態その他の経済的な状況に関する事項（借金の有無等）がそれである。

適性評価は，あらかじめ一定の事項を評価対象者に告知した上で，その同意を得て実施する（同条3項）。同意を拒否することも可能であるが，その場合は特定秘密を取り扱う業務を担当することができなくなることから，全くの任意とはいい難い[7]。

---

7)　右崎正博「特定秘密保護法——問題点と残された課題」法時86巻2号（2014年）1頁，海渡雄一「秘密保護法をめぐる状況とその廃止運動の展望」歴史評論775号（2014年）10頁，岡田俊宏「秘密保護法と公務労働者の権利・義務」法と民主主義487号（2014年）41頁。

15

第1部　情報公開

行政機関の長は，調査を行うため必要な範囲内で，当該行政機関の職員に，評価対象者もしくは評価対象者の知人その他の関係者に質問させ，もしくは評価対象者に対し資料の提出を求めさせ，または公務所もしくは公私の団体に照会して必要な事項の報告を求めることができる（同条4項）。

(c)　適性評価の結果等の通知等

行政機関の長は，適性評価を実施したときは，その結果を評価対象者に通知する（法13条1項）。

評価対象者は，適性評価の結果等について，書面で，行政機関の長に対し，苦情の申出をすることができる（法14条1項）。行政機関の長は，当該苦情を誠実に処理し，その結果を通知しなければならず（同条2項），苦情の申出をしたことを理由に不利益な取扱いをしてはならない（同条3項）。

「苦情の申出」とされているので，結果の通知には処分性がなく，不服申立てや取消訴訟等によってこれを争うことはできないとも解される[8]。もっとも，国家賠償法1条1項に基づく損害賠償の請求は可能であるし，「特定秘密を漏らすおそれがないとの評価を受けるべき地位」などの確認訴訟（公法上の確認訴訟）による救済も考えられる[9]。

(5)　特定秘密保護制度の適正な運用を確保するための措置

特定秘密の指定等を適正に運用するために，いくつかの措置が講じられている。

(a)　特定秘密の指定等の運用基準等

政府は，特定秘密の指定及びその解除ならびに適性評価の実施に関し，統一的な運用を図るための基準を定めるものとする（法18条1項）。この規定に基づき，2014（平成26）年10月，「特定秘密の指定及びその解除並びに適性評価の実施に関し統一的な運用を図るための基準」が閣議決定されている（以下「運用基準」という）。

---

8)　逐条解説102頁以下，岡田・前掲注7)42頁，海渡ほか編・前掲注6)300頁［清水執筆］。

9)　地位の確認訴訟については，村上裕章「公法上の確認訴訟の適法要件——裁判例を手がかりとして」阿部泰隆先生古稀記念論文集『行政法学の未来に向けて』（有斐閣，2012年）735頁以下など参照。

第 2 章　特定秘密保護法と情報公開

　内閣総理大臣は，運用基準を定め，または変更しようとするときは，わが国の安全保障に関する情報の保護，行政機関の保有する情報の公開，公文書等の管理等に関し優れた識見を有する者（以下「有識者」という）の意見を聴かなければならない（同条 2 項）。内閣総理大臣は，毎年，運用基準に基づく特定秘密の指定及びその解除ならびに適性評価の実施状況を有識者に報告し，その意見を聴かなければならない（同条 3 項）。ここにいう有識者を集めたものとして，「情報保全諮問会議」が設置されている。このように，この「会議」は正式な会議体ではなく[10]，また，運用基準等や運用状況を検討できるだけであって，特定秘密そのものを見分できるわけではない[11]。

　内閣総理大臣は，特定秘密の指定及びその解除ならびに適性評価の実施の状況に関し，その適正を確保するため，運用基準に基づいて，内閣を代表して行政各部を指揮監督する（同条 4 項前段）。そのため，内閣官房に保全監視委員会が設置されている。さらに，法附則 9 条に基づき，内閣府に独立公文書管理監及び情報保全監察室が設置されている[12]。しかし，保全監視委員会は各省の事務次官等によって構成されるものであり，独立公文書管理監及び情報保全監察室の職員も官僚であって，いわゆる第三者機関とは到底解しがたい[13]。

　以上のように，特定秘密の指定等については，いくつかの機関が関与することとされているが，情報保全諮問会議の権限は限られており，その他の機関の第三者性には大きな問題がある。特定秘密の指定等が適正に行われるためには，独立の第三者機関がその当否を審査できるような制度とすべきではないかと思われる[14]。具体的には，情報公開・個人情報保護審査会のような組織を新設することや，後述するように（4(2)(b)），既にインカメラ審理を行い，一定の実績を上げている同審査会に，この種の権限を与えることも検討に値すると思わ

---

10)　海渡ほか編・前掲注6)154 頁［海渡執筆］，306 頁［清水執筆］，海渡・前掲注7)14 頁，清水勉「情報保全諮問会議はなにをしているのか?」法セ 716 号（2014 年）24 頁。

11)　松井茂記「特定秘密保護法のどこに問題があったのか」at プラス 19 号（2014 年）73 頁，海渡ほか編・前掲注6)157 頁［海渡執筆］。

12)　運用基準（V4）は，行政機関または独立公文書管理監に対する通報の制度も設けている。清水・前掲注10)30 頁参照。

13)　松井・前掲注11)73 頁，海渡ほか編・前掲注6)157 頁以下［海渡執筆］。

14)　海渡・前掲注7)10 頁，海渡ほか編・前掲注6)225 頁［牧田潤一朗執筆］など。

第 1 部　情報公開

れる。

(b)　国会への報告等

　政府は，毎年，有識者の意見を付して，特定秘密の指定及びその解除ならびに適性評価の実施の状況について国会に報告するとともに，公表するものとする（法 19 条）。

　2014（平成 26）年 6 月の国会法改正により，両院に情報監視審査会が設置されることになった（同法 102 条の 13）。同審査会が，調査のため，行政機関の長に対し，必要な特定秘密の提出を求めたときは，行政機関の長はこれに応じなければならない（同法 102 条の 15 第 1 項）。行政機関の長が求めに応じないときは，その理由を疎明しなければならず（同条 3 項前段），審査会がその理由を受諾することができない場合は，その特定秘密の提出がわが国の安全保障に著しい支障を及ぼすおそれがある旨の内閣の声明を要求することができ，その声明があった場合は，行政機関の長は，その特定秘密の提出をする必要がない（同項 4 項）。情報監視委員会は，調査の結果，必要があると認めるときは，行政機関の長に対し，行政における特定秘密の保護に関する制度の運用について改善すべき旨の勧告をすることができる（同法 102 条の 16 第 1 項）。「勧告」であるから，行政機関の長はこれに従う法的義務を負うわけではない[15]。

(c)　特定秘密保護法の解釈運用

　特定秘密保護法の適用に当たっては，これを拡張して解釈して，国民の基本的人権を不当に侵害するようなことがあってはならず，国民の知る権利の保障に資する報道または取材の自由に十分に配慮しなければならない（法 22 条 1 項）。

　出版または報道の業務に従事する者の取材行為については，もっぱら公益を図る目的を有し，かつ，法令違反または著しく不当な方法によるものと認められない限り，これを正当な業務による行為とするものとする[16]（同条 2 項）。

---

　15)　詳しくは，清水勉「特定秘密保護法と国会――国会は特定秘密を監視できるか」法時 86 巻 10 号（2014 年）92 頁以下参照。国会による監視に対して懐疑的な見解として，海渡・前掲注7)15 頁以下など。
　16)　鈴木秀美「取材源秘匿権と特定秘密――報道関係者の証言拒絶権・編集資料の差押え禁止」松本和彦編『日独公法学の挑戦――グローバル化社会の公法』（日本評論社，2014 年）

(6) 罰　　則[17]

　特定秘密の取扱いの業務に従事する者がその業務により知得した特定秘密を漏らしたときは，10年以下の懲役に処し，または情状により10年以下の懲役及び1000万円以下の罰金に処する（法23条1項前段）。提供された特定秘密を業務により知得した者がこれを漏らしたとき等は，5年以下の懲役に処し，または情状により5年以下の懲役及び500万円以下の罰金に処する（同条2項）。これらの罪については，未遂及び過失の場合も処罰され（同条3項ないし5項），国外犯も処罰の対象となる（法27条1項）。

　外国の利益もしくは自己の不正の利益を図り，またはわが国の安全もしくは国民の生命もしくは身体を害すべき用途に供する目的で，不正な方法で特定秘密を取得した者は，10年以下の懲役に処し，または情状により10年以下の懲役及び1000万円以下の罰金に処する（法24条1項）。未遂も処罰される（同条2項）。

　以上の行為の共謀・教唆・煽動も処罰される（法25条）。

4　特定秘密保護法と情報公開

　以下では，特定秘密保護法における情報提供制度，同法と情報公開制度との関係，情報公開の前提となる文書の保管について検討する。

(1)　特定秘密保護法における情報提供制度

　同法には公表等の制度がほとんど定められておらず，明文で規定された唯一の制度が国会に対する報告と公表である。そのほか，運用基準案等については

　　　173頁以下は，特定秘密保護法による取材・報道の自由の保護は不十分であり，取材源秘匿権を明確に規定すべきであると主張する。

17)　罰則について検討を加えるものとして，齊藤豊治「刑事法の観点から見た秘密保全法制」自正63巻9号（2012年）48頁，同「特定秘密保護法案の罰則の検討」法時85巻13号（2013年）352頁，田島＝清水編・前掲注4)61頁以下〔山下幸夫執筆〕，109頁以下〔安達光治執筆〕，安達光治「国家秘密の保護と刑事法──特定秘密保護法の批判的検討」季刊刑事弁護79号（2014年）130頁，村井敏邦「特定秘密保護法における罰則の問題点」法時86巻13号（2014年）354頁など。

第 1 部　情報公開

有識者（情報保全諮問会議）への報告と同時に公表が予定されているようである。

(a)　国会に対する報告と公表

上記のように（3 (5)(b)），政府は，毎年，「特定秘密の指定及びその解除並びに適性評価の実施の状況について」，有識者の意見を付して，国会に報告するとともに，これを公表することとされている。

ここで公表される「状況」がどの程度詳しい内容となるのかは，今のところ未知数である[18]。もとより特定秘密そのものが公表されるわけではない。

(b)　運用基準案等の公表

上記のように（3 (5)(a)），政府は，運用基準を定める際には，有識者の意見を聴かなければならず，また，運用基準に基づく「特定秘密の指定及びその解除並びに適性評価の実施の状況」を有識者に報告し，その意見を聴かなければならないとされる。

明文で規定されているわけではないが，運用基準案や「状況」については，有識者（情報保全諮問会議）に報告すると同時に，公表することが予定されているようである[19]。この点についても，どの程度詳細な「状況」が報告・公表されるかは明らかではない。

(2)　特定秘密保護法と情報公開制度の関係

(a)　情報公開制度の適用[20]

国の行政機関が保有する行政文書については，行政機関の保有する情報の公開に関する法律（以下「情報公開法」という）に基づき，何人もその開示を請求することができる（同法 3 条）。特定秘密が記録された行政文書についても，適用除

---

[18]　碇健人＝柳瀬翔央「特定秘密保護法の制定と今後の検討課題」立法と調査 350 号（2014 年）74 頁参照。この点については，運用基準（V5）に一応の定めがある。

[19]　柳瀬翔央「我が国の情報機能・秘密保全――特定秘密の保護に関する法律案をめぐって」立法と調査 347 号（2013 年）32 頁参照。

[20]　都道府県警察が特定秘密の提供を受ける場合（法 7 条），独立行政法人等が適合事業者（法 5 条 4 項）として特定秘密の提供を受ける場合（法 8 条），都道府県や独立行政法人等が特定秘密を保有することになるから（逐条解説 13 頁参照），その限りで情報公開条例や独立行政法人等の保有する情報の公開に関する法律が適用されることになる。また，特定秘密に個人情報が含まれている場合は，個人情報保護制度も適用される。本稿ではこれらの検討は省略する。

外が定められているわけではないので，同法に基づく開示請求が可能である[21]。

　もっとも，特定秘密は，上記（3(2)(a)）の要件を満たす必要があるから，仮にその要件が満たされているとするならば，通常は，情報公開法の定める不開示情報（同法5条各号，特に3号または4号）に該当し，不開示となるものと解される[22]。もっとも，特定秘密の指定に関する記録（3(2)(b)）については，不開示情報に当たらない範囲で開示される可能性もある[23]。

　そこで重要になるのが，問題となった特定秘密が特定秘密保護法の要件を満たすか否かについて，有効な審査を行いうるかどうかである。

(b) 情報公開審査会による審査

　まず，行政機関の長が不開示決定を行い，これに対して不服申立てがなされた場合，情報公開・個人情報保護審査会（以下「審査会」という）に対して諮問がなされる（情報公開法18条）。審査会は，必要があると認めるときは，諮問庁に対し，行政文書等の提示を求めることができ（審査会設置法9条1項前段），諮問庁はこれを拒んではならない（同条2項）。すなわち，審査会は，不開示決定に係る行政文書を直接見分することができ，これを「インカメラ審理」という。

　特定秘密保護法は，この点に関連して，行政機関の長は，審査会設置法9条1項の規定により審査会に提示する場合は，特定秘密を提供する「ものとする」と定める（法10条1項3号）。この点は，当初の政府案では提供することが「できる」となっていたものが，衆議院における修正によって上記のように改められ，提供を義務付ける趣旨であるとされる[24]。

　もっとも，「ものとする」という表現は，一般に，原則として義務を課すが，例外も認める趣旨と解されている。たとえば，行政手続法5条1項は，「行政庁は，審査基準を定めるものとする」と規定するが，審査基準の設定を原則と

---

21) 神原紀之「特定秘密の保護に関する法律の制定」時の法令1953号（2014年）24頁，櫻井敏雄「公文書をめぐる諸問題——公文書管理法，情報公開法，特定秘密保護法」立法と調査348号（2014年）10頁，海渡ほか編・前掲注6)281頁［清水執筆]，三宅弘「情報公開法・公文書管理法と特定秘密」法時86巻12号（2014年）112頁など。

22) 神原・前掲注21)24頁，櫻井・前掲注21)10頁。

23) 碇＝柳瀬・前掲注18)78頁。

24) 逐条解説58頁以下，神原・前掲注21)8頁，碇＝柳瀬・前掲注18)73頁，海渡ほか編・前掲注6)277頁［清水執筆］など参照。

第1部　情報公開

して義務付けるものの，法令の定める要件が審査基準を設定する必要がないほど具体化されている場合には，例外的に審査基準を定めなくともよいとの趣旨であるとされる[25]。そうすると，上記の条文は，例外的に提供を拒否することを認めるものとも解され，もしそうであれば，その限りで，審査会による審査が期待できないことになってしまう[26]。

　また，審査会においては，本来，当該行政文書が不開示情報に該当するか否かが審査され，特定秘密の指定の当否それ自体は，直接の審査対象とはならない。したがって，指定の要件が満たされていないとしても，不開示情報に当たる場合は，不開示決定が妥当との結論が示されるにとどまる可能性もある[27]。そこで，立法論としては，インカメラ審理を行った結果，特定秘密指定の要件を満たしていないと判断したときは，その旨を答申で指摘し，指定の解除を勧告する権限を，審査会に付与することも考えられる。

　最後に，審査会の委員は，国会の両院の同意を得て，内閣総理大臣が任命し（審査会設置法4条1項），身分保障を受け（同条7項），政治活動を制限される（同条9項）など，一定の独立性を保障されている。とはいえ，内閣府に設置された諮問機関であることから，裁判所に比べると，その中立性に限界があることは否定できない。

(c)　裁判所による審査

　情報公開法に基づいて開示を請求し，行政機関の長から不開示決定を受けた場合，開示請求者は不開示決定の取消訴訟（行政事件訴訟法3条2項）または開示決定の義務付け訴訟（同条6項）などを提起することができ，その中で不開

---

25)　行政管理センター編『逐条解説行政手続法〔18年改訂版〕』（ぎょうせい，2006年）137頁，仲正『行政手続法のすべて』（良書普及会，1995年）235頁以下，塩野宏＝高木光『条解行政手続法』（弘文堂，2000年）137頁，宇賀克也『行政手続法の解説〔第6次改訂版〕』（学陽書房，2013年）85頁，高橋滋『行政手続法』（ぎょうせい，1996年）191頁，仙台高判平成20年5月28日判タ1283号74頁など参照。

26)　このように解した場合，提示義務を定めた審査会設置法9条2項と法10条1項3号との関係が問題となるが，後者が特別法として適用されることになるのであろうか。

27)　宍戸常寿「特定秘密保護法案の核心——『政治』による『秘密』のコントロールをめぐって」世界850号（2013年）89頁。なお，運用基準（Ⅰ2(2)）は，審査会による調査審議の結果，行政機関の長が特定秘密に係る行政文書の部分を開示する際は，その指定を解除することとなるとする。

第 2 章　特定秘密保護法と情報公開

示情報該当性を争うことができる。

　もっとも，審査会と同様，裁判所が審査するのは不開示情報該当性であり，特定秘密の指定が適法に行われたかどうかは，直接の審査対象とはならない。

　さらに，判例によれば，これらの訴訟において，裁判所は，不開示決定に係る行政文書そのものを見分すること（インカメラ審理）ができないと解されている。すなわち，訴訟で用いられる証拠は当事者の吟味，弾劾の機会を経たものに限られるということは，民事訴訟の基本原則であるところ，インカメラ審理を認めると，原告は当該文書の内容を確認した上で弁論を行うことができず，被告も当該文書の具体的内容を援用しながら弁論を行うことができないから，明文の規定がない限りインカメラ審理は許されないというのである（最決平成21年1月15日民集63巻1号46頁）。そうすると，裁判所が不開示情報該当性を十分審査できるか疑問であるのみならず[28]，特定秘密該当性の判断にも大きな限界がある[29]。

　以上のように，特定秘密の指定の当否について，情報公開制度によって検証することには，大きな限界があるといわざるをえない[30][31]。立法論としては，

---

28)　村上裕章「情報公開訴訟におけるインカメラ審理」法政研究77巻4号（2011年）622頁〈本書340頁〉など参照。

29)　2011（平成23）年に国会に提出されたが廃案となった情報公開法改正案には，インカメラ審理を認めた規定（24条）が含まれており，特定秘密保護法の制定過程においても，この規定を設けることの是非が議論された。もっとも，この規定においては，「国の重大な利益を害する場合」には，被告がインカメラ審理への同意を拒否できるとされていた。村上裕章「情報公開法改正案の検討——インカメラ審理を中心として」法時84巻1号（2012年）75頁以下〈本書64頁〉など参照。

30)　特定秘密保護法は，民事訴訟法223条6項の規定により裁判所に提示する場合についても，行政機関の長は特定秘密を提供するものとすると定めている（法10条1項2号）。この制度は，文書提出命令の要否を判断するに当たり，裁判所が当該文書を見分できるとするもの（インカメラ手続）であり，証拠調べを行う上記のインカメラ審理を認めた規定ではない（村上・前掲注28)622頁〈本書341頁〉など参照）。しかし，裁判官が当該文書を直接見分できる点は変わりないので，民事訴訟において，裁判官が当該文書を見分した結果，特定秘密指定の要件を欠き，かつ，文書提出義務の要件（民事訴訟法220条4号イないしニ）を満たしていると判断したときは，文書の提出を命ずることも可能である。逐条解説65頁以下は，この場合，特定秘密の指定は解除されることとなるとする。もっとも，「ものとする」という文言については，本文で述べたのと同様の問題がある。

31)　刑事事件の捜査または公訴の維持についても特定秘密の提供が義務付けられているが，行政機関の長が「我が国の安全保障に著しい支障を及ぼすおそれがないと認めたとき」とい

23

第1部　情報公開

裁判所（あるいは特定の裁判所）にインカメラ審理の権限を付与した上で，さらに，特定秘密指定の適法性を審査する権限を付与することも考えられる。

(3)　文書管理制度との関係

ⓐ　情報公開と文書の存在

　情報公開法に基づいて開示を請求できるのは，「行政機関の保有する行政文書」である（同法3条）。したがって，行政機関が保有していない行政文書の開示を請求することはできない。そこで，行政機関が開示請求に係る行政文書を保有しているかどうか（文書不存在）がしばしば争われる。

　この点に関連して，最近，最高裁の重要な判決があった。沖縄返還に伴う財政負担等をめぐる交渉の内容（いわゆる「密約」）に関する文書の存否が争われた事件に関し，最高裁は，行政機関が文書を保有していることについては，原告が主張立証責任を負うと判示した。本件においては，開示請求の対象となった文書が作成されたことは明らかであったが，最高裁は，本件事案の諸事情の下では，それだけでは不開示決定時に当該文書が保有されていたと推認するには足りないとした（最判平成26年7月14日判時2242号51頁）。

　この判決の当否は別として，本事件からもわかる通り，日本においてはこれまで行政文書の保管がかなりずさんに行われてきた。情報公開法の制定を契機として，文書管理制度の充実が重要な課題となった。そして，2009（平成21）年には，公文書等の管理に関する法律（以下「公文書管理法」という）が制定された。

う制限がかかっている（法10条1項1号ロ）。また，特定秘密保護法違反を理由として公訴が提起され，特定秘密該当性が争われたときは，基本的にいわゆる外形立証によることが想定されているようである（逐条解説61頁参照）。そうすると，裁判官は当該特定秘密を直接見分けずに指定の当否を判断することになるが，これに対しては批判が強い。村井敏邦＝田島泰彦編『特定秘密保護法とその先にあるもの——憲法秩序と市民社会の危機』（日本評論社，2014年）123頁以下［三島聡執筆］，斉藤豊治「刑事手続における特定秘密の取扱い」法時86巻8号（2014年）74頁以下，安達・前掲注17）133頁以下，右崎正博ほか編『秘密保護法から「戦争する国」へ』（旬報社，2014年）87頁以下［葛野尋之執筆］など。なお，逐条解説62頁注4）は，裁判所が証拠開示決定を行った場合は，特定秘密の指定を解除することになるとする。

24

第 2 章　特定秘密保護法と情報公開

(b)　公文書管理法の適用

　公文書管理法は，公文書等が健全な民主主義の根幹を支える国民共有の知的資源として，主権者である国民が主体的に利用しうるものであることに鑑み，国民主権の理念にのっとり，公文書等の管理に関する基本的事項を定めること等により，公文書等の適正な管理等を図ろうとするものである（同法 1 条）。

　行政機関の職員は一定の事項について文書を作成する義務を負い（同法 4 条），行政文書を作成したときは保存期間等を定め（同法 5 条 1 項），保存期間が満了する日までの間保存しなければならない（同法 6 条 1 項）。保存期間が満了したときは，歴史資料として重要な公文書等（歴史公文書等）に該当するものは国立公文書館等に移管し，それ以外のものは廃棄しなければならない（同法 8 条 1 項）。廃棄しようとするときは，あらかじめ，内閣総理大臣に協議し，その同意を得なければならない[32]（同条 2 項前段）。

　特定秘密が記録された行政文書についても，公文書管理法が適用されることから，同法に従って適切に保存され，保存期間満了後は，国立公文書館等に移管するか，廃棄されることになる[33]。

(c)　国立公文書館等における利用請求

　上記のように（3(2)(c)），特定秘密の有効期間は 5 年以内とされ，原則として通算して 30 年を超えてはならず，内閣の承認を得た場合は通算 60 年まで延長できるが，内閣の承認が得られなかったときは，当該特定秘密が記録された文書は国立公文書館等へ移管しなければならないとされている。国立公文書館等へ移管された文書については，利用請求を行うことでき（公文書管理法 16 条 1 項），それによって特定秘密指定の当否を検証することが可能となる[34]。

　もっとも，利用請求についても，情報公開法に準じた利用拒否事由が定められており（同項各号），これに該当する場合は利用ができない。利用請求権が保障されているので，利用拒否に対しては審査請求や訴訟で争うことができ

---

32)　海渡ほか編・前掲注6) 224 頁以下［牧田執筆］は，同意制度が機能していないと指摘する。

33)　神原・前掲注21) 24 頁，櫻井・前掲注21) 8 頁，碇＝柳瀬・前掲注18) 72 頁，三宅・前掲注21) 115 頁以下など参照。

34)　三宅弘「公文書管理法による特定秘密の利用請求」法セ 716 号（2014 年）8 頁参照。

第 1 部　情報公開

る[35]。まず，利用が拒否された場合，請求者は国立公文書館等の長に対し，
審査請求を行うことができる（同法 21 条 1 項）。この場合，国立公文書館等の
長は，原則として公文書管理委員会に諮問しなければならない（同条 4 項）。同
委員会は，インカメラ審理を行う権限を付与されているので（同法 22 条，審査
会設置法 9 条），文書を直接見分することができる[36]。同委員会の直接の審査
対象は利用拒否事由該当性であるが，立法論としては，特定秘密の指定が適法
であったか否かを検証する権限を付与することも考えられる（(2)(b)参照）。また，
利用請求が拒否された場合には，請求者は取消訴訟等を提起することもできる
が，情報公開訴訟（(2)(c)）と同様の問題がある。

　さらに，内閣の承認があれば有効期間を 30 年を超えて延長できる上，例外
的には 60 年を超える延長も可能であり，その場合は検証が事実上できなくな
る。また，30 年を超えた場合は国立公文書館等に移管しなければならないと
しても，その前に文書を廃棄してしまえば，検証は不可能となってしまう。し
たがって，事後的な検証が可能な制度が必要である[37]。たとえば，特定秘密
に指定された情報が記録されている文書等については，網羅的に電子データ化
するなどして，永久保管を義務付けるなどの措置が考えられる[38]。

---

[35]　浅井直人ほか『改訂逐条解説公文書管理法・施行令』（ぎょうせい，2011 年）67 頁，岡
本信一＝植草泰彦『改訂 Q&A 公文書管理法』（ぎょうせい，2011 年）15 頁，右崎正博＝三
宅弘編『情報公開を進めるための公文書管理法解説』（日本評論社，2011 年）192 頁［古本
晴英執筆］，高橋ほか編・前掲注5)94 頁［友岡史仁執筆］，右崎正博ほか編『新基本法コン
メンタール情報公開法・個人情報保護法・公文書管理法』（日本評論社，2013 年）291 頁以
下［紙谷雅子執筆］など参照。

[36]　浅井ほか・前掲注35)94 頁以下，宇賀克也『逐条解説公文書等の管理に関する法律〔改
訂版〕』（第一法規，2011 年）194 頁以下，右崎＝三宅・前掲注35)209 頁［三宅執筆］，高橋
ほか編・前掲注5)131 頁以下［木藤滋執筆］，右崎ほか編・前掲注35)501 頁［三宅弘執筆］
など参照。

[37]　瀬畑・前掲注2)33 頁。

[38]　運用基準（Ⅲ3）は，この点について一定の対策を講じている。まず，指定の有効期間が
通じて 30 年を超える特定秘密を記録した行政文書については，公文書管理法 8 条 1 項の規
定にかかわらず，歴史公文書等として国立公文書館等に移管するものとする。次に，30 年を
超えないものの保存期間が満了したときは，内閣の承認が得られなかった場合は当然に国立
公文書館等に移管される（法 4 条 6 項）ほか，歴史的公文書等については国立公文書館等に
移管し，そうでないものは内閣総理大臣の同意を得て廃棄する。指定の有効期間が通じて 25
年を超える特定秘密が記録されているものについては，万が一にも歴史的公文書等を廃棄す

第 2 章　特定秘密保護法と情報公開

5　おわりに

　以上検討したように，特定秘密保護法については，特定秘密の指定の当否を
担保する手段が不十分であり，情報公開制度によってこれを補うことには大き
な限界がある。同法については様々なレベルで問題が指摘されているところで
はあるが，少なくとも，本来の意味での第三者機関による実効的な審査，裁判
所によるインカメラ審理制度の導入，特定秘密が記録された行政文書の網羅的
な保管などを検討する必要があるように思われる。

　ることのないよう，歴史資料として重要なものでないか否か特に慎重に判断する。以上が運
用基準の内容であるが，有効期間が 30 年を超えない場合に廃棄される可能性は残っている
し，本来，運用基準ではなく，法令で規定すべきではないかと思われる。

■第3章

裁判所における情報公開
──司法行政文書を中心として──

1 はじめに

　本章では，裁判所における情報公開について，その憲法上の理念及び具体的な制度設計の両面から検討する。

　広く「裁判所における情報公開」という場合，①裁判の公開，②訴訟記録（裁判書を含む）の公開，③司法行政文書の公開の3つが含まれる。①については，古くから，憲法，刑事訴訟法，民事訴訟法などの観点から研究されており，②についても，刑事訴訟法53条，刑事確定訴訟記録法，民事訴訟法91条・92条（旧151条）などに一応の定めがある。これに対し，③についてはこれまであまり論じられておらず，後にみる通り，現行制度にはなお問題が残されているように思われる[1]。そこで，本稿では，①及び②も視野に入れつつ，主とし

---

1)　行政機関の保有する情報の公開に関する法律の見直しを行った「情報公開法の制度運営に関する検討会」は，裁判所における情報公開（本文にいう②及び③）について，その報告書（2005年3月）で次のように述べている。「裁判文書については，刑事確定訴訟記録法及び民事訴訟法において，刑事訴訟記録及び民事訴訟記録について閲覧等に供することとされ，判決の閲覧も可能となっている。また，主要な判決については，仮名処理をした上で，裁判所のホームページに『主要判決速報』等として掲載され，容易にアクセスできるようになっている。」「司法行政文書については，最高裁判所の要綱等により，情報公開法に準じて文書の開示等を行う制度が設けられている。不開示情報についても，情報公開法第5条の規定する不開示情報に相当するものという基準が用いられている。なお，不開示については，下級裁判所の判断に対する苦情は上級裁判所に申し出ることができるが，最高裁判所の判断については，苦情申出の手続は設けられていない。」「情報公開制度は，国民主権の理念にのっと

て③について検討する。

　以下では，まず，裁判所における情報公開と憲法との関係に考察を加えた上で（2），司法行政文書の公開の現状と課題を論じることとする（3）。なお，本稿における引用に際しては，旧字体を新字体に改めた。

2　裁判所における情報公開と憲法

　ここでは，上記③の意味における情報公開の憲法上の根拠（(1)），裁判の公開との関係（(2)）について順次検討する。

(1)　情報公開の憲法上の根拠

(a)　根拠としての国民主権

　行政機関の保有する情報の公開に関する法律（以下「情報公開法」という）は，目的規定において「国民主権の理念」（1条）を挙げており，情報公開の憲法上の根拠を国民主権に求めている[2][3]。同法は「政府の有するその諸活動を国民に説明する責務」に言及しているが，そこにいう「政府」には裁判所（及び国会）も含まれると解される。そうであれば，裁判所における情報公開についても，同様に，国民主権が憲法上の理念となると考えることができる。情報公開法の基礎となった行政改革委員会の「情報公開法要綱案の考え方」（1996年12月，以下「考え方」という）も，次のように述べており，そこにいう「政府」には裁判所も含むと考えられる[4]。

　　り，政府の諸活動を国民に説明する責務が全うされるようにするためのものである。国会及び裁判所においても，それぞれの機関の実情に応じて，更なる情報公開の充実が望まれる」（第1章9(1)）。

　2)　　総務省行政管理局編『詳解情報公開法』（財務省印刷局，2001年）10頁以下，宇賀克也『新・情報公開法の逐条解説〔第6版〕』（有斐閣，2014年）30頁など参照。

　3)　　情報公開の理念として「知る権利」を法律上明記すべきかが争われているが，この問題には立ち入らない。本稿では，情報公開制度の憲法上の理念は国民主権にあるが，政府から見た場合に「説明責任」として，国民から見た場合に「知る権利」（自己統治の価値）としてそれぞれ現れ，「説明責任」と「知る権利」は表裏一体のものであると理解している。

　4)　　情報公開法の公式解説書である総務省行政管理局編・前掲注2)12頁も，「政府の有するその諸活動を国民に説明する責務（説明責務）とは，国政を信託した主権者である国民に対し，

29

第 1 部　情報公開

　「民主主義の健全な発展のためには，国政を信託した主権者である国民に対し，政府がその諸活動の状況を具体的に明らかにし，説明する責務（説明責任）を全うする制度を整備することが必要である。このような制度を整備することによって，国政の遂行状況に対する国民の的確な認識と評価が可能となり，国政に関する国民の責任ある意思形成が促進されることが期待される」(1(1))。

　以上からすると，行政機関と同様，裁判所（及び国会）もまた，国民主権の理念に基づき，その諸活動を説明する責務を負っており，そのために自らが保有する情報を公開すべきであると考えられる[5]。

(b)　情報公開と国民主権の関係

　もっとも，情報公開と国民主権の関係については，さらに検討を要するように思われる。「国政についての最高の決定権」が国民にあるという意味での国民主権には，「国の政治のあり方を最終的に決定する権力を国民自身が行使するという権力的契機」と，「国家の権力行使を正当づける究極的な権威は国民に存するという正当性の契機」があるとされる[6]。このうち「権力的契機」との関係でいえば，選挙権の行使などと異なり，情報の公開が直ちに国の政治のあり方を決定することにつながるわけではない。むしろ，情報公開は，国民が政治のあり方を決定するために不可欠な判断材料を提供するものであり，その意味において国民主権が実効的に機能するための前提条件を整備する制度とみることができる。先に引用した「考え方」において，「民主主義の健全な発展

　　　政府がその諸活動の状況を具体的に明らかにする責務を意味し，これが全うされるようにすることを目的とするものである」とし，「説明責務の帰属する主体は，本来国政を信託されている国であるが，国政の執行に関して行政機関が様々な情報を大量に保有している実情に照らし，行政機関を対象としてその保有する情報の公開を推進することにより，国の説明責務を全うすることに寄与することとしているものである」と述べており，「本来」裁判所を含む国が説明責務を負うことを前提としている。

　[5]　裁判所の情報公開の必要性を指摘するものとして，奥平康弘「中間報告を読んで──ある憲法研究者の感想」ジュリ 1093 号（1996 年）25 頁，根森健「情報公開の現在」法教 191 号（1996 年）32 頁，田島泰彦「国会・裁判所の情報公開」法セ 538 号（1999 年）45 頁，松井茂記『情報公開法〔第 2 版〕』（有斐閣，2003 年）455 頁以下など。

　[6]　芦部信喜（高橋和之補訂）『憲法〔第 6 版〕』（岩波書店，2015 年）39 頁以下参照。

第3章　裁判所における情報公開

のためには」,「国政に関する国民の責任ある意思形成が促進される」などと述べられているのは,このような趣旨ではないかと思われる[7]。

(c) 司法権の独立との関係

以上のように,裁判所における情報公開について,憲法上の理念を国民主権に求めうるとしても,司法権については行政権や立法権とは異なる固有の問題がある。すなわち,国民主権の下において,裁判所の権力行使を正当付ける究極的な権威が国民に存する(正当性の契機)としても,司法権を国民自らが行使すべきである(権力的契機)とすれば,それによって司法権の存在意義である独立性が損なわれかねないからである。国民主権と司法権の独立の関係という「究極の問題」[8]について,兼子一は早くから次のように指摘していた。

　「民主法治国家に於ける司法権の使命が,憲法の託宣者として,多数意思の圧力による,少数孤立者の自由の窒息に対する安全弁であり,国政の急激な偏向に対する調節器としての役割を演ずることにあるとすれば,民主化の結果そこに同じ多数意思が無条件にはたらくようでは,無意義に帰する恐れがあろう。ここにこの司法制度が当面しなければならない,デイレンマがある。……この意味で,

---

7)　「考え方」は,先に本文で引用した部分に続いて,「我が国は,議院内閣制を採用し,内閣が行政権の行使について国会に対して責任を負うものであるが,行政機関が国民に対する関係で説明責任を全うする制度を整備することは,現行憲法の定める統治構造の下において,憲法の基礎である国民主権の理念にのっとった国政の運営を一層実質的なものとすることに資するものである」と述べている。ここにいう「国民主権の理念にのっとった国政の運営を一層実質的なものとする」というのも,本文で述べたところと同旨ではないかと思われる。宇賀・前掲注2) 31頁も,「政府のアカウンタビリティは,国民主権原理のコロラリーとして導かれる。すなわち,主権者である国民の信託を受けている政府は,国民に対して,自らの諸活動を説明する責務を負わなければならず,この責務が果たされない場合,主権者は,『情報を与えられた市民(informed citizenry)』とはいえず,真の主権者とはいえなくなる。政府情報の公開こそ,国政に対する国民の的確な理解と批判を可能にし,主権者としての責任ある意思形成を促進するのである」と述べる。小早川光郎編『情報公開法──その理念と構造』(ぎょうせい,1999年) 3頁[長谷部恭男執筆]も,「行政の活動範囲が広範にわたる現代国家において,国民主権の理念を実質的なものとするためには,政府の保有する情報を公開し行政活動の内容を明らかにしなければならない。主権者たる国民が政府の活動に関する十分な情報を得て,はじめて国民は的確な判断に基づく国政への参加を行うことが可能となる」と指摘する。

8)　常本照樹「司法権──権力性と国民参加」公法研究57号 (1995年) 72頁。

31

第1部　情報公開

逆説的な云い方をすれば，司法迄が通俗的に民主化しない所に，合理的な民主主義の運用があるとも云える。」[9]

　しかし，上記のように，情報公開を国民主権そのものというより，国民主権が実効的に機能するための前提条件を整備する制度と理解すれば，問題を生じるわけではないように思われる。実質的に考えても，裁判所が情報を公開し，それによって国民の批判を受けることになったとしても，それによって直ちに「司法権の独立」が損なわれることにはならないであろう。

(2)　情報公開と裁判の公開の関係

　裁判所における情報公開の理念が国民主権にあるとして，次に，同じく憲法上の原理である裁判の公開（憲法82条）との関係が問題となる。以下では，裁判の公開の目的に関する学説を概観した上で，情報公開との関係を検討する。

(a)　裁判の公開の目的

(ア)　伝統的見解──裁判の公正の確保

　伝統的には，裁判の公開の目的は「裁判の公正」の確保にあると解されてきた[10]。判例も同様の立場をとっている[11]。したがって，従来は，裁判の公開

---

9)　兼子一『新憲法と司法』（国立書院，1948年）24頁。同「基本的人権と司法権の独立」鈴木安蔵＝染野義信編『基本的人権の研究』（勁草書房，1954年）35頁以下，兼子一＝竹下守夫『裁判法〔第4版〕』（有斐閣，1999年）24頁なども同旨。

10)　法学協会『注解日本国憲法下巻』（有斐閣，1954年）1238頁，清宮四郎『憲法Ⅰ〔第3版〕』（有斐閣，1979年）367頁，樋口陽一ほか『注釈日本国憲法下巻』（青林書院，1988年）1289頁以下［浦部法穂執筆］，芦部・前掲注6)353頁，樋口陽一『憲法〔改訂版〕』（創文社，1998年）400頁など。刑事訴訟法学及び民事訴訟法学においても同様である。團藤重光『新刑事訴訟法綱要〔7訂版〕』（創文社，1979年）439頁，平野龍一『刑事訴訟法』（有斐閣，1958年）10頁，田宮裕『刑事訴訟法〔新版〕』（有斐閣，1996年）234頁，酒巻匡『刑事訴訟法』（有斐閣，2015年）325頁，兼子一『新修民事訴訟法体系〔増訂版〕』（酒井書店，1965年）216頁，新堂幸司『新民事訴訟法〔第5版〕』（弘文堂，2011年）506頁，伊藤眞『民事訴訟法〔第4版補訂版〕』（有斐閣，2014年）260頁など。伊藤正己『憲法〔第3版〕』（弘文堂，1995年）572頁は，「裁判の公正さと裁判への信頼を確保するため」と述べるが，この点は後に検討する（後注27)。渋谷秀樹『憲法〔第2版〕』（有斐閣，2013年）677頁，宇藤崇ほか『刑事訴訟法』（有斐閣，2012年）264頁も同旨。佐藤功『ポケット註釈全書憲法（下）〔新版〕』（有斐閣，1984年）1069頁は，「裁判の公正な運用および裁判に対する国民の監視」を挙げる。

と国民主権とは一応別問題とされていたように思われる。

(イ)　新たな見解——国民主権原理による説明

　これに対し，1980 年代以降，裁判の公開と国民主権（民主主義，知る権利）を結び付ける見解が次第に有力となっている[12]。

　1986（昭和 61）年の論文において，奥平康弘は，アメリカ法から，「裁判の公開原則なるものの意義を，ただたんに客観的な裁判制度目的とのつながりで理解するだけではなく，個別具体的な裁判過程（統治過程）の状況を市民社会へ報告する……という民主主義・国民主権の契機でも捉えるべきことが示唆され」[13]るとした上で，日本においても，「憲法 82 条 1 項（もしくは 37 条 1 項）と 21 条 1 項とを掛け合わせたうえで，裁判の——せめて"裁判の"——過程には市民は参加し見聞する権利がある，とはっきり確認することができると考えたい」[14]と述べる。

　佐藤幸治は，1981（昭和 56）年の著書においては，裁判の公開について裁判の公正を確保するものとする伝統的な見解をとっていた[15]。しかし，1990（平成 2）年の著書において，法廷における取材活動制限との関連で，「憲法 82 条 1 項は，憲法 21 条に保障される（狭義の）『知る権利』（それ自体としては一般に抽象的権利）に対応しそれを具体的に保障する趣旨（抽象的権利の具体化）であると解される」[16]と述べている。

---

11)　最大判昭和 33 年 2 月 17 日刑集 12 巻 2 号 253 頁（北海タイムス事件），最大判平成元年 3 月 8 日民集 43 巻 2 号 89 頁（法廷メモ禁止訴訟）など。後注27)も参照。

12)　早い時期のものとして，小田中聰樹「裁判と国民——裁判の公開を中心に」法時 52 巻 10 号（1980 年）9 頁は，「裁判の公開は，近・現代の裁判の基本原則の一つであるが，それは訴訟当事者にとっての権利としての側面と（憲法 37 条 1 項参照），国民にとっての権利としての側面（憲法 82 条）とをもつ。この二側面は，裁判の監視・批判のもつ公正な裁判にとっての意義と国民主権にとっての意義とにそれぞれほぼ対応するといっていい」と述べており，憲法 82 条を国民主権によって基礎付けているようである。

13)　奥平康弘「法廷に出席し傍聴しメモをとる権利」（1986 年）同『なぜ「表現の自由」か』（東京大学出版会，1988 年）258 頁。

14)　奥平・前掲注13)265 頁。奥平康弘『憲法 III 憲法が保障する権利』（有斐閣，1993 年）245 頁も同旨。

15)　佐藤幸治『憲法』（青林書院，1981 年）223 頁。

16)　佐藤幸治『憲法〔新版〕』（青林書院，1990 年）471 頁。同書 474 頁も同旨。同『憲法』〔第 3 版〕（青林書院，1995 年）536 頁，540 頁も同様。なお，これらの改訂版では，裁判の公開の目的が裁判の公正の確保にあるとする初版の記述も維持されており，両者の関係は必

第 1 部　情報公開

　最近では，このように，裁判の公開の意義を国民主権（知る権利）に（も）求める見解が増えている[17]。

　興味深いのは，第 2 次世界大戦直後において，政府当局も国民主権との関係を意識していたようにみえる点である。1948（昭和 23）年の民事訴訟法改正によって訴訟記録の公開を定めた 151 条が規定された際の国会審議において，政府委員である奥野健一訟務長官（後の最高裁判所判事）は，次のように説明している。

　「それからまたこれはやや小さな問題でありますが，訴訟記録の閲覧等につきまして，従来利害関係の疏明がなければ，当事者以外は閲覧ができないことになつておつたのを，151 条という規定を設けて，これを大体何人も閲覧ができることにいたしまして，いやしくも訴訟手続は公開であるということ，及び訴訟がどういうふうになつておるかということは，国民が審査の対象にもなるというよう

　　　ずしも明らかでない。同『日本国憲法論』（成文堂，2011 年）277 頁，605 頁も同様。佐藤幸
　　　治ほか『ファンダメンタル憲法』（有斐閣，1994 年）313 頁［佐藤執筆］では，「筆者は，
　　　『司法権』の本質をもって，『具体的紛争の当事者がそれぞれ自己の権利義務をめぐって理を
　　　つくして真剣に争うことを前提にして，公平な第三者たる裁判所がそれに依拠して行う法原
　　　理的な決定に当事者が拘束されるという構造』に求め（佐藤幸・現代国家 57 頁以下），公開
　　　裁判原則は第 1 次的にはそうしたいわば『原理のフォーラム』を確保するための制度的工夫
　　　ないし装置と捉える」とし，他方で，「国民は裁判を自由に見聞できることが必要である。
　　　憲法 82 条の公開原則は，第 2 次的にはこうした国民の要求に応えるものである。筆者が狭
　　　義の『知る権利』を抽象的権利と捉えつつ，57 条・82 条はそれを憲法的次元において具体
　　　的権利化するものであると解してきた（佐藤幸・憲法［新版］471 頁）のも，そうした理解
　　　に基づく」と述べている。前者は「裁判の公正」を指していると解され，そうであれば，佐
　　　藤説は，裁判の公開の目的を，第 1 次的に「裁判の公正」の確保，第 2 次的に「知る権利」
　　　の確保と考えていることになる。
　17）　日野田浩行「『憲法原理としての公開』序説」九大法学 56 号（1988 年）199 頁以下，松
　　　井茂記『裁判を受ける権利』（日本評論社，1993 年）251 頁，同「裁判記録の公開」堀部政
　　　男編・情報公開・個人情報保護（ジュリ増刊，1994 年）66 頁以下，内野正幸「裁判を受け
　　　る権利と裁判公開原則」法時 66 巻 1 号（1994 年）65 頁以下，中村泰次ほか『刑事裁判と知
　　　る権利』（三省堂，1994 年）74 頁以下，五十嵐二葉「21 世紀の『裁判の公開』」東京弁護士
　　　会司法問題対策特別委員会編『21 世紀の司法の構想』（日本評論社，1996 年）79 頁以下，福
　　　島至「刑事確定訴訟記録法と知る権利（一）──刑事確定訴訟記録法の再検討」龍谷法学 29
　　　巻 4 号（1997 年）819 頁など。棟居快行『憲法講義案 I〔第 2 版〕』（信山社，1995 年）162
　　　頁以下は，「法治国的意義の拡大解釈によって，民主主義的意義をもカヴァー」することを
　　　提唱する。

34

なことから，公開主義を徹底すると，公開主義の記録である調書も，やはり何人も見ることができるようにすべきではないかということで，訴訟記録の閲覧にも，公開性を拡張したのが，151条であります。」[18]

「それから次は，先程申しました訴訟記録の閲覧公開制〔ママ〕を拡張いたしたことであります。これは従来は当事者以外の者は，利害関係のあることを証明しなければ閲覧ができないことになつておりましたのを，裁判はすべて公開であるのが原則でありますし，又国民審査等の関係から言いましても，記録を何人も閲覧し得るという建前が適当であるという意見がありまして，訴訟記録は何人も閲覧ができる，ただ勿論いろいろ仕事に差支があるとか，或いは記録の保存上支障があるという場合，或いは又公開禁止の記録についてはこの限りでないことにいたしたのであります。これが151条に関する改正であります。」[19]

ここにいう「国民が審査の対象にもなる」，「国民審査等の関係」というのは，最高裁裁判官の国民審査のことを指していると思われる。そうすると，裁判や訴訟記録の公開の理念を国民主権に求めていたのではないかと解される。最高裁判所による民事訴訟法の解説においても，国民審査制度との関連が述べられている[20]。

これに対し，刑事訴訟法53条の制定の際の国会審議においては，政府委員

---

18) 第2回国会衆議院司法委員会議録12号（1948年4月13日）2頁。

19) 第2回国会参議院司法委員会会議録25号（1948年5月19日）2頁。

20) 最高裁判所事務局民事部「民事訴訟法の一部を改正する法律解説」（民事裁判資料第4号，1948年7月）12頁は，「この改正は，訴訟記録の閲覧を請求することができるものの範囲を拡張し，当事者及び利害関係を疏明した第三者に限らず，何人でも，原則として，その閲覧を求め得ることとし，口頭弁論の公開に関する日本国憲法第82条の趣旨に添い，併せて，一般国民が訴訟記録を裁判官の審査又は弾劾の資料に供し得る途を拓いたものである」と述べる。また，最高裁判所事務局民事部「改正民事訴訟法詳説」（民事裁判資料第9号，1948年11月）30頁も，「これまでは，訴訟記録の閲覧請求は，その謄写等と同じく，当事者又は利害関係を疎明した第三者のみがこれをすることができたのであるが，日本国憲法によつて裁判官に対する国民審査及び弾劾の制度が設けられた今日，単に口頭弁論の公開にとどまらず，広く訴訟記録をも公開し，一般国民に裁判官批判の資料を得させることが，憲法の要請に副う措置と言わなければならない」と説明している。

第1部　情報公開

は「裁判の公正」のみを挙げている[21)22)]。もっとも，同法立案関係者の解説においては，民事訴訟法151条についてと同様，最高裁裁判官の国民審査との関連が示されている[23)24)]。

このような考え方がとられた背景は不明であるが，連合国軍総司令部の影響によるのではないかと推測される[25)]。そして，奥平がアメリカ法の示唆を明

---

21)　第2回国会衆議院司法委員会会議録23号（1948年5月31日）2頁，第2回国会参議院司法委員会会議録34号（同年5月29日）3頁，同39号（同年6月10日）6頁。

22)　1987（昭和62）年の刑事確定訴訟記録法の制定過程においても，政府委員である岡村泰孝法務省刑事局長は，訴訟記録の公開の目的として「裁判の公正」のみを挙げ，情報公開との違いを強調している。「次に，情報公開との関係でございますが，情報公開と申しますのは，国あるいは地方公共団体が持っております各種の情報のうち，国民生活の便利に資するものなど，公開するのが適当と認められるようなものにつきまして国民に公開する制度を言うものと考えておるわけでございますが，ただ，こういう情報公開制度のもとにおきましても，やはり個人の秘密にかかわる事項につきましては原則として公開しないというふうにしているのが通例であるというふうに思っているのでございます。」「これに対しまして，訴訟記録の公開制度といいますものは，憲法82条が定めております裁判公開の原則を拡充すると申しますか，裁判の公正を担保するということをその主たる目的とするものでございまして，情報公開の制度とは必ずしも同じ趣旨ではないというふうに思うのでございます。特に，訴訟記録の場合は個人の秘密にかかわる事項を含む場合が非常に多いわけでございます。そういう意味で，プライバシーの保護ということも十分にこの訴訟記録の閲覧の際には考慮しなければいけないというふうに考えておるところでございます」（第108回国会参議院法務委員会会議録2号〔1987年5月14日〕11頁）。

23)　野木新一ほか『新刑事訴訟法概説』（立花書房，1948年）53頁は，「この制度の趣旨は，裁判の公開の精神を更に一層徹底させ，これによつて裁判の公正を担保すると共に併せて一般国民に裁判官の能不能を判断する資料を供しようとすることにあるのである」と説明している。滝川幸辰ほか編『新刑事訴訟法解説』（大学書房，1948年）120頁は，「本条は憲法第37条第1項の公開裁判の精神を更に進めて裁判を一般国民に公開し，裁判の公正を保障したものである」と述べるが，「裁判官弾劾制度や，最高裁判所裁判官国民審査制度の存在から考えても本条は必要な規定である」と付言する。小野清一郎ほか『ポケット註釈全書刑事訴訟法上〔新版〕』（有斐閣，1986年）137頁〔横川敏雄執筆〕は，「本条は，裁判公開の原則（憲82）を拡充し，裁判の公正を担保するとともに，裁判官弾劾制度や最高裁判所裁判官国民審査制度に対応し，国民一般の裁判に対する理解を深めるために規定されたものである」とする。

24)　もっとも，以上の記述においては，訴訟記録の公開のみが国民審査制度と関連するのか，裁判の公開もそうであるのかは，必ずしも明確ではないように思われる。

25)　押切謙徳ほか『注釈刑事確定訴訟記録法』（ぎょうせい，1988年）39頁以下は，刑事訴訟法の立案関係者が国民審査制度等に言及しているのは，1948（昭和23）年4月に行われた刑事訴訟法改正協議会において，日本側委員が訴訟記録の一般公開に反対したのに対して，総司令部側から，「判事が辞めて選挙に立候補したとき，その判事が裁判した事件の記録を

示していたこと，佐藤の発想のもとにもアメリカ法があるように思われること
からすると，裁判の公開の目的をめぐる対立は，大陸法（裁判の公正）と英米
法26）（民主主義ないし知る権利）の考え方の相違を背景とするものとみることが
可能かもしれない27）。

(b) 検　討

　裁判の公開について，裁判の公正を確保することと並んで，国民主権の実現
という側面もあるとの指摘は，正当であると思われる。

　しかし，他方で，歴史的にみて，裁判の公開が国民主権を前提としていたわ
けでは必ずしもないこと，情報公開一般とは異なり，手続の公開まで求められ

　　　見ることができるのでなければ，投票者は判事の能力などはわからないではないか」との発
　　　言がされたことによるのであろうと述べている。
　26）　アメリカ合衆国における裁判及び訴訟記録の公開については，松井茂記「アメリカにお
　　　ける裁判の公開と裁判記録の公開」阪大法学 43 巻 2 = 3 号（1993 年）713 頁，浅香吉幹「ア
　　　メリカにおける裁判所記録の保存・利用」ジュリ 1080 号（1995 年）101 頁，葛野尋之「刑
　　　事確定訴訟記録法と知る権利（六・完）――刑事確定訴訟記録へのアクセスに関するアメリ
　　　カ法」龍谷法学 30 巻 3 号（1997 年）569 頁など参照。
　27）　棟居・前掲注17)159 頁は，伊藤正己『憲法〔新版〕』（弘文堂，1990 年）562 頁が，「裁
　　　判を民衆の直接の監視のもとにおくことは，裁判の公正さと裁判への信頼を確保するため重
　　　要な意義」をもつと述べている点に着目し，このうち「裁判への信頼」という表現について，
　　　「裁判が国民の信頼を正当性の拠り所としていることを前提とするから，『民主主義的意義』
　　　といえよう」と指摘する。本文で述べたところからしても，英米法に精通していた伊藤正己
　　　の見解をこのように理解することが可能かもしれない。もっとも，国民の「信頼」ないし
　　　「信用」については，従来からも言及があったところである。たとえば，宮沢俊義「公開の
　　　裁判と報道の自由」(1934 年）同『憲法と裁判』（有斐閣，1967 年）246 頁は，「公開の手続
　　　から生まれた判決は閉ざされた扉の中で作られる判決に比して，はるかに多くの信頼を享有
　　　する」と述べている。また，美濃部達吉『憲法撮要〔改訂第 5 版〕』（有斐閣，1932 年）571
　　　頁は，「裁判ノ公開ハ裁判ノ信用ヲ維持シ裁判官ヲシテ職務ヲ尊重セシムル所以ナリ」と，
　　　清宮・前掲注10)367 頁も，「裁判の公開は，裁判の公正を保ち，裁判に対する国民の信用を
　　　得るために，近代の諸国で一般に認められている制度である」と述べている。したがって，
　　　伊藤が新たな見解の提示を意図していたと断じうるかについては，なお検討を要するように
　　　思われる。ちなみに，最高裁は，裁判の公開の趣旨について，前掲最大判昭和 33 年 2 月 17
　　　日（北海タイムス事件）においては，「手続を一般に公開してその審判が公正に行われるこ
　　　とを保障する趣旨」と述べていたのに対し，前掲最大判平成元年 3 月 8 日（法廷メモ禁止訴
　　　訟）では，「裁判を一般に公開して裁判が公正に行われることを制度として保障し，ひいて
　　　は裁判に対する国民の信頼を確保しようとすることにある」と述べ，「国民の信頼」という
　　　言葉を付け加えている。これは後者に関与した伊藤正己の影響によるものかもしれないが，
　　　最判平成 2 年 2 月 16 日判時 1340 号 145 頁はこれら 2 つの判例を並列的に引用しており，判
　　　例変更とはみていないようである。

第 1 部　情報公開

ていることからすると，裁判の公正の確保という固有の意義を無視することは
できないように思われる[28]。

　そうすると，裁判の公開については，裁判の公正確保及び国民主権の実現が
目的となるのに対し，司法行政文書の公開については，国民主権が理念となる
と整理できるように思われる。

　なお，本稿では検討の対象としないが，訴訟記録の公開については，裁判の
公開の延長線上で考えるべきか，それとも司法行政文書に準じて考えるべきか，
という問題もある[29]。いずれに解しても，公開の範囲は，司法行政文書と同
じかより広くなるとも解されるが，刑事確定訴訟記録法では必ずしもそうは
なっていないように思われる[30]。

---

[28]　福島至編『コンメンタール刑事確定訴訟記録法』（現代人文社，1999 年）28 頁［梅田豊
執筆］も，「裁判公開原則が目指すところのものは，裁判・司法の公正の確保という点にあ
り，そこには，単に裁判の手続・内容を知る権利を満たすというだけでなく，裁判の手続・
内容を国民が監視するというより強い要請が根底にあるといえよう。……その点で，憲法 82
条の裁判公開の要請は，21 条の知る権利を超える部分にもおよぶ内容が含まれているように
思われる」と指摘する。

[29]　福島編・前掲注28) 199 頁以下［浦部法穂執筆］は，裁判の公開に民主主義的意義を読み
込むことに消極的であるが，訴訟記録の公開は「知る権利」によって保障されているとする。

[30]　特に同法 4 条 2 項 2 号は，被告事件が終結した後 3 年を経過した場合，閲覧の対象外と
しており，情報公開法との対比において，このような包括的な制限が合理的かどうかが問題
となりうる。押切ほか・前掲注25) 139 頁，藤永幸治ほか編『大コンメンタール刑事訴訟法
第 8 巻』（青林書院，1999 年）52 頁以下［古田佑紀執筆］は，3 年の期間が設けられたのは，
訴訟記録の公開が目的としている裁判の公正担保の要請は，事件終結後時間の経過とともに
逓減するものであり，一定の期間が経過した後は，関係人の名誉等の利益の保護の要請がこ
れに優越するに至るものと考えられるところ，訴訟記録を閲覧した者のうち 98％以上の者が
事件終結後 3 年以内に閲覧を了している実情に鑑みたものであると説明する。同号を疑問と
するものとして，中村ほか・前掲注17) 104 頁以下，梅田豊「刑事確定訴訟記録法と知る権
利（四）——刑事確定訴訟記録法の制定過程」龍谷法学 30 巻 1 号（1997 年）93 頁，弘中惇
一「刑事確定訴訟記録法と知る権利（五）——刑事確定訴訟記録法の解釈・閲覧制限を中心
として」龍谷法学 30 巻 3 号（1997 年）560 頁，福島至「刑事確定訴訟記録法を中心として
——研究者の立場から」刑法雑誌 38 巻 3 号（1999 年）78 頁，福島編・前掲注28) 117 頁以
下［飯田正剛ほか執筆］，寺崎嘉博「刑事手続における情報の管理と公開——訴訟記録保存
の過去・現在・未来」ジュリ 1148 号（1999 年）234 頁など。

第3章　裁判所における情報公開

3　司法行政文書の公開

　以下では，司法行政文書の公開について，現行制度を概観した上で（(1)），若干の検討を加える（(2)）。

(1)　現行制度の概要

　司法行政文書の公開については，「最高裁判所の保有する司法行政文書の開示等に関する事務の取扱要綱」（平成13年4月1日実施，以下「旧要綱」という）等が定められていたが[31]，その後，「裁判所の保有する司法行政文書の開示に関する事務の取扱要綱」（平成27年7月1日実施，以下「新要綱」という）が制定されている。以下では主として新要綱に即して制度を概観し，必要に応じて旧要綱等にも言及する。

(a)　対象文書

　開示の申出の対象となるのは「司法行政文書」であり，「裁判所[32]の職員が職務上作成し，又は取得した司法行政事務に関する文書，図画及び電磁的記録……であって，裁判所の職員が組織的に用いるものとして，裁判所が保有しているもの」と定義されている（新要綱第1）。

　この定義は情報公開法における「行政文書」の定義（2条2項）とほぼ同様であるが，「司法行政事務に関する」という限定が付されている。「司法行政事務」の定義はおかれておらず，その意義については後に検討する（(2)(a)(ア)）。

(b)　開示の原則

　裁判所は，その保有する司法行政文書の開示の申出があった場合は，何人に対しても当該司法行政文書を開示するものとする（新要綱第2本文）。「裁判所」

---

31)　2006（平成18）年1月1日実施の「最高裁判所の保有する司法行政文書の開示等に関する事務の取扱要綱」も存在する。これは，旧要綱において，開示の対象として「文書」のみを掲げていたのに対し，情報公開法にならって，「文書，図画及び電磁的記録」も対象となることを明記したものである（1及び10(1)参照）。

32)　旧要綱は，「最高裁判所が保有しているもの」を対象としていたが，その他の裁判所については，通達に基づき，それぞれで定める趣旨だったようである。平成13年3月29日付け依命通達（最高裁総一第82号）等参照。

39

第1部　情報公開

が何を意味するかについては，後に検討する（(2)(a)(イ)）。

旧要綱は，「開示の申出」という表現も用いていたが（8(3)及び11(1)），その一方で，「その保有する司法行政文書の開示を求められた場合は」と定め（2本文），同様に「開示を求められた」，「開示を求める」などの表現も随所で用いていた。これに対し，新要綱は，一貫して「開示の申出」，「開示を申し出る」という表現を用いている。これは開示請求権を付与しないことを明確化する趣旨ではないかと思われる。この点についても後に検討する（(2)(a)(ウ)）。

(c)　不開示情報

開示原則の例外として，①「法令に別段の定めがあるとき」と，②「開示の申出があった司法行政文書に情報公開法第5条に規定する不開示情報に相当する情報（裁判事務の性質上，公にすることにより，その適正な遂行に支障を及ぼすおそれのある情報を含む。以下「不開示情報」という。）が記録されているとき」が挙げられている（新要綱第2ただし書）。

このうち，①は，法令が要綱に優先することを考慮した規定ではないかと思われる。

②は，新要綱の不開示情報を，情報公開法の定める不開示情報（5条各号）に準じたものとする趣旨である。かっこ書が設けられた理由は明らかでないが，情報公開法5条（特に5号及び6号）において，裁判事務の性質が十分考慮されるか疑義があるため，念のために規定されたのではないかと推測される。

(d)　部分開示・裁量的開示・存否応答拒否

部分開示（新要綱第3），裁量的開示（同第4），存否応答拒否（同第5）については，情報公開法（6条ないし8条）とほぼ同旨の規定がおかれている。

(e)　開示の担当部署

司法行政文書の開示に係る受付その他の実施に関する事務は，最高裁判所においては秘書課が，高等裁判所，地方裁判所及び家庭裁判所においては総務課が，簡易裁判所においてはその所在地を管轄する地方裁判所の総務課が行う（新要綱第6）。

(f)　開示の申出の手続等

司法行政文書の開示の申出をする者に対しては，その氏名及び連絡先並びに開示を申し出る司法行政文書の名称等司法行政文書を特定するに足りる事項を

記載した書面の提出を求める（新要綱第7の1）。

司法行政文書の開示の申出をしようとする者が司法行政文書の特定のための情報の提供を求めてきた場合は，参考となる情報を提供するよう努めるものとする（同第7の2）。

(g) 開示の申出に対する対応

開示の申出があった司法行政文書の全部を開示する場合には，開示申出人に対し，その旨を開示の日時，場所及び方法とともに，適宜の方法で通知する（新要綱第8の1）。

開示の申出があった司法行政文書の全部または一部を開示しない場合には，開示申出人に対し，その旨を書面で通知し，当該書面には，開示しない理由を「簡潔に」付記するものとする（同第8の2）。判例は行政文書開示拒否処分の理由付記について厳しい態度をとっているが[33]，「簡潔に」でよいとするのは，自らに甘いとの見方もできよう。

開示・不開示の通知は，開示の申出があった日から原則として30日以内に行うものとする（同第8の4）。

裁判所の事務を混乱または停滞させることを目的とする申出等，司法行政文書の開示の申出が開示の本来の目的を著しく逸脱する申出と認められる場合には，開示しないことができる（同第8の4）。濫用的な開示申出があった場合に開示を拒否できるとする趣旨であり，この点に関しては情報公開法よりも「先進的」である[34]。

(h) 第三者に対する意見聴取

開示の申出があった司法行政文書に裁判所及び開示申出人以外の者（以下「第三者」という）に関する情報が記録されている場合において，当該情報が不開示情報に該当するか否か疑義があるときは，当該第三者に対し，開示についての意見を求めるものとする（新要綱第9の1）。情報公開法（13条1項）と同趣旨の規定であるが，義務的な意見聴取の規定（同条2項）はおかれていない。

意見を求められた第三者から当該司法行政文書の開示に反対する意見が提出

---

33) 最判平成4年12月10日判時1453号116頁など。
34) 権利濫用については，宇賀・前掲注2)128頁など参照。

41

第1部　情報公開

されたにもかかわらず，これを開示するときは，開示申出人に対し開示する旨
の通知を発した日と開示を実施する日との間に少なくとも2週間をおくものと
し，開示する旨の通知を発した後直ちに，当該意見を提出した第三者に対し，
開示することとした旨及びその理由並びに開示を実施する日を書面で通知する
ものとする（新要綱第9の2）。情報公開法（13条3項）と同様，当該第三者に苦
情申出の機会を与える趣旨と解される。

（i）　開示の実施

　司法行政文書の開示は，文書及び図画については閲覧または写しの交付によ
り，電磁的記録については，裁判所が保有するプログラムにより用紙に出力し
たものの閲覧または写しの交付，もしくは，裁判所が保有する専用機器により
再生したものの閲覧，聴取，視聴によって行う。ただし，文書または図画の閲
覧及び謄写の方法による場合，当該文書または図画の保存に支障を生じるおそ
れがあると認めるときその他正当な理由があるときは，写しの交付によって実
施することができる（新要綱第10の1）。

　開示の申出があった司法行政文書の開示より別の司法行政文書の提示または
情報の提供をする方が開示申出人の目的に沿うと認められる場合は，これらの
文書または情報をもって開示の対象とすることができる（同第10の2）。現行法
上の情報公開は，当該機関が保有する文書そのものを開示させる制度であるか
ら[35]，補正等によることなく，当該機関の側で開示すべき文書を一方的に変
更できるとするのは，制度趣旨に反しており，疑問である。

　開示の実施は，司法行政文書を開示する旨の通知を発した日から原則として
30日以内に行うものとする（同第10の3本文）。

（j）　苦情の申出がされた場合

　最高裁判所に対し，①開示の申出を受けた裁判所がした司法行政文書の全部
または一部の不開示の判断に対する開示申出人からの苦情の申出，または，②
開示の申出を受けた裁判所がした司法行政文書の全部または一部の開示の判断
に対する第三者（当該司法行政文書に情報が記録されている者に限る）からの苦情
の申出があった場合，最高裁判所は，開示の申出を受けた裁判所がした判断

35）　宇賀・前掲注2）41頁以下参照。

（以下「原判断」という）の当否について判断する（新要綱第11の1）。

　苦情の申出は，開示申出人に対し原判断の通知を発した日から三か月以内に行わなければならないが，原判断の通知が到達しなかったことが明らかな場合，その他正当な理由がある場合は，この限りでない（同第11の2(1)）。正当な理由があるときであっても，苦情申出は開示申出人に対し原判断の通知を発した日から一年内に行わなければならない（同第11の2(2)）。1年の期間については正当な理由による例外がない（行政不服審査法18条2項ただし書参照）。

　最高裁判所は，苦情の申出がされたときは，情報公開・個人情報保護審査委員会（以下「委員会」という）に諮問する（同第11の4(1)）。ただし，当該苦情の申出に係る司法行政文書について全部を開示することが相当と判断したとき（第三者から当該司法行政文書の開示に反対する意見が提出されているときを除く）は，この限りでない（同第11の5）。

　委員会は優れた識見を有する者のうちから最高裁判所が委嘱する3名の委員で構成され（情報公開・個人情報保護審査委員会要綱第2・第3），インカメラ審理を行う権限を有しており（同第6の1(1)），その答申は適宜の方法で公表される（同第8）。

　最高裁判所は，委員会から答申を受けたときは，当該答申を尊重して，苦情申出に対する判断を行う（新要綱第11の8）。

　苦情申出について第三者機関の関与を認めるものであり，旧要綱には存在しなかった制度である。この点は疑いもなく大きな改善ということができる。

　裁判所の事務を混乱または停滞させることを目的とする申出等，その苦情の申出が開示の本来の目的を著しく逸脱する申出と認められる場合には，その申出には対応しないことができる（同第11の14）。苦情申出に対応する法的義務はないようにも思われるが（(2)(ㅁ)(ウ)参照），念入りに濫用を防ぐ趣旨の「先進的」な規定である。

　苦情の申出に係る受付その他の実施に関する事務は，開示の申出を受けた裁判所の別にかかわらず，最高裁判所事務総局秘書課が行う（同第11の15）。

(2) 検　　討

　以下では現行制度の解釈論と立法論について若干の検討を加える。

第1部　情報公開

⒜　解 釈 論

　ここでは現行制度の解釈論のうち，新要綱の対象となる「司法行政文書」の範囲，開示の判断者，開示不開示等の判断を争う方法を検討する。

㋐　司法行政文書の範囲

　新要綱による開示の対象となるのは「司法行政文書」，すなわち「司法行政事務」に関する文書等であるが，「司法行政事務」については定義が存在しない（⑴⒜参照）。

　司法行政とは，一般に，「司法裁判権の行使，裁判制度の運営を適正かつ円滑に行わせるとともに，裁判官その他裁判所に属する職員を監督する行政作用」[36]，あるいは，「司法機関である裁判所の人的物的施設を設営管理していく作用」[37]と理解され，「裁判官その他の裁判所の職員の任免，配置，監督，庁舎等の建設，報酬，給料，事務費等の支弁などがこれに属する」[38]とされる。しかし，その範囲は必ずしも明確ではない。

　この点に関連して，東京地裁における破産事件の運用方針に関する文書等の開示が求められた事件について，被告国側が，「裁判事務」と「司法行政事務」を区別した上，前者に係る文書には旧要綱に基づく情報公開制度の適用がなく，本件文書はこれに当たると主張し，裁判所もこの主張を認めている[39]。もしこの見解が正しければ，司法行政文書については要綱が，「裁判事務」に関する文書のうち具体的な事件の記録については訴訟記録閲覧制度が，それぞれ適用されるのに対し，具体的な事件に係るものではない「裁判事務」に係る文書については，何ら情報公開制度が存在しないことになる[40]（⒝㋑参照）。しかし，

---

　36)　最高裁判所事務総局総務局編『裁判所法逐条解説上巻』（法曹会，1967年）101頁。

　37)　兼子＝竹下・前掲注9)126頁。

　38)　兼子＝竹下・前掲注9)126頁。

　39)　東京地判平成21年2月20日情報公開・個人情報保護関係答申・判決DB（平成19年（ワ）第19070号）。もっとも，新要綱第2ただし書では，不開示情報には，「裁判事務の性質上」公にすることによりその適正な遂行に支障を及ぼすおそれのある情報が含まれるとされており（⑴⒞参照），「裁判事務」に係る文書に新要綱の適用があることを前提としているようにも読める。

　40)　刑事確定訴訟記録法の対象となる「刑事被告事件に係る訴訟の記録」とは，「刑事被告事件の訴訟の記録」及び「刑事被告事件の終局裁判その他当該事件に係る裁判の執行に影響を及ぼすべき当該被告事件終結後の訴訟の記録」を意味するとされており（押切ほか・前掲注

裁判の運営に関するこの種の文書について，情報公開の必要がないとはいえないように思われる（裁判員裁判の運用に係る文書など）。

(イ)　開示不開示等の判断者

新要綱によれば，開示の申出に対して開示不開示を判断するのは「裁判所」とされている（(1)(b)）。苦情申出については「最高裁判所」が判断するとされている（(1)(j)）。しかし，「裁判所」や「最高裁判所」が具体的にいかなる機関を意味するのか，明確な定めはない。新要綱においては，開示及び苦情の申出に係る受付その他の実施に関する事務を行う「担当部署」は秘書課・総務課とされているが（(1)(e)(j)），秘書課等を判断権者とする趣旨では必ずしもないと思われる。

司法行政文書の開示不開示の判断も司法行政事務に当たるとすれば，判断を行うのは司法行政事務を行う機関，すなわち，裁判官会議（裁判所法12条1項，20条1項，29条2項，31条の5）または簡易裁判所の裁判官（同37条）となるのではないかと解される。

ロッキード事件における最高裁判所宣明書に係る最高裁裁判官会議の議事録の開示が拒否されたため，損害賠償が求められた事件について，第1審は，開示不開示の判断を最高裁判所の「秘書課長」が行ったと認定しており（被告国側もそのように主張していたようである），事実認定においても，この件について裁判官会議にかけられた形跡は見当たらない[41]。控訴審は，「秘書課長」を「最高裁」と置き換えているが，やはり裁判官会議にかけられたとの認定はされていない[42]。実務上秘書課長限りで判断されているのか，もしそうであれば専決規程等が存在するのかは，外部からは窺うことができない。

(ウ)　開示不開示等の判断を争う方法

開示の申出に対する裁判所の判断や，苦情申出に対する最高裁の判断に不服

---

[25] 83頁以下），個別具体的な事件に係るものではない処理方針等はこれに含まれないと解される。

[41] 東京地判平成16年6月24日判時1917号29頁。

[42] 東京高判平成17年2月9日判時1917号45頁。前掲東京地判平成21年2月20日，東京地判平成24年12月6日LEX/DB（平成24年（ワ）第436号）においても，この点は不明確である。

第1部　情報公開

がある場合，取消訴訟等を提起して争うことができるか。

　取消訴訟の対象となるのは，「行政庁の処分その他公権力の行使に当たる行為」（行政事件訴訟法3条2項）であるが，ここにいう「行政庁」は必ずしも行政機関に限られないと解されている[43]。たとえば，裁判所法82条に基づく不服申立てに対してなされた行為の取消しが求められた事件で，裁判所に応答義務がないから訴訟上の利益を欠くとした裁判例[44]，刑事確定訴訟記録法制定前に，刑事訴訟法53条に基づく閲覧請求に対する検察官の決定の取消訴訟を適法と認めた裁判例[45]，検察審査会の起訴議決について，刑事訴訟手続における公訴提起の前提となる手続であって，その適否は刑事訴訟手続において判断されるべきであるとして，行政訴訟の対象とならないとした判例[46]などがある。いずれも，決定の主体が裁判所や検察機関等であることは，処分性を否定する理由とされていない。したがって，「裁判所」（裁判官会議?）についても，直ちに「行政庁」に当たらないことになるわけではない。

　しかし，開示の申出の根拠が「要綱」という内規[47]（?）であることや，要綱の文言（開示・苦情の「申出」）からすると，新要綱は国民に開示請求権を認めたわけではなく，したがって上記の判断には処分性が認められないと解され

---

[43]　杉本良吉『行政事件訴訟法の解説』（法曹会，1963年）9頁以下は，「かように抗告訴訟の対象の範囲は広汎であるが，しかしそれは行政庁の行為，不行為に限られるわけであって，立法機関である国や地方議会の固有の立法行為（法律，条例），裁判所の裁判上の行為のような公権力に及ばないことは，いうまでもない」と述べており，裁判所の行為であっても，「裁判上の行為」以外は抗告訴訟の対象となると解しているようである。

[44]　大阪地判昭和32年1月22日行集8巻1号173頁（ただし傍論）。兼子＝竹下・前掲注9）130頁注（2）も参照。

[45]　東京地判昭和61年2月26日行集37巻1＝2号245頁，東京高判昭和62年2月26日行集38巻2＝3号163頁。野木新一「刑事訴訟法施行法逐条解説」警察研究20巻2号（1949年）22頁は，閲覧不許可に対し行政訴訟を提起できるかにつき，刑事訴訟法430条3項を手がかりにして，「検察官の刑事訴訟法上の行為についてはすべて行政事件訴訟法に関する法令の適用がないものとも解し得られないであろう」と述べており，行政訴訟の提起を認めているようにも読める（筆者は執筆当時検務局総務課長）。押切ほか・前掲注25）58頁注（12）は，もしそのような趣旨であれば，妥当とは考えられないとする。

[46]　最決平成22年11月25日民集64巻8号1951頁。

[47]　要綱の法的性質は必ずしも明確ではない。司法行政上の監督権として「指揮権（訓令権）」があり，その行使は「訓令・通達・職務命令を発することによって行う」とされるが（兼子＝竹下・前掲注9）129頁注（1）），ここにいう訓令等（内規）の一種かもしれない。

る。新要綱が開示の「申出」という文言を一貫して用いているのは（(1)(b)），この点を明確化するためかもしれない。これは現行制度の限界といわざるを得ない。

　この点に関連して，旧要綱に基づく開示の申出が拒否され，損害賠償が請求された事案について，第1審は請求を一部認容している[48]。しかし，旧要綱がそもそも開示請求権を保障していないとすれば，違法性や損害の要件が満たされるかが問題となりうるように思われる[49]。

(b) 立法論

　以上みたように，現行制度については，第三者機関の関与が認められた点は大きな改善点であるが，根拠が要綱である点や，それに伴って開示請求権が認められていないと解される点など，なお改善の余地があるように思われる[50]。以下では，開示制度の根拠の法形式，適用領域，救済手続について立法論的な検討を加える。

---

48)　前掲東京地判平成16年6月24日。同判決は，違法性の判断の中で，「本件要綱の制定，実施によって司法行政文書の開示がされることに伴い，開示を受ける者は当該文書に記載された情報に接し，これを摂取することができるのであるから，本件要綱がこのような自由を権利として具体化する趣旨で定められたものではないとしても，本件要綱に基づいて司法行政文書の開示を求めることは理由なく妨げられは〔ママ〕ならないものというべきであって，このような利益も不法行為法上の保護の対象になり，開示申出を受けた最高裁判所の担当職員は，開示を申し出た者に対して，不当に同人の上記のような利益を妨げることのないように適切に本件要綱を解釈，適用すべき職務上の法的義務を負うものと解される」と述べている。控訴審である前掲東京高判平成17年2月9日は，最高裁の措置に違法はないとして，原判決を取り消し，請求を棄却しているが，「本件については，本件要綱に基づく文書の不開示措置によって侵害され，かつ，国家賠償法上も保護されるべき私的権利ないし利益の存在を観念することができるかなどほかにいくつかの問題点はある」としつつ，これらの点に関する判断を留保している。

49)　前掲東京地判平成24年12月6日は，旧要綱に基づいて開示が拒否されたのに対し，損害賠償が求められた事案について，旧要綱は開示申出をした者に開示を受ける法的利益を付与したものではないから，国賠法上の責任が成立する余地はないとして，請求を棄却している。

50)　櫻井敬子『行政法講座』（第一法規，2010年）64頁は，「司法権の独立という観点から裁判所の特質に見合った情報公開制度を整備する理由があるとしても，そうであれば，最高裁は現在のような要綱レベルの適当な仕組みではなく，最高裁判所規則をもって，開示請求権者，開示請求の手続，開示・不開示の決定，不服申立て，裁判的救済などについて，法的にきちんとした制度を構築する責任がある」と指摘する。

第 1 部　情報公開

(ア)　法　形　式

　まず，開示請求権を明確に認めるためには，現在のような要綱ではなく，裁判所規則によって定めることが必要である。

　また，新要綱等は最高裁判所のホームページで公表されているが，これは事実上の措置にすぎない。裁判所規則であれば，官報における公布が義務付けられているため（裁判所公文方式規則 2 条），説明責任の観点からも，裁判所規則で定めるべきである。

(イ)　適用領域

　上記のように（(a)(ア)），新要綱の対象となる「司法行政文書」の範囲については不明確な点が残っている。したがって，まず，この点について明確な定義規定を置くべきではないかと思われる。

　また，「裁判事務」と「司法行政事務」を峻別し，前者に係る文書には要綱が適用されないという見解がある（(a)(ア)参照）。この点はなお検討を要するが，仮にこのような見解が正しいとすれば，訴訟記録以外の「裁判事務」に係る文書について，現行制度上は開示制度が欠けていることになり，何らかの手当をする必要がある。

(ウ)　救済手続

　司法行政文書について開示請求権を認めた場合，その救済手続をどうするかが問題となりうる。選択肢としては，①一般的な行政訴訟制度による，②抗告や準抗告の制度を適用する，③特別の争訟制度を設けるなどが考えられる。この点は，開示の申出及び苦情の申出について，どの機関が判断するかも関係する。

　新要綱では，開示の申出については「裁判所」が，苦情の申出については「最高裁判所」が，それぞれ判断することとされている。ここにいう「裁判所」または「最高裁判所」が具体的にいかなる機関を指すかは必ずしも明確ではないが（(a)(イ)参照），仮にそれが裁判官会議等であれば，これらの機関がした行為について，裁判所が果たして適切に審査できるかが問題となりうる。

　他方で，上記の「裁判所」等が裁判所の職員（秘書課長等）を指すものとすれば，民事訴訟記録の閲覧制度が参考になる。すなわち，民事訴訟記録については，裁判所書記官に対して閲覧を請求し（民事訴訟法 91 条 1 項），その処分に

48

第3章 裁判所における情報公開

対する異議の申立てについては，その裁判所書記官の所属する裁判所が決定で裁判をし（同121条），これに対しては抗告ができる（同328条1項）[51]。

上記の選択肢について検討すると，①は，開示請求に対する決定を行政事件訴訟法上の「処分」として位置付け，開示請求者による取消訴訟または義務付け訴訟，第三者による差止訴訟または取消訴訟を認めることとなる。現在の訴訟手続では，開示の申出の対象となった文書を書証として法廷に提出することが困難であるとの指摘がある[52]。しかし，この点は行政機関における情報公開についても当てはまるから，救済手続として不適当であるとする理由とはならないように思われる。インカメラ審理[53]の導入によって解決すべき問題であろう。

②の抗告や準抗告については，相手方の主張が抗告人等に知らされず，対審手続として十分ではないとの指摘がある[54]。

いずれの制度を設けるにせよ，簡易迅速な救済も必要であるから，現在の審査会への諮問制度は存置すべきであろう。

4 おわりに

本稿の検討結果をまとめると次の通りである。裁判所における情報公開は，憲法上の国民主権によって要請されている。裁判の公開については，「裁判の公正」という固有の意義があるが，司法行政文書の公開については，一般の情報公開と同様に考えることができる。現行制度（新要綱）については，第三者機関の関与が認められた点は大きな進歩であるが，その根拠，適用範囲，救済

---

51) なお，刑事確定訴訟記録法によれば，刑事被告事件に係る訴訟の記録については，保管検察官に対して閲覧を請求し（4条1項），保管検察官の処分に不服があるときは，その保管検察官が所属する検察庁の対応する裁判所にその処分の取消しまたは変更を請求することができる（8条1項，準抗告）。

52) 押切ほか・前掲注25)173頁，藤永ほか編・前掲注30)73頁［古田執筆］。

53) インカメラ審理については，さしあたり村上裕章「情報公開訴訟におけるインカメラ審理」法政研究77巻4号（2011年）621頁〈本書340頁〉参照。

54) 福島・前掲注17)828頁，梅田・前掲注30)95頁以下。福島編・前掲注28)258頁以下［石塚伸一執筆］も参照。

第 1 部　情報公開

手続等になお改善の余地がある。

　もっとも，裁判所における情報公開の憲法上の位置付け，立法論としての制度設計等についてはなお検討すべき点が残されている。また，この問題を考えていく上で，比較法的研究が有益ではないかと思われる。これらについては今後の課題としたい。

　　　　＊本稿は，科学研究費 16H03544 及び 15H03291 の成果の一部である。

■第4章

公益上の理由による裁量的開示

1　はじめに

　行政機関の保有する情報の公開に関する法律（以下「法」という）7条は，「行政機関の長は，開示請求に係る行政文書に不開示情報……が記録されている場合であっても，公益上特に必要があると認めるときは，開示請求者に対し，当該行政文書を開示することができる」と定める。行政機関の保有する個人情報の保護に関する法律16条，独立行政法人等の保有する情報の公開に関する法律7条，独立行政法人等の保有する個人情報の保護に関する法律16条にも同趣旨の規定がある。

　本章では，法7条の規定（以下「本条」という）について，その趣旨（2），適用（3）及び争訟手続における審査（4）を解説し，最後に課題と展望を述べる（5）。

2　本条の趣旨

(1)　本条の趣旨

　開示請求に係る行政文書に，法5条に定める不開示情報が記録されている場合であっても，行政機関の長が公益上特に必要があると認めるときは，開示請求者に対し，当該行政文書を開示することができることを定めた規定である。

　不開示情報については，公益との比較衡量が予定されているものもあるが，

第1部　情報公開

不開示情報に当たるにもかかわらず，個別具体的な場合において，不開示とすることにより保護される利益に優越する公益上の理由があると認めるときに，行政機関の長の高度の行政的判断により，開示することを認めたものである（情報公開法要綱案の考え方〔以下「考え方」という〕4 (8)）。

　本条の法的意味については，不開示事由に当たる場合には開示が禁止されており，本条がその例外を認めたものと解する創設規定説（考え方4 (8)，宇賀克也『新・情報公開法の逐条解説〔第5版〕』〔有斐閣，2010年〕114頁）と，不開示情報に当たる場合であっても，行政機関による開示は禁止されておらず，本条はその旨を確認したにすぎないと解する確認規定説（右崎正博ほか「コンメンタール情報公開法」法時71巻8号（1999年）29頁〔右崎執筆〕，松井茂記『情報公開法〔第2版〕』〔有斐閣，2003年〕136頁，北沢義博＝三宅弘『情報公開法解説〔第2版〕』〔三省堂，2003年〕119頁，高橋滋ほか編著『条解行政情報関連三法』〔弘文堂，2011年〕375頁〔北沢義博執筆〕）が対立している。

　本条の適用例は必ずしも多くない。総務省の施行状況調査によれば，2001（平成13）年度から2011（平成23）年度まで32件にすぎず，近年は適用事例が減少していたが，平成23年度はやや持ち直している（2001年度16件，2002年度4件，2003年度1件，2004～2006年度0件，2007年度1件，2008・2009年度0件，2010年度2件，2011年度8件）。

(2)　制定の経緯

　法制定前においては，不開示情報の定め方は様々であり，また，不開示情報に当たる場合に，裁量的な開示が認められるかについても見解が分かれていた（藤原静雄『情報公開法制』〔弘文堂，1998年〕107頁以下など参照）。最判平成13年3月27日民集55巻2号530頁は，「公開してはならない」と「公開しないことができる」を書き分けている大阪府条例の後者の規定について，裁量的開示を認めたものと解していた。

　行政機関情報公開法の制定に際しては，当初から，裁量的開示を明示的に認める方針がとられた。もっとも，行政改革委員会行政情報公開部会の中間報告においては，不開示情報のうち，個人情報に当たる場合については適用が除外されていた。

第 4 章　公益上の理由による裁量的開示

　これに対し，個人に関する情報であっても，公益上の理由による裁量的開示の必要性が皆無とまでは言い切れないとの意見があり，最終答申においては，個人情報についても適用を認めることとされた（宇賀克也『情報公開法の理論〔新版〕』〔有斐閣，2000 年〕33 頁）。

　法案化にあたっては，最終答申における「不開示情報の規定により保護される利益に優越する公益上の理由があると認めるときは」という文言が若干変更されているが，その趣旨は変わっていないと解される（角替晃「情報公開法 6 条〜8 条」ジュリ 1156 号〔1999 年〕57 頁，松井・前掲 137 頁，北沢＝三宅・前掲 119 頁以下，高橋ほか編著・前掲 374 頁［北沢執筆]）。国会においても同様の答弁がなされている（畠基晃『情報公開法の解説と国会論議』〔青林書院，1999 年〕89 頁以下参照）。

3　本条の適用

(1)　適用領域

　本条は，開示請求に係る行政文書に不開示情報が記録されている場合に適用される。本法 5 条各号に定める不開示情報が記録されている場合のほか，当該行政文書の存否を答えるだけで不開示情報を開示することとなる存否応答拒否の場合（法 8 条）にも適用がある（大阪地判平成 16 年 9 月 8 日裁判所 HP 及び大阪高判平成 17 年 7 月 28 日裁判所 HP，神奈川県条例について同旨，横浜地判平成 14 年10 月 23 日判自 244 号 98 頁）。

　これに対し，法が適用されない場合については，本条を適用する余地はないと解される（刑事訴訟法 53 条の 2 による適用除外につき，大阪地判平成 16 年 1 月 16日訟月 51 巻 1 号 8 頁）。

(2)　実体的要件

　本条においては，「公益上特に必要があると認めるとき」とされているが，これは，不開示情報の規定により保護される利益と，開示することによる利益を比較衡量し，後者が優越する場合を意味すると解される（総務省行政管理局編『詳解情報公開法』〔財務省印刷局，2001 年〕91 頁）。「開示することができる」という文言や，本条の見出しから，本条の適用については，行政機関の長に裁量が

53

第 1 部　情報公開

認められる。

　比較衡量の対象となる「公益」の評価に際して，考慮の対象を開示による一般的な公益に限定すべきか，開示請求者の個別具体的な事情も含めるべきかが問題となる。本法が行政機関の保有する情報の「公開」を目的としていること，開示請求者の如何を問わない制度となっていることからすると，請求者の個別具体的な事情を捨象して，開示によって一般的に得られる公益のみを考慮すべきであると考えられる（大阪狭山市条例について，大阪地判平成 20 年 1 月 16 日判タ 1271 号 90 頁）。したがって，行政文書に含まれた個人情報の本人が開示を認めていることは，考慮要素とはならないと解されるし（反対，東京高判平成 19 年 6 月 27 日 LEX/DB25480638），本条によって個人情報の本人開示を認めることもできないと解される（反対，高橋ほか編著・前掲 377 頁〔北沢執筆〕）。

　中間報告において個人情報についてはこの規定の適用が除外されていたことからもわかるように，個人情報については特に慎重な判断が求められる（角替・前掲ジュリ 1156 号〔1999 年〕57 頁，松井・前掲 138 頁，宇賀・前掲情報公開法の逐条解説 114 頁）。「考え方」においても，「行政機関の長が開示することの公益性を判断するに当たっては，個々の不開示情報の規定による保護利益の性質及び内容を考慮し，これを不当に侵害することがないようにしなければならない。とりわけ，個人の人格的な利益その他憲法上保障されている利益については，慎重な配慮が求められる」（同 4（8））と述べられていた。

(3)　手　　続

　開示請求者以外の第三者に関する情報が記録されている行政文書を，本条を適用して開示しようとするときは，行政機関の長は，当該第三者に対して，意見書提出の機会を与えなければならない（法 13 条 2 項 2 号）。

4　争訟手続における審査

(1)　不服申立て

　不服申立てにおいては，原処分の当不当も審査することが可能であるから（行審 1 条 1 項），不服審査庁は本条の適用について審査することができ，審査

会も同様である（考え方4 (8)，角替・前掲ジュリ1156号57頁，宇賀・前掲情報公開法の逐条解説115頁）。もっとも，これまで，諮問庁の意思に反して審査会が裁量的開示を答申した例はない（諮問庁による裁量的開示の主張を妥当としたものとして，内閣府審査会答申平成22年度（行情）559号）。

(2) 訴　訟

　上記のように，本条の適用については，行政機関の長に裁量が認められるから，裁量的開示に係る決定が違法となるのは，裁量権の逸脱濫用がある場合に限られる（行訴30条）。立証責任を負うのは，本条の適用を主張する者である（高橋ほか編著・前掲376頁［北沢執筆］）。すなわち，不開示決定が争われている場合は原告（大阪地判平成16年1月16日訟月51巻1号8頁，東京地判平成21年5月21日LEX/DB25480666），開示決定が争われている場合は被告（行政機関個人情報保護法につき，東京地判平成22年2月19日LEX/DB25480654）である。

　本条に基づき裁量的開示を命じた判例はない。高知地判平成17年5月27日判タ1237号217頁及び高松高判平成18年9月29日判タ1237号211頁は，本法と異なり，「開示するものとする」と規定する高知県条例につき，公益を理由とする開示を命じている。また，埼玉県条例に関するさいたま地判平成14年11月20日判自243号22頁の事案においては，行政側が立証の必要上裁量的開示を行っている。

5　課題と展望

　上記の通り，本条の適用例は少なく，また，本条の適用を命じた答申例や判例もみられない。そこで，本条を改正し，公益上特に必要がある場合に開示を義務付ける規定とすべきであるとの見解がある（北沢＝三宅・前掲121頁，第二東京弁護士会編『情報公開・個人情報保護審査会答申例 ポイントの解説』〔ぎょうせい，2009年〕86頁，234頁，高橋ほか編著・前掲377頁［北沢執筆］）。また，情報公開法改正法案は，本条があまり機能していないとの認識に立ち，内閣総理大臣による勧告の制度を設けることとしている（村上裕章「情報公開法改正案の検討」法時84巻1号〔2012年〕74頁〈本書61頁〉参照）。

■第5章

情報公開法改正案の検討
──インカメラ審理を中心として──

1 はじめに

　本章では，2011（平成23）年の第177回国会に提出された「行政機関の保有する情報の公開に関する法律等の一部を改正する法律案」[1]を検討する。以下では，インカメラ審理に関する規定を除く部分について簡単にコメントした上で（2），インカメラ審理について若干詳しい考察を加える（3）。紙幅の関係上文献等の引用は最小限にとどめた。

2 情報公開法改正案について

(1) 目的規定

　改正案は目的規定に「国民の知る権利を保障し」という文言を挿入している（1条）。現行法が「知る権利」を明文化していないことに対しては根強い批判があり，改正案はこの点に決着をつけるものである[2]。「知る権利」は現行法

---

[1]　本稿では「行政機関の保有する情報の公開に関する法律」を「情報公開法」または「現行法」といい，同法の改正法案を「改正案」という。法律名を明記していない条文は，文脈に応じて現行法または改正案の条文を指す。

[2]　情報公開法制定後の事情として，最決平成21年1月15日民集63巻1号46頁の補足意見が請求権としての知る権利に言及したことがある（宇賀克也「情報公開法改正の動向と課題」季報情報公開・個人情報保護40号〔2011年〕73頁，藤原静雄「情報公開法改正案の概要」季報情報公開・個人情報保護41号〔2011年〕7頁注5）。

に明記されている「説明責任」を国民側から表現したものと解され[3]，この改正に過大な期待を寄せるべきではないと思われる[4]。

(2) 不開示情報

(a) 権利濫用

改正案は権利濫用等を理由とする開示拒否を明文で認めている（5条ただし書）。現行法上も可能と解されているが[5]，実際に権利濫用が認められた例は多くない[6]。「行政透明化検討チームとりまとめ」（2010年8月24日，以下「とりまとめ」という）では明文化の合意はなかったようであるが[7]，法案作成過程で条文化された。法の一般原則である権利濫用は明文規定がなくとも適用され，明文化によって要件が緩和されるとも解されないので，上記改正の必要性には疑問もある。

(b) 個人情報

改正案は公務員の氏名（5条1号ハ）及び審議会等の構成員の氏名等（同号ニ）を原則開示としている。制度運営に関する検討会の提言[8]に基づき，既に公表慣行情報（同号イ）とされているが[9]，明文化が望ましいことは言うまでもない。

(c) 法人等情報

改正案は非公開約束情報（5条2号ロ）を削除している。この条項については，濫用のおそれがあり，他の条項（5条2号イや6号）によって対応可能であるな

---

3) 宇賀・前掲注2)73頁。

4) 松村雅生「情報公開法改正の動きと諸論点」警察政策13巻（2011年）61頁。

5) 総務省行政管理局編『詳解情報公開法』（財務省印刷局，2001年）99頁以下参照。

6) 権利濫用の肯定例として，横浜地判平成14年10月23日，東京高判平成15年3月26日，最決平成15年9月25日が，否定例として，東京地判平成15年10月31日がある（いずれも判例集未登載，LEX/DBに収録）。

7) 藤原・前掲注2)3頁は，「ただし書の挿入は，政府案策定過程における各府省との法令協議の結果と推測されるが，論議を呼ぶものと思われる」と指摘する。

8) 行政管理研究センター編『情報公開制度改善のポイント』（ぎょうせい，2006年）77頁以下。

9) 情報公開に関する連絡会議申合せ「各行政機関における公務員の氏名の取扱いについて」及び「懇談会等行政運営上の会合における発言者の氏名について」（平成17年8月3日）。

第1部　情報公開

どとして，不要論が強かった[10]。削除に対しては，不開示となるか不明確に
なるため，法人等からの情報収集が困難となるとの批判もある[11]。しかし，
非公開約束情報の合理性要件についても同様の問題はあるので，このような危
惧は必ずしも当たらないように思われる。

(d)　国家安全情報及び公共安全情報

現行法5条3号及び4号は，「おそれがあると行政機関の長が認めることに
つき相当の理由がある情報」と定め，行政判断を尊重する趣旨と解されてい
る[12]。「とりまとめ」は，司法審査が過度に抑制されたり，原告に過重な立証
負担が課される場合があるとして，「おそれがある情報」とするか，「相当の理
由」を「十分な理由」とすることを提案していたが，改正案は後者を選択した。
もっとも，こうした文言の修正[13]がどの程度の効果をもつかは明らかでない。
両条項については，制定過程では比較的狭い裁量が想定され[14]，国会審議に
おいて被告に立証責任がある旨明言されていた[15]にもかかわらず，広範な裁
量を認めたり，原告に立証責任を課す裁判例があり，現行法の解釈としても疑
問がある。いずれにせよ，インカメラ審理の導入により審査の厳格化が期待で
きる。

(e)　審議検討情報

改正案は「不当に国民の間に混乱を生じさせるおそれ」という文言を削除し
ている（5条5号）。国民に対する不信の表れともとられかねない文言であり，
削除は当然であろう。

---

10)　さしあたり村上裕章・季報情報公開8号（2003年）26頁〈本書147頁〉参照。

11)　宇賀・前掲注2)74頁，藤原・前掲注2)3頁も，情報収集への支障を指摘する。

12)　総務省行政管理局編・前掲注5)62頁以下。

13)　刑事訴訟法における緊急逮捕（210条）と逮捕状による逮捕（199条）の要件の違いを参
　　考にした表現であると説明されている（藤原・前掲注2)4頁）。

14)　情報公開法研究会『情報公開制度のポイント』（ぎょうせい，1997年）62頁以下，村上
　　裕章・季報情報公開12号（2004年）20頁〈本書390頁〉。

15)　第145国会参議院総務委員会における瀧上信光行政管理局長の答弁（平成11年3月11
　　日）。畠基晃『情報公開法の解説と国会論議』（青林書院，1999年）64頁，松井茂記『情報
　　公開法〔第2版〕』（有斐閣，2003年）244頁，村上・前掲注14)20頁〈本書390頁〉参照。
　　宇賀・前掲注2)75頁は立証責任を明文で規定することを提案する。

第 5 章　情報公開法改正案の検討

(f)　部分開示

　現行法は，不開示部分を「容易に」区分して除くことができ，残余部分が「有意の情報」である場合に部分開示を義務付けているが，改正案は，区分して除くことが「困難であるとき」を除き，部分開示を命じている（6 条 1 項）。判例[16]のとる「情報単位論」（不開示事由に該当する独立した一体的な情報を更に細分化して開示する義務はないとする考え方）を否定する趣旨の改正である。情報単位論は立法者も想定していなかった独自の解釈に基づくもので[17]，法改正による是正は容易ではない[18]。改正案によって目的を達成できるか定かでないが，立法者意思の明示による判例の実質的変更を意図したものとも解される[19]。

(3)　開示手続

(a)　理由付記

　改正案は理由付記の規定を新設し，とくに文書不存在について，「当該行政文書の作成又は取得及び廃棄の有無その他の行政文書の保有の有無に関する理由」の記載を義務付けている（9 条 3 項）。行政手続法 8 条によってもこの程度の理由付記は必要と解されるが，現実には不十分な理由付記が少なくないことから，有意義な改正である。

(b)　開示決定等の期限

　改正案は，①開示決定等の期限を 30 日から 14 日（ただし休日を除く）に短縮し（10 条 1 項），②見なし拒否処分制度を新設している（10 条 3 項，11 条 3 項）。①は地方公共団体の一般的な期限に合わせるものであるが，組織規模や文書量等の違いに照らして適切か，安易な不開示決定を助長しないか等の問題もある。②は処分遅延への対応策であるが，義務付け訴訟が明文化された現在，その効

---

　16)　最判平成 13 年 3 月 27 日民集 55 巻 2 号 530 頁。

　17)　藤原静雄「交際費支出関係情報の公開の是非と部分公開のあり方」季報情報公開 1 号
　　　（2001 年）33 頁など参照。

　18)　宇賀・前掲注2)76 頁，松村・前掲注4)67 頁。

　19)　藤原・前掲注2)4 頁，松村・前掲注4)67 頁参照。

第 1 部　情報公開

果は限定されたものと解される[20]。

(c)　手　数　料

改正案は，①開示請求手数料を原則廃止し，②会社等による請求の場合にのみこれを徴収することとし（16 条 1 項），③期限の特例による場合に開示実施手数料の予納制度を設けている（16 条 5 項ないし 7 項）。①は請求者の負担軽減となる一方，濫用的請求の増加を招く可能性も否定できない。②は営利的利用対策であるが，個人名義で請求すれば容易に潜脱できるのではないか，実質的な請求者を詮索するとかえってコストがかかるのではないか，マスメディアやジャーナリストからも徴収するのか等の疑問もある。③は濫用的請求対策であり，大量の文書の開示請求を行いながら閲覧等を行わなかったり，実施手数料を納付しない例もあるので，こうした場合には有効である。

(4)　不服申立て

(a)　諮問までの期間

情報公開・個人情報保護審査会（以下「審査会」という）への諮問が迅速でないとの批判があり，制度運営に関する検討会の提言[21]に基づき運用上の対応が行われたが[22]，改善には至っていなかった。改正案は，不服申立てから諮問までの期間が 90 日を超えた場合，諮問までの期間とそれが 90 日を超えた理由を施行状況の報告（27 条 1 項）に記載するよう義務付けている（18 条 2 項）。報告への記載で十分か，効果を検証する必要がある。

---

20)　通常は不作為の違法確認訴訟と（申請型）義務付け訴訟を提起すべきであるのに対し，見なし拒否処分の制度があれば同拒否処分取消訴訟と義務付け訴訟を提起できるが，その違いは大きくない。しかし，不服申立てについては事情が異なる。審査会への諮問は「開示決定等」について不服申立てがなされた場合に必要であるが（18 条），不作為の場合は「開示決定等」が存在しないので，諮問は必要ない。これに対し，見なし拒否処分制度があれば諮問が必要となるので，この点は改善となる（宇賀・前掲注2）78 頁）。なお，見なし拒否処分の取消訴訟については，処分理由が存在しないため，裁判所はいかなる審理を行うべきかが問題となるが，この点については宇賀・前掲注2）78 頁参照。

21)　行政管理研究センター編・前掲注8）299 頁以下参照。

22)　情報公開に関する連絡会議申合せ「不服申立て事案の事務処理の迅速化について」（平成 17 年 8 月 3 日）。

(b) 裁決に係る内閣総理大臣の勧告

改正案は，行政機関の長の内閣総理大臣への通知と，同大臣による勧告の制度を設けている（21条）。裁量的開示（7条）が実際上あまり機能していないとの認識から，内閣総理大臣にその活用を期待する趣旨である。「とりまとめ」は内閣総理大臣の同意を背景とした措置要求としていたが，法案化の過程で勧告に修正された。しかし，裁量的開示が設けられたのは，①5条各号は開示を禁止する趣旨と解されうるところ，例外的な開示の可能性を明示する必要があったこと，②5条各号で公益が考慮されているが，なお公益上開示が必要な場合も想定されることによるもので[23]，頻繁な利用が予定されていたわけではないと思われる。また，上記勧告制度については，①対象案件が多数に上ると予想され[24]，かなりのコストを要するのではないか，②個別分野の問題について内閣総理大臣（またはその補佐組織）が政策的判断を行うことは可能ないし望ましいか[25]，③内閣総理大臣が審査会の上級審的存在となり，屋上屋を架す結果になるのではないか[26]，といった疑問もある[27]。

(5) 訴　訟

(a) 管轄及び移送の特例

行政事件訴訟法改正によって特定管轄裁判所の制度が設けられたが（同法11条4項），改正案はこれをさらに進め，情報公開訴訟について，原告の普通裁判籍の所在地を管轄する地方裁判所にも管轄を認めている（22条1項）。地方居住者の実効的救済に資する改正であり，行政事件訴訟法への波及も期待される[28]。

---

23) 宇賀克也『新・情報公開法の逐条解説〔第5版〕』（有斐閣，2010年）113頁以下，松村・前掲注4)69頁参照。

24) 宇賀・前掲注2)76頁以下によれば，年間500件超が予想される。

25) 松村・前掲注4)70頁は，所管の大臣が関与していない点が問題であると指摘する。

26) 「その他の必要な措置を講ずべき旨の勧告」という文言からは，審査会の判断を実質的に覆す余地すらあるように思われる。

27) 藤原・前掲注2)5頁は，審査会の答申に従わない場合に内閣総理大臣が登場するシステムの方が実効的であるとする。

28) 宇賀・前掲注2)81頁，藤原・前掲注2)6頁。

第 1 部　情報公開

(b)　釈明処分の特例

　改正案は，裁判所が被告に対してヴォーン・インデックス（行政文書に記録されている情報の内容等を分類・整理した資料）の提出を求めうる旨を定める（23条）。不開示情報該当性については被告に主張立証責任があるので，被告は行政文書の内容やそれが不開示情報に該当する理由を説明しなければならない。ヴォーン・インデックスは，対象文書が大量である場合や，不開示部分が多岐にわたる場合にとくに有効である。

(6)　情報提供

　改正案は，基礎的な情報等の提供（25条1項），既開示文書の提供（同条2項），情報の提供に関する施策の充実（同条3項）を規定しており，いずれも有益な改正である。

(7)　内閣総理大臣の役割

　改正案は，情報公開法及び独立行政法人等の保有する情報の公開に関する法律（以下「独立行政法人等情報公開法」という）の所管を，総務省から内閣府に移している（内閣府設置法4条3項41号の2）。これらの法律と密接に関連する公文書管理法が内閣府の所管であることから，適切な改正である。上記の勧告のほか，案内所の整備（26条2項），報告（27条），改善に係る勧告（28条）も内閣総理大臣の権限とされている。行政機関の保有する個人情報の保護に関する法律等も同様の扱いとすることが望まれる[29]。

3　インカメラ審理について

　情報公開訴訟では，不開示決定等の対象となった行政文書を法廷に提出すると訴訟目的が達成されてしまうので，裁判官のみが当該行政文書を見分する審理方法（インカメラ審理）の必要性が指摘されていた。改正案はこれを「弁論期日外証拠調べ」として規定している（24条）。

---

　29)　宇賀・前掲注2)84頁。

(1) 適用領域

　インカメラ審理は「情報公開訴訟」に適用される（24条1項）。情報公開訴訟とは「開示決定等又はこれに係る不服申立てに対する裁決若しくは決定に係る抗告訴訟」である（22条1項）。取消訴訟以外の抗告訴訟も含まれ，いわゆる逆 FOIA 訴訟（開示請求者以外の第三者が提起する訴訟）も対象となる。独立行政法人等情報公開法 23 条にも同旨の規定があり，公文書管理法 22 条 2 項でこの規定が準用されている。改正法 24 条は情報公開条例に基づく処分等にも準用されている（30条）。「とりまとめ」は条例への適用を慎重に検討するとしていたが，国と地方で異なった制度とする理由はないから，妥当な改正である[30]。個人情報保護制度への導入も検討すべきである[31]。

(2) 実体的要件

　改正案は，「事案の内容，審理の状況，前条の規定する資料〔＝ヴォーン・インデックス〕の提出の有無，当該資料の記載内容その他の事情を考慮し，特に必要があると〔裁判所が〕認めるとき」と定める（24条1項）。インカメラ審理の実施については，裁判所の裁量に委ねざるを得ないが[32]，おおむね妥当な要件ではないかと思われる。

(3) 手　　続

(a) 手続の形式

　改正案は，口頭弁論期日外における，当事者を立ち会わせない，文書の証拠調べまたは検証とする（24条1項）。検証も含まれているが，文書の形状等を対象とする場合を想定しているのであろうか[33]。口頭弁論期日外の手続とし

---

[30]　宇賀・前掲注2) 82 頁，藤原・前掲注2) 6 頁，松村・前掲注4) 79 頁，村上裕章「情報公開訴訟におけるインカメラ審理」法政研究 77 巻 4 号（2011 年）26 頁以下〈本書 366 頁〉。

[31]　村上・前掲注30) 27 頁〈本書 366 頁〉。

[32]　村上・前掲注30) 28 頁〈本書 367 頁以下〉。

[33]　従来，書証については当事者の閲覧を禁じることができないことから，検証による実質的なインカメラ審理の実施が模索されてきたが，明文規定によって導入する場合にはむしろ書証とすべきと解されることについては，村上・前掲注30) 29 頁〈本書 368 頁〉参照。

第1部　情報公開

ている点については，公開の法廷における証拠調べが適切でない場合も想定されるので，妥当と思われる[34]。

(b) 申 立 て

インカメラ審理は「申立てにより」行う（24条1項）。被告による申立ても可能と解される。インカメラ審理はとくに原告の権利制限となるので，被告の申立てを認めないことも考えられるが[35]，当事者の同意が要件とされているので，この点は問題ないと思われる。

(c) 当事者の同意

改正案は，当事者の同意を要件とした上で（24条1項），国の重大な利益を害する場合等を除き，被告は同意を拒否できないと定める（同条2項）。「とりまとめ」は，当事者の同意を要件としつつ，当事者から「行政機関の長及び独立行政法人等」を除外していたが，法案化の過程で被告が同意を拒否できる制度とされた。裁判官の守秘義務について明確な罰則付きの法令上の規定がないとの行政側の懸念[36]に配慮したもののようである。しかし，被告の同意を要件とすることには疑問がある。後述するように，改正案では文書の「提示」も可能とされ，行政機関の庁舎内で裁判官が文書を見分することもできるが，それでも提示を拒否すべき場合があるとは考えがたい。裁判官の守秘義務については，裁判所法75条2項，裁判官分限法，裁判官弾劾法などがあり，重ねて刑事罰を設けることが必要か疑問もある。また，改正案によれば，被告が文書の提出等を拒否した場合，裁判所はその当否を判断する材料をもたないことから，被告の主張を鵜呑みにせざるをえないように思われる。裁判所が被告の主張を認めなかった場合，にもかかわらず被告が文書の提出等を拒否すれば，裁判所は被告敗訴の判決を言い渡すべきであろうか。被告が文書を開示すれば著しい支障が生じかねないし，判決に従わなければ裁判所の威信は大きく損なわれる。したがって，改正案の制度設計には重大な問題があるように思われる。

34）　村上・前掲注30）31頁〈本書370頁〉。

35）　村上・前掲注30）30頁〈本書369頁〉。

36）　松村・前掲注4）83頁参照。

(d) ヴォーン・インデックスとの関係

「とりまとめ」と異なり，改正案はヴォーン・インデックスの提出をインカメラ審理の要件としていない（24条1項）。ヴォーン・インデックスは文書が大量である場合等に有益であるが，常に必要とは解されない[37]。しかし，原告の反論権保障の観点から，インカメラ審理を実施した場合，裁判所は，不開示情報を開示することにならない範囲で不開示情報該当性を具体的に説明するよう，被告に釈明を求めるべきである。

(e) 文書提示（提出）義務

裁判所がインカメラ審理をする旨を決定したときは，被告は当該行政文書を裁判所に提出し，または提示しなければならない（24条3項前段）。「とりまとめ」は「提出」のみを定めていたが，改正案は「提示」を加えている。「提示」については，情報公開・個人情報保護審査会設置法（以下「設置法」という）9条1項前段に定めがあり，行政文書を裁判所に提出して保管させるのではなく，裁判官に直接見せることを意味すると解されている[38]。行政機関の庁舎内で閲覧に供することも含まれる。庁舎から持ち出すことに支障がある行政文書も想定されるので，妥当な措置と思われる[39]。

(f) 開示請求の禁止

被告が提出等した行政文書については，何人も開示を求めることができない（24条3項後段）。インカメラ審理の性質から当然の規定である。

(g) 被告の立会

裁判所が相当と認めるときは，インカメラ審理に被告を立ち会わせることができる（24条4項）。裁判所が行政文書の意味を十分に把握できない場合もあるので，現実的な規定と思われるが，原告の審問請求権が制約される点で問題もある[40]。

---

[37] 村上・前掲注30）30頁〈本書369頁以下〉。
[38] 高橋滋ほか編『条解行政情報関連三法』（弘文堂，2011年）493頁［村上裕章執筆]〈本書377頁〉。
[39] 村上・前掲注30）49頁注63〈本書370頁注63）〉。
[40] 松村・前掲注4）83頁，村上・前掲注30）31頁以下〈本書371頁〉。

第1部　情報公開

⒣　文書不存在・存否応答拒否への対応

　文書不存在の場合はインカメラ審理の対象文書が存在せず，存否応答拒否の場合は文書の存否を明らかにできないから，いずれの場合もインカメラ審理は実施できない。審査会等では資料提出を求めて審理するのが一般であるが，訴訟の場合は無理である。そこで，請求対象文書以外の資料にもインカメラ審理を認めることが考えられる[41]。改正法にはこの点の規定がないので，上記の場合はインカメラ審理ができないものと解される。

⑷　憲法上の問題

　「とりまとめ」は裁判官の全員一致を要件とし，憲法82条の適用を前提としていたものと解されるが[42]，改正案はこれを要件としていない。その理由は明らかでないが，口頭弁論期日外に両当事者の立会なく証拠調べを行うから，「裁判の対審」には当たらず，憲法82条の射程外である，という解釈によるのかもしれない。インカメラ審理には憲法82条の適用はないとの見解もあるが，改正案のように証拠調べを公開の法廷外で行う場合は，同条の適用を認めざるをえないように思われる[43]。上記のような解釈によれば，当事者の立会を排除すれば裁判の公開は不要ということになりかねない。民事訴訟法223条6項等によるいわゆるインカメラ手続については，証拠採否の判断手続であり，証拠調べそのものを非公開で行うわけではないので，憲法82条の抵触問題は生じないとされていたこと[44]に照らしても，憲法82条の適用を前提とすべきではないかと解される。

4　おわりに

　改正案は現行法を多くの点で改善しており，早期成立が望まれる。もっとも，内閣総理大臣の勧告やインカメラ審理における被告の同意などには疑問もある。

---

　41)　村上・前掲注*30)*32頁以下〈本書372頁〉。
　42)　松村・前掲注*4)*78頁。
　43)　村上・前掲注*30)*7頁以下〈本書346頁以下〉参照。
　44)　鎌野真敬・曹時62巻12号（2010年）159頁注15）参照。

また，「とりまとめ」の検討過程は公開されているが，法案化段階で重要な修正があったにもかかわらず，その間の経緯は明らかではない。説明責任の観点から問題があり，国会での十分な審議を期待したい。

■第6章

集団食中毒の発生と情報提供のあり方
――O-157 東京訴訟控訴審判決を契機として――

1　はじめに

　1996（平成 8）年に大阪で発生した O-157 を原因とする集団食中毒事件において，厚生省（当時）は調査結果を迅速に公表し，情報公開の上での画期的な措置として注目された。しかし公表によって損害を受けた業者から国賠訴訟が提起され，2001（平成 13）年の最初の判決では国が勝訴したものの，2002（平成 14）年そして 2003（平成 15）年 5 月と公表の違法性を認める判決が相次ぎ，国側敗訴の流れが定着したかにも見える。本章では，食品がもつ特質を考慮しつつ，これまでの 3 つの判決に検討を加え，食品安全行政における情報提供のあり方について考えてみることにしたい。なお，紙幅の関係で損害賠償額及び損失補償の問題には立ち入らない。

2　事実の概要

　1996（平成 8）年 7 月中旬，大阪府堺市で小学校児童を中心に腸管出血性大腸菌 O-157 による集団食中毒（以下「本件集団食中毒」という）が発生し，死者 2 名，有症者 6561 名を出す大惨事となった。厚生省は大阪府及び堺市と協力して原因の究明にあたり，同年 8 月 7 日に「貝割れ大根については原因食材とは断定できないが，その可能性も否定できないと思料される」とする中間報告を，9 月 26 日に「堺市学童集団下痢症の原因食材としては，特定の生産施設

68

から7月7日，8日及び9日に出荷された貝割れ大根が最も可能性が高いと考えられる」とする最終報告を，それぞれ厚生大臣が記者会見で公表した（以下2つの報告を「本件各報告」，その公表を「本件各公表」という）。

上記中間報告を受けて，貝割れ大根が本件集団食中毒の原因である可能性がある旨の報道がされたため，貝割れ大根の売り上げは激減し，生産・販売業者は多大の損失を被った。そこで，貝割れ大根の生産業者を構成員とする権利能力なき社団 X_1，並びに貝割れ大根の生産・販売業者である X_2 らは，本件各公表は違法であり，それによって損害を受けたとして，Y（国）を被告として損害賠償訴訟を提起した。

第1審東京地判平成13年5月30日判時1762号6頁・判タ1085号66頁・訟月48巻5号1107頁[1]（以下「13年判決」という）は，公表に違法はないとして請求を棄却した。これに対し，控訴審東京高判平成15年5月21日判例集未登載[2]（以下「15年判決」という）は公表を違法とし，請求を認容したが，X らが控訴審で追加した損失補償請求の訴えは Y の同意がないとして却下した。

この訴訟とは別に，原因食材と疑われた貝割れ大根の生産業者 Z も国を被告として損害賠償訴訟を提起し，大阪地判平成14年3月15日判時1783号97頁・判タ1104号86頁[3]（以下「14年判決」という）は公表の違法性を認め，請求を認容した。

3　3判決の骨子

(1)　13年判決

本件各報告に不合理な点は認められず，公表については法律の根拠も必要ではない。公表が違法となるのは，「その公表行為が法律の趣旨に反したもので

---

1) 評釈として，久保茂樹・自治研究79巻1号（2003年）122頁，澁谷勝海『平成13年行政関係判例解説』（ぎょうせい，2003年）288頁，瀬川信久・判タ1107号（2003年）69頁，藤原静雄・判評529号（判時1806号）（2003年）6頁，阿部泰隆・判自236号（2003年）114頁。

2) 評釈として，鈴木秀美・法時75巻12号（2003年）116頁。

3) 評釈として，瀬川・前掲注1)，阿部・前掲注1)。

第1部　情報公開

あったり，公表の必要性や合理性が認められず，又は公表方法が不相当であって，その結果国民の経済的利益や信用を侵害した場合」である。本件各公表の目的，必要性・合理性，方法のいずれにも問題はなく，違法とは認められない。

(2) 15年判決

本件各報告には一定の疑問はあるが，結論として不合理な点はない。本件各公表は歴史的意義を有し，法律の根拠も必要ない。しかし，「目的，方法，生じた結果の諸点」から是認できるものであることを要し，注意義務に違反すれば責任が生じうる。本件各公表の目的（情報提供及び食中毒の拡大・再発防止）は適法だが，中間報告の公表方法には問題があり（「一般消費者及び食品関係者に『何について』注意を喚起し，これに基づき『どのような行動』を期待し，『食中毒の拡大，再発の防止を図る』目的を達しようとしたかについて，所管する行政庁としての判断・意見を明示したと認めることはできない」），それによって貝割れ大根一般が原因食材として疑われているとの誤解を招いたことは違法である。

(3) 14年判決

公表に法律の根拠は必要ではなく，また，名誉毀損の一般法理も適用されない。違法判断に当たっては，「公表の目的の正当性をまず吟味すべきであるし，次に，公表内容の性質，その真実性，公表方法・態様，公表の必要性と緊急性等を踏まえて，本件各報告を公表することが真に必要であったかを検討しなければならない」。その際には，公表による利益と不利益を比較衡量し，手段の相当性を判断し，手続保障の精神も尊重すべきである。本件各報告については，基礎となった調査に多くの不備があり，結局原因食材を確定できなかったというべきである。本件各公表は食中毒の拡大・再発防止ではなく，国民の不安解消のための情報公開を主な目的としていたが，右目的自体は正当である。しかし，本件各報告の内容及び記者会見の方法は貝割れ大根が原因食材であることを強く印象づけるものであり，上記調査結果に照らせば不相当である。中間報告については，十分な手続保障もないまま公表する緊急性・必要性は全く認められない。公表の方法・態様は，あたかも貝割れ大根が原因食材であることが確定的な事実であるかのような印象を与える結果となり，Zの名誉・信用が著

70

しく害されたと認められる。

4 検 討

(1) 食品の特質について

　本件のように食品の安全性が問題となる場合，食品が人の健康（場合によっては生命）に直接影響を及ぼすことを十分考慮する必要があると思われる。この点で参考になるのが「予防原則（precautionary principle）」の考え方である。これは「取り返しのつかない重大な影響については，科学的根拠または科学的知見が不十分であることを，費用対効果の高い対策の実施を延期する理由としてはならず，予防的対応をとるべきであるという原則」[4]であり，元来国際環境法上の考え方であるが，国内法にも取り入れられつつある[5]。

　欧州連合では，予防原則が様々な領域で採用されている状況に鑑み，2000年2月にその適用に関するガイドライン[6]を公表している。それによれば，同原則が適用されるのは，「潜在的なリスクが環境，並びに，人，動物及び植物の健康に対して影響を及ぼす懸念がある場合」である。したがって，人の健康に直接影響する食品行政はまさに予防原則を適用すべき分野といえる。実際，欧州連合が2002年1月に制定した食品の安全性に関する規則[7]は，予防原則

---

4)　淡路剛久編『環境法辞典』（有斐閣，2002年）338頁。環境法上の予防原則については，奥真美「EC環境法政策の動向」森島昭夫ほか編・環境問題の行方（ジュリ増刊，1999年）339頁，堀口健夫「国際環境法における予防原則の起源」国際関係論研究15号（2000年）28頁，同「予防原則の規範的意義」国際関係論研究18号（2002年）54頁，水上千之「予防原則」水上ほか編『国際環境法』（有信堂高文社，2001年）214頁以下，大塚直＝北村喜宣編『環境法学の挑戦』（日本評論社，2002年）17頁以下［淡路剛久執筆］，大塚直『環境法』（有斐閣，2002年）58頁以下，南博方＝大久保規子『要説環境法〔第2版〕』（有斐閣，2003年）90頁以下等参照。以上については畠山武道教授からご教示いただいた。

5)　環境基本法4条は「環境の保全は……科学的知見の充実の下に環境の保全上の支障が未然に防がれることを旨として，行われなければならない」と規定するが，これはむしろ予防原則と区別されるべき未然防止原則（prevention principle）を規定したものと見るべきかもしれない。大塚＝北村編・前掲注4)18頁［淡路執筆］，大塚・前掲注4)59頁参照。環境基本計画（第1次及び第2次）では本来の予防原則に近い表現がとられている。

6)　Communication from the Commission on the precautionary principle, 2.2.2002, COM (2000) 1 final.

7)　Regulation (EC) No 178/2002 of the European Parliament and of the Council of 28

第1部　情報公開

を基本原理の1つとして規定している[8]。

　わが国の食品衛生法においても，例えば有害な物質が含まれる「疑いがある」食品等の販売等を禁止する規定（4条2号）にみられるように，このような考え方が既にとられているのではないかと思われる[9]。この点については，チクロ使用禁止訴訟に関する東京地判昭和52年6月27日判時854号30頁・判タ349号168頁が，同法6条（添加物等の販売等の禁止）について次のように判示していることが参考になる。同規定は，「利用される科学的合成品等が人体に対していかなる影響を与えるかについては未知の場合が多く，無条件に使用することは人の健康上極めて危険なことであるので，その安全性が実証されるか，または確認されて初めてその使用を認めるべきものとする公衆衛生上の要請に基づく」。そして「なにびとといえども，人の健康を害するおそれのないことを積極的に証明，確認しえないような科学的合成品等を製造販売することのできる権利を有しない」。

　既に指摘されているように[10]，このような考え方によれば，人の健康に直接影響を及ぼす食品には高度の安全性が要求され，有害であることが疑われる

　　　January 2002 laying down the general principles and requirements of food law, establishing the European Food Safety Authority and laying down procedures in matters of food safety, OJ L31/1.

[8]　「入手しうる情報を評価した結果，健康に対する有害な影響の可能性が確認されたが，科学的な不確実さが残存する特殊な状況においては，より包括的なリスク評価のためのそれ以上の科学的情報の収集を停止して，共同体において選択された高水準の健康保護を確保するために必要な，暫定的なリスク管理の措置をとることができる」（7条1項）。

[9]　同号の趣旨につき，厚生省生活衛生局監修『改訂早わかり食品衛生法』（社団法人日本食品衛生協会，1996年）31頁参照。平成15年の同法改正は「国民の健康の保護のための予防的観点に立ったより積極的な対応」を目的の1つとする。小野太一「食品衛生法等の一部を改正する法律及び健康増進法の一部を改正する法律」ジュリ1251号（2003年）18頁参照。同時に制定された食品安全基本法は「国民の健康への悪影響の未然防止」（5条）を定めるが，これは環境基本法4条（前掲注5）と同趣旨である。同法については，岩渕豊「食品安全基本法」ジュリ1251号（2003年）12頁，神里達博「新しい食品安全行政」ジュリ1245号（2003年）51頁参照。

[10]　阿部泰隆「命より財産が尊いのか」経済往来1996年11月号76頁，同『行政の法システム（下）〔新版〕』（有斐閣，1997年）457頁以下，同『こんな法律はいらない』（東洋経済新報社，2000年）107頁。同旨の見解として，遠藤博也『計画行政法』（学陽書房，1976年）179頁以下，下山瑛二『健康権と国の法的責任』（岩波書店，1979年）155頁以下，近藤昭三・法政研究44巻3号（1978年）487頁。

72

第6章　集団食中毒の発生と情報提供のあり方

場合にその流通が制限されても，それは食品製造・販売業のいわば内在的制約とみるべきではないかと思われる。以下ではこのような食品の特質を念頭におきつつ，各判決の内容を検討することにしたい。

(2)　本件各報告の評価

　3つの判決は本件各報告の内容についてかなり異なった評価をしている。13年判決はいずれにも不合理な点はないとする。15年判決は，一定の疑問を指摘しつつ，結論として不合理な点はないとする。これに対し，14年判決は調査について多くの問題点を指摘し，報告の結論には問題ないものの，推論には疑問があるとする。

　専門知識を欠く筆者にはこうした評価の是非を判断する能力はないが，次の2点を指摘しておきたい。まず報告を評価する視点である。13年判決は，食中毒予防のための疫学的調査であることから，損害賠償訴訟における因果関係のような高度の蓋然性を立証する必要はなく，合理性があるか否かを審査すべきであるとしている。15年判決及び14年判決はこの点を明らかにしていないが，特に14年判決はかなり厳格な立証を要求しているように思われる。

　次に，右の点と関連するが，この種の評価において裁判所がどこまで踏み込んで判断すべきかという問題がある。13年判決は，上記のような方針もあり，専門家の判断を尊重する立場をとっている。これに対して14年判決はかなり立ち入った判断を行っており，「科学的に十分な根拠があるとはいい難」い，「殊更理屈を後からつけ加えていると表現せざるを得ない程度のもの」といった手厳しい評価を加えている。

(3)　公表の法的根拠

　いずれの判決も公表には法律の根拠を要しないとする。制裁ないし強制を目的とする公表については法律の根拠が必要とする見解が有力になっているが[11]，本件のような情報提供のための公表に法律の留保を要求する見解は見

---

　11)　阿部泰隆「違反事実の公表」山田幸男ほか編『演習行政法（上）〔演習法律学大系3〕』（青林書院新社，1979年）366頁以下，同『事例解説行政法』（日本評論社，1987年）113頁

第1部　情報公開

られず，妥当な判断である[12]。

⑷　本件各公表の適法性

⒜　評価の枠組み

　公表の適法性を判断する基準として，13年判決は，①法律の趣旨（公表の目的），②公表の必要性・合理性，③公表の方法を挙げる。15年判決は一般的な考慮要素として，①目的，②方法，③生じた結果を挙げているが，実際の判断はこれに沿って行っているわけではない。また，③は結果責任を認めるものではないかとの疑問もある（⒟参照）。14年判決の基準（3⑶参照）は必ずしも明確ではない。もし「公表内容の性質，その真実性，公表方法・態様，公表の必要性と緊急性等を踏まえて」がすべて「公表することが真に必要であったか」の部分にかかるのであれば，①目的，②必要性，③手段（方法）が要件となり，13年判決と実質的に変わらないと解することもできるであろう[13]。いずれにしても13年判決の示す判断枠組みは妥当ではないかと思われる[14]。

　　　以下，塩野宏『行政法Ⅰ（行政法総論）〔第3版〕』（有斐閣，2003年）213頁，小早川光郎
　　　『行政法（上）』（弘文堂，1999年）253頁，316頁，大橋洋一『行政法』（有斐閣，2001年）
　　　35頁，414頁以下。

　12)　もっとも，ドイツでは警告（Warnung）にも法律の留保が及ぶとされていること，ただ
　　　し危険回避を目的とする場合は国家の保護義務や警察法上の一般授権でも足りると解されて
　　　いることが紹介されている。大橋洋一『現代行政の行為形式論』（弘文堂，1993年）133頁
　　　以下，同『行政法学の構造的変革』（有斐閣，1996年）33頁以下，W・ブローム（大橋洋一
　　　訳）「インフォーマルな行政活動」法政研究60巻3＝4号（1994年）542頁以下，徳本広孝
　　　「インフォーマルな行政活動の法的限界」本郷法政紀要3号（1994年）124頁以下，山本隆
　　　司『行政法の主観法と客観法』（有斐閣，2000年）415頁以下等。このような根拠で足りる
　　　とすると法律の留保一般の意味がかえって曖昧になるのではないかという疑問があり，後述
　　　するより実質的な判断枠組みの方が適切であるように思われる。なお，ドイツでの最近の動
　　　きについては，鈴木・前掲注2)118頁以下参照。

　13)　同旨，瀬川・前掲注1)72頁。

　14)　同旨，澁谷・前掲注1)295頁，瀬川・前掲注1)72頁，阿部・前掲注1)117頁。これまで
　　　に提案されている適法要件として次のようなものがある。関哲夫『新訂自治体紛争の予防と
　　　解決』（勁草書房，1986年）は，①行政機関の種別，②法令上の根拠の有無，③広報の内容
　　　（特に警告的機能を有するものかどうか），④広報を行うべき緊急性，必要性の程度（特に広
　　　報をしなかった場合に住民の受ける危険・被害の可能性との比較で），⑤相手方の地位を挙
　　　げる。鈴木庸夫「行政機関の公表行為とその法理」法令解説資料総覧49号（1985年）95頁
　　　は，①公表の目的，②方法，③インパクト，④他の代替的手段，⑤より侵害的でない方法の

74

第 6 章　集団食中毒の発生と情報提供のあり方

　14 年判決の事案では名誉毀損の一般法理[15]の適用が争われた。同判決は公務員には表現の自由が認められないこと[16]（逆に国民の知る権利により公表が求められる場合もあること）等を理由にこの法理は適用されないとしたが，妥当な判断と思われる[17]。この問題はむしろ当該行政庁（または公務員）の職権行使の限界としてとらえるべきであると思われ，先の判断基準をそのようなものとして理解することも可能であろう[18]。

　14 年判決は手続保障の重要性を強調している。一般論としてはその通りであるが，請求に基づく公文書の開示（少なくとも行政側は公表が差し迫って必要とは考えていない）と本件のような情報提供とは必ずしも同視できないこと，緊急の必要がある場合目的を達しえなくなる可能性もあることから，これを絶対視することには疑問がある[19]。

(b)　公表の目的

　本件各公表の目的として，いずれの判決も「被害の拡大・再発防止」と並んで，「国民の不安を解消するための情報公開」を挙げ，両者を正当としている。後者については，当時の食品衛生法にこの趣旨の規定がなかったこと，Y 側も「食中毒の拡大・再発防止のための情報提供」という形でしか主張していな

　探求を挙げる。遠藤・前掲注10)161 頁以下で紹介されている E・ゲルホーンは，「侵害的公表（adverse publicity）」（情報提供・警告と制裁の両者を含む）について，①行政機関が公表を行うにつき，制定法により明示的に，あるいは規制の仕組みにより黙示的に権限を与えられていること，②公衆への警告または情報提供のような正当な行政機関の職務に役立てるために公表が必要であること，③被害のより少ない有効な代替手段がないこと，④公表文書における情報または見解が正確であり，正しく理解されうること，⑤規制プログラム及び公衆に対する公表の利益が重要なもの（substantial）であり，少なくとも結果として生じうる被害のリスクに値することを挙げる。Ernest Gellhorn, *Adverse Publicity by Administrative Agencies,* 86 HARV. L. REV. 1380 (1973). See 41 USLW 2682 (1973).

15)　最判昭和 41 年 6 月 23 日民集 20 巻 5 号 1118 頁参照。

16)　この点を指摘するものとして，山田卓生「行政当局による公表と名誉毀損」ジュリ 789 号（1983 年）84 頁，鈴木庸夫・ジュリ 851 号（1985 年）147 頁，同・前掲注14)102 頁，松井茂記「名誉毀損判決の動向」判タ 598 号（1986 年）125 頁。

17)　同旨，久保・前掲注1)129 頁，瀬川・前掲注1)72 頁，阿部・前掲注1)117 頁。これに対し，藤原・前掲注1)9 頁はメディアとの連続性を指摘する。

18)　久保・前掲注1)131 頁，藤原・前掲注1)8 頁は，比例原則としてとらえることを示唆する。

19)　同旨，阿部・前掲注10)経済往来 84 頁以下，同・前掲注10)『こんな法律はいらない』102 頁，同・前掲注1)117 頁，藤原・前掲注1)8 頁。

第 1 部　情報公開

かったことからすると，情報公開が独立した目的としてとらえられていることは非常に興味深い。明文規定がないとはいえ，14 年判決が指摘するように「説明責任」によって根拠づけることが可能であろう。しかし，本来は法令にこの趣旨の規定を設けるのが望ましいと思われる[20]。

「被害の拡大・再発防止」については，13 年判決及び 15 年判決は本件各公表がこれも目的としていたと解しているのに対し，14 年判決は主たる目的ではなかったと認定している。その理由として，①集団食中毒は既に終息しつつあったこと，②原因究明に終始し，防止対策等には触れていないこと，③貝割れ大根がどのように汚染されたかも明らかにされていないことが挙げられている。しかし，①は結果論であり，当時拡大・再発の危険がなかったと断定できたか疑問であること，②原因を明らかにするだけでも拡大・再発防止に意味がないとはいえないこと，③汚染メカニズムが解明されていることが公表の必須要件とは必ずしも解されないことから，このような判断には疑問がある。

(c)　公表の必要性

最終報告を公表する必要性はすべての判決が肯定しているが[21]，中間報告については見解が分かれている。13 年判決は，当時の状況下では不安解消のための情報公開に合理性がなく不相当だったとは「到底認められない」とし，被害の拡大・再発防止のためにも必要だったとする。15 年判決も，実施方法の適切性を条件としてではあるが，中間報告を公表する必要性それ自体は肯定する。これに対し 14 年判決は，被害の拡大・再発防止が主たる目的だったとは認められず，緊急に情報公開を行う必要もなく，原告に反論の機会も与えられなかったことから，緊急性・必要性は「全く認められなかった」[22]とする。

---

20)　2003（平成 15）年の食品衛生法改正では国等の責務として情報の「提供」が挙げられ（1条の 2），食品安全基本法にも「情報及び意見の交換の促進」が規定された（13 条）。もっとも，いずれも一般的な情報提供にとどまり，リスク情報の提供は明文では規定されていない。これに対し，欧州連合の食品安全規則（前掲注 7）参照）はリスク情報の提供を命じ（10 条），緊急警報システム（rapid alert system）の情報も原則として公衆に開示することを定めている（52 条）。

21)　15 年判決は明示していないが，否定する趣旨とは解されない。

22)　第 3，3(2)の「オ　結論」では引用した表現になっているが，「ウ　公表の時期」では中間報告を公表する必要性に「疑問が残る」とされており，必ずしも整合的でないように思われる。

76

第6章　集団食中毒の発生と情報提供のあり方

しかし，拡大・再発防止の目的がなかったと断定できるか疑問であること（(2)参照），食品の特質（(1)参照）を考慮すれば，原因がある程度判明した段階で情報を提供することは，国民の不安解消のためにも必要であると考えられること[23]，手続保障については本件のように緊急性があった事案では過度に重視すべきではないと解されること（(a)参照）から，14年判決の判断には疑問がある[24]。

(d)　公表の方法

この点についても評価が分かれている。13年判決は本件各公表のいずれも妥当とする。15年判決は，①中間報告は科学的正確性に配慮するあまり表現が曖昧になっていたこと，②記者会見の方法に問題があり，その結果貝割れ大根一般が汚染されているとの誤解を招いたこと，③質疑の際の応答や事後の対応も不十分だったことを理由に，中間報告の公表方法は違法とする（最終報告については判断していない）。14年判決は，記者会見の際に十分な注意が払われず，報告書の内容を超えて貝割れ大根が原因食材であることが確定的な事実であるかのような印象を与えたとして，いずれの公表も違法だったとする。

まず，貝割れ大根一般が疑われているとの誤解を招いたとされる点である。中間報告の本文を読めば，特定施設が特定期間に出荷した貝割れ大根のみが疑われていることは明らかである。ところが結論部分ではこの点が明示されず，記者会見でも十分強調されなかったことから，配慮不足ではないかとの疑いは残る。しかし，中間報告の内容自体は正確であり，記者会見での質疑や翌日の官房長官の記者会見等，一連の措置によって誤解を払拭する努力が行われたことからすれば，違法とまではいえないのではないかと思われる[25]。

また，15年判決は「どのような行動」を期待するか明示しなかったことを問題としているが，原因食材と疑われるものを明らかにすればその対策はある程度理解できると考えられるし，これが判明した段階で（対策等が固まるのを待つことなく）公表することにも十分合理性を認めうるように思われる。

---

23)　これに対し，瀬川・前掲注1)74頁は，不安解消目的の場合，内容を十分検証する必要があるとする。

24)　同旨，久保・前掲注1)130頁，藤原・前掲注1)8頁，阿部・前掲注1)117頁。

25)　同旨，阿部・前掲注10)経済往来81頁，瀬川・前掲注1)74頁。

第 1 部　情報公開

　さらに 15 年判決は，中間報告公表後，全国で小売店が貝割れ大根を店頭から引き上げたことについて，中間報告の内容からすれば不可解であり，全国で発生した食中毒の原因が貝割れ大根であると厚生大臣が疑っていると理解されたことがその理由であるとしている。しかし，先に述べた食品の特質からすれば，小売店の行動は必ずしも「不可解」とはいえず，すべてが厚生大臣の公表方法に起因すると言い切れるかは問題である。また，15 年判決は違法性判断の要素として「生じた結果」を挙げており（ⓐ参照），結果責任的な判断ではないかとの疑問もある。

　最後に，本件各公表が貝割れ大根が原因食材であることが確定的な事実であるという印象を与えたのではないか，という問題がある。この点は事実認定にも関連し，報告の信頼性をかなり低く評価するのであれば，14 年判決のような結論もありうるかもしれない。なお，14 年判決は記者会見の「印象」を重視しており，この点でダイオキシン報道に関する最判平成 15 年 10 月 16 日判例集未登載と共通するところがある。しかし本件の場合記者会見における公表であり，文書資料も配布していることからすれば，右判決の趣旨が直ちに当てはまるわけではないと思われる。

5　おわりに

　14 年判決及び 15 年判決は公表の違法性を認めたが，その内容はかなり異なっており，公表を違法視するのが判例の流れであると速断できるわけではないように思われる。また，両判決には疑問も少なくない。特に，前述のような食品の特質を考えれば，本件のような場合，ある程度原因を特定できた時点で迅速に公表する必要は大きいのではないかと思われる。もとより，その際には風評被害を避けるために万全の措置を講じなければならない。いずれにしても，最近の食品衛生法の改正及び食品安全基本法の制定に見られるように，リスク・コミュニケーションの観点から情報提供が求められることはもはや時代の趨勢であり，行政が裁判所の判断を冷静に受け止め，情報公開に躊躇しないことを望みたい。

78

■第7章 —————————————————————————

事 例 研 究

---

1. 議会文書の公文書該当性
——徳島県議会食糧費等情報公開訴訟上告審判決

最高裁平成 13 年 12 月 14 日第二小法廷判決〔破棄差戻〕
平成 11 年（行ヒ）第 221 号，公文書非公開処分取消請求事
件（民集 55 巻 7 号 1567 頁，判時 1772 号 37 頁）

事実　　　徳島県の住民 X（原告，控訴人，被上告人）は，同県情報公開条例
（平成元年徳島県条例第 5 号。平成 13 年徳島県条例第 1 号による全部改正
前のもの。以下「本件条例」という）に基づいて，徳島県知事 Y（被告，被控訴人，
上告人）に対し，県議会議員及び同事務局職員に関する 1995（平成7）年 8 月 1
日から同 8 年 7 月 31 日までの間の①食糧費及び議長交際費に係る支出負担行
為決議書兼支出命令書，支出伺，懇談の相手方など支出に係る一切の書類，並
びに②旅行命令簿兼旅費請求書，支出伺，復命書など旅費に係る一切の書類の
公開を請求した。Y が県議会は本件条例の実施機関ではないという理由で請
求を不受理とする旨の処分（以下「本件処分」という）を行ったので，X は異議
申立てを経て右処分の取消訴訟を提起した。なお，本件で具体的に問題となっ
た文書は，Ⓐ「経費支出伺」，Ⓑ「支出負担行為決議書兼支出命令書」，Ⓒ「旅
行命令簿兼旅費請求書」，及びⒹ「復命書」である（以下「本件文書」という）。

79

第1部　情報公開

　第1審徳島地判平成 11 年 1 月 29 日（判タ 1039 号 92 頁に参考判例として掲載）
は，本件文書のうちⒶⒸⒹは実施機関が作成・取得したものとはいえず，Ⓑは
作成した文書ではあるが，管理しているとはいえないとして，請求を棄却した。
X の控訴に対し，第 2 審高松高判平成 11 年 9 月 28 日判タ 1039 号 87 頁は，
地方自治法上予算の執行権は長に専属するから，本件文書はすべて Y の併任
事務吏員が作成・取得し，かつ，Y がその法的な権限に基づいて管理してい
るとして，請求を認容した。

　Y の上告及び上告受理申立てに対し，最高裁は上告を棄却した上で，上告
受理決定を行い，次のような理由で原判決を破棄して，原審に差し戻した。

> **判旨**　　1　本件条例 2 条 1 項は，「この条例において『公文書』とは，
> 実施機関の職員が職務上作成し，又は取得した文書……であって，
> 決裁，供覧等の手続が終了し，実施機関が管理しているものをいう」と規定し
> ている。したがって，本件請求に係る文書が本件条例による公開請求の対象と
> なる公文書に当たるというためには，実施機関の職員が職務上作成し，または
> 取得した同項に掲げる文書等であり，かつ，実施機関が管理しているものであ
> ることを要する。そして，同条 3 項は上告人を実施機関としているが，県議会
> ないし県議会議長を実施機関としていないので，県議会議員若しくは同事務局
> 職員が職務上作成・取得し，管理している文書等は，公開請求の対象となる公
> 文書には含まれない。
>
> 　2　本件請求に係る文書が予算執行に何らかの関連を有する文書であること
> は肯認できるが，これらの文書の件名からすれば，予算執行事務を行う職員
> （以下「予算執行職員」という）が作成したことが明らかなのはⒷのみであり，そ
> の余の文書は予算執行以外の事務のために作成したものか，または予算執行の
> 前提として作成するものではあっても，予算執行職員が自ら作成したものでな
> い可能性のある文書と考えられる。また，一般に，「旅費請求書」は予算執行
> 職員が取得するものであるから，Ⓒは同職員が取得した文書である可能性が高
> いが，Ⓐ及びⒹは同職員が当然に取得する文書であるとは考えがたい。ところ
> が，原審は，これらの文書が予算執行職員が作成し，又は取得したものである
> ことを肯認するに足りる事実を何ら確定していない。
>
> 　3　徳島県会計規則は収入及び支出の証拠書類の保存を規定しているが，保

第7章 事例研究 1. 議会文書の公文書該当性

存の主体については規定しておらず，上告人の主張によれば，上記各文書は，予算執行終了後は，県議会が徳島県議会事務局文書編さん保存規程等に基づいて，県議会の他の文書と同様に編さんして県議会事務局の文書保管庫に保存しているという。「そうすると，仮に上記各文書が予算執行職員の作成し，又は取得した文書であるとしても，そのことから，その保存の根拠規定，保存に至る手続，保存の方法等の実態について検討しないまま，直ちに予算執行職員の管理する文書であるということはできない」。

「地方自治法 149 条 8 号は，証書及び公文書類の『保管』を普通地方公共団体の長の担任事務としているが，同号は当該地方公共団体のすべての証書及び公文書類の保管の総括的責任と権限を有する者が長であることを明らかにしたものにすぎない。これに対し，本件条例 2 条 1 項にいう『管理』は，同条 3 項に掲げられた各実施機関がその主体であると構成されていることからみても，上記の『保管』と異なり，当該公文書を現実に支配，管理していることを意味するものと解すべきである。したがって，地方自治法 149 条 8 号を根拠に，県における保存の実態等を考慮しないまま，上記各文書を上告人が管理するものと断定することは，できないものというほかはない」。

研究　　1　本件で争われたのは次のような問題である。従来，地方公共団体の情報公開制度においては，議会を実施機関としない例が多く見られ（もっとも，市町村段階では実施機関とするものがむしろ多かった），また，警察（公安委員会）を実施機関とするものは皆無だった（宇都宮深志「情報公開制度における行政機関」井出嘉憲ほか編『講座情報公開』〔ぎょうせい，1998 年〕180 頁以下参照）。ところが他方で，地方公共団体における予算執行権は長に専属するので（地方自治法 149 条 2 号），議会については，長が議会事務局の職員を事務吏員に併任した上で，その事務吏員としての資格において予算執行権を委任し（同法 153 条 1 項），または補助執行させる，という取扱いが行われている（松本英昭『新版逐条地方自治法』〔学陽書房，2001 年〕447 頁）。そこで，議会に保存されている文書であっても，予算執行事務に関するものであれば，実施機関たる長が作成・取得し，管理しているとして，情報公開を求めることができるのではないか，という問題が生じる。本判決はこの点についての初めての最高裁判決である。なお，委員会等については委任を認める規定（同法 180 条の 2）があ

81

第1部　情報公開

るので，それに基づいて予算の執行権が公安委員会に委任されているときは（委員会等への予算執行権の委任を可能と解するものとして，松本・前掲書447頁，552頁，室井力ほか編『基本法コンメンタール地方自治法〔第4版〕』〔日本評論社，2001年〕184頁〔室井敬司執筆〕。これに対し，成田頼明ほか編『注釈地方自治法〔全訂〕』〔第一法規，2000年〕3222頁〔園部逸夫執筆〕，礒井光明『要説自治体財政・財務法〔改訂版〕』〔学陽書房，1999年〕199頁は，同法180条の6第1号に委員会等は予算執行権限を有しない旨が規定されているので，権限の移動を伴う委任も許されないとする），事務それ自体が同委員会のものとなると考えられるが（津地判平成11年2月18日判タ1011号140頁参照），併任の手法がとられている場合は議会と同様の問題が起こる。

　従来の多くの条例と同様，本件条例は公開請求の対象となる「公文書」の概念について，①実施機関の職員が職務上作成または取得したこと，②決裁，供覧等の手続が終了していること，③実施機関が管理していることを要件として規定している（従来の条例における公文書概念については，平岡久「公文書（情報）公開条例における『決裁・供覧の終了』の要件について」大阪市立大学法学雑誌37巻2号〔1990年〕95頁以下，兼子仁「公文書と職員メモの間」春日市個人情報保護審議会専門研究会編『「知る権利」・「知られない権利」』〔信山社出版，1996年〕108頁以下，宇賀克也『情報公開法の理論〔新版〕』〔有斐閣，2000年〕220頁以下など参照）。本判決ではこのうち②には言及されていないので（**判旨**1参照），以下では作成・取得の要件と管理の要件を検討し，最後に本判決の持つ実際上の意義に触れる。

　2　作成・取得の要件について，本件第1審判決は，徳島県事務決裁規程が支出負担行為及び支出命令に関する権限のみを併任事務吏員に専決または代決させていることから，これらの行為のみが同吏員の補助執行に係る事務であるとし，本件文書のうちⒷを除く各文書は実施機関の職員が作成したものとはいえないとした（取得には触れていない）。これに対し，控訴審判決は，長の予算執行事務の範囲を事務決裁規程によって画することを否定し，すべての文書について要件に該当すると認めている。本判決は，作成・取得の意義を一般的に述べることなく，文書の件名からすればⒷのみが「予算執行職員」が作成したことが明らかであり，また，Ⓒは同職員が取得した可能性が高いが，Ⓐ及びⒹは当然に取得したとはいえないとしている（**判旨**2）。

第7章　事例研究　1. 議会文書の公文書該当性

　第1審判決については，取得の有無を検討しておらず，また，控訴審判決の指摘する通り，地方自治法上の予算執行権限の範囲を内規によって決することには疑問がある。他方，控訴審判決が否定されていることからすると，最高裁は右権限を限定的に理解していると推測されるが，積極的な概念規定は行っていない。この点については，別の判決で，長に専属する予算執行権限に含まれるのが「支出命令等の財務会計上の行為」とされている（最判昭和62年4月10日民集41巻3号231頁）ことが参考になる。もっとも，「作成」はともあれ，右権限を行使するために「取得」された文書の範囲はそれほど明確とはいえない。文書が実際にどのように取り扱われていたか等を検討する必要があると思われるが，事実認定にも関わる問題なので，ここではこれ以上立ち入らない。

　ただし，作成・取得の要件がどの程度独自の意義を有するかには疑問もある。この要件が肯定されたとしても，管理の要件が否定されれば公文書性が否定されるし，逆に，管理の要件を満たしていれば，通常は作成・取得があったと考えられるからである。

　3　予算執行に関する文書が現に議会等に保存されている場合（首長部局で保存している場合は問題なく公文書性が肯定されている。その例として，京都地判平成7年12月22日判タ910号90頁，大阪高判平成8年6月18日判タ918号119頁，東京地判平成10年1月27日判時1659号53頁，東京高判平成10年6月29日判タ1004号111頁，東京地判平成10年7月8日判時1703号129頁，東京高判平成11年2月25日判時1703号127頁，東京地判平成11年3月30日判タ1017号132頁，大津地判平成11年10月18日判自198号76頁，大阪高判平成12年6月8日判タ1084号175頁などがある），これを実施機関たる長が管理するものと見ることができるかどうかについて，下級審判例は分かれていた。

　肯定説（鳥取地判平成11年2月9日判タ1073号150頁，福岡地判平成11年4月26日判タ1001号130頁，仙台高判平成12年3月17日判自204号10頁，山口地判平成12年11月28日判自213号8頁，本件控訴審判決）は，その根拠として，①情報公開を広く認める条例の趣旨（例えば本件条例3条は，「実施機関は，この条例の解釈及び運用に当たっては，県民の公文書の公開を求める権利を十分に尊重するものとする。」と規定する），②実務上の取扱い次第で公開の対象外となる危険があること，③予算執行については長が責任を負うので，証拠書類も長が管理すると見るべき

83

第1部　情報公開

こと，④地方自治法 149 条 8 号により長は証拠書類等の保管を行うとされていることなどを挙げる。これに対し，①については，実施機関から議会等を除外している条例の趣旨（否定説の根拠①）も考慮すべきではないか，という反論があり，④は後述するようにそもそも論拠たりうるか疑問がある。

　否定説（仙台地判平成 10 年 4 月 14 日判時 1645 号 55 頁，前掲津地判，本件第 1 審判決）は，①実施機関から議会（及び警察）を除外している条例の趣旨に反すること，特に議会の独立性を害すること，②公開するかどうかの判断は現実に文書を保存する機関が行うべきこと，③公開請求に迅速に対応するためにもそうである必要があることなどを根拠とする。これに対し，①については（肯定説の根拠①との関係で決定的ではないという批判のほか），予算執行事務以外については対象とならないので条例の趣旨は損なわれないし，議会の意見を聴取することで対処できる，②については，いずれにしても非開示事由に該当すれば開示されない，③については文書の取寄せで対応できる，という反論がある。

　学説においては，右の肯定説を，文書を管理する法的な権限に着目するものとして，「法的権限説（法律説）」，否定説を，文書の現実の保存状況に着目するものとして，「実態説（現実説）」ととらえるのが一般的である。その上で，実態説に一定の修正を加える見解（西鳥羽和明『情報公開の構造と理論』〔敬文堂，2001 年〕33 頁以下），実態説に疑問を呈する見解（上原克之・平成 13 年度重判解〔ジュリ臨増，2002 年〕49 頁），法的権限説を支持する見解（野村武司「情報公開訴訟の動向と到達点」法時 73 巻 2 号 42 頁）などが主張されている。

　しかし，このようなとらえ方には再検討の余地があるように思われる。まず，文書の法的な管理権を問題とするとしても，予算執行事務に関する文書の管理権を長が有するとは速断できない。かつて機関委任事務について一般に説かれていたように（山下淳「機関委任事務と情報公開」情報公開・個人情報保護〔ジュリ増刊，1994 年〕102 頁以下，西鳥羽・前掲 299 頁以下など参照），事務それ自体の主体と文書管理の主体を別異に解することも可能だからである。実際，肯定説に立つ判例の中には，地方自治法 149 条 2 号ではなく，財務規則ないし会計規則を直接の根拠として長の管理権を肯定するものがある（前掲福岡地判及び山口地判。もっとも，いずれの場合も管理主体は明文では定められていない）。他方で，否定説に立つ判例についても，純粋な実態のみを援用するものは存在せず，いずれ

84

第7章　事例研究　1.　議会文書の公文書該当性

も文書管理規程等を根拠として挙げている（この点，前掲津地判及び本件第1審判決は明確だが，前掲仙台地判も，一般論はともかく，内規に基づいて管理されていることを認定している）。文書管理規程等はいわゆる内規（訓令）であり，対外的には拘束力を持たないが，行政内部において法的効果を有することはいうまでもなく（例えば，佐藤功『行政組織法〔新版・増補〕』〔有斐閣，1985年〕16頁，藤田宙靖『行政組織法〔新版〕』〔良書普及会，2001年〕16頁，平岡久『行政立法と行政基準』〔有斐閣，1995年〕292頁など参照），これを単なる「実態」と同視することはできないように思われる。したがって，真の争点は，①地方自治法149条2号から直ちに長の文書管理権を導くことができるか，②仮にこれを否定する場合，いかなる基準によって管理権限を決定すべきか，具体的には，会計規則等を重視すべきか，それとも内規や実態を重視すべきか，という点にあると考えることができる。

　それでは本判決をいかに理解すべきであろうか。**判旨3**の後段部分で，本件条例にいう管理は「公文書を現実に支配，管理している」ことを意味する，と述べていることからすると，「実態説」がとられているようにも読める（上原・前掲49頁）。しかし，他方で，その前段部分では，会計規則が証拠書類の保存の主体を規定していないこと，また，管理主体を判断する際には「保存の根拠規定」をも考慮すべきことが述べられており，ここでは管理権を問題としているように見える。両者の関係は定かではないが，後段部分は地方自治法149条8号の適用を論じている箇所であり（条例によって長以外の機関も実施機関とされている以上，同号によって管理主体を判断することはできないことは，本判決の述べる通りである），必ずしも一般論を述べたものではないと解することも可能であろう。そこで，さしあたり前段部分に着目すると，①明示的にではないが，地方自治法149条2号から管理主体を導く見解が否定されていること，②管理主体を判断するに際して「保存の根拠規定，保存に至る手続，保存の方法等の実態」を検討するよう求めていることは明らかである（ただし，その理由は述べられていない）。しかし，会計規則をどのように位置付けるのか，すなわち，これも「保存の根拠規定」に含まれるか否かは明らかではない。もしこれを肯定する趣旨であれば，会計規則の解釈は異なるものの，判断枠組自体はむしろ一部の肯定説（前掲福岡地判及び山口地判）に近いことになる。さらに，そのよう

85

第1部　情報公開

に解した場合，会計規則と内規等の関係をいかに考えるかという問題も生じうる。すなわち，本件では該当しないが（上告理由によれば，逆に，徳島県会計規則では従来保存主体を「出納機関」と定めていたが，平成2年の改正によってこれが削除された，という経緯があるようである），仮に会計規則が管理主体を明確に定めており，内規等がこれと異なった取扱いをしている場合，いずれを基準として判断するか，という問題である。両者の効力関係からいえば，会計規則に反する内規や実態は考慮すべきでないことになると思われる（前掲福岡地判参照）。

　4　情報公開法の制定などが要因となって，地方公共団体の情報公開制度はここ数年大きく改正されており（情報公開法の制定に伴う条例改正の動きについては，松井茂記『情報公開法』〔有斐閣，2001年〕424頁以下，宇賀克也『情報公開法・情報公開条例』〔有斐閣，2001年〕32頁以下など参照），本判決の持つ実際上の意義は必ずしも大きくないと考えられる。

　まず，実施機関については，議会や警察（公安委員会）を開示請求の対象に含めるのが近年の傾向であり，冒頭で述べた問題の重要性は薄れつつある。平成14年4月1日時点での総務省調査によれば，すべての都道府県が議会及び警察を実施機関としており，市町村段階においても，情報公開制度を有する2622団体のうち，2569団体（約98％）が議会をその対象とするに至っている（未施行分を含む）。

　公文書の要件についても，情報公開法に倣って，「当該実施機関の職員が組織的に用いるものとして，当該実施機関が保有しているもの」（平成13年改正後の徳島県条例2条2項）などと定める例が一般化している。「管理」と「保有」の文言上の相違はともかく（「保有」は事実状態に着目した概念と見ることもできるが，例えば改正前の山口県条例は既に「保有」という言葉を用いており，また，組織共用文書の概念を取り入れた改正後の条例にも，「管理」という言葉を用いているものが少なくない），「組織共用文書」という考え方の下では，組織として共用しているかが基準となり，文書管理規程等に従っているかどうかはさしあたり意味を持たない。そうであれば，「保有」の主体についても，従来の「管理」概念とは異なった解釈を行う余地がある（井坂正宏・平成12年度重判解〔ジュリ臨増，2001年〕49頁）。

第7章　事例研究　2.　警察・議会文書の公文書該当性

2.　警察・議会文書の公文書該当性
──福岡県警察及び議会の懇談会・旅費関係文書

最高裁平成 15 年 6 月 10 日第三小法廷判決〔破棄差戻〕
平成 13 年（行ヒ）第 106 号，公文書非開示処分取消請求事件
（集民 210 号 1 頁，判時 1834 号 21 頁，判タ 1131 号 107 頁）

事実　　福岡県の住民 X は，同県情報公開条例（昭和 61 年福岡県条例第 1
号，平成 9 年福岡県条例第 62 号による改正前のもの，以下「本件条例」と
いう）に基づき，同県知事 Y に対し，県警察本部総務課並びに県議会議員及び
同事務局の懇談会・旅費支出に関する証拠書類一切（いずれも平成 7 年度のもの。
以下「本件各文書」という）の開示を請求したところ，知事部局において管理し
ていないとの理由でいずれについても公文書不存在決定（以下「本件各処分」と
いう）を受けたので，その取消しを求めて出訴した。

第 1 審福岡地判平成 11 年 4 月 26 日判タ 1001 号 130 頁は，本件各文書はい
ずれも Y が管理しているとして X の請求を認容し，原審福岡高判平成 13 年 1
月 25 日判例集未登載もほぼ同様の理由で控訴を棄却したので，Y が上告受理
の申立てを行った。

判旨　　原判決破棄，差戻し。
　　1　本件条例 2 条 1 項にいう「管理」は，当該公文書を現実に
支配，管理していることを意味すると解すべきであり，その判断は，当該地方
公共団体における保存の根拠規定，保存に至る手続，保存の方法等の実態を踏
まえて行うべきである（最判平成 13 年 12 月 14 日民集 55 巻 7 号 1567 頁参照）。

　　2　福岡県財務規則（昭和 39 年福岡県規則第 23 号。平成 9 年福岡県規則第 82 号
による改正前のもの。以下「本件規則」という）131 条 2 項は収入及び支出に係る
証拠書類の保存主体について規定しておらず，この点を文書管理規程等の定め
に委ねたものと解される。

　　右規程等によれば，警察本部の支出証拠書類については同本部における保存

87

第1部　情報公開

が予定されており，県議会のそれも出納事務局以外の所属で保存する文書として挙げられている。

　ところが原審は，本件各処分当時の文書管理規程等の内容，出納事務局から警察本部等へ本件各文書の移管（以下「本件移管」という）が行われた時期等について審理判断しないまま結論を導いている。仮に本件各処分前に本件移管が行われていたのであれば，本件各文書は警察本部または県議会が現実に支配，管理していると解する余地があり，仮に本件各処分時にはいまだ右移管が行われていなかったとしても，支出証拠書類を保存すべきとされている警察本部のために出納事務局が本件各文書を所持していたにすぎないとみる余地がある。したがって原審の判断には判決に影響を及ぼすことが明らかな法令違反がある。

研究　　本件で争われたのは，情報公開の実施機関ではない議会や警察本部が保管する文書のうち，予算執行権限に係るものについて，右権限が長に専属する（地方自治法 149 条 2 号）ことから，長が管理するものとして開示請求の対象となるか，という問題である。この点について下級審は肯定説と否定説に分かれ，学説上は，法的権限に着目する「法的権限説（法律説，法的管理権限説）」と，文書の現実の保管状況に着目する「実態説（現実説，支配占有説）」の対立としてとらえられていた（村上裕章・判評 524 号〔判時 1791 号，2002 年〕2 頁以下〈本書 84 頁以下〉参照）。そして，前掲最判平成 13 年 12 月 14 日（以下「13 年判決」という）は，徳島県情報公開条例に定める「管理」について，「当該公文書を現実に支配，管理していることを意味するものと解すべき」であり，その判断に際して「保存の根拠規定，保存に至る手続，保存の方法等の実態」を検討すべき旨を判示した。この判決は一般に実態説に立つものと理解されている（上原克之・平成 13 年度重判解〔ジュリ臨増，2002 年〕49 頁，宇賀克也・法教 265 号〔2002 年〕47 頁）。

　しかし，このような問題のとらえ方には再検討の余地があるように思われる。肯定説をとる判例の中には，本件第 1・2 審のように，長の予算執行権限ではなく，財務（会計）規則等を根拠とするものもある。また，否定説をとるすべての判決（13 年判決も含む）は，「実態」のみならず，文書管理規程等の「内規」をもその根拠として挙げている。確かに「内規」は対外的な拘束力を持たないが，行政内部においては法的効果を有しており，これを「実態」と同視す

88

第 7 章　事例研究　　2.　警察・議会文書の公文書該当性

ることには疑問がある。また，これらの判決については，財務規則や「内規」
に「実態」が反している場合，いかに解すべきか，という問題もある（村上・
前掲 4 頁〈本書 85 頁以下〉参照）。このように考えると，真の争点は，「管理」主
体を判断する際に，①長の予算執行権限に着目するか，②そこから直ちに管理
権限を導くのではなく，文書管理に関する規定（財務規則や内規等）に着目する
か（これも「法的権限説」の一種といえる），③純粋な「実態」に着目するか，と
いう点にあるように思われる。そして，内規と実態を並べて列挙する従来の判
例は，②と③のいずれに考え方によるかが不明確だった。

　この点については，最近公表された 13 年判決の調査官解説が参考になる。
それによれば，公文書を現実に支配，管理しているのはその責任と権限を法令
上与えられた者であるはずだ，ということをまず考えるべきである。したがっ
て，各地方公共団体が公文書の保存について規定している条例，規則等を検討
しなければならない。それが明確でないときは，実際にとられている保存の手
続，保存の方法等を参考にすべきである。そして，13 年判決は，「法令上の保
存の主体の定めと実際の保存の実態とが食い違った場合にどのように考えるべ
きかについてまで判示するものではないが，少なくとも，実態のみで決まると
考えているものでないことは明らかであり，むしろ，実態は法令の規定を解釈
するための手掛かりと考えているとみることができるのではなかろうか」とさ
れる（大橋寛明・曹時 55 巻 6 号〔2003 年〕215 頁以下）。以上の説明は上記②説を
示唆するものと解しうるであろう。

　そして，本判決は②説に立つことを明らかにしたものとみることができる。
すなわち，本判決は本件規則が管理主体の決定を文書管理規程等に委ねている
と解釈し（この点の解釈は 1・2 審と異なるが，ここでは立ち入らない），その上で同
規程等に基づいて管理主体を認定している。さらに，仮に本件各文書が出納事
務局から移管される前であっても，同事務局が警察本部等のために「所持して
いたにすぎないとみる余地がある」としており，ここには「実態」ではなく
「権限」に着目する考え方が明瞭に現れている。このように，13 年判決の趣旨
を明確化した点に本判決の意義があるといえよう。

　もっとも，すべての都道府県が議会及び公安委員会を実施機関とし，市町村
段階でも 98％以上が議会を実施機関に加えていること（平成 15 年 3 月現在，総

89

第1部　情報公開

務省調べ），また，情報公開法の制定に伴い，多くの地方公共団体が公文書の定義を改めていることからすれば，この問題の重要性は必ずしも大きくない（村上・前掲4頁〈本書86頁〉参照）。

3.　開示請求の対象
——県営渡船越立業務等に関する公文書

最高裁平成 17 年 6 月 14 日第三小法廷判決〔一部破棄自判，一部棄却〕
平成 13 年（行ヒ）第 263 号，県営渡船情報非公開処分取消請求事件
（集民 217 号 41 頁，判時 1905 号 60 頁，判タ 1187 号 153 頁）

事実　　　岐阜県の住民である X ほか 9 名が，旧岐阜県情報公開条例（平成 6 年岐阜県条例 22 号，平成 12 年条例 56 号による全部改正前のもの，以下「本件条例」という）に基づき，県知事 Y に対し，県の大垣土木事務所の県営渡船越立業務等に関する公文書の公開を請求したところ，Y が一部非公開とする決定を行ったので，X ほか 1 名が選定当事者として取消訴訟を提起した。

　Y が非公開とした部分には，本件条例の非公開事由に該当するとされた部分と，X らが公開を求めていなかった情報（X らが公開を求めていた事項に関するものとそれ以外のものの数額が合算された情報を含む）が記録されている部分（以下「本件非公開部分」という）があり，後者について Y は，公開するとそのすべてが公開請求に係る事項に関するものであると混同されるおそれがあることを非公開の理由としていた。

　第 1 審岐阜地判平成 12 年 9 月 28 日及び控訴審名古屋高判平成 13 年 6 月 28 日（いずれも判例集未登載）は，非公開事由に当たるとされた部分の一部について請求を認容したが，本件非公開部分については，X らが公開を請求していなかった情報が記録されている部分を非公開とした点に違法はないと判断した。X が上告受理を申し立てたところ，最高裁は本件非公開部分に係る申立て理由を取り上げた上，同部分について原判決を破棄し，非公開決定を取り消した。

第 7 章　事例研究　　3.　開示請求の対象

判旨　　一部上告棄却，一部破棄自判。

本件条例 2 条 2 項，3 項及び 5 条の規定によれば，本件条例が，本件条例に基づく公開の請求の対象を「情報」ではなく「公文書」としていることは明らかである。したがって，本件条例に基づき公文書の公開を請求する者が，例えば，「大垣土木事務所の県営渡船越立業務に関する情報が記録されている公文書」というように，記録されている情報の面から公開を請求する公文書を特定した場合であっても，当該公文書のうちその情報が記録されている部分のみが公開の請求の対象となるものではなく，当該公文書全体がその対象となるものというべきである。本件条例の下において，実施機関が，公開の請求に係る公文書に請求の対象外となる情報等が記録されている部分があるとし，公開すると，そのすべてが公開の請求に係る事項に関するものであると混同されるおそれがあるとの理由で，上記部分を公開しないことは許されないというべきである。

研究　　1　本件で争われたのは，特定内容の公文書（行政文書）の公開（開示）が請求された場合，公文書のうち当該内容以外の情報が記載された部分を非公開（不開示）とすることが許されるか，という問題である。換言すれば，情報公開の請求及び開示の単位は「公文書」なのか，それともその部分なのか，という論点である（以下では仮に，前説を「文書単位説」，後説を「部分単位説」と呼ぶ）。この問題については従来ほとんど論じられてこなかったが，実務上は，本件における岐阜県のように，部分単位説がとられることが多かったのではないかと推測される。

内閣府の情報公開・個人情報保護審査会は，ミニマムアクセス米の企業別販売実績の開示が求められた事案について，情報公開法（行政機関の保有する情報の公開に関する法律）の「趣旨が，行政機関の保有する情報を処理・加工して国民に提供するのではなく，あるがままの行政運営に関する情報を国民に提供するものであることを踏まえれば，本件開示請求に対し文書の一部を『請求対象外』と表示したことは不適切」であるとして，原産地別数量の開示を命じており（平成 15 年度（行情）答申 731 号及び 732 号），文書単位説に立つようにも読める。他方，個人情報保護法（独立行政法人の保有する個人情報の保護に関する法律）に基づいて法科大学院の入試情報の開示が求められた事案については，「事務

91

第1部　情報公開

処理上の「No」も記載されているが，〔請求者が開示を求めている〕得点や順位に係る情報ではないため，本件開示請求の対象とは認められない」と述べており（平成17年度（独個）答申1号，〔　〕内は引用者による補足），こちらは部分単位説に立つようにみえる（ただし，個人情報保護法における開示請求の対象は「文書」ではなく「保有個人情報」なので，必ずしも同列には論じられない）。

　このような中，本判決は文書単位説をとることを明らかにした。その趣旨は，本件条例のみならず，行政文書（公文書）を請求対象とする情報公開法等にもあてはまると解され，「情報公開の実務においても裁判実務においても，重要な意義を有する判決」（判時及び判タのコメント）といえる（賛成評釈として，原田一明・法令解説資料総覧285号〔2005年〕116頁）。

　2　しかし，本判決にはいくつかの疑問がある。

　第1に，本判決は，文書単位説をとる理由として，公開請求の対象が「情報」ではなく「公文書」とされていることを挙げている。しかし，これは，請求対象が情報自体ではなく，それが記録された媒体であることを意味する（行政改革委員会・情報公開法要綱案の考え方2(2)ア，宇賀克也『新・情報公開法の逐条解説〔第2版〕』〔有斐閣，2004年〕28頁）にとどまり，請求及び公開の単位が「公文書」となることをも含意するわけでは必ずしもないように思われる（これに対し，行政文書を単位と解しているように読めるものとして，情報公開法研究会『情報公開制度のポイント』〔ぎょうせい，1997年〕31頁，総務省行政管理局編『詳解情報公開法』〔財務省印刷局，2001年〕34頁以下）。

　第2に，本判決は「当該公文書全体」が請求の対象となるとするが，何をもって1つの公文書（行政文書）と解すべきかが不明確な場合も多い（多賀谷一照『行政とマルチメディアの法理論』〔弘文堂，1995年〕176頁以下参照）。出勤簿，出納簿，ケース記録等や，データベース等の電磁情報がそうである。従来の実務では，開示請求の趣旨を考慮して対象を柔軟に判断していたのではないかと考えられるが，こうした扱いにはそれなりの合理性があるように思われる。なお，文書の単位は開示手数料の算定等に際しても問題となるが（多賀谷一照「『公文書』概念と情報公開制度」川崎市情報公開制度10周年記念誌編集委員会＝川崎市公文書館編『開かれた市政の実現をめざして〔川崎情報公開制度記念論文集〕』〔川崎市，1993年〕179頁以下参照），情報公開法では「行政文書ファイル」ごとに算

定することとされている（施行令13条2項）。これは，請求者の便宜を図るとともに，文書を単位とする場合の不明確さにも配慮したものではないかと思われる。「行政文書の管理方策に関するガイドライン」（平成12年2月，各省庁事務連絡会議申し合わせ）によれば，行政文書の管理においても「行政文書ファイル」が単位とされている。

　第3に，本判決が請求者による開示対象の限定を一切認めない趣旨かどうかは定かでないが（後記3参照），仮にそうだとすると，実務上種々の問題が生じるように思われる。例えば，長文の報告書等について，請求者がその一部のみを閲覧したいと考えている場合であっても，行政機関は報告書全体について判断しなければ開示不開示の決定を行えないことになるが，このような取扱いはあまりに硬直的ではないだろうか。

　以上の理由から，本判決のように，請求対象が「公文書」とされていることを根拠として，公文書全体が公開請求の対象となると断ずることには疑問がある。請求者が公文書の一部の公開を求めていると解される場合には，当該部分のみを公開することも一概に否定されるべきではないように思われる。もっとも，そうであるとしても，本件の岐阜県のように，請求対象外の部分を黒塗りにするのは，かえって行政に対する不信を招くだけである。実務上の対応としては，不開示情報が含まれない限り，そのまま開示するのが適切であろう。請求者の側でも，当該文書に記載されたすべての情報の開示を改めて請求できることはいうまでもない。

　3　本判決の射程については，上記のように，開示請求者による請求範囲の限定を全く認めない趣旨かどうかは明らかでない。本件においては，Xらが「……に関する情報が記録されている公文書」という請求を行っているので，この点に着目して公文書全体の開示が命じられたと解する余地もあるように思われる。そうであれば，「……に関する情報が記録された公文書の部分」といった方法で開示請求が行われた場合には，当該部分のみの開示も許されることになる。公文書の範囲が明確でない場合や，請求者が一部のみの開示を求めていることが明らかな場合には，十分な教示を行った上，公文書の一部のみの開示を求める旨を開示請求書に明記してもらうことが考えられる。

　この点をいかに解するにせよ，本判決を前提とする限り，今後は公文書（行

第1部　情報公開

政文書）の範囲をいかに考えるべきかが重要な問題となるが，上記のように，文書の種類によってはかなりの困難も予想される。

　4　本件においては，請求対象外の情報のほか，請求対象となった情報とそれ以外の情報を合算した情報（以下「合算情報」という）が記載された部分を非公開とできるかも争われた。第1審及び控訴審は，Yはこの部分について公開義務を負わないと判断した。最高裁は，請求対象となった公文書に記載されている以上非公開とはできないとしたので，この問題については判断を加えていない。

　第1審及び控訴審が述べるように，請求者が合算情報の開示を求めているとはいえない。また，合算情報についても公開義務があるとすると，公開の範囲が際限なく拡大するおそれもある。例えば，特定の支出（本件でいえば，特定の事業に関する出張旅費）に係る情報の公開が請求された場合，当該支出額を実質的に含むすべての情報（当該出張旅費を含む支出項目に係るすべての情報）が請求対象となり，それらが記載された多数の公文書について公開義務が生じることになる。したがって，合算情報が記載された部分については，原則として公開義務はないと解すべきである。

　もっとも，請求された情報が存在せず，合算情報のみが保存されている場合，直ちに文書不存在として公開拒否処分をすることは妥当ではない。情報公開法23条等の趣旨からすれば，請求者にその旨を説明して，合算情報の公開を求めるかを確認し，必要に応じて公開請求書の補正等を求めるべきである。

第 7 章　事例研究　4.　役職名の冒用と個人情報

4.　役職名の冒用と個人情報
──東京都財務局事件

東京高裁平成 10 年 3 月 25 日第 5 民事部判決〔控訴棄却（上告）〕
平成 9 年（行コ）第 25 号，都非公開処分取消請求控訴事件（判時
1668 号 44 頁，判自 188 号 9 頁，判タ 999 号 240 頁）

事実　　　X は東京都公文書の開示等に関する条例（昭和 59 年東京都条例第
109 号，平成 11 年 3 月改正前のもの，以下「本件条例」という）に基づ
き，①東京都の執行機関が開催した都議会議員との間の会議の際の飲食費等の
支出に関する公文書（以下「本件会議文書」という）及び②都情報連絡室報道部
報道課の超過勤務等命令簿の開示を請求した（X がいかなる資格に基づいて請求
したかは判決文からは明らかでない）。これに対して Y（東京都知事）は，①につい
ては，本件条例 9 条 2 号（個人情報），4 号（公安秩序情報），7 号（意思形成過程
情報）及び 8 号（事務事業情報）に該当することを理由に，起案文書の件名欄記
載の会議の名称及び開催目的の一部，相手方及び都側出席者の人数以外の記載，
その余の文書における債権者の表示，支払金口座振替依頼書の振込先の記載及
び振込依頼者の記載並びに領収書の受領者の記載を非開示とし，その余を開示
する旨の決定をし，②については，本件条例 9 条 2 号に該当することを理由に，
職員氏名，勤務内容，従事職員確認印，係長確認印，単価支給額・月間計（超
過勤務等命令簿の「月間計」欄の「単価」欄に記載されている単価及び「支給額」欄に
記載されている支給額を指す）を非開示とし，その余を開示する旨の決定をした
ので，X は非開示部分（①のうち債権者の口座及び債権者の印影，②のうち単価欄及
び支給額欄を除く）の取消しを求めて出訴した。

原審東京地判平成 9 年 2 月 4 日行集 48 巻 1 = 2 号 31 頁は，「個人に関する情
報（事業を営む個人の当該事業に関する情報を除く。）で特定の個人が識別され得る
もの」と規定する本件条例 9 条 2 号の趣旨について，「形式的には個人に関す
る情報であっても，公表することにより社会通念上個人のプライバシーを侵害

95

第1部　情報公開

するおそれがなく個人のプライバシーに関するものと推認することができないと認められる情報については，同号にいう『個人に関する情報』には該当しないものと解される」と述べた上で，①については，非開示部分を開示することによって相手方を特定識別することができるとの立証がなく，仮に識別されうるとしても，本件各会議への出席が出席者個人のプライバシーを侵害するものと推認することはできず，また4号，7号及び8号にも該当しないとし，②については，勤務内容の記載から当該個人を特定識別することが可能となったとしても，それは当該個人の氏名及び職に関する情報以上の意味を有するものではないから，社会通念上個人のプライバシーを侵害するおそれはないと認められるなどとして，Xの請求をすべて認容した。

　Yは控訴したが，控訴後になって「会議費に関する公文書の開示基準」を改訂し（過去の食糧費については私人の氏名等は開示せず，相手方公務員の氏名等も不適正処理があった場合は開示しない），①についてXが開示を求めた項目のうち相手方（本件では議員ではない都議会会派の役職名であり，「私人」に当たる）の具体的な役職名を除いて開示したので，Xは右開示部分の訴えを取り下げた。Yはまた，控訴審において，①の文書はいわゆるカラ会議に関するものであり，相手方はその役職名を冒用されたものであるから，これを開示することによって被冒用者の名誉が毀損されるおそれが生じるとともに新たなプライバシーの侵害が予想される，との主張を新たに行った。

判旨

　　控訴棄却。
　　1　「条例が個人に関する情報を記録した公文書を原則として開示しないこととしたのは，いわゆるプライバシーないし個人生活に関する権利，利益の不当な侵害を防止しようとする意図に出たものであるから，『個人に関する情報で特定の個人が識別され得るもの』に該当するかどうかは，文書の表現から形式的に判断することなく，右の条例の趣旨に沿って実質的に判断すべきである。したがって，例えば，実施機関の職員がその職務の執行としてした行為を記録した公文書は，たとえその職員個人が識別され得るため，形式的にはその職員個人に関する情報を記録した文書であるといえるとしても，それが開示されることによりその職員のプライバシーないし個人生活に関する権利，利益が侵害されることになるとはおよそ考えられないから，実質的には，『個

人に関する』情報を記載したものには該当しないと解すべきであるし，また，その公文書の表現上は特定の私人に関する情報を記録したものであるように見えても，その文書の性質上，当該個人に結びつく情報を内容とするものでないことが客観的に明らかであるものも，『個人に関する』情報を記載したものには該当しないと解すべきである。」

2　本件会議文書には懇談会の相手方出席者として都議会の特定会派の具体的な役職名が記載されており，その役職名から特定の個人を識別することが可能であるが，「右各文書は真実を記載したものではなく，しかも，そこに懇談会の出席者として記載された者は，その役職名を冒用されたものであり，そこにその役職名が記載されていることも知らなかったものであってみれば，右各文書に記載された内容は，その者に結びつく情報を何らその内容に含むものではないことが明らかであるから，右各文書は，その者の『個人に関する情報』を記載したものには当たらないというべきである」。

「なお，控訴人は，右各文書を開示した場合には，そこに懇談会の出席者として記載された者が不適正な処理に加担したかのように誤解される恐れがあると主張する。しかし，右各文書が真実を記載したものでないことは控訴人自らが認めるところであるのみならず，前示の通り右各文書の各葉には『支出命令取消により返還済』という印が押されているから，右各文書が不適正な会計処理に係るものであることはこれにより推認されるし，会議の開催について決裁文書が作成されながら，その会議が実際には開催されなかった場合に，その決裁文書に出席者として記載されている者がその文書に係る不適正な処理に加担したとみるのが通常であるとはいえないから，控訴人主張のような誤解を招く恐れがあるとは認め難い。」

3　「職員がその職務の執行としてした行為を記録した公文書は，たとえその職員個人が識別され得るため形式的にはその職員個人に関する情報を記録した文書に当たるとしても，それはその職員の公務員としての公的活動に関する情報を記録したものであって，それが開示されることによりその職員のプライバシーないし個人生活に関する権利，利益が侵害されることになるとは考えられないから，実質的には，『個人に関する』情報を記載したものには該当しないと解すべきであり，本件超過勤務命令簿は，職員の超過勤務の実施の状況を

第 1 部　情報公開

記録したものであって，まさにこれに該当するというべきである。」

研究　　本件控訴審では，事実欄に記した事情により，①本件会議文書に記載された懇談会の相手方出席者（私人）の役職名，並びに②超過勤務等命令簿における職員氏名，勤務内容等の記載が，本件条例 9 条 2 号に定める非開示事由（個人情報）に該当するか，という点のみが問題となった。そこでの争点は，同号にいう「個人に関する情報」の意義をめぐるものであり，第 1 は公務員の職務に関する情報がこれに含まれるかという問題（1），第二は役職名等が冒用されたものである場合にいかに解すべきかという問題（2）である。

　1　情報公開条例における個人情報に関する非開示事由（以下「個人情報条項」という）には，大別して，「個人に関する情報で特定の個人が識別され得るもの」と規定する「個人識別型」と，識別可能な情報のうち「通常他人に知られたくないもの」に限定する「プライバシー型」がある（都道府県における立法例については，自由人権協会編『情報公開条例の運用と実務（下）〔新版〕』〔信山社，1998 年〕276 頁以下参照）。本件条例は個人識別型であり，以下では考察の対象をこの種の規定類型に限定する。なお，「行政機関の保有する情報の公開に関する法律」（以下「情報公開法」という）も個人識別型であり，この点の検討は同法の解釈にとっても意義を有する。

　個人識別型の条例について，当初の判例は，個人識別情報であれば例外事由に当たらない限りすべて非開示とする考え方（以下「文言説」という）をとっており，公務員の職務に関する情報も非開示とされていた。例えば，栃木県知事交際費事件に関する東京高判平成 3 年 1 月 21 日判時 1374 号 27 頁は，「相手方が公務員の場合でも，そのプライバシーは保護されるべきであり，本号〔栃木県条例 6 条 1 号──筆者注〕の法文中に公務員を適用除外とする旨の文言の存在しない以上，法文解釈の一般原則に照らしても，また，本件条例第 3 条後段の『個人のプライバシーの保護』の趣旨から見ても，本号の解釈上，公務員を別異に扱うことはできない」としている（公務員について同旨，東京地判平成 4 年 10 月 15 日判時 1436 号 6 頁，東京高判平成 9 年 5 月 13 日判時 1604 号 41 頁。その他文言説をとるものとして，横浜地判平成元年 5 月 23 日判時 1319 号 67 頁，福岡地判平成 2 年 3 月 13 日判時 1360 号 92 頁，東京高判平成 3 年 5 月 31 日判時 1388 号 22 頁，福井地

98

第 7 章　事例研究　4. 役職名の冒用と個人情報

判平成 6 年 5 月 27 日判自 138 号 20 頁，名古屋地判平成 7 年 2 月 24 日判タ 895 号 103 頁，静岡地判平成 7 年 11 月 24 日判自 149 号 9 頁，横浜地判平成 8 年 1 月 31 日判自 152 号 23 頁，宮崎地判平成 9 年 1 月 27 日判時 1628 号 12 頁，秋田高判平成 9 年 12 月 17 日判時 1642 号 89 頁，浦和地判平成 9 年 2 月 18 日判時 1596 号 45 頁，浦和地判平成 9 年 7 月 14 日判自 171 号 10 頁など）。最高裁もまた，栃木県知事交際費事件の上告審判決において，「本件条例 6 条 1 号は，個人に関する情報（事業を営む個人の当該事業に関する情報を除く。）であって，特定の個人が識別され，又は識別され得るものについては，同号所定の除外事由に当たるものを除き，すべて開示しないことができるとしている。そうすると，原判決添付別表の『相手方が個人』欄中の『識別され得るもの』欄記載の合計 170 件の情報は同号に該当するので，昭和 60 年度栃木県知事交際費現金出納簿のうち右情報が記録されている部分を非開示とした処分は適法であるとした原審の判断は，正当として是認することができ，原判決に所論の違法はない」とし，上告を棄却した（最判平成 6 年 1 月 27 日，平成 3 年（行ツ）第 68 号，判例集未登載）。この判決は公刊されていないが（同一事件の第 1 審被告側上告分は判時 1487 号 48 頁に掲載），素直に読む限り個人識別型条例について文言説をとっており，結果的に公務員についても個人情報該当性を認めている。

　ところが，宮城県食糧費事件に関する仙台地判平成 8 年 7 月 29 日判時 1575 号 31 頁が，職務遂行に関する公務員の役職や氏名についてはプライバシーが問題になる余地はないとして，その公開を認めたのを皮切りに，個人識別型条例に限定解釈を施し，実質的にプライバシー型条例と同様に解する考え方（以下「限定説」という）をとる判例が相次いで出現した（食糧費等につき，東京高判平成 9 年 2 月 27 日判時 1602 号 48 頁，大阪地判平成 9 年 3 月 25 日行集 48 巻 3 号 219 頁，東京地判平成 9 年 9 月 25 日判時 1630 号 44 頁，鹿児島地判平成 9 年 9 月 29 日判自 173 号 9 頁，大阪高判平成 10 年 6 月 17 日判時 1669 号 35 頁，東京地判平成 10 年 6 月 25 日判自 187 号 14 頁，熊本地判平成 10 年 7 月 30 日判自 185 号 42 頁，出張記録・出勤簿等につき，千葉地判平成 9 年 8 月 6 日判タ 959 号 162 頁，富山地判平成 10 年 2 月 18 日判時 1673 号 73 頁，横浜地判平成 10 年 3 月 18 日判自 179 号 60 頁，他公共団体からの来庁に関する依頼書につき，名古屋高判平成 9 年 11 月 28 日判タ 988 号 166 頁など）。本件第 1 審判決及び控訴審判決もこのような流れに棹さすものである。

第1部　情報公開

　学説も，文言説（山田洋・西南学院法学24巻1号〔1991年〕98頁以下，林圭介・平成8年度行政関係判例解説〔1996年〕128頁，南川諦弘・大阪学院大学法学研究23巻2号〔1997年〕175頁以下，同・判評467号〔判時1618号，1998年〕192頁，藤原静雄『情報公開法制』〔弘文堂，1998年〕172頁以下，磯部哲・自治研究74巻10号〔1998年〕105頁，常岡孝好・平成9年度重判解〔ジュリ臨増，1998年〕43頁以下など）と限定説（安藤高行『情報公開・地方オンブズマンの研究』〔法律文化社，1994年〕121頁，同「交際費・懇談会費経費情報公開に関する最近の下級審判決」法政研究63巻3＝4号〔1997年〕815頁，近藤昭三「行政情報の公開とプライバシー保護」ひろば47巻5号〔1994年〕27頁，第二東京弁護士会『新版情報公開ガイドブック』〔花伝社，1994年〕68頁，清水幸雄・清和法学研究4巻2号〔1997年〕223頁，同・清和法学研究5巻1号〔1998年〕218頁，平松毅『情報公開条例の解釈』〔信山社，1998年〕90頁，青山武憲・国会月報595号〔1998年〕43頁，飯田正剛・法時71巻6号〔1999年〕26頁，東條武治・判自184号〔1999年〕102頁など）に分かれている。

　この問題については文言説をとるのが妥当であると考える。まず，条例の文理から検討すると，例えば本件条例は，「個人に対する情報（事業を営む個人の当該事業に関する情報を除く。）で特定の個人が識別され得るもの」を「開示しないことができる」とした上で，その例外をただし書に列記しており，例外事由に当たらない限り個人識別情報はすべて開示しない，と見るのが常識的な解釈であると思われる。判例には，「事業を営む個人の当該事業に関する情報」が個人情報から除外されていることから，プライバシーが問題とならないものは「個人に関する情報」ではないとの趣旨を読みとるものもあるが（前掲仙台地判平成8年7月29日，千葉地判平成9年8月6日），この規定は，右の情報が法人の事業活動情報と同質のものであるため，個人情報から除外したものに過ぎないし，また，法人に雇用された職員に関する情報については，事業活動に関するものであっても個人情報でなくなるわけではない（同旨，平松・前掲110頁以下）。また，例外事由の規定はプライバシー侵害のおそれがない場合には公開すべきことを示唆するという見解もあるが（本件第1審判決，前掲東京地判平成10年6月25日），むしろ逆に，例外事由に該当しない場合には非開示と解するのが通常の解釈であろう。

　次に立法趣旨を検討する。限定説の主たる論拠は，個人情報条項はプライバ

シー保護を目的としており，プライバシー概念が不明確であるため規定におい
ては個人識別型の文言を採用しているが，右のような目的に鑑み，プライバ
シー侵害とならない場合には開示を認めるべきである，というものである。し
かし，個人識別型を先駆的に採用した神奈川県では，当初プライバシー型の規
定を予定していたが，情報公開推進懇話会がプライバシー概念の不明確性を理
由に個人識別型をとるよう提言し，それが立法化されており（神奈川県県政情報
室編『神奈川の情報公開』〔ぎょうせい，1984 年〕206 頁，255 頁，336 頁参照），その
他の自治体においても 2 つの類型の得失を検討した上で意識的に個人識別型を
採用しているのである（東京都については，情報開示制度確立に向けて――東京都情
報公開懇談会提言〔1984 年 3 月〕21 頁参照。そこでは「一定範囲の高級公務員につい
て例外扱いを行うことはしない」旨も明記されている）。こうした経緯を無視してプ
ライバシー型の要件を読み込むことは，立法趣旨に明らかに反するものといわ
ざるをえない。なお，この点に関連し，情報公開条例の手引等に挙げられてい
る個人情報の具体例がプライバシーに関わるもののみであることを，限定説を
とる理由とする判例もあるが（前掲仙台地判平成 8 年 7 月 29 日，東京高判平成 9 年
2 月 27 日，千葉地判平成 9 年 8 月 6 日，鹿児島地判平成 9 年 9 月 29 日，東京地判平成
10 年 6 月 25 日，熊本地判平成 10 年 7 月 30 日），これは例示に過ぎず，限定解釈の
根拠にはなりえないと思われる。

　このように，条例の文理及び立法趣旨からは文言説が妥当であると解される。
具体的な開示請求権は条例（または法律）によって付与される，という通説的
な考え方を前提とすれば，これらの点は決定的な意味をもつと思われるが，こ
こでは限定説の実質的な問題点にも触れておきたい。

　プライバシー型の欠点として，①プライバシー概念が明確ではないこと，②
個人識別型をとる個人情報保護制度との整合性が確保されないことが挙げられ
るが（山田・前掲 98 頁，情報公開法研究会『情報公開制度のポイント』〔ぎょうせい，
1997 年〕50 頁以下，宇賀克也『情報公開法の理論』〔有斐閣，1998 年〕105 頁など参
照），このことは個人識別型条例にプライバシー要件を読み込む場合にも妥当
する。もっとも②については，個人情報保護制度は誤情報の訂正等を目的とし
ており，そこではプライバシーに対立する利益はないが，情報公開制度では知
る権利と衝突するので，後者における個人情報の範囲は前者のそれより狭いの

第 1 部　情報公開

が妥当であって，個人情報保護制度との整合性を考慮する必要はない，という
見解がある（右崎正博ほか編『情報公開法』〔三省堂，1997 年〕39 頁［二関辰郎執筆］,
情報公開法理論研究会「行政情報公開部会報告（最終報告）の批判的検討」法時 69 巻 1
号（1997 年）76 頁［二関辰郎執筆］,関東弁護士会連合会編『市民のための情報公開』
〔明石書店，1997 年〕100 頁）。しかし，個人情報保護制度には，誤情報の訂正等
のほかに，個人情報の外部提供を規律する役割もあり，この点で情報公開制度
との調整が必要であると思われる。すなわち，個人情報保護制度が個人識別情
報を保護対象としていても，プライバシー型情報公開制度の下では（限定説を
とる場合も同様）プライバシーに当たらない個人識別情報（いわゆる基礎的データ
のほか，公共施設の利用に関する情報なども含まれうる）は一般に公開される結果
となる。そして，一度公開された情報を規制することは実際上不可能であり，
ことに行政が保有する情報はしばしば系統的に収集・蓄積されているから，こ
うした情報がデータベース化されて商業目的で利用されたり，悪用されたりす
る可能性は軽視できない（藤原・前掲 175 頁は，「情報化社会において，情報を静的
にのみ捉えることは危険であり，一旦開示された情報は流通するものであるという視点
を再度確認する必要」を指摘する）。この点，ニューヨーク州情報自由法は「商業
目的又は資金調達目的に使用されるであろう場合に住所・氏名のリストを販売
又は公表すること」を明文で禁止するとされているが（右崎ほか編・前掲書 38
頁［二関執筆］参照。なお連邦情報自由法については，宇賀克也『アメリカの情報公
開』〔良書普及会，1998 年〕284 頁参照），わが国の法律・条例では権利濫用論に
よって対処するしか方法はなく，いずれにしてもこれらの手段の実効性には疑
問がある。以上の点を考慮すれば，個人識別情報を原則非開示とし，必要があ
る場合（例えば公務員の職務に関する情報，会食等の相手方に関する情報）にのみ公
開する，という手法をとることが望ましいといえる。もっとも，この場合例外
事由の定め方が決定的な重要性をもつことはいうまでもない。

　以上のように，個人識別型条例については文言説をとるのが妥当であり，本件
超過勤務等命令簿の記載事項も「個人に関する情報」であって開示しないこと
ができると解すべきである。もっとも右事項については，ただし書に定める例
外的公開事由，特に「実施機関が作成し，又は取得した情報で公表を目的とし
ているもの」（本件条例 9 条 2 号ロ）に該当しないかどうかをさらに検討する必

要がある。「公表を目的としている」の意味を，現に公表されまたは公表が予定されているものと解するならば（東京都情報連絡室都政情報センター管理部『情報公開事務の手引〔再訂版〕』〔東京都情報連絡室，1992 年〕42 頁によれば，①「公表することを目的とする情報」，②「当該個人が作成し，公表した情報」，③「公にすることが慣行となっていて，公表しても社会通念上個人のプライバシーを侵害するおそれがないと認められる情報」がこれに当たる），「開示基準」によって非開示とされた右事項はこれに当たらないことになる。これに対し，前掲仙台地判平成 8 年 7 月 29 日は，同様の趣旨の規定の解釈につき，「社会通念上」公表が予定されているかどうかを要件に読み込んでいるが，解釈の枠を越えているように思われるし，何が「社会通念」であるかも必ずしも明確ではない点で問題がある（藤原・前掲 174 頁参照）。

2 第 2 の論点は，懇談会等に関する文書に出席者等の氏名ないし職名が記載されているが，当該懇談会等が実際には開催されておらず，右の氏名等が冒用されたものである場合，これを個人情報として開示しないことは許されるか，という問題である。

この点に関する下級審判例は分かれている。非開示とするものに前掲東京地判平成 9 年 9 月 25 日があり，これに賛成する学説もある（林・前掲 129 頁以下，青山・前掲 43 頁，宇賀克也『情報公開法の逐条解説』〔有斐閣，1999 年〕50 頁）。開示を命じるものとしては，前掲仙台地判平成 8 年 7 月 29 日があり，本件控訴審判決もこの立場をとる。その他，大阪高判平成 9 年 4 月 16 日判タ 956 号 172 頁は，交際費に関する事件で，香料の支出は虚偽であると解されるので，相手方名を公開しないことは許されないとしている。

この問題の考え方は，条例の文言ないしその解釈によって異なりうると思われる。

(1) 個人識別型条例について文言説をとった場合，冒用されたものであっても「個人が識別され得る」情報なので，非開示事由に該当するといえよう。

(2) その場合でも，ただし書の「公表を目的としたもの」（例えば東京都条例 9 条 2 号ロ）に当たるものとして（公務員または私人の）氏名等を公表しているときは，冒用された氏名等がこれに該当するかどうかが問題となりうる。本件におけるように，実施機関がこの種の情報を公開しない旨の基準を定めている場

第1部　情報公開

合は，該当性を否定することが比較的容易であろう。もっとも，前掲仙台地判平成8年7月29日のように，「社会通念上」公表を目的としているかどうかを問題とするならば，結論が異なる可能性も否定できない。

　(3)　さらに，個人識別型条例等において，公務員の職（例えば情報公開法5条1号ハ）もしくは職及び氏名（例えば福岡県条例9条1号ニ）の開示を明記している場合には，冒用された氏名等が「職務の遂行に係る情報」であるか否かが問題となりうる。この点については，①文書において職務遂行に係るものとして記載されている以上，その真偽を問題とすべきではない，という解釈と，②実際には懇談会等に参加していないので，当該公務員の職務遂行に係るものとはいえない，という解釈が可能であり，文理上はいずれも成り立ちうるように思われる。しかし，実質的に考えるならば，後者が妥当であると解される。

　すなわち，①説をとった場合，冒用された氏名等が公開されることになるが，当該公務員にとっては「アカウンタビリティのために自己の信用・名誉等への侵害を受忍すべきいわれは」ない（宇賀・前掲『情報公開法の逐条解説』50頁）といえよう。この点については，本件控訴審判決のように，氏名等を冒用された場合には不適正な処理に加担したと誤解されるおそれはない，という見方もありうる。しかし，当該文書が公開された場合，懇談会等に出席したという外観は残るし，本件のように「支出命令取消により返還済」という印が押されていたとしても，このことは必ずしも「当該懇談会が実際には開催されなかった」ことや，「当該公務員が不知の間に氏名等を冒用された」ことを意味するわけではない（例えば違法な飲食であることを理由に返還を命じられたと解することも可能）。そうであれば当該公務員の利益侵害を完全に否定することはできないであろう（同旨，前掲東京地判平成9年9月25日）。

　これに対し，懇談会等が実際に開催されたか否かは開示請求訴訟の審理の対象となりえない，という見解もある（前掲仙台地判平成8年7月29日，浦和地判平成9年2月17日判時1596号45頁）。しかしその根拠は不明であり，被告側の主張立証に基づいて虚偽記載を認定することは十分可能であると思われる。また，不正処理が明らかになると住民訴訟等によって追及される可能性もあるので，行政機関が専ら非開示を正当化するために冒用を主張するおそれも小さいであろう。さらに，不正追及のために相手方の開示が必要であるという批判も

104

第 7 章　事例研究　4. 役職名の冒用と個人情報

考えられるが，行政機関が既に不正の存在を認めている以上，さらに相手方の
氏名等を公開する必要は乏しいように思われる。

　(4)　プライバシー型条例のうち，「通常他人に知られたくない」個人情報を
非開示としている場合（北海道条例 10 条 1 号など），冒用された氏名等がこれに
当たるかどうかが問題となる。この要件の意味は必ずしも一義的ではないが，
「通常の感受性を有するあるべき人間像」（棟居快行・判自 79 号〔1991 年〕26 頁）
からしても，該当性を肯定しうるように思われる（同旨，前掲東京地判平成 9 年
9 月 25 日）。

　(5)　プライバシー型条例には，「一般に他人に知られたくないと望む」もの
であること（これは(4)と同様に解しうる）に加え，そのことが「正当である」こ
とを要求するものもある（大阪府条例 9 条 1 号など）。何が「正当である」かも
必ずしも明らかではないが，(3)で述べたように，被冒用者の信用・名誉等への
侵害が否定できないことからすると，正当性を肯定できるであろう。

　(6)　個人識別型条例について限定説をとった場合，プライバシー型条例と同
様の基準によるときは(4)及び(5)で述べた解釈が妥当するが，独自の基準を設定
している場合には別途判断する必要がある。本件控訴審判決は，「プライバ
シーないし個人生活に関する権利，利益の（不当な）侵害」の有無を判断基準
とし，本件文書の記載は虚偽のものであって被冒用者に結びつく情報を内容と
していないこと，右記載から被冒用者が不適正な処理に加担したかのような誤
解を招くおそれはないことから，上記のような侵害はないとしている。しかし，
(3)で述べたように，被冒用者の信用・名誉等への侵害が否定できないことから
すると，仮にこの基準によったとしても非開示事由該当性を肯定しうるように
思われる。

第1部　情報公開

5. 公表情報
——旧日本軍朝鮮人軍人・軍属名簿

内閣府情報公開審査会平成 15 年 12 月 16 日答申
平成 15 年度第 449 号

事実　　異議申立人は行政機関の保有する情報の公開に関する法律（以下「法」という）により「1993 年 10 月 8 日に厚生省が発表した『旧日本軍の朝鮮人軍人・軍属ら約 24 万 4 千人分の名簿』すべて」の開示を請求した。厚生労働大臣は対象文書を「朝鮮半島出身旧軍人軍属の包括的な名簿」及び「その他参考資料」と特定し（以下これらを「本件対象文書」という），不開示決定を行った。異議申立てがなされたが，審査会は原決定を妥当と認めた。

答申の要旨　　1　本件対象文書には特定個人の氏名等が記載されており，これらは法 5 条 1 号にいう識別可能な個人情報に当たる。部分開示（法 6 条 2 項）の余地もない。

2　法 5 条 1 号ただし書ハにいう「公務員」は国家公務員法等に規定する公務員と明確に定義されており，兵役法等の戦前の法令の規定に基づく旧軍人軍属はこれに該当しない。

3　(1) 本件対象文書は個人に関する情報をその記載内容とするから，たとえ旧軍人軍属が戦前における「公務員」であるとしても，このような情報を公にすべきとする法令や慣行（法 5 条 1 号ただし書イ）は存在しない。

(2) 本件対象文書は平成 2 年までは慣行として公にされていたと認める余地もあるが，外部提供は復員業務等を効果的かつ円滑に遂行するために行われていたこと，平成 2 年以降は本人及び遺族等以外には閲覧を一切認めていないことから，開示請求の時点で公表情報だったとは認められない。

(3)「戦没船員の碑建立会」が旧厚生省等の協力の下に作成した「戦没船員名簿」は図書館で閲覧可能だが，本件対象文書がその原資料として使用された可能性は極めて低く，本件対象文書がその一部であれ慣行として公にされてい

るとは認められない。

研究 　1　本答申は，旧軍人軍属が国家公務員法等に規定する「公務員」に当たらないとして，公務員情報（法5条1号ただし書ハ）の適用を否定している（**答申の要旨**2）。形式論にすぎる感もあるが，本答申でも検討されているように（**答申の要旨**3(1)），戦前の公務員等については公表情報と解する余地があり，特段問題はないと考えられる。公表情報とされた例としては，戦前の裁判官等の氏名がある（情報公開審査会答申平成14-110号）。

　2　(1)　公表情報（法5条1号ただし書イ）は，①法令の規定または慣行により公にされている情報と，②公にすることが予定されている情報（以下「公表予定情報」という）に分けることができる。本答申では主に①について2つの問題が検討されている。

　第1は，過去に公表された情報が開示請求の時点でも公にされているといえるかという問題である（総務省行政管理局編『詳解情報公開法』〔財務省印刷局，2001年〕49頁参照）。本件対象文書については，その一部がかつて外部提供されていた可能性もあるが，必ずしも一般に公表する趣旨ではなく，その後方針が変更されたことから，請求時点では公表情報ではないとされた（**答申の要旨**3(2)）。答申例では，刑事被告人の氏名（情報公開審査会答申平成14年度110号），短期間掲示された入学料免除の選考結果（同14年度530号），報道された被疑者一覧表（同15年度717号）等につき，同様の理由から不開示とされている。判例では，不動産情報について，過去に縦覧に供されたとしても，請求時点では閲覧可能情報に当たらないとされた例がある（福井地判平成6年5月27日判自138号20頁，名古屋高金沢支判平成7年1月30日判タ884号133頁）。

　第2の問題は，本件対象文書に含まれた情報が一般に閲覧可能な図書に記載されているのではないか，という点である。本答申は詳細な事実認定に基づき，本件対象文書が当該図書の原資料として利用された可能性は極めて低く，慣行として公にされているとはいえないと判断した（**答申の要旨**3(3)）。判例では，登記簿記載情報に独自調査の結果が加えられている場合，「何人も閲覧できる情報」に当たらないとされた例がある（札幌高判平成9年4月30日判自169号26頁，津地判平成9年6月19日，情報公開実務研究会＝宇賀克也編『情報公開の実務』〔第一法規，1998年〕2292頁）。

第1部　情報公開

(2)　公表予定情報（上記②）については，本答申では十分検討されていない。しかし，異議申立人の「日本政府は被害国の被害者の情報を優先的に公開すべきである」との主張は，公表予定情報該当性をいうものと解することも不可能ではないように思われる。なぜなら，この要件は，公表が現に予定されている場合のみならず，「ある情報と同種の情報が公にされている場合に，当該情報のみ公にしないとする合理的な理由がないなど，当該情報の性質上通例公にされるものも含む」（総務省行政管理局編・前掲49頁）と広く解されているからである。

　実際，答申例においては，公表予定情報に当たるとして開示を認めた例がかなり見られる。しかも，当初は（上記解説書の説明を考慮してか）同種の情報との比較を理由として開示を求めた答申が多かったが（中央労災医員の氏名等に関する情報公開審査会答申平成13年度129号，行政処分を受けた柔道整復師の氏名等に関する同13年度156号，財団法人の評議員氏名に関する同14年度485号，鑑定評価員の氏名等に関する同15年度85号），最近では委員の職務の性格（紛争調整委員の現職名に関する同14年度142号），許可の公益的性格（国内希少野生動植物種捕獲等許可を受けた者の氏名等に関する同15年度324号），研究の公的性格（補助金が交付された研究会の議事録における発言者氏名等に関する同15年度377号）等を根拠として開示を認める例も現れている。このように，公表予定情報はある程度柔軟な判断を許容する要件であり，一種の公益条項として機能していると見ることも可能であろう。

　同様の現象は条例における「公表を目的として作成取得された情報」についても見られ，しかも裁判所間で見解が対立することも稀ではない。例えば，第三セクター役員の氏名等については，当該法人の事業目的の公共性を理由に開示を命じた例（宮崎地判平成10年11月13日判時1709号20頁）と否定した例（宮崎地判平成9年1月27日判時1628号12頁）がある。また，公務員の職務遂行情報や懇談会の相手方たる私人の氏名は「社会通念上公表が予定された情報」であるとする例（仙台地判平成8年7月29日判時1575号31頁）もあれば，こうした主張を排斥した例（福岡高宮崎支判平成14年5月10日判タ1109号156頁）もある。以上の判例は公表目的情報が要件としてやや安定性を欠くことを示唆するものといえるが，公表予定情報についても同様の問題が生じる可能性があるかもしれない。

第 7 章　事例研究　　6.　公務員等の氏名の個人情報該当性

いずれにしても，本件対象文書に含まれた情報には，上記答申で問題とされたような公共性・公益性は認められないと考えられる。

6.　公務員等の氏名の個人情報該当性
——大阪市食糧費事件

最高裁平成 15 年 11 月 11 日第三小法廷判決〔一部破棄自判，
　一部破棄差戻，一部棄却〕
平成 10 年（行ヒ）第 54 号，公文書非公開決定処分取消請求事件
（民集 57 巻 10 号 1387 頁，判時 1842 号 31 頁，判タ 1140 号 94 頁）

事実　　大阪市の住民等である X らが，平成 4 年 6 月 15 日，大阪市公文書公開条例（昭和 63 年大阪市条例第 11 号，以下「本件条例」という[1]）に基づき，Y（大阪市長）に対し，昭和 63 年 7 月から平成 4 年 3 月までの間の大阪市財政局財務部財務課に係る食糧費の支出関係文書の公開を請求したところ，Y が，同請求に係る公文書の件名を上記期間における同課の食糧費支出に係る支出決議書，支出命令書及び歳出予算差引簿と特定した上，本件条例 6 条 2 号，3 号，7 号及び 8 号に該当するとして，上記各文書を全部非公開とする決定（以下「本件処分」という）をしたため，X らがその取消しを求めて出訴した。Y は，第 1 審係属中に本件処分の一部を取り消し，Y の補助職員の氏名を含む一部の記載を公開した。

第 1 審（大阪地判平成 9 年 3 月 25 日行集 48 巻 3 号 219 頁）は，①Y が開示した部分の請求等に係る訴えを却下したほか，②本件条例 6 条 2 号（個人情報）該当性については，「プライバシーに関係しないことが明らかな情報については，非公開とすることは許されない」とした上，会議等の相手方が公務や職務として出席する限りプライバシーとは関係がない事柄であるから，相手方の氏名及

---

[1]　本件条例は平成 13 年 3 月 5 日大阪市条例第 3 号により改正され，題名も「大阪市情報公開条例」と改められている。

第 1 部　情報公開

び団体名等はすべて同号に該当しないとし，③同条 3 号（法人等情報）該当性
については，支出命令書に記載された業者等の口座情報等に関し，法人等の正
当な利益を害するとして，同号該当性を認め[2]，④同条 8 号（事務事業情報）該
当性については，内密の協議を目的とした会議等であるとの証拠はないとし
て[3]，同号該当性を否定して，会議等の相手方の氏名及び団体名等に関する請
求を認容し，その余の請求を棄却した。

　Y が控訴したが[4]，控訴審係属中に，Y は本件文書の一部を追加的に開示し
た。控訴審（大阪高判平成 10 年 6 月 17 日判時 1669 号 35 頁）は，理由を一部追
加・訂正したほか，原判決を引用して控訴を棄却した。

　Y が上告したところ[5]，最高裁第三小法廷（最判平成 15 年 11 月 11 日民集 57 巻
10 号 1387 頁[6]）は，会議等の相手方[7]について，①公務員以外である情報につ
いては請求を棄却し，②公務員であるかどうか判断できない情報に係る部分に
ついては原審に差し戻し，③公務員である情報に係る部分については上告を棄

---

　2)　この部分は，最判平成 14 年 9 月 12 日判時 1804 号 21 頁に照らして疑問がある。

　3)　最判平成 6 年 2 月 8 日民集 48 巻 2 号 255 頁が参照されている。

　4)　X は控訴しなかったため，本件控訴審以降は，会議等の相手方の氏名及び団体名等に係
　　る部分のみが審判の対象となっている。

　5)　Y は上告理由において本件条例 6 条 2 号に関する法令解釈の誤りのみを主張したため，
　　上告審は同条 8 号については判断していない。

　6)　評釈等として，安藤高行『現代の行政活動と市民』（法律文化社，2007 年）49 頁，石森
　　久広・季報情報公開 13 号（2004 年）27 頁，大西有二・平成 15 年度重判解（ジュリ臨増，
　　2004 年）50 頁，大貫裕之・行政判例百選 I〔第 6 版〕（別冊ジュリ，2012 年）84 頁，乙部
　　哲郎・判評 548 号（判時 1864 号，2004 年）12 頁，北薗信孝・行政関係判例解説平成 15 年
　　（2004 年）70 頁，高世三郎・ジュリ 1266 号（2004 年）110 頁，同・曹時 58 巻 4 号（2006
　　年）229 頁，同・最判解民事篇平成 15 年度（下）（2006 年）597 頁，同・最高裁時の判例 5
　　（ジュリ増刊，2007 年）45 頁，徳本広孝・法協 122 巻 8 号（2005 年）167 頁，早坂禧子・法
　　令解説資料総覧 266 号（2004 年）73 頁，和田吉弘・法セ 595 号（2004 年）123 頁などがあ
　　る。

　7)　具体的には，①予算等の財政問題についての大阪市の財政局長，財務部長らとの協議会
　　等に出席した大阪市議会議員，②指定都市財政担当局長・課長会議に出席した他の地方公共
　　団体の公務員，③京阪神財政担当課長会議に出席した他の地方公共団体の公務員，④大阪市
　　特別職報酬等審議会に出席した同審議会委員，⑤ Y が開催する安全衛生講習会に関する打合
　　せに出席した講師である医療関係者，⑥大阪市財政局財務部財務課の所管事項に関する懇談
　　会等に出席した各省庁所属の国家公務員，⑦大阪市の財政の現状等についての懇談会に出席
　　した大学教授及び学生，⑧大阪市の財政の現状等について協議，懇談等に訪れた上海市の財
　　政視察団，上海市財務局，韓国地方財政共済会，上海市投資信託公司所属の者である。

第 7 章　事例研究　　6.　公務員等の氏名の個人情報該当性

却し，④ Y が追加開示した部分の請求に係る訴えを却下した[8]。

判旨　　1（個人情報の意義について）「本件条例 6 条 2 号は，『個人に関する情報（事業を営む個人の当該事業に関する情報を除く。）』であって，特定の個人が識別され，又は識別され得るものについては，同号ただし書所定の除外事由に当たるものを除き，これが記録されている公文書を公開しないことができると規定している。同号にいう『個人に関する情報』については，『事業を営む個人の当該事業に関する情報』が除外されている以外には文言上何ら限定されていないから，個人の思想，信条，健康状態，所得，学歴，家族構成，住所等の私事に関する情報に限定されるものではなく，個人にかかわりのある情報であれば，原則として同号にいう『個人に関する情報』に当たると解するのが相当である。そして，法人その他の団体の従業員が職務として行った行為に関する情報は，職務の遂行に関する情報ではあっても，当該行為者個人にとっては自己の社会的活動としての側面を有し，個人にかかわりのあるものであることは否定することができない。そうすると，上記の職務の遂行に関する情報も，原則として，同号にいう『個人に関する情報』に含まれるというべきである。」

2（法人等の職員について）「もっとも，同条は，2 号において『個人に関する情報』から『事業を営む個人の当該事業に関する情報』を除外した上で，3 号において『法人その他の団体（国及び地方公共団体を除く。以下「法人等」という。）に関する情報又は事業を営む個人の当該事業に関する情報』と定めて，個人に関する情報と法人等に関する情報とをそれぞれ異なる類型の情報として非公開事由を規定している。これらの規定に照らせば，本件条例においては，法人等を代表する者が職務として行う行為等当該法人等の行為そのものと評価される行為に関する情報については，専ら法人等に関する情報としての非公開事由が規定されているものと解するのが相当である。したがって，法人等の行為そのものと評価される行為に関する情報は，同条 2 号の非公開情報に当たらないと解すべきである。そして，このような情報には，法人等の代表者又はこれに準ずる地位にある者が当該法人等の職務として行う行為に関する情報

---

8)　この点については，和田・前掲注6)123 頁参照。

III

第1部　情報公開

のほか，その他の者の行為に関する情報であっても，権限に基づいて当該法人等のために行う契約の締結等に関する情報が含まれると解するのが相当である。」

　3（公務員について）「次に，国及び地方公共団体の公務員の職務の遂行に関する情報は，公務員個人の社会的活動としての側面を有するが，公務員個人の私事に関する情報が含まれる場合を除き，公務員個人が同条2号にいう『個人』に当たることを理由に同号の非公開情報に当たるとはいえないものと解するのが相当である。その理由は，次のとおりである。本件条例は，市民の市政参加を推進し，市政に対する市民の理解と信頼の確保を図ることを目的とし，そのために市民に公文書の公開を求める権利を保障することとしており（1条），実施機関に対し，『個人に関する情報』の保護について最大限の配慮をしつつも，公文書の公開を請求する市民の権利を十分尊重して本件条例を解釈適用する責務を負わせている（3条）。このように，本件条例は，大阪市の市政に関する情報を広く市民に公開することを目的として定められたものであるところ，同市の市政に関する情報の大部分は，同市の公務員（特別職を含む。）の職務の遂行に関する情報ということができる。そうすると，本件条例が，同市の公務員の職務の遂行に関する情報が記録された公文書について，公務員個人の社会的活動としての側面があることを理由に，これをすべて非公開とすることができるものとしているとは解し難いというべきである。そして，国又は他の地方公共団体の公務員の職務の遂行に関する情報についても，国又は当該地方公共団体において同様の責務を負うべき関係にあることから，同市の市政に関する情報を広く市民に公開することにより市政に対する市民の理解と信頼の確保を図ろうとする目的を達成するため，同市の公務員の職務の遂行に関する情報と同様に公開されてしかるべきものと取り扱うというのが本件条例の趣旨であると解される。したがって，国及び地方公共団体の公務員の職務の遂行に関する情報については，前記のとおりに解するのが相当である。」

> **研究**　　1　はじめに

　本判決は交際費・食糧費[9]等に関する事件の1つに関するものであるが，後

　　9）　食糧費について，本件第1審は次のように説明している。「食糧費とは，歳出予算にかか

述する個人識別型を採用した条例における個人情報の意義について詳細に判示した重要判例である。本判決は第三小法廷によるものであるが，他の小法廷も同旨の判決を下しており[10]，最高裁の判断は固まったものと解される。

以下では，個人識別型条例における個人情報の意義，法人等の職員及び公務員に関する判断，本判決の射程を検討する。

2 個人識別型条例における個人情報の意義

個人のプライバシーを保護する目的で，個人情報については不開示とされるのが一般である。もっとも，個人情報の規定の仕方としては，個人が識別されうる情報を原則不開示とする立法例（個人識別型）と，不開示情報をさらに絞り込んで，プライバシーを侵害する情報のみを不開示とする立法例（プライバシー型）が存在する。個人識別型とプライバシー型のいずれを採用するかは立法政策の問題と考えられている。概していえば，不開示情報の限定を重視する場合，プライバシー型が採用され，プライバシー概念が不明確であることから，要件の明確性を重視する場合，個人識別型が採用されている。本件条例6条2号や行政機関の保有する情報の公開に関する法律（情報公開法）5条1号は個人識別型であり，大阪府情報公開条例9条1号などはプライバシー型である。

個人識別型を採用した場合，不開示部分が広くなりすぎることから，例外的に開示すべき場合を規定するのが一般である。情報公開法5条1号は，例外的な開示情報として，①公表情報，②公益上公表が必要な情報，③公務員の職及び職務遂行の内容に係る情報を規定している。これに対し，本件条例は③に当たる条項を欠いていた。

なお，情報公開法5条1号ハは，公務員等の職及び職務遂行の内容に係る情報のみを開示すべきものしており，公務員の氏名はこれに含まれていない。同

る節の区分『需用費』の細節に規定され（地方自治法施行規則（昭和22年内務省令第29号）15条），大阪市では，その支出基準として，事務事業に直接関係のある会議用，接待用，式典用の茶菓，食事代（接待に含めて差し支えない程度の土産品代，宿泊料及び接待を主とする会議出席者の分担金を含む。）と定めている」。

10) 最判平成15年11月21日民集57巻10号1600頁（第二小法廷），最判平成15年12月18日判時1848号69頁（第一小法廷）など。

第1部　情報公開

法制定当初，幹部職員の氏名等は公表情報（同号イ）として開示すべきであるが，それ以外の公務員の氏名等は不開示とすべきとされていた。その後，公務員の氏名等を公表すべきであるとの声が高まったことなどから，平成17年各府省連絡会議申合せにより，公務員の氏名等は同号イに該当するものとして原則開示されることとなった[11]。

　個人識別型条例については，①文言通り，個人が識別される情報は原則不開示とする考え方（文言説）と，②プライバシー保護が目的であることを理由として，プライバシーが侵害される場合等に限定すべきであるとする考え方（限定説）が対立している[12]。

　下級審裁判例においては，限定説がむしろ有力であり，本件の第1審及び控訴審も，「プライバシーに関係しないことが明らかな情報については，非公開とすることは許されない」と判示しているので，限定説に立つものと解される。

　本判決は**判旨**1の通り判示しており，少なくとも一般論としては，文言説を採用したものと解される[13]。そこで，この問題は実務上一応の決着を見たことになる。

　限定説は立法者が個人識別型を採用したことを無視するものであって，解釈論としては無理があるように思われる[14]。したがって，本判決の結論は妥当であろう。

3　法人等の職員について

　営業上の秘密やノウハウなどを保護するため，法人等に関する一定の情報を不開示とするのが一般である。

　本件条例6条3号は，法人等の正当な利益を害する場合は原則不開示とし，公益上開示が必要な場合に例外的に開示することとしており，これが従来の一

---

11)　以上について簡単には，亘理格＝北村喜宣編『重要判例とともに読み解く個別行政法』（有斐閣，2013年）75頁［村上裕章執筆］参照。

12)　村上裕章・判評489号（判時1685号，1999年）22頁以下〈本書98頁以下〉など参照。

13)　早坂・前掲注6)76頁，徳本・前掲注6)1467頁，村上裕章・民商131巻2号（2004年）339頁〈本書139頁〉。

14)　村上・前掲注12)23頁〈本書100頁以下〉。

第7章　事例研究　　6.　公務員等の氏名の個人情報該当性

般的な定め方であった。

　これに対し、情報公開法5条2号は、①法人等の正当な利益を害するおそれ
があるものと、②公にしないとの条件で任意に提供されたものを原則不開示と
し、公にすることが必要であると認められる場合に例外的に開示することとし
ている。②については、非公開の約束があるというだけで不開示とするのはお
かしい、という批判があり、民主党政権時代の平成23年に国会に提出され、
廃案となった情報公開法改正法案では、削除が提案されていた[15]。

　なお、「事業を営む個人の当該事業に関する情報」については、その性質上
法人等の情報と同視できることから、法人等情報として扱うのが一般である
（本件条例6条2号かっこ書き、情報公開法5条2号本文かっこ書きなど）。

　本判決は、個人が識別される情報は原則不開示としつつ、**判旨2**の通り、
「事業を営む個人の当該事業に関する情報」が個人情報から除外されているこ
とを根拠として、「法人等を代表する者が職務として行う行為等当該法人等の
行為そのものと評価される行為に関する情報」は、個人情報に当たらないと解
している。

　しかし、前述した通り、「事業を営む個人の当該事業に関する情報」が個人
情報から除外されたのは、個人事業主のこのような情報がその性質上法人等の
情報と同視できるからであって、法人等の職員とは全く関係がない。したがっ
て、このような定めがあることを根拠として上記のような解釈を行うことは、
論理の飛躍ではないかと思われる[16]。

---

15)　村上裕章「情報公開法改正案の検討」法時84巻1号（2012年）72頁以下〈本書58頁以
　　下〉など参照。

16)　村上・前掲注13) 339頁以下〈本書130頁〉参照。調査官解説はこの点について次のよう
　　に説明しているが、その趣旨は必ずしも明らかではないように思われる。「民間人が所属す
　　る法人その他の団体の職務として行った行為に関する情報は、個人の社会的活動という面か
　　ら、本件条例6条2号にいう『個人に関する情報』に当たる（判決要旨1）が、上記の法人
　　その他の団体の代表者若しくはこれに準ずる地位にある者が当該法人等の職務として行う行
　　為に関する情報又はその他の者が権限に基づいて当該法人等のために行う契約の締結等に関
　　する情報その他の法人等の行為そのものと評価される行為に関する情報は、同号にいう『個
　　人に関する情報』に当たらない（判決要旨2）と解するのが相当である。民間の法人等の職
　　務として行われた行為に関する情報の中には、法人等に関する情報という非公開事由に評価
　　し尽くされ、これとは別に同条2号にいう『個人に関する情報』該当性を考えることが相当
　　ではないものが存在するからである」（髙世・前掲注6)最判解618頁以下）。

115

第1部　情報公開

4　公務員について

　本判決は，**判旨**３において，公務員の職務の遂行に関する情報は，公務員個人の私事に関する情報が含まれる場合を除き，個人情報には当たらないとしている。その理由として，①本件条例が大阪市の市政に関する情報を広く市民に公開することを目的として定められたものであること，②同市の市政に関する情報の大部分は，同市の公務員の職務の遂行に関する情報であること，③そうすると，本件条例が，同市の公務員の職務の遂行に関する情報が記録された公文書について，公務員個人の社会的活動としての側面があることを理由に，これをすべて非公開とすることができるものとは解しがたいこと，④国または他の地方公共団体の公務員の職務の遂行に関する情報についても，同市の公務員の職務の遂行に関する情報と同様に公開されてしかるべきものと取り扱うのが本件条例の趣旨であると解されることを挙げている。

　しかし，こうした解釈には疑問がある。第１に，本件条例が「個人に関する情報……で，特定の個人が識別され，又は識別され得るもの」を原則として不開示とし，明文で例外を設けていることからすれば，文理解釈としては，公務員の職務の遂行に関する情報が例外事由とされていない以上，原則に戻って不開示となるのではないかと解される。この点，上記２で述べた限定説をとるのであれば別であるが，本判決のように文言説をとりつつ，明文規定がないにもかかわらず，公務員についてのみ例外を設けることは，平仄が合わないように思われる。また，本判決は「公務員個人の私事に関する情報」は例外としているが，この点についても条文上の根拠を欠いている。

　第２に，本判決が挙げる①の理由は，あまりに一般的であって，文理解釈を退けるには十分ではないように思われる。②と③の趣旨は必ずしも明確ではないが，単に不開示の範囲が広くなりすぎるということであれば，同様の疑問がある。

　もっとも，②と③の趣旨は，公務員の氏名等が記載された文書について，その全体が当該公務員の個人情報となる，という理解を前提として，そうすると大部分の公文書が不開示となってしまい，妥当ではない，ということかもしれ

第7章 事例研究 6. 公務員等の氏名の個人情報該当性

ない[17]。情報公開法は，個人情報については，個人を識別する部分（氏名等）とその他の部分（職務遂行の内容等）の全体が不開示情報に当たるという立場をとった上，不開示部分が過度に拡がることを避けるため，個人情報について部分開示の特則を設け，識別部分を除くことにより個人の権利利益を害するおそれがない場合は，当該部分を除いて開示すべきとしている（6条2項）。本件条例にはこのような規定が存在しないことから，本判決は**判旨3**のように解したのかもしれない。

しかし，本件条例が情報公開法と同様の立場をとっているかは定かでないし，仮にそうであるとしても，識別部分を除いて開示するとの解釈をとることも十分可能であり，そうであれば，上記のような弊害は生じないように思われる[18]。

第3に，立法者意思の観点から見ても，本件条例の制定者が公務員の職務遂行に関する情報を公開する意図を有していたとは考えがたい。本件条例が制定された当時，公務員の氏名については不開示とするのが一般的な考え方であり[19]，情報公開法の立法者は，5条1号ハの定めをおくことにより，部分的にせよ，開示の範囲を拡大することを意図していたのである。

5で述べるように，本判決の射程は公務員に関する明文規定を有する法律及び条例には及ばないと考えられるので，こうした規定がなければ公務員の氏名等が（公務員の私事に関する情報を除き）開示されるが，こうした規定が設けられると不開示となってしまう。そうすると，情報公開法の制定は開示の範囲を狭める結果となるが，これは少なくとも立法者の意図とは全く逆である。前述したように，平成17年に公務員の氏名が原則公開とされているが，こうした状況を解消する意図があったのかもしれない。

---

17) 調査官解説は，「本市の公務員の職務の遂行に関する情報について考えると，開示請求の対象である公文書の決裁欄に決裁権者の個人識別部分が存在する場合に，当該公務員の職務の遂行に関する情報が本件条例6条2号にいう『個人に関する情報』に当たると解することは，いかにも非常識な結論である」（高世・前掲注6）最判解616頁）などと述べており，このような趣旨のようである。

18) 村上・前掲注13）340頁〈本書130頁〉参照。

19) 村上・前掲注13）340頁〈本書130頁〉参照。

117

第 1 部　情報公開

5　本判決の射程

判旨1 の射程については，実質的に見て，個人識別型を採用する法律（情報公開法等）及び条例一般に及ぶものと解される。プライバシー型を採用する条例が射程外であることはいうまでもない。

判旨2 も，同様の定め方をする法令一般に及ぶものと解される。情報公開法等及情報公開条例のほとんどは本件条例と同様の定め方をしていることから，その射程はかなり広くなる。もっとも，「法人等を代表する者」については，多くの場合その氏名等が公表されていることから，いずれにしても公表情報にも該当することになるであろう。

判旨3 の射程については，上記の通り，本件条例に公務員に関する明文規定がないこと（及び個人情報に関する部分開示の特則がないこと）が前提となっていると考えられるので，これらの規定を備えている法律及び条例には及ばないものと解される[20]。個人識別型を採用した現行の法律及び条例はほぼすべてがこれらの規定を有していることから，**判旨**3 はほとんど意味を失っているものと考えられる。

---

20)　下井康史・季報情報公開 14 号（2004 年）31 頁，野呂充・民商 130 巻 6 号（2004 年）241 頁，村上・前掲注13)340 頁以下〈本書 130 頁以下〉など。調査官解説も次のように述べており，このような趣旨のようである。「公務員の職名，氏名は，公務遂行に等しく必要な要素であるが，そのうち氏名は，公務員の私生活における個人識別の基本情報でもあり，開示すれば公務員の私生活に影響を及ぼす可能性が小さくないし，その公開はアカウンタビリティの確保には必ずしも必要ではないとの指摘もある。そこで，情報公開法 5 条 1 号ハのようなきめ細かい配慮をした規定を整備することが前提となるが，その整備と共に行うのであれば，当該地方公共団体の公務員の氏名について，これを原則として非開示とすることは，立法政策として十分あり得るものということができる。情報公開法 5 条 1 号は，上記のような立法政策を採っている。また，本件条例の新条例も，情報公開法 5 条 1 号ハに倣った規定を置いている」（髙世・前掲注6)最判解 625 頁注（9))。

第7章 事例研究　7. 会合出席者氏名等の個人情報該当性及び取消訴訟の終了

7. 会合出席者氏名等の個人情報該当性及び　取消訴訟の終了

I 事件：最高裁平成 16 年 2 月 13 日第二小法廷判決〔一部破棄自判，一部上告棄却〕
　　　　平成 13 年（行ヒ）第 18 号，公文書一部非公開処分取消請求事件（判時 1855
　　　　号 96 頁①事件，判タ 1149 号 286 頁①事件）

要旨　　京都市交通局開催の協議等に地下鉄建設事業地域の地元関係者及
び市政協力委員が出席したことに関する情報は京都市公文書の公
開に関する条例（平成 3 年京都市条例第 12 号。平成 12 年京都市条例第 41 号による改
正前のもの。以下「本件〔京都市〕条例」という）8 条 1 号にいう「個人に関する
情報」で「公開しないことが正当であると認められるもの」に当たるが，民間
法人の従業員の出席に関する情報はこれに当たらない。

事実　　京都市の住民が，本件条例に基づき，Y（京都市公営企業管理者交
通局長）に対し，平成 6 年度及び同 7 年度における接遇に関する支
出決定書及び支払伝票の公開を請求したところ，一部非公開決定がされたので，
その一部の取消しを求めて出訴した。非公開とされたのは，京都市交通局が開
催した協議等に地下鉄建設事業等の地元関係者（情報①及び②），市政協力委員
（情報③）及び民間法人の従業員（情報④）が出席したことに関する情報（氏名
等）であり，本件条例 8 条 1 号（個人情報）等に該当することが理由とされた
（上告が受理されなかった他の事由については説明を省略，II・III 事件も同様）。

　1 審判決（京都地判平成 12 年 1 月 28 日判例集未登載）は，公費を用いた会合へ
の出席は特段の事情が認められない限り公人または公人に準ずる立場でしたも
のと推認されるから，相手方の住所部分以外は個人情報に当たらないとして，
請求を一部認容した。Y は控訴したが，原判決（大阪高判平成 12 年 9 月 29 日判
例集未登載）は 1 審判決とほぼ同様の理由でこれを棄却したので，Y が上告受
理を申し立てた。

119

第1部　情報公開

判旨　1　「①の情報は，地元住民の団体に所属する者が市交通局の開催した飲食を伴う協議に出席したことに関する情報であることが原審において確定されており，これらの者の社会的活動にかかわる情報であって，氏名，上記団体名，肩書等により特定の個人が識別されるものである。そして，本件条例8条1号は，個人識別情報のうち公開しないことが正当である私事に関する情報が記録されている文書を公開しないこととしているものであるところ，前記事実関係等によれば，上記協議は，上記団体に地下鉄の建設工事の内容の説明等を行うことを目的として開催されたというのであるから，①の情報は，個人識別情報のうち公開しないことが正当である私事に関する情報に当たり，本件条例8条1号所定の非公開情報に該当するというべきである。」

2　「②の情報は，地下鉄の建設工事区間の地権者によって構成された協議会に所属する者が市交通局の開催した飲食を伴う協議に出席したことに関する情報であることが原審において確定されており，これらの者の社会的活動にかかわる情報であって，氏名，肩書等により特定の個人が識別されるものである。そして，前記事実関係等によれば，上記協議は，上記協議会に地下鉄の建設工事の内容及び予定を説明し協力を求めること，地下鉄の開業により生ずる環境問題についての対策の取組状況及び工事進捗状況を説明すること，並びに用地契約に伴う疑義を解消することを目的として開催されたというのであるから，②の情報は，個人識別情報のうち公開しないことが正当である私事に関する情報に当たり，本件条例8条1号所定の非公開情報に該当するというべきである。」

3　「前記事実関係等によれば，③の情報は，山科地域における地下鉄建設工事の円滑な進行を図るために開催された市の交通局及び山科区役所の職員との飲食を伴う協議に市政協力委員が出席したことに関する情報であって，氏名等により特定の個人が識別されるものである。そして，市政協力委員は，市長が担当区域ごとにその区域在住者の中から委嘱し，市政の普及徹底，市民の要望の取次等所定の事項に関し市に協力するものとされており（京都市市政協力委員設置規則〔昭和28年京都市規則第28号〕），市の職員ではなく，上記協議への出席は，私人として市政に対する任意の協力としてされたものである。市政協力委員である個人にとって，上記協議へ出席したという情報は，地下鉄建

第7章 事例研究 7. 会合出席者氏名等の個人情報該当性及び取消訴訟の終了

設工事をめぐり地元住民の間に多様な意見があり得ることからすると，みだりに他人に知られたくないと考える者があり得る情報である。そうすると，③の情報は，個人識別情報のうち公開しないことが正当である私事に関する情報に当たり，本件条例8条1号所定の非公開情報に該当するというべきである。」

4 「前記事実関係等によれば，④の情報は，民間法人の従業員が当該法人の事業に関する調査等のために市交通局との飲食を伴う協議等に出席したことに関する情報であって，氏名等により特定の個人が識別されるものである。しかし，上記出席は，使用者の指揮命令の下に職務として行われたものであり，また，上記協議等の目的からしても，上記協議等に出席したことは，従業員にとって私事としての性質が希薄であり，④の情報を公開しないことが正当である私事に関する情報に当たるということはできない。したがって，上記情報は，同号所定の非公開情報に該当しないというべきである。」

裁判官全員一致の意見で，一部破棄自判，一部上告棄却（北川弘治，福田博，亀山継夫，滝井繁男）。

【参照条文】 京都市公文書の公開に関する条例（平3京都市条例12号）8条1号

Ⅱ事件：最高裁平成16年2月13日第二小法廷判決〔一部破棄自判，一部上告棄却〕
　　　　平成13年（行ヒ）第8号，公文書一部非公開決定取消請求事件（判時1855号96頁②事件，判タ1149号286頁②事件）

| 要旨 | 京都市清掃局の開催した会合に清掃事業施設等の地元関係者が出席したことに関する情報は本件条例8条1号にいう「個人に関する情報」で「公開しないことが正当であると認められるもの」に当たるが，同局から清掃事業等に関する調査研究等を依頼された学識経験者及び清掃事業関係団体の職員等の出席に関する情報はこれに当たらない。

| 事実 | 京都市の住民が，本件条例に基づき，Y（京都市長）に対し，平成6年度及び同7年度の飲食を伴う接遇に関する京都市清掃局分の経費支出決定書の公開を請求したところ，一部非公開決定がされたので，その一部の取消しを求めて出訴した。請求対象は，清掃工場建設等に関して地元

第1部　情報公開

関係者と行った会合（本件文書1及び2），清掃事業等に関して学識経験者と行った会合（本件文書3），清掃工場に関係する団体の職員等と行った協議（本件文書4ないし6）に係る文書であり，接遇相手方の氏名，肩書等（以下「本件不開示部分」という）が本件条例8条1号（個人情報）等に当たるとして非公開とされた。

　1審判決（京都地判平成11年4月30日判例集未登載）は，Ⅰ事件1審判決と同じ理由により（裁判所の構成は同一），本件不開示部分中相手方の住所・年齢・電話番号部分以外は個人情報に該当しないとして，請求を一部認容した。Yの控訴に対し，原判決（大阪高判平成12年10月3日判例集未登載）は，清掃施設見学会の一般参加者部分は個人情報に当たるとしたが，その余は1審判決を維持したので，Yは上告受理を申し立てた。

判旨　1　「本件文書1に記録されている情報は，地元住民，地元諸団体の役員等が清掃局の開催した会合に出席したことに関する情報であることが原審において確定されており，これらの者の社会的活動にかかわる情報であって，氏名，肩書等により特定の個人が識別され，又は識別され得るものである。そして，本件条例8条1号は，個人識別情報のうち公開しないことが正当である私事に関する情報が記録されている文書を公開しないこととしているものであるところ，前記事実関係等によれば，上記会合は，既存又は計画中の埋立処分地，清掃工場，清掃事務所等の稼働又は建設計画に関して地元関係者と内密に個別折衝するために開催されたというのであるから，これらの者の上記会合への出席に関する情報は，個人識別情報のうち公開しないことが正当である私事に関する情報に当たるというべきである。そうすると，本件文書1に記録されている情報は，同号所定の非公開情報に該当する。」

　2　「本件文書2に記録されている情報は，地区の対策委員会，自治会，保健協議会，PTA等の関係者が清掃局の開催した会合に出席したことに関する情報であることが原審において確定されており，これらの者の社会的活動にかかわる情報であって，氏名，肩書等により特定の個人が識別され，又は識別され得るものである。そして，前記事実関係等によれば，上記会合は，計画中の埋立処分地の造成，既存の清掃工場の建替え又は運営，空き瓶の収集等の事業推進について，地元関係者の理解を得るために開催されたというのであるから，

122

第7章　事例研究　7．会合出席者氏名等の個人情報該当性及び取消訴訟の終了

これらの者の上記会合への出席に関する情報は，個人識別情報のうち公開しないことが正当である私事に関する情報に当たるというべきである。そうすると，本件文書二に記録されている情報は，本件条例8条1号所定の非公開情報に該当する。」

3　「本件文書3に記録されている情報は，氏名，肩書等により特定の個人が識別され，又は識別され得るものである。しかしながら，前記事実関係等によれば，本件文書3に係る会合は，清掃事業等に関する調査研究，講演等を依頼した学識経験者から結果報告を受けたり，技術指導を受けたりするために開催されたというのであるから，学識経験者の上記会合への出席に関する情報は，公開によりその者の職業ないし職務上の地位が判明することを考慮しても，個人識別情報のうち公開しないことが正当である私事に関する情報に当たるということはできない。そうすると，本件文書3に記録されている情報は，本件条例8条1号所定の非公開情報に該当しないというべきである。」

4　「本件文書4に記録されている情報は，氏名，肩書等により特定の個人が識別され，又は識別され得るものである。しかしながら，前記事実関係等によれば，本件文書4に係る会合は，清掃事業に関係する団体の職員が清掃工場の各種機器の性能検査等を実施した際に，各種機器の内容，状態等について協議するために開催されたというのであるから，上記職員の上記会合への出席に関する情報は，公開によりその者の職業ないし職務上の地位が判明することを考慮しても，個人識別情報のうち公開しないことが正当である私事に関する情報に当たるということはできない。そうすると，本件文書4に記録されている情報は，本件条例8条1号所定の非公開情報に該当しないというべきである。」

5　「本件文書5に記録されている情報は，氏名，肩書等により特定の個人が識別され，又は識別され得るものである。しかしながら，前記事実関係等によれば，本件文書5に係る会合は，市の清掃事業等について関係団体の職員，他の地方公共団体の職員，関係業者等と協議するために開催されたというのであるから，これらの者の上記会合への出席に関する情報は，公開によりその者の職業ないし職務上の地位が判明することを考慮しても，個人識別情報のうち公開しないことが正当である私事に関する情報に当たるということはできない。そうすると，本件文書5に記録されている情報は，本件条例8条1号所定の非

第1部　情報公開

公開情報に該当しないというべきである。」

6　「本件文書6に記録されている情報は，氏名，肩書等により特定の個人が識別され，又は識別され得るものである。しかしながら，前記事実関係等によれば，本件文書6に係る会合は，市の環境美化事業の調査等のために市を訪問した他の地方公共団体の職員又は関係団体の職員と情報交換及び協議を行うために開催されたというのであるから，これらの者の上記会合への出席に関する情報は，公開によりその者の職業ないし職務上の地位が判明することを考慮しても，個人識別情報のうち公開しないことが正当である私事に関する情報に当たるということはできない。そうすると，本件文書6に記録されている情報は，本件条例8条1号所定の非公開情報に該当しないというべきである。」

　裁判官全員一致の意見で，一部破棄自判，一部上告棄却（北川弘治，亀山継夫，滝井繁男）。

【参照条文】　京都市公文書の公開に関する条例（平3京都市条例12号）8条1号

Ⅲ事件：最高裁平成16年2月24日第三小法廷判決〔一部破棄差戻，一部破棄終了，一部上告棄却〕
　　　　　平成11年（行ツ）第251号・同（行ヒ）194号，食糧費情報公開請求事件
　　　　　（判時1854号41頁，判タ1148号176頁）

　　　| 要旨 |　　1　情報公開条例に基づく公文書等の開示請求権は請求権者の一身に専属する権利であって相続の対象となるものではないから，非開示決定の取消訴訟は原告の死亡により当然に終了する。

　2　鹿児島県情報公開条例（昭和63年鹿児島県条例第4号，平成12年鹿児島県条例第113条による全部改正前のもの，以下「本件〔鹿児島県〕条例」という）8条2号本文によれば，個人にかかわる情報で，特定の個人が識別され，または識別され得るものは原則として非開示情報に当たるが，法人等の行為そのものと評価される行為に関する情報及び公務員の職務の遂行に関する情報（私事に関するものを除く）はこれに当たらない。

　3　本件条例8条2号ただし書イの「実施機関が公表を目的として作成し，

第7章　事例研究　　7.　会合出席者氏名等の個人情報該当性及び取消訴訟の終了

または取得した情報」は，実施機関が公表することを直接の目的として作成し，または取得した情報に限られず，公表することが本来予定されているものも含む。

事実　　鹿児島県の住民が，本件条例に基づき，Y（鹿児島県知事）に対し，平成6年度及び同7年度に県秘書課，財政課及び東京事務所が執行した食糧費の支出に係る公文書の開示を請求したところ，一部非開示処分がされたため，その取消しを求めて出訴した。非開示とされたのは，懇談会等の出席者名簿（以下「本件出席者名簿」という）のうち，懇談会等の出席者の氏名その他特定の個人が識別され得る部分（以下「本件非開示部分」という）であり，本件条例8条2号（個人情報）等に該当することが理由とされている。

1審判決（鹿児島地判平成9年9月29日判自173号9頁）は，プライバシー権を中心とする正当な権利利益の侵害が生じる余地のない情報は特段の事情がない限り本件条例8条2号の定める非開示事由に当たらないとした上で，県職員，その他の公務員及び民間人が懇談会へ出席した事実は開示すべきと判断した。Yの控訴に対し，原判決（福岡高宮崎支判平成11年6月18日判例集未登載）は，本件条例8条2号本文の「個人に関する情報」は「個人に関する一切の情報」を指すが，同号ただし書イの「実施機関が公表を目的として作成し，又は取得した情報」は，社会通念上公表されることを予定して作成・取得された情報を意味し，本件不開示部分はこれに当たるとして，控訴を棄却したので，Yが上告受理を申し立てた。なお，控訴審係属中に1審原告の1人が死亡している。

判旨　　1　「ところで，記録によれば，被上告人Aは平成10年5月23日死亡していることが明らかである。本件条例に基づく公文書等の開示請求権は，請求権者の一身に専属する権利であって相続の対象となるものではないから，本件訴訟のうち同被上告人に関する部分は，その死亡により当然に終了しており，原判決中同被上告人に関する部分はこれを看過してされたものとして破棄を免れない。」

2　「(1)　本件条例8条2号本文にいう『個人に関する情報』は，事業を営む個人の当該事業に関する情報が除外されている以外には文言上何ら限定されていないから，個人にかかわりのある情報であって，特定の個人が識別され，又は識別され得るものは，原則として，同号所定の非開示情報に該当するとい

125

第1部　情報公開

うべきである。」

「もっとも，同条3号が法人（国及び地方公共団体を除く。）その他の団体（以下「法人等」という。）に関する情報及び事業を営む個人の当該事業に関する情報について，個人に関する情報と異なる類型の情報として非開示事由を規定していることに照らせば，本件条例においては，法人等の代表者又はこれに準ずる地位にある者が当該法人等の職務として行う行為など当該法人等の行為そのものと評価される行為に関する情報については，専ら法人等に関する情報としての非開示事由が規定されていると解するのが相当であり，同条2号所定の非開示情報には該当しないというべきである。また，本件条例の趣旨，目的に照らせば，公務員の職務の遂行に関する情報は，公務員個人の私事に関する情報が含まれる場合を除き，公務員個人が同号本文にいう『個人』に当たることを理由に同号所定の非開示情報に該当するとはいえないと解するのが相当である（最高裁平成10年（行ヒ）第54号同15年11月11日第三小法廷判決・民集57巻10号登載予定〔1387頁——引用者注〕参照）。」

「(2)　これを本件についてみると，本件出席者名簿には出席者として相手方及び県職員の所属，職及び氏名が記載されているというのであるから，本件非開示部分に係る情報は，特定の個人が識別され，又は識別され得るものである。しかしながら，本件出席者名簿に係る懇談会等は，県の食糧費が支出されたものであって，いずれも県の行政事務又は事業の施行のために行われたものとみることができるものであるから，その懇談会等に出席した県職員は，その公務の遂行として出席したものということができる。そして，本件出席者名簿には，当該県職員個人の私事に関する情報が含まれているものとは認められないから，本件非開示部分のうち県職員に関する部分に係る情報は，本件条例8条2号所定の非開示情報に該当しないというべきである。」

「本件出席者名簿に係る懇談会等の出席者に県職員以外の公務員が含まれているかどうかは原審によって確定されていないが，同懇談会等が食糧費を支出して開催されたものであることからすると，出席者に県職員以外の公務員が含まれていた蓋然性は高いと考えられる。そして，出席者が県職員以外の公務員である場合においても，当該出席者がその公務の遂行として懇談会等に出席したのであれば，その出席者に関する情報は，同号所定の非開示情報に該当しな

いというべきである。これに対し，本件出席者名簿に係る懇談会等の出席者が公務員以外の者である場合には，その出席した行為が法人等の行為そのものと評価される場合を除き，その出席者に関する情報は，原則として，同号所定の非開示情報に該当するというべきである。」

3 「ところで，本件条例 8 条 2 号ただし書は，同号所定の非開示情報から除外される情報を規定しているが，同号ただし書イの『実施機関が公表を目的として作成し，又は取得した情報』とは，本件条例の目的，趣旨からすれば，実施機関が公表することを直接の目的として作成し，又は取得した情報に限られず，公表することが本来予定されているものをも含むものと解される。しかしながら，本件出席者名簿に係る懇談会等の県職員以外の出席者に関する情報のすべてにつき，食糧費が行政事務又は事業の執行上直接的に費消されるものであり，かつ，本件において開示を求められている各文書からの情報では具体的な懇談の内容は明らかにはならず，出席者個人のプライバシー等の権利利益の侵害が生じる可能性が少ないことなどを理由に，公表することが本来予定されていたということは困難であり，また，これらの情報が同号ただし書ア又はウ所定の情報に該当すると認めることもできないから，本件非開示部分のうち県職員以外の出席者に関する部分に係る情報につき，同号ただし書所定の情報に当たることを理由として同号所定の非開示情報に該当しないということはできない。」

裁判官全員一致の意見で，一部破棄差戻，一部破棄終了，一部上告棄却（上田豊三，金谷利廣，濱田邦夫，藤田宙靖）。

【参照条文】 鹿児島県情報公開条例（昭 63 鹿児島県条例 4 号）5 条，行訴法 9 条，民訴法 124 条 1 項

研究　1 ここで紹介する 3 つの判決は，食糧費（接遇費）に関する文書の開示が求められた事件に関するものであり，主として懇談等の相手方の氏名等が個人情報に該当するかが争われた点で共通している。ただし，I・II事件における京都市（旧）条例は「公開しないことが正当である」ことを要件とするいわゆる「プライバシー型」であり，これに対してIII事件における鹿児島県（旧）条例は個人識別情報を不開示とするいわゆる「個人識別

第 1 部　情報公開

型」である。以下では，プライバシー型条例（2），個人識別型条例（3），そして Ⅲ事件で争われた公表情報（4）の解釈について検討し，最後に，やはり Ⅲ事件で問題となった原告が死亡した際の訴訟の帰趨の問題に触れる（5）。

　2　プライバシー型条例については，首長交際費に関して最高裁判例が既に確立しており，交際の相手方たる私人の氏名等は，公表が予定されている場合を除いて不開示とされている（最判平成 6 年 1 月 27 日民集 48 巻 1 号 53 頁，同 13 年 5 月 29 日判時 1754 号 63 頁，同 14 年 2 月 28 日判時 1782 号 10 頁）。

　他方，食糧費（接遇費，懇談会費，折衝費）に関する下級審判例は，相手方たる私人については不開示とするもの（京都地判平成 7 年 6 月 30 日判タ 893 号 113 頁。ただし，儀礼的交際の面もあるとする）と，私人も含めて開示を命じるもの（京都地判平成 9 年 10 月 17 日判自 177 号 20 頁，大津地判平成 12 年 4 月 10 日判自 205 号 9 頁，Ⅰ・Ⅱ事件 1 審判決，Ⅰ事件控訴審判決）に分かれていた（Ⅱ事件控訴審判決は場合を分ける）。

　判決Ⅰ・Ⅱはこの点に関する最高裁の立場を明らかにしたものである。それによれば，公共事業に関する協議や会合に参加した地元関係者や市政協力委員に関する情報は不開示，民間法人の従業員，学識経験者，関係団体の職員等に関する情報は開示とされる。

　しかし，首長交際費と食糧費等の質的相違（千葉勝美・最判解民事篇平成 6 年度〔1997 年〕154 頁参照）を前提とすれば，地元関係者等についても，懇談会等への出席が直ちに「プライバシー」に当たるといえるか疑問もある。

　また，両判決では，問題となった協議や会合の説明の後に，直ちに個人情報に当たるか否かの結論が断定的に述べられており，いかなる判断基準に依拠したかが全く明らかにされていない（市政協力委員に関する判示を除く）。「説明責任」の観点から疑問があるのみならず，他の事例に対する指針も読み取れない点で問題がある。もっとも，上記の結論，市政協力委員に関する説明，民間法人の従業員について「使用者の指揮命令の下に職務として行われた」とされていること，Ⅱ事件の文書 3 ないし 6 について「職業ないし職務上の地位」に言及されていること等からすると，出席が職務に当たるかどうかが基準ではないかとも推測される。しかし，そうすると，住民団体の役員等について不開示とされていることが問題となる。個人としての出席と解されたものとも考えられ

るが，**II 事件**はともかく，**I 事件**の相手方については，団体の代表者として出席したことを Y 側も認めている（1 審判決の認定）から，このように説明できるか疑問が残る。

3　個人識別型条例については，下級審において，文言通りに解して識別可能な個人情報を原則としてすべて不開示とするもの（文言説）と，プライバシー保護が目的であることを考慮して何らかの限定を加えるもの（限定説）が対立していた（さしあたり村上裕章・判評 489 号〔判時 1685 号，1999 年〕22 頁以下〈本書 98 頁以下〉参照）。この問題に決着をつけたのが①最高裁第三小法廷の平成 15 年 11 月 11 日判決（民集 57 巻 10 号 1387 頁）であり，一般的には文言説によりつつ，法人職員については，「法人等の行為そのものと評価される行為に関する情報」は個人情報に当たらず，また，公務員の職務の遂行に関する情報は，公務員個人の私事に関する情報が含まれる場合を除き，やはり個人情報に当たらない旨を判示した（②同日判決判時 1847 号 21 頁も同旨）。その後，第二小法廷（③最判平成 15 年 11 月 21 日民集 57 巻 10 号 1600 頁，④同日判決判時 1847 号 24 頁）及び第一小法廷（⑤最判平成 15 年 12 月 18 日判時 1848 号 69 頁）もこれに追随し，この問題については判例が固まったといえる。判決 III はこれを確認したものである（**判旨**2）。もっとも，第一小法廷の判決⑤には限定説をとる泉徳治判事の反対意見が付されている。

これまでの最高裁判例の具体的な判断内容を整理すると次の通りである。法人職員については，請求書に記載された従業員の氏名（③）及び食糧費の支出に係る懇談会に出席した相手方（⑤）がいずれも個人情報に当たるとされている。公務員については，食糧費の支出に係る会議に出席した者の氏名等（①，判決 III），旅行命令票に記録された情報のうち後記の部分を除く部分（②），出勤名簿中の職及び氏名，採用・退職年月日，出勤・欠勤及び職務専念義務の免除を示す情報（③）は開示されているが，懇談会に出席した省庁 OB（⑤），旅行命令票に記録された「給料表の種類」及び「級・号給」部分（②），停職処分に関する情報（③）は「私事」に当たり，不開示とされている。

限定説には，条文の文理及び立法趣旨に反すること，プライバシー型条例の欠点が持ち込まれることから疑問があり（村上・前掲 23 頁以下〈本書 100 頁以下〉参照），最高裁が一般的に文言説を採用したことは妥当である。しかし，法人

第1部　情報公開

職員及び公務員について例外を設けたことには問題がある。

　まず，法人職員については，条文において個人情報から「事業を営む個人の当該事業に関する情報」が除外されていることが理由とされているが，そこで問題とされているのは「事業を営む個人」の情報であり，法人の代表者やその職員を含むものではないから，後者を個人情報に当たらないとすることには疑問がある。もっとも，多くの場合，法人の代表者等の氏名は何らかの形で公表されているから，例外的開示事由の中の公表情報に当たることになるだろう。

　公務員の職務の遂行に関する情報についても，文理上公務員を例外とする趣旨は窺えないこと，立法者も公務員の氏名等を公表することは予定していなかったと解されること（例えば，個人識別型の嚆矢となった神奈川県条例の制定過程においては，特定の高級公務員については議論があったものの，公務員一般について開示することは想定されていなかった。神奈川県県民情報部県政情報室編『神奈川の情報公開／1989』〔ぎょうせい，1990年〕338頁参照。東京都情報公開懇談会『情報開示制度確立に向けて』〔東京都総務局情報公開準備室，1984年〕21頁では，「一定範囲の高級公務員について例外扱いをしない」旨が明記されている）から，これを個人情報に当たらないとすることは，少なくとも解釈論としては無理があるように思われる。最高裁は，上記のように解する理由として，行政に関する情報の大部分は公務員の職務の遂行に関する情報であり，右情報を個人情報に当たるとの理由ですべて非開示とできるとは解しがたいと述べている。その趣旨は必ずしも明らかでないが，個人情報は「個人識別部分」（氏名等）と「叙述部分」からなり，全体として不開示事由に当たる，とする考え方が背景にあるのかもしれない。確かに，国の情報公開法（行政機関の保有する情報の公開に関する法律）においては，同法6条2項からも窺えるように，そのような考え方がとられている。しかし，それ以前に制定された条例が同様の前提に立つとは必ずしも思われず，むしろ上記用語法でいえば「個人識別部分」のみを不開示とするものと解する余地も十分ある（例えば，東京都情報連絡室編『情報公開事務の手引〔再訂版〕』〔東京都生活文化局広報広聴部情報公開課，1992年〕43頁は，氏名等を削除することにより特定の個人が識別されなくなるときは，その余の部分を開示すべしとする）。そうであれば最高裁の指摘するような不都合は生じないことになるであろう。

　なお，国の情報公開法のように，個人識別型をとりつつ，公務員の職務の遂

第 7 章　事例研究　　7.　会合出席者氏名等の個人情報該当性及び取消訴訟の終了

行に関する情報のうち職のみを開示するとしている場合は，上記最高裁判例の
射程外である。しかし，公務員に関する明文規定がある以上，氏名等は不開示
とされる可能性が高い（この点については，下井康史・季報情報公開 14 号〔2004
年〕31 頁，野呂充・民商 130 巻 6 号〔2004 年〕241 頁参照）。そうすると，明文規定
がない条例については判例によって公務員の氏名等が開示されることとの関係
で，著しく均衡を欠く結果となる。この点に関する情報公開法（及び同旨の条
例）の改正が望まれるところである。

　4　個人識別型条例では，本件鹿児島県条例 8 条 2 号ただし書イのように，
「実施機関が公表を目的として作成し，又は取得した情報」などの例外的開示
事由を規定するのが一般である。判決Ⅲは右条項について，「公表することが
本来予定されているもの」も含まれると判示している（**判旨** 3）。第三小法廷
は同様の判示を既に行っており（最判平成 15 年 10 月 28 日判時 1840 号 9 頁），そ
れ自体としては新しい判断ではない。同判決では，首長交際費に係る文書に記
載された相手方について，交際が一般に公表・披露されることが予定されてい
る場合は右例外的開示事由に当たるとされている。

　しかし，判決Ⅲの意義は控訴審判決との関連で評価する必要がある。すなわ
ち，控訴審判決は，個人のプライバシー等の権利利益を侵害する可能性がなく，
あるいはその程度が低いものをすべて非開示とすると，条例の趣旨目的を没却
することとなるとして，本件条例 8 条 2 号ただし書イは，「当該行政事務，事
業の性質及び内容並びにそれに含まれている個人情報の内容等を総合して，社
会通念上公表されることを予定して作成し，または取得したと認められる情
報」と解するのが相当であるとする。その上で，懇談会に出席した県職員，そ
の他の公務員及び民間人について，いずれも職務として県の行政事務事業に参
加したものであり，右例外的開示事由に該当すると判断している。同様の考え
方は既に仙台地判平成 8 年 7 月 29 日判時 1575 号 31 頁及び宮崎地判平成 10 年
11 月 13 日判時 1709 号 20 頁によってもとられていた。判決Ⅲはこのような拡
張的な解釈を否定しており，この点に判例としての意義があるといえる。

　なお，国の情報公開法 5 条 1 号ただし書イは「公にすることが予定されてい
る情報」を例外的開示事由としており，これに倣う条例も増えている。最高裁
の判例はこれを先取りしたものと見ることもできる。右の公表予定情報につい

131

第1部　情報公開

ては，「ある情報と同種の情報が公にされている場合に，当該情報のみ公にしないとする合理的な理由がないなど，当該情報の性質上通例公にされるものも含む」（総務省行政管理局編『詳解情報公開法』〔財務省印刷局，2001年〕49頁）と説明されており，解釈次第では適用範囲が拡がる可能性もある。実際，国の情報公開審査会の答申には，公表予定情報該当性の判断に際して公益を考慮するものも見られる（村上裕章・季報情報公開13号〔2004年〕51頁〈本書108頁〉参照）。

　5　開示請求を行った者が不開示処分（部分開示処分を含む）の取消訴訟を提起したが，訴訟係属中に死亡した場合について，判決Ⅲは訴訟は当然に終了すると判示している（**判旨**1）。これは新判例である。

　この問題についてのリーディング・ケースは有名な朝日訴訟上告審判決（最大判昭和42年5月24日民集21巻5号1043頁）である。この事件では生活保護変更決定を是認した裁決の取消しが請求されていたが，最高裁は，原告の死亡により訴訟は終了し，相続人がこれを承継する余地はないと判示した。この判決については2つの読み方があった。第1は，裁決の取消しを求める権利は保護決定を受けた者のみに専属する権利であって，相続人による相続は許されないとするもの（奥野健一補足意見。渡部吉隆・最判解民事篇昭和42年度〔1968年〕250頁も同旨か），第2は，保護受給権（あるいは遅滞にある分の給付を求める権利ないし不当利得返還請求権）が相続の対象となり得ないとするものである。

　第1の読み方に対しては，このように解すると取消訴訟において訴訟承継が認められる余地がなくなるとの批判があった（原田尚彦「朝日判決と行政訴訟」ジュリ374号〔1967年〕32頁注(1)，芦部信喜『憲法訴訟の理論』〔有斐閣，1973年〕408頁等）。その後，最判昭和49年12月10日民集28巻10号1868頁は，免職処分取消訴訟の係属中に本人が死亡した事案について，処分の取消しによって回復される給料請求権等が相続の対象となりうることを理由として訴訟承継を認めており，第1の読み方は否定されたものと解される（前田雅子・行政判例百選Ⅰ〔第4版〕〔別冊ジュリ，1999年〕32頁）。

　そうすると，取消訴訟の原告適格を根拠づける「法律上の利益」が相続になじむかどうかが訴訟承継の可能性を判断する基準となる（大橋寛明・最判解民事篇平成9年度〔2000年〕153頁，司法研修所編『改訂行政事件訴訟の一般的問題に関する実務的研究』〔法曹会，2000年〕112頁以下等）。条例に基づく行政文書の開示請

132

求権が相続の対象とならないとすれば，判決Ⅲの判示する通り，原告の死亡によって訴訟は終了するものと解さざるを得ないであろう。

　もっとも，情報公開訴訟が客観訴訟的な側面を持つ点に着目すれば，別異に解する可能性もある（原田一明・法令解説資料総覧 270 号〔2004 年〕121 頁はなお議論の余地が残されていると指摘する）。実際，選挙訴訟について，原告が死亡しても他の選挙人が訴訟を受け継ぐことができる，という解釈が示されたことがある（美濃部達吉『選挙法詳説』〔有斐閣，1948 年〕163 頁以下）。しかし，判例はこのような承継を認めていないし（最判昭和 38 年 3 月 15 日民集 17 巻 2 号 376 頁。今村成和『現代の行政と行政法の理論』〔有斐閣，1972 年〕300 頁以下も明文の根拠がなければ困難とする），情報公開訴訟が通常の抗告訴訟であることも無視できないであろう。

　この点に関連して，行政文書の開示処分（部分開示を含む）を第三者が争う場合（いわゆる逆 FOIA 訴訟）はどうなるかという問題がある。第三者が個人情報該当性を主張する場合，右情報を開示されない権利利益は一身専属的なものと考えられ，したがって同様に承継は認められないと解される。これに対し，法人情報等該当性を主張する場合（例えば個人事業が相続された場合），財産上の権利利益が問題となっており，承継を認める余地もあるように思われる。

8.　制裁的処分と法人等情報
——警備業法に基づく処分

内閣府情報公開審査会平成 14 年 6 月 11 日答申
平成 14 年度第 58 号

事実　警備業者に対する行政処分に関する東京都公安委員会からの報告文書（一定期間に係るもの）の開示請求に対し，警察庁長官は，平成 4 年 12 月 1 日付け警察庁保安部防犯企画課長（当時）通達「警備業に関する報告について」に基づき警視庁から報告された行政処分に関する報告書のうち，15 件の指示処分（警備業法 14 条）及び 8 件の営業停止処分（同 15 条）に関

第1部　情報公開

する報告書を本件対象文書として特定した上で，情報公開法5条2号イまたは同条1号に該当することを理由として一部開示決定を行ったので，これに対して異議が申し立てられた（1号該当性については説明を省略する）。2号イに該当するとして非開示とされた部分は，被処分者の名称，所在地，代表者の氏名，行政処分歴等である。審査会は，営業停止処分に関する情報はすべて開示し，指示処分については非開示とすべき旨の答申を行った。

答申の要旨

1　特定の警備業者が指示処分や営業停止処分を受けたことが公にされると，当該業者の信用が低下し，現在及び将来の営業上の地位に不利益を与えることは容易に推認される。しかし，警備業者またはその警備員が，警備業務に関し法令に違反し，その違反態様において悪質性及び重大性のより高い事案について，営業停止処分を受けたときは，これを公にされた場合，直ちに当該警備業者の権利利益等正当な利益が損なわれると認めるのは相当ではない。営業停止処分の手続においては公開の聴聞が行われていること（警備業法16条），業界紙等において右処分を受けた業者名等が報道されていること，需用者である国民保護のためには警備業者が営業停止中か否かを確認する手段が存しないのは相当ではないこと等を考慮すれば，自ら悪質かつ重大な法令違反に及んだ警備業者に対する一定の行政処分が公にされることは受忍すべき範囲内のものであると判断される。

2　他方，指示処分については，新任あるいは現任警備員教育の懈怠，法定備付書類の不整備等，その違反態様が形式的かつ軽微であり，その是正は比較的容易であること，また，被処分者名の開示により，当該警備業者の信用がその違反内容に比して低下するおそれがあるなど，現在及び将来の営業上の地位に不利益を与えることになる事態は容易に推認されること，さらに，その権利侵害の程度は受忍すべき範囲内であるとは認めがたいこと等を考慮すれば，指示処分に関する情報については，少なくとも現時点においては，その開示に慎重な態度を採らざるを得ないと判断される。

3　指示処分に関する情報を公にしないことにより現実に生命健康等に被害が生じているとか，将来これらが侵害される蓋然性が高いとは認めがたく，開示によって損なわれる被処分者の権利利益を上回る公益性があるとは認められないので，2号ただし書には該当しない。

第7章　事例研究　8.　制裁的処分と法人等情報

研究　　1　本答申は，法令違反を理由とする制裁的な行政処分を受けた企業名等を開示すべきか，という問題について，情報公開審査会が初めて判断を示したものである。この点についての現行法令及び運用は必ずしも統一的なものではなく，学説においてもこの問題は従来ほとんど議論されてこなかった。本答申は警備業法による営業停止及び指示処分について右の問題を検討し，両者について異なった結論を出した。

2　営業停止処分については，現在公表されていないこと等を理由に諮問庁が非開示を主張したのに対し，**答申の要旨**1の理由を挙げて開示を勧告しているが，妥当な判断と思われる。

3　指示処分については，「少なくとも現時点においては」という留保つきながら，開示を認めなかった。**答申の要旨**2の理由のほか，指示処分については公開の聴聞が行われないことや，営業停止には「懲罰効果」及び「再発防止効果」が期待されるのに対し，指示には「再発防止効果」のみが期待される，という諮問庁の見解も考慮されたようである。

しかし，指示事案の違反態様が常に「形式的かつ軽微」かは問題である。警察庁が処分基準のモデルとして作成した「警備業法違反等に対する指示及び営業停止処分の運用及び量定の基準」においては，指示処分を行うべき場合として，書類不整備等のほか，欠格事由該当者を警備業務に従事させたとき（警備業法7条2項），他人の権利・自由や団体活動を侵害したとき（同8条），携帯を禁止・制限された護身用具を警備員が携帯したとき（同10条1項），警備員の非行等が警備業者の不十分な指導監督に起因するとき（同11条2項）などが挙げられている。営業停止事案に比べれば（当然ながら）違反態様は軽いものの，それ自体として軽微または形式的といえるか，疑問がないわけではない。

また，指示処分は，法令違反を理由とし，正規の手続を経て下される法定の処分であり，行政指導違反を理由として行われる公表の事例や，法令に基づかない警告等の場合と比べると，公開の必要が高いと考えられる。さらに，公開の聴聞が行われることは開示を認める有力な根拠であるとしても，そうでない場合に開示が常に否定されるわけではないと解されること，指示に「懲罰効果」が全くないかについては異論の余地があることなども併せ考えると，右処分に関する情報の開示を認めることも十分考えられるように思われる。

135

第 1 部　情報公開

4　本件では問題とならなかったが，制裁的処分を開示するとしても，いつまでこれらを続けるべきかという論点がある。文書保存期間の経過によって問題が解決する場合もあるが，刑事上の前科との類推からすれば，永久に開示することには疑問もある。この点については，柔道整復師に対する行政処分につき（被処分者の氏名を個人情報の問題ととらえた上で），一定期間内に限って開示を認めた情報公開審査会の答申（平成 13 年度 156 号，野口貴公美「判批」季報情報公開 6 号〔2002 年〕26 頁）が参考になる。

5　冒頭で述べたように，制裁的処分の公開に関する現在の法令及び運用には整合性を欠く面がある。また，この点に関連して，聴聞の公開に関する法令の規定に統一が見られないことはかねてから指摘されている（東平好史「行政手続における公開の機能」神戸法学雑誌 20 巻 1 号〔1970 年〕18 頁。行政手続法 20 条 6 項は原則非公開とする）。情報公開審査会の前掲答申は，医療関係者に対する行政処分の公表実務が統一性を欠くことを指摘し，整合性のある合理的な公表基準を策定するよう勧告している。東京都や神戸市のように，公務員に対する懲戒処分に関する公表基準を定める自治体も現れている。制裁的処分一般についても，統一性を確保する方向で現行法制を見直す必要があるように思われる。

9.　行政指導と法人等情報
──特定専門学校における授業の改善等に関する文書

内閣府情報公開審査会平成 16 年 3 月 12 日答申
平成 15 年度第 689 号

事実　　1999（平成 11）年，特定学校法人（以下「本件法人」という）が経営する特定専門学校に関し，教員配置が通達の定める基準に反する旨の匿名及び実名の告発があり，中国通商産業局（当時）が本件法人に対して改善指導を行った（以下この事案を「本件事案」という）。本件事案に関する文書の開示を第三者が行政機関の保有する情報の公開に関する法律（以下「法」という）によって請求したのに対し，原子力安全・保安院長は 11 件の文書（以

下「本件対象文書」という）を特定し，そのうち一部を開示する決定を下したので，本件法人は資源エネルギー庁長官に対して右処分の取消しを求めて審査請求を行った。情報公開審査会は原処分の一部取消しを答申した。

本答申は法5条2号ロ及び同6号イについても判断しているが，本研究では検討対象を同条2号イに絞る。なお，本答申によれば，本件対象文書は，Ⓐ本件法人の特定につながる情報，Ⓑ本件法人に関してなされた投書や行政庁の調査及び対応の詳細がわかる情報（以下「本件詳細情報」という），Ⓒ本件法人の概要等を含んでいる。

答申の要旨

1　Ⓐについては本件事案が本件法人に関することは新聞報道等を通じて一般に明らかになっていること等から，Ⓒのうち本件法人の概要も一般に公にされていることから，いずれも法5条2号イには当たらない。

2　本件詳細情報を含むⒷをⒶとともに明らかにすれば，本件法人の正当な利益を害するおそれがあり，法5条2号イに該当する。

3　本件詳細情報は新聞報道，国会質問，審議会報告書参考資料によって明らかにされているとはいえない。また，本件事案に関連する訴訟の判決がホームページや市販の判例雑誌等に掲載されているが，これらの公開は情報公開制度とは異なる独自の趣旨目的で行われていること等からすれば，本件詳細情報が一般に公にされているとはいえない。

4　専門学校の運営に問題がある場合，悪質性の高いものについてはその内容等を公表することも考えられるが，本件法人は行政指導に従って必要な措置について対応済みであり，その後4年以上経過していること等を考慮すると，本件詳細情報が現時点で改めて公になればその正当な利益を害するおそれがあることは否定できない。

研究

1　(1)　本件ではまず，本件事案の内容（特に本件詳細情報）を本件法人が特定される形で開示することは法5条2号イに当たるかが問題となる。やや一般化すれば，法人の非違行為に関する情報を開示することはその「正当な利益」を害するか，という問題である。

関連判例として，消防法違反の具体的事実がわかる情報について開示を命じた例（東京高判平成15年11月27日判時1850号41頁），消費生活相談カードに記

第 1 部　情報公開

載された業者名の開示が否定された例（神戸地判平成 10 年 10 月 21 日判自 190 号 26 頁）がある。情報公開審査会の答申例はかなり蓄積されており，その概要は以下の通りである（特に断らない限り法に関する答申を挙げる）。

　法令違反を理由とする警備業者に対する行政処分については，営業停止処分は開示，より軽い指示処分は不開示とされている（平成 14 年度 58 号，村上裕章・季報情報公開 7 号〔2002 年〕26 頁〈本書 134 頁〉参照）。

　保険代理店の不祥事届出書についてはその存在自体が不開示事由に当たるとされているが（平成 14 年度 407 号），他方，障害者法定雇用率違反については具体的内容を含めて開示されている（平成 14 年度 344 号，石森久弘・季報情報公開 9 号〔2002 年〕17 頁参照）。

　労基法違反については，具体的な違反事実は不開示とされるが（平成 14 年度 361 号ほか多数），違反行為の存在自体は開示妥当とされている（平成 14 年度 378 号ほか多数）。労災かくし（平成 14 年度 237 号）及び割増賃金遡及支払事案（サービス残業）（平成 15 年度 126 号）については不開示とされているが，同様に具体的事実が明らかになることを考慮したものと解する余地もある。労災かくしについては，悪質な事案は開示すべきとされている（平成 14 年度 487 号）。

　医療機関に対する個別指導については不開示（平成 14 年度 385 号）と開示（平成 15 年度 260 号）に分かれているが，前者では医療機関名を開示すると具体的内容がわかるのに対し，後者では指導を行った事実のみが明らかになることが考慮されているようである。

　苦情相談（独情平成 15 年度 13 号等）については，特定法人について相談があった事実それ自体が不開示とされている。

　公正取引委員会の調査（平成 14 年度 380 号）や税務調査（平成 15 年度 314 号ほか多数）については，調査が行われた事実自体が不開示情報に当たるとされるが，労働基準監督署の調査については，調査があった事実そのものは開示すべきとされる（平成 14 年度 448 号，528 号）。

　(2)　非違行為を不開示とすることに「正当な」利益は認められないとの立場もありうるが，非違行為にも様々なものがあり，一律に公表するのは妥当でないとも考えられる。上記判例・答申例は後説によると解され，その場合，開示の是非は当該非違行為にかかる諸般の事情を考慮して個別に判断されることに

なる。次にその際の具体的な考慮要素を検討したい。

まず，非違行為が悪質であれば開示の必要が高いといえる。非違行為が重大であれば公表もやむをえないとされる（平成14年度361号，487号等）一方，それが既に是正されている場合は不開示とされる（平成14年度237号等）。非違行為に対する措置の軽重によって開示不開示を区別するものもある（平成14年度58号，385号）。

関連して，法違反が明確に認定されていない（平成14年度237号），苦情等が正確とはいえない（前掲神戸地判平成10年10月21日，平成14年度128号，独情平成15年度314号等）として不開示とする例がある。これに対し，松井茂記『情報公開法〔第2版〕』（有斐閣，2003年）221頁は，クレームに過ぎないことを付記して公開すれば足りると指摘する。

当該非違行為が受ける社会的評価も考慮要素となりうる。違反内容に比して信用が低下するおそれがある（平成14年度385号），既に解決しているにもかかわらず，現在も問題があると受け取られるおそれがある（平成15年度126号），税務調査は世間から重く受け止められている（平成15年度314号等）との理由で不開示とされた例がある。他方，労働基準監督局の調査は広く行われているからイメージ低下を招かない（平成14年度378号等），不正があると誤認されるおそれはない（平成15年度260号），障害者法定雇用率が未達成でも悪質業者とは受け止められない（平成14年度344号）として，開示妥当とされた例もある。

前述のように，答申例では，開示されるのが非違行為の存在のみか，その具体的内容かが重要な判断基準とされている。確かに非違行為の詳細が明らかになれば法人の評価への影響は大きくなるが，これは相対的な問題であり，決定的要因とはいえないように思われる。

最後に，開示の公益性を考慮するように見える例もある。自動車の不具合に関する苦情は正確である保証はないが，安全に直接関わるから公益性が高く，開示による不利益はメーカーが受忍すべきとされる（平成14年度128号の原処分）。消防法違反の事実についても，火災が発生すれば重大な被害が生じるおそれがあるから，法令を遵守すべき義務は重く，これを秘すべき必要性は乏しいとされる（前掲東京高判平成15年11月27日）。この点は公益上の義務的開示（法5条2号本文ただし書）の問題と捉えるべきかもしれない。

第 1 部　情報公開

(3)　本件については，本件事案の存在は既に公表されており，具体的内容の開示が問題となっていること，既に非違行為を是正して 4 年を経過していることは，不開示の方向に働く（**答申の要旨** 2，4）。他方，非違行為が通達違反にすぎないとはいえ，隠蔽工作が行われていること，調査に対して本件法人が当初事実を否認したこと（それが行政機関が告発者の実名を漏らす一因となった），告発を理由に告発者を不当に解雇したこと（確定判決による認定）などは，本件法人の悪質さを示すものであり，この点を重視すれば開示の判断もありえたように思われる。

2　(1)　次に，本件事案が公表されていることをどう評価するかという問題がある。関連判例として，新聞に掲載された情報から推測される第三セクターの株主等に関する情報の開示を命じた例（宮崎地判平成 9 年 1 月 27 日判時 1628 号 12 頁），逆に，建設業者のランク付けについて，民間調査機関による調査結果が公刊物に掲載されていることは開示の理由にならないとした例（大阪高判平成 10 年 10 月 28 日判自 192 号 39 頁。原審大阪地判平成 10 年 3 月 12 日判時 1664 号 50 頁は反対）がある。答申例として，労基法違反の事実について（新聞雑誌の？）「記事」（平成 14 年度 483 号）や国会答弁（平成 14 年度 528 号）で既に公にされている場合，開示によって正当な利益を害するとはいえないとされた例がある。

(2)　公表は個人情報についても問題となるが（法 5 条 1 号イ），そこでは明文の要件とされており，しかもプライバシー保護の観点から，過去に公表されていても現時点でそうでなければ開示されないと解されている（総務省行政管理局編『詳解情報公開法』〔財務省印刷局，2001 年〕49 頁）。これに対し，法人等情報においては，当該法人の「正当な利益」を害するかどうかを判断する一要素に過ぎず，位置付けは必ずしも同じでないと考えられる。

(3)　本件についてはまず，公刊判決中に本件事案に関するかなり詳細な記載があることが問題となる。本答申も指摘するように（**答申の要旨** 3），判決書の公表に際して従来必ずしもプライバシー等に配慮されていなかったことからすると，公刊判決から明らかになるというだけでは開示する理由にならないと思われる。次に，本答申は新聞記事や国会答弁において本件詳細情報が公表されているとはいえないと認定している（**答申の要旨** 3）。しかし，通達違反や隠蔽工作の概略は新聞に掲載されており，本件法人の対応や改善指導の概要も国会

140

第7章 事例研究　10. 財産及び収支に関する報告書と法人等情報

の質疑で明らかにされている。そうすると，それ以上の詳細を開示することが
「正当な利益」を害するかについて，なお立ち入って検討する必要があったよ
うにも思われる。

10.　財産及び収支に関する報告書と法人等情報

内閣府情報公開審査会平成 16 年 9 月 17 日答申
平成 16 年度第 244 号

事実　　前払式特定取引業者（冠婚葬祭互助会）X の財産及び収支に関す
る報告書につき，第三者が行政機関の保有する情報の公開に関す
る法律（以下「法」という）により開示を求め，九州経済産業局長が一部開示決
定（以下「本件決定」という）をしたので，X が本件決定の取消を求めて産業経
済大臣に審査請求を行った。審査会は本件決定を妥当と判断した。

答申の要旨（一部省略）　　1　法 5 条 2 号イ該当性

（1）　貸借対照表及び損益計算書の記載事
項については，(a)株式会社の貸借対照表またはその要旨は官報等への公告が義
務付けられていること（平成 16 年改正前の商法 283 条 4 項，166 条 5 項），(b)株主
や債権者は貸借対照表等の閲覧や謄本等の交付を請求できるが（同 282 条 2 項），
X の顧客である互助会会員は債権者に該当し，X はこれら多数の者に対する
上記謄本等の交付を義務付けられ，かつ，第三者への交付を防止する権利を持
たないから，多数の会員を相手とする前払式特定取引業者の貸借対照表等の記
載内容は公表を予定しているというべきこと，(c)公表された貸借対照表等が会
員の切替勧誘等に利用されても，X には消費者に業務規模や経営状況につい
て説明する機会があることからすると，不開示事由には当たらない。

（2）　会員前受金の内訳に関する事項については，(a)その公開が同業他社によ
る会員引き抜きに直接つながるとは認められず，仮にそのために利用されても
X には消費者に業務規模や経営状況について説明する機会があること，(b)前
受金は将来の施行の対価として会員から預かっている金銭であり，その合計額

141

第1部　情報公開

は貸借対照表に記載されているので，公表が予定された情報ということができ，消費者保護の観点からはむしろ公にすべきものと考えられることなどからすると，不開示事由には当たらない。

(3)　減価償却に関する事項については，一般消費者から前受金を預かる前払式特定取引業の性質上，消費者保護の観点からむしろ積極的に情報提供することが望ましく，仮に公開によって信用不安を増す危険があるとしても，Xには消費者に業務規模や経営状況について説明する機会があることからすると，不開示事由には当たらない。

(4)　人件費に関する事項については，これが公開されても従業員すべての平均収入額が判明するだけであり，Xの正当な利益を害するとはいえない。

(5)　従業員（数）に関する事項については，(a)従業員すべての平均収入額が判明するだけなので，正当な利益を害するとはいえず，(b)店舗数等からある程度の類推が可能で，自ら公にしている事業者もあることから，同業他社による職員引き抜きに直接結びつくとは認められないとの諮問庁の説明に不自然・不合理な点は認められない。

2　法5条2号ロ該当性

Xは，割賦販売法施行規則24条は様式10の6または様式2による調書の提出を義務付けているが，様式2では人件費や従業員に関する事項は記載不要とされているので，これらの事項は法5条2号ロに当たると主張するが，①実際の運用として当初から前払式特定取引業者に対しては通達により様式10の6に基づき提出を求めていること，②様式10の6は法定報告事項の報告を法令上定めていることからすれば，Xが右様式による報告を選択した以上，当該事項は任意に提出されたものとは認められない。

| 研究 | 1　前払式特定取引とは，商品の購入者または指定役務の提供を受ける者から，商品の引渡しまたは役務の提供に先立って，当該 |

商品の代金または当該役務の対価の全部または一部を2月以上の期間にわたり，かつ3回以上に分割して受領するものをいい（割賦販売法2条5項），百貨店の友の会や，Xのような冠婚葬祭互助会（同法施行令1条4項，別表第2）の事業がこれに当たる（甲斐道太郎ほか『ローン・クレジットの法律紛争』〔有斐閣，1985年〕126頁以下，梶村太市ほか編『改正割賦販売法』〔青林書院，1990年〕138頁以下な

第 7 章　事例研究　　10.　財産及び収支に関する報告書と法人等情報

ど参照）。

　本件で問題となった財産及び収支に関する報告書は，前払式特定取引業者が
毎事業年度終了後経済産業大臣に提出することを義務付けられたものである
（同法 40 条 2 項，施行令 14 条 4 項，施行規則 24 条，様式 10 の 6）。なお，前払式特
定取引業者の報告書について審査会は以前にも答申（いずれも法に関するもの）
を行っているが（平成 13 年度 67 〜 69 号），別の様式（様式 11）によるものが対
象だったようである。

　2　財務関係書類の開示が法人の正当な利益（法 5 条 2 号イなど）を害するか
については判例や答申例が蓄積されているが（宇賀克也『ケースブック情報公開
法』〔有斐閣，2002 年〕42 頁以下，松井茂記『情報公開法〔第 2 版〕』〔有斐閣，2003
年〕218 頁以下参照），本答申は次の 3 点で特に注目される。

　(1)　第 1 は，債権者による閲覧等に関する商法の規定（282 条 2 項）に着目し，
X の債権者が多数にのぼることを理由に，貸借対照表等は公表が予定されて
いると判断した点である（**答申の要旨** 1 (1)(b)）。同様の考え方は既に平成 13 年
度 67 〜 69 号で示されていた。一般労働者派遣事業者（平成 14 年度 140 号）や
医療法人（平成 15 年度 207 号）については異なった判断がされているが，これ
らの業種では債権者が相対的に少ないことが考慮されたものと推測される。

　判例では，商法の上記規定（及び他の事情）を根拠に正当な利益の侵害を否
定したもの（第三セクター株式会社に関する宮崎地判平成 9 年 1 月 27 日判時 1628 号
12 頁及び平成 10 年 11 月 13 日判時 1709 号 20 頁），公開による不利益は少ないとし
て例外的開示事由該当性を認めたもの（ゴルフ場開発業者に関する札幌地判平成 6
年 10 月 13 日判自 133 号 12 頁及び札幌高判平成 9 年 4 月 30 日判自 169 号 26 頁），債権
者等が閲覧できるにすぎないから正当な利益を否定する理由にはならないとし
たもの（ゴルフ場開発業者に関する浦和地判平成 9 年 7 月 14 日判自 171 号 10 頁及び東
京高判平成 10 年 6 月 29 日判タ 1006 号 153 頁）がある。審査会は各業種の実態に
即して個別具体的に判断する点に特色があるといえる。

　なお，平成 16 年の商法改正により，貸借対照表は原則としてその全部を公
告しなければならず，官報等によって公告する場合のみ要旨で足りることに
なっている（283 条 4 項・5 項）。

　(2)　第 2 に注目されるのは，公開によって切替勧誘等を誘発するとしても，

第 1 部　情報公開

消費者に業務規模等について説明する機会がある（既契約者に対してはより確実な機会を有する）として，正当な利益の侵害を否定している点である（**答申の要旨** 1 (1)(c), (2)(a), (3)）。若干異なった文脈においてではあるが，平成 13 年度 68 号及び平成 13 年度 69 号でも既に同旨が述べられている。

　類似した考え方は，公益法人の収支見通しについて，予測にすぎないことは文書の表示から明らかであり，見通しが甘かったとの批判には広報活動によって対処すべきであるとする判例（名古屋地判平成 13 年 12 月 13 日訟月 49 巻 5 号 1506 頁）にも看取できる。また，審議検討情報（意思形成過程情報）を不開示とする理由として，国民に混乱（誤解）を与えることが挙げられるのに対し，説明を行えば足りるとの批判があるが（松井・前掲 264 頁），この考え方にも通じるところがあるように思われる。

　(3)　第 3 は，会員前受金の内訳等に関して消費者保護の観点から公にすべき旨を述べている点であり（**答申の要旨** 1 (3)(b), (3)），正当な利益の判断に際して公益性を考慮する説（平松毅「企業情報とその公開」堀部政男編・情報公開・個人情報保護〔ジュリ増刊，1994 年〕87 頁，秋山幹男「法人等の情報」ジュリ 1107 号〔1997 年〕46 頁）によるものと解される（学校法人に関する平成 13 年度 107 号，平成 14 年度 297 号，394 号等，公益法人に関する平成 13 年度 139 号，委託放送業者に関する平成 14 年度 474 号等，医療法人に関する平成 15 年度 207 号等も同旨）。法人の非違行為に関する情報についても公益性を考慮する判例や答申があり（村上裕章・季報情報公開 14 号〔2004 年〕35 頁〈本書 139 頁〉参照），個人情報の公表予定情報（法 5 条 1 号ただし書イ）に関しても同様の答申がある（同・季報情報公開 13 号〔2004 年〕51 頁〈本書 108 頁〉参照）。

　判例では，公益性（公共性）を考慮するもの（帝京大学事件に関する宇都宮地判平成 6 年 5 月 25 日行集 45 巻 5 = 6 号 1263 頁及び東京高判平成 9 年 7 月 15 日行集 48 巻 7 = 8 号 513 頁，前掲宮崎地判平成 10 年 11 月 13 日），しないもの（前掲宮崎地判平成 9 年 1 月 27 日），考慮を明確に否定するもの（前掲浦和地判平成 9 年 7 月 14 日及び東京高判平成 10 年 6 月 29 日），公益性から直ちに正当な利益を否定すべきでないとするもの（公益法人に関する徳島地判平成 4 年 11 月 27 日判自 111 号 11 頁）がある。なお，帝京大学事件の上告審判決（最判平成 13 年 11 月 27 日判時 1771 号 67 頁）は公益性を考慮した原判決を維持したが，原判決要約部分及び判断部分のいずれにおいても公益性には全く言及しておらず，学校法人の公益性を理由と

第7章　事例研究　　11.　非公開約束情報

して開示を認めたものとは必ずしも断定できないように思われる。

　公益上開示が必要な場合には「正当な利益」がないと解釈することは可能であるし，また，明文の公益開示条項（法5条2号ただし書）は要件がやや厳しいので，「正当な利益」に公益性を読み込むことで法人の特質に応じた柔軟な解決が可能となる。ただ公益開示条項との関係をどう解すべきかという問題は残るように思われる。

　3　本答申は，施行規則上提出書類の様式は選択可能となっているものの，通達によって一方の提出が求められているから，他方の様式に含まれない事項は「任意に提供されたもの」（法5条2号ロ）には当たらないと判断している（**答申の要旨2**）。しかし，提出書類の様式を通達で決定することの当否は措くとしても，法令上は様式の選択が提出者に委ねられていると解されるから，このような判断には疑問もある。同様の問題は，航空法99条（乗組員に対する情報提供を定める）に基づく航空情報サーキュラーに規定された航空機衝突防止装置作動時の報告書について，パイロットがこれを提出した以上，運行者が行政機関に提出したことに任意性は認められないとした答申（平成15年度734号）にもあるように思われる。

11.　非公開約束情報
——原子力発電の経済性試算に関する資料

内閣府情報公開審査会平成14年7月17日答申
平成14年度第123号

事実　　資源エネルギー庁長官が「原子力発電の経済性試算における設定単価の根拠」（当時の通商産業省が総合エネルギー調査会原子力部会に提出した資料，以下「本件対象文書」という）の一部開示決定を行ったので，これに対して異議が申し立てられた。審査会は次のような理由で開示部分を拡大すべき旨を答申した。なお，本件対象文書は，フロントエンドコスト部分（ウラン鉱石調達・精鉱，転換，濃縮及び成形加工に関するコストの根拠）とバックエンドコ

145

第1部　情報公開

スト部分（使用済燃料の構内・構外輸送，再処理，高レベル放射性廃棄物の貯蔵・処分，その他の廃棄物の処理・貯蔵・処分，中間貯蔵等に関するコストの根拠）から構成される。

| 答申の要旨 | 1　行政機関の保有する情報の公開に関する法律（以下「法」という）5条2号ロ該当性 |

この部分は長文なので骨子のみ紹介する。本答申はまず，本件対象文書について不開示とされた部分が，諮問庁の要請を受けて，電気事業連合会（参加人）が公にしないとの条件で任意に提供した情報であると認定する。そして，各情報について右条件を付すことの合理性を個別に検討し（その際，当時の状況のみならず，現時点においても合理的であることを要するとする），電力各社等の今後の契約交渉，事業運営に影響を生じるおそれがあるもの，当事者に守秘義務が課されており通例として公にされない情報についてのみ5条2号ロ該当性を肯定し，それ以外は開示すべきであるとする。

2　法5条2号イ該当性

1において法5条2号ロに該当しないとされた情報については，公にすることにより，電力各社等の現在または今後の取引その他の事業運営に影響を与えないと考えられるので，2号イに該当しないが，それ以外の情報は該当する。

3　法5条2号ただし書該当性及び法7条の適用

電力料金は経済産業大臣の認可が必要とされていること，核燃料サイクルコストについては対外説明用資料が公表されていることからすると，1において不開示とされた部分を公にすることの利益が，電力各社の交渉上の不利益を上回るとは認められず，法5条2号ただし書には該当しない。また，諮問庁が右資料等を公表していることを踏まえると，公益上の理由による裁量的開示をしなかったとしても，法7条に反するわけではない。

4　不開示情報の独立一体性の範囲

情報が有するひとまとまりの大きさについては重層的な捉え方が可能であり，開示請求権制度の趣旨に照らせば，不開示情報については開示が適当でないと認められるひとまとまりをもってその範囲を画することが適当である。法6条2項の規定が設けられているのは，個人情報についてはその全体を一律に不開示とすると個人の権利利益の保護の必要性を越えて不開示の範囲が広くなりす

ぎるおそれがあることによる。その他の不開示情報については，重層的な捉え方が可能な情報に対して一定の利益を保護するために開示することが適当でないと認められるひとまとまり，すなわち法5条各号の不開示事由とされている「おそれ」等を生じさせる原因となる情報の範囲で捉えれば，不開示の範囲が必要以上に広がるおそれはない。したがって，不開示情報該当性判断の前提として，独立した一体的な情報を単位に捉えるとしても，個人情報以外の不開示情報にあっては，その範囲は，重層的な各階層で捉えていった結果，最終的には不開示事由たる「おそれ」等を生じさせる原因となる情報の範囲となるべきものである。

研究　　1　本答申はとりわけ法5条2号ロの解釈及び不開示情報の単位の2点について興味深い判断を示している。以下ではこれらの点に絞って検討を加えたい。

2　法5条2号ロの「非公開約束条項」は周知のように立法過程で最も議論のあった条文の1つであるが（松井茂記『情報公開法』〔有斐閣，2001年〕227頁以下参照），特に次の2点で問題があると思われる。第1に，「合理的であると認められるもの」という要件が不明確であり（阿部泰隆『論争・提案・情報公開』〔日本評論社，1997年〕27頁），運用次第では不開示とされる範囲が不必要に広がるおそれがある。第2に，開示によって法人等の正当な利益が害されるおそれがある場合（法5条2号イ）や，それによって信頼関係が失われるなどして事務事業の適正な遂行に支障を及ぼすおそれがある場合（同6号）には不開示とされるにもかかわらず，あえてこの規定を設ける必要があるのか，すなわち拾うに値する「落ち穂」（奥平康弘＝塩野宏「対談・情報公開法制定に向けて」法時69巻1号〔1997年〕17頁参照）がそもそも存在するのか，という問題がある（三宅弘『情報公開法の手引き』〔花伝社，1999年〕189頁以下参照）。

審査会の答申にはこの条項に関連するものがいくつかあるが，それらは次のように類型化できる。①非公開条件の存在が認められなかった事例（平成14年度128号）。②2号イや6号該当性が肯定されたため，2号ロについて判断されなかった事例（平成13年度106号，107号，平成14年度265号〜278号，343号，389号）。③2号ロ該当性が否定されているが，6号についても同様の判断が示されている事例（平成13年度66号，平成14年度106号，107号）。④2号ロ該当

第 1 部　情報公開

性が肯定されたが，2 号イについての判断とほぼ重なっている事例（平成 14 年度 165 号，247 号）。⑤ 2 号ロ該当性が肯定され，2 号イや 6 号等については判断されなかった事例（平成 14 年度 176 〜 178 号，191 号）。

　本答申は右類型の④に当たると思われる。すなわち，2 号ロ及びイ該当性の判断において不開示の範囲は全く一致しており（**答申の要旨** 2 参照），2 号ロ該当性について具体的に考慮されている事由も，電力各社等の今後の契約交渉，事業運営に影響を生じるおそれ，当事者の守秘義務等（**答申の要旨** 1 参照），2 号イまたは 6 号によっても不開示とされうると考えられるものだからである。

　上記類型のうち，2 号ロが独自の機能を果たしたといえるのは⑤のみである。しかも，より詳細に検討すると，いずれも 2 号イまたは 6 号の該当性を肯定できた事例であると思われる（平成 14 年度 176 号〜 178 号は日銀考査報告書，191 号は特定証券取引所の調査報告書）。したがって，審査会が合理性の要件をある程度厳格に解釈していること，他方で，少なくともこれまでは 2 号ロが必要と思われる事例は見当たらないことが確認できる。

　3　本答申で特に注目されるのは部分開示についての判断（**答申の要旨** 4）である。この問題については，最判平成 13 年 3 月 27 日民集 55 巻 2 号 530 頁（大阪府知事交際費訴訟第 2 次上告審判決，以下「平成 13 年最判」という）が従来の実務を覆す判断を示して物議を醸している。右最判は，大阪府情報公開等条例（平成 11 年改正前のもの）の部分開示に関する規定（10 条）について，「非公開事由に該当する独立した一体的な情報を更に細分化し，その一部を非公開とし，その余の部分にはもはや非公開事由に該当する情報は記録されていないものとみなして，これを公開することまでをも実施機関に義務付けているものと解することはできない」と判示した。その理由として，補足意見及び調査官解説（西川知一郎・ジュリ 1217 号〔2002 年〕119 頁以下）は，条例の解釈に加え，法 6 条 2 項が個人情報について個人識別部分を除く部分の開示を義務付けているところ，このような規定をもたない大阪府条例の解釈としてはかかる開示を求めることはできない旨を述べている。

　本答申はこの問題について審査会としての見解を初めて示したものである。論旨はやや難解であるが，実質的に右最判と異なる見解に立つものといえ，その判断は正当であると思われる。以下，私見も交えつつ敷衍して説明したい。

第7章 事例研究　11. 非公開約束情報

第1に，平成13年最判は「非公開事由に該当する独立した一体的な情報」があたかも客観的に存在するかのように述べている。しかし，本答申も指摘する通り，情報の単位は「重層的」に，すなわち様々な観点から捉えることが可能である。そして，部分開示の可否を判断するに際しては，法6条1項が明文で規定する通り，不開示部分を除いた後に「有意の情報」が残るかどうかを考慮すれば足りるはずである（藤原静雄・季報情報公開1号〔2001年〕41頁）。

第2は，法6条2項との関係である。この条項の趣旨は，個人情報は「個人識別部分」と「その他の部分」からなり，本来その全体が不開示事由に該当するが，多くの場合「個人識別部分」を除去すれば個人の権利利益を害するおそれはないことから，開示を広く認めるために特例を設けたものである（総務省行政管理局編『詳解情報公開法』〔財務省印刷局，2001年〕87頁以下，宇賀克也『情報公開法の逐条解説〔第2版〕』〔有斐閣，2000年〕71頁以下）。すなわち，本来不開示事由に該当するにもかかわらず，部分開示を義務付けた規定である。これに対し，法6条1項は，不開示事由に該当しない部分の開示を命じた規定である。したがって両者は全く別の事項を規律しており，6条2項の反対解釈によって同1項による部分開示の範囲を判断することは，少なくとも法の趣旨に沿うものではない（藤原・前掲42頁）。

平成13年最判の補足意見及び調査官解説は必ずしもかかる解釈を行っているわけではない。大阪府条例に法6条2項に対応する規定がないことから，個人識別部分を除いた部分の開示を求めることはできない，と述べるにとどまるからである。しかし，右の事情は個人情報についてあてはまるのみであって，その他の不開示事由には妥当しないはずである（宇賀克也『ケースブック情報公開法』〔有斐閣，2002年〕185頁以下）。平成13年最判が個人情報以外の不開示事由該当性を認めていること，判決理由においては部分開示の一般論が述べられていることからすると，補足意見等の説示はやはり誤解を招くものといわざるを得ない。

いずれにしても，平成13年最判は当時の大阪府条例について判示したものである。情報公開法（及びそれと同旨の条例）に基づく部分開示については，上記のように「有意の情報」の有無によってその範囲を決すべきである[補注]。

補注　平成13年最判については本書161頁も参照。

149

第 1 部　情報公開

12.　国際機関との信頼関係と事務事業情報
——博覧会国際事務局訪日目的記載文書

名古屋地裁平成 15 年 2 月 28 日民事第 9 部判決〔認容〕
平成 13 年（行ウ）第 55 号，行政処分取消請求事件（裁判
所 HP）

事実　　日本国政府は愛知県内で国際博覧会を開催するため，博覧会国際
事務局（BIE）総会において 2005 年日本国際博覧会（以下「愛知万
博」という）の割り当てを受けた。愛知県は開催県として基盤整備や跡地利用
計画の策定・実施等を行う関係にある。

　本件で開示請求されたのは，BIE 議長らが来日した際に被告 Y（愛知県知事）
に提出した訪日目的を記載した英文の文書（以下「本件文書」という）である。
Y が愛知県情報公開条例（平成 12 年愛知県条例第 19 号，以下「本件条例」という）
7 条 6 号（事務事業情報）に当たるとして開示を拒否したため，異議申立てを経
て，本件取消訴訟が提起された。

　本件文書については，A4 判 1 枚の箇条書きであり，①会場計画の明確な説
明，②国際的な環境保護団体への対応の重要性，③跡地利用計画につき（環境
をテーマにした）愛知万博の理念を継承したものとすること，④市民から十分
な支援等を受けられるようにし，反対派に対する取り組みを説明すること（以
下「本件要請事項」という）が記載されていたとの報道がなされている（以下「本
件新聞報道」という）。また，経済産業大臣に対して本件文書と同内容の文書の
開示が請求され，異議申立てに関して情報公開審査会は不開示を妥当とする答
申を行っている（平成 14 年度 188 号，以下「審査会答申」という）。

判旨　　1　本件要請事項は愛知万博を成功に導くための助言と勧告を内
容とするから，これを公にすることによって直ちに BIE の立場を
危うくするとは考え難い。また，本件文書の内容は本件要請事項とこれに関す
る説明を簡潔に記述したものと推認でき，外交機密として非公開が一般的に承

150

認されるような複雑かつ微妙な内容が記載されているとは認め難い。

2　YはBIEが本件文書の非公開を望んでいると主張するが，①BIE議長とYその他との会談がすべて非公開だったこと，②BIE議長が記者会見で訪日目的について本件文書を提示することなく口頭でコメントしていることからは，BIEが本件文書を非公開とすべき意思を有しているとは認めがたい。③BIE事務局長が公にすべきでないと発言したのは通産省幹部との会談についてであり，本件文書の非公開を望んでいると推認するには無理がある。④BIEが国に対して非公開を要請したとの点については，問い合わせの際に例示された文書に本件文書が含まれるか明らかでないこと，情報公開審査会が実際に右問い合わせと回答を確認したか明らかでないこと，Yが右回答文書を提出しなかったこと，当裁判所の照会にBIEが回答しなかったことからすれば，BIEが本件文書を非公開とすべき意向を有しているとの事実を認定するのに十分とはいえない。

3　国はBIEの意向に反するとして本件文書の開示に反対しているから，その前提が認められない以上，非公開に固執する合理的な理由はなく，国との信頼関係が損なわれるがゆえに事務事業に支障を生ずるおそれがあるとはいえない。

| 研究 | 1　本件では，開示によって国等との信頼関係が損なわれ，事務事業に支障が生じるかが争われた。条例上の信頼関係情報の扱い |

には，①独立の不開示事由とする，②事務事業情報の一例として規定する，③明文規定を設けない等の例がある。情報公開法がこの趣旨の規定を置かなかったこともあり，最近は③が増えている（薄井一成・季報情報公開2号〔2001年〕25頁）。本件条例も③に属し，同7条6号は情報公開法5条6号とほぼ同内容である。

判例においては信頼関係情報該当性を厳格に解するのが一般的な傾向である。まず，開示によって信頼関係が損なわれることが客観的（東京地判平成10年1月27日判時1659号53頁）あるいは具体的（名古屋高判平成9年11月28日判タ988号166頁，熊本地判平成10年7月30日判自185号42頁）に認められなければならない，あるいは信頼関係が損なわれることにより事務事業に支障が生じることが具体的に立証されなければならない（京都地判平成7年12月22日判タ910号90

第 1 部　情報公開

頁）とされている（これに対し，神戸地判平成 5 年 6 月 28 日判タ 840 号 91 頁は抽象的な主張立証で満足している）。

　また，国等が開示に反対している場合であっても，反対に相当な理由（名古屋地判平成 3 年 8 月 30 日行集 42 巻 8 = 9 号 1397 頁，名古屋高判平成 4 年 2 月 26 日行集 43 巻 2 号 260 頁）や合理性（東京高判平成 10 年 6 月 29 日判タ 1004 号 111 頁，東京高判平成 11 年 2 月 25 日判時 1703 号 127 頁）を要求するもの，不開示の要求を限定解釈したり（和歌山地判平成 11 年 7 月 28 日判時 1711 号 48 頁），不都合な事情を秘匿しようとする信頼関係は保護されないとするもの（京都地判平成 10 年 6 月 5 日判タ 1016 号 104 頁）がある（他方，東京地判平成 3 年 3 月 1 日行集 42 巻 3 号 371 頁は開示に反対があることのみを理由に不開示とする）。

　このように厳格な解釈を行うならば，信頼関係情報は独自の意味をほとんどもたないことにもなりうる。実際，関係機関の事務に支障があるときは不開示となるので，開示によって信頼関係が傷つけられることはないとするもの（大阪高判平成 8 年 6 月 18 日判タ 918 号 119 頁）や，客観的な不開示事由が存在しなければ信頼関係が損なわれるとはいえないとするもの（東京地判平成 10 年 7 月 8 日判自 184 号 19 頁）がある。特に③の類型については，国等の事務事業に支障が生じることが必要であり，信頼関係それ自体は独自の不開示事由とはならないと解することも可能であろう。

　2　本判決は本件文書の性質，BIE の意向，国との信頼関係を詳細に検討し，不開示事由該当性を否定しており，厳格な立場をとる判例の一般的傾向に合致するものといえる。

　本件文書の性質については，愛知万博に対する助言等を内容とするに過ぎず，厳格な情報管理を要するものではないとする（**判旨** 1）。この点は事実認定に関わるが，国際機関の文書についても不開示とすべき内容か否かを裁判所として吟味する姿勢を示すものであり，また，次に述べる BIE の意向を評価する上での前提の 1 つともなっている。なお，本件文書のかかる性質からすれば，仮に BIE が開示に反対しているとしても，開示によって支障が生じるわけではないとして，不開示事由該当性が否定される余地もあるように思われる。

　本件で主な争点となったのは，BIE が本件文書の開示に反対しているか否かである（**判旨** 2）。この点も事実認定に関わるが，①②③はともかく，④につ

第7章 事例研究 12. 国際機関との信頼関係と事務事業情報

いては微妙な判断である。BIE の回答が一般論を述べたものに過ぎず，本件文書が対象となるかが必ずしも明確ではないことは確かである。また，Y が BIE の回答文書を提出しなかったこと，裁判所の照会に BIE が回答しなかったことが，裁判所の心証に影響したことも明らかである。したがって，控訴審でこれらの前提に変化があれば，結論が変わることも想定される。もっとも，前述したように，BIE の意向が明らかになったとしても，本件文書の性質を理由として開示を認める可能性も残る。

国との信頼関係については，BIE の意向に反するとの前提が認められない以上，国が不開示に固執する合理的な理由はないとする（**判旨** 3）。開示に対する反対に合理的な理由を要求する，前記のような判例の流れに沿うものである。

なお，本判決と審査会答申は結論を異にしているが，本判決が本件条例 7 条 6 号（事務事業情報）該当性を判断しているのに対し，情報公開審査会は情報公開法 5 条 3 号（公共安全情報）について判断しており，後者については行政機関に裁量の余地が認められることから，結論に相違が生じたとしても必ずしも不思議ではない。もっとも，審査会答申は通産大臣との会談に係る文書と本件文書を一括して判断しているのに対し，本判決では本件文書の特質を重視した判断となっており，この点に違いがあることも否定できない^{補注}。

補注 本件の控訴審判決である名古屋高判平成 15 年 7 月 13 日裁判所 HP は，BIE が開示に反対する回答を行ったと認定した上で，原判決を取り消し，請求を棄却した。

第1部　情報公開

13. 高レベル放射性廃棄物処分予定地選定調査資料と事務事業情報

名古屋地裁平成 16 年 12 月 17 日民事第 7 部判決〔認容〕
平成 16 年（行ウ）第 18 号，法人文書不開示処分取消請求
事件（判例集未登載）

事実　　XはY（核燃料サイクル開発機構）に対し，独立行政法人等の保有する情報の公開に関する法律（以下「法」という）に基づき，広域調査地表調査シート（本件文書Ⓐ）及びリモートセンシング調査に関する報告書（本件文書Ⓑ～Ⓕ）の開示を請求した。Yが一部不開示決定（以下「本件各処分」という）をしたため，Xはそのうち「調査対象地区（ないし地域等）を具体的に示すことにつながりうる情報」にかかる部分（以下「本件係争部分」という）の取消しを求めて出訴した。

　本件各文書は，Yの前身である動力炉・核燃料開発事業団（以下「動燃事業団」という）が，高レベル放射性廃棄物の処分予定地を選定するために行った調査に関する文書で，Ⓐは動燃事業団が作成したもの，Ⓑ～Ⓕは委託を受けた民間調査会社が提出した報告書である。上記廃棄物の地層処分については 5 段階で研究開発が行われることになっていたが，本件各調査は第 2 段階の初期に行われる「広域調査」に当たる。その後，処分予定地の選定は原子力発電環境整備機構が行うことになり，Yは上記広域調査に関する業務を終了したが，中間貯蔵施設の立地はなおYの業務の 1 つとされている。

　名古屋地判平成 15 年 5 月 8 日判例集未登載は，本件処分は不開示部分の特定が十分でなく，無効であるとして請求を認容したが，名古屋高判平成 16 年 1 月 28 日判例集未登載（野口貴公美・季報情報公開 14 号〔2004 年〕16 頁参照）は，特定は十分であるとして原判決を取り消し，本件を地方裁判所に差し戻した。ここで紹介するのは差戻後の第 1 審判決である。なお，Yは控訴せず，本件係争部分にかかる情報を開示している。

154

第7章　事例研究　13．高レベル放射性廃棄物処分予定地選定調査資料と事務事業情報

判旨　請求認容。

　1　Yは，「動燃事業団が実施した高レベル放射性廃棄物の処分地選定調査で計12道県の40数箇所を候補地とする報告書をまとめていた」との新聞報道等が誤報であると主張するが，本件各文書には特定地域が地層処分のための良好な地域である等の結論が記載されていることからすれば，上記報道等は誤報とは認められない。

　2　(1)　本件各文書で候補地等とされた具体的な地区が明らかになると，それらの地区が処分予定地として既に選定されているのではないか等の疑念を招き，そのためにYの業務に対して批判的な姿勢が示される事態が予想されないではない。しかし，こうした疑念を生じさせる直接の原因は，高レベル放射性廃棄物の処分予定地の選定の主体や方法等に関する関係者の理解がいまだ十分でないことにあり，本件係争部分が開示されることによるものとは解されない。

　(2)　上記諸点について説明を行ったとしても，関係者らの一致した理解を得るには困難が予想される。しかし，独立行政法人が国民に対する説明の責務を全うし，国民の批判を仰ぎ，その理解を得るように定めている法の趣旨に照らせば，国民の理解を得ることが困難であるとの理由で保有する情報を非開示とすることは許されない。

　(3)　原子力に関する業務は国民生活に与える影響が大きく，その賛否等についても多様な議論があるから，Yの業務内容等について国民の理解と信頼を得るために情報の公開が望まれる。国民への説明や理解を得ることの困難さ，それから生じる疑念や誤解等，Yの業務に対する批判的な報道や運動等が予想されるとしても，それらは本件係争部分の開示によるものではなく，その開示がYの事務または事業の適正な遂行に支障を及ぼすおそれがあるとは認められない。

研究　1　本件においてはYは，本件係争部分を開示することにより，高レベル放射性廃棄物の処分予定地に関して誤解等が生じ，ひいてはYの行う中間貯蔵施設の立地業務に重大な影響を及ぼすおそれがあると主張した。そこで，①Yの行った調査に関して過去に誤報や誤解があったか，②誤解等が生じることによりYの事業の適正な遂行に支障を及ぼすおそれが

155

第 1 部　情報公開

あるかが争点となった。本稿では事実認定に関わる①の検討は省略し，②についてのみコメントを加える。

　公共事業用地に関する情報の開示が争われた先例として，鴨川ダム訴訟（京都地判平成 3 年 3 月 27 日判タ 775 号 85 頁，大阪高判平成 5 年 3 月 23 日判タ 828 号 179 頁，最判平成 6 年 3 月 25 日判時 1512 号 22 頁）及び安威川ダム訴訟（大阪地判平成 4 年 6 月 25 日判時 1463 号 52 頁，大阪高判平成 6 年 6 月 29 日判タ 890 号 85 頁，最判平成 7 年 4 月 27 日判例集未登載）がある（宇賀克也『ケースブック情報公開法』〔有斐閣，2002 年〕76 頁以下，林俊之「情報公開法及び情報公開条例における意思形成過程情報の取扱い」藤山雅行編『新・裁判実務大系 25 行政争訟』〔青林書院，2004 年〕396 頁以下参照）。いずれも審議検討情報（意思形成過程情報）に関する判例であり，事務事業情報が問題となった本件とは異なるが，広い意味での行政上の支障が問題となっている点で参考になると考えられる（なお，藤原静雄『情報公開法制』〔弘文堂，1998 年〕136 頁参照）。

　2　まず，問題となった情報の性質をみると，鴨川ダム訴訟では自然的・社会的条件を検討することなく貯水可能な地形を流域図に示した文書の開示が求められたが，高裁は「未成熟な情報」であるとして不開示を妥当と判断し，最高裁もこれを支持した（松井茂記・民商 113 巻 2 号〔1995 年〕322 頁，宇賀・前掲80 頁は，未成熟な情報であることを説明すれば足りると指摘する）。他方，安威川ダム訴訟で問題となった調査資料について，高裁は，「自然界の客観的，科学的な事実，及びこれについての客観的，科学的な分析」であり，その情報自体において誤解が生じるとは考えられないとして開示を命じ，最高裁もこれを是認した（最判平成 16 年 6 月 29 日判時 1869 号 17 頁，下井康史・季報情報公開 15 号〔2004 年〕22 頁も参照）。

　本件広域調査は処分予定地選定前の比較的初期のものではあるが，本件各文書それ自体は地質学的な調査の報告書であり，安威川ダム訴訟における調査資料と同様，「専門的な検討を経た調査データ等の客観的，科学的事実やこれに基づく分析等を記録したもの」（総務省行政管理局編『詳解情報公開法』〔財務省印刷局，2001 年〕75 頁）であって，開示しても誤解を招くおそれは一般に小さいと考えられる。

　安威川ダム訴訟の高裁判決は，当該調査資料が外部の会社に外注して得られ

第7章 事例研究 13. 高レベル放射性廃棄物処分予定地選定調査資料と事務事業情報

たものであり，行政の純粋な内部文書ではないことを強調している。本件文書
Ⓑ～Ⓕは同様に外注された報告書であるが，Ⓐはγ自身が作成したものであ
る。しかし，作成者が誰であるかは必ずしも決定的な基準とは考えられず（藤
原・前掲142頁参照），Ⓐも客観的・科学的な調査結果である点に違いはないと
考えられる。

　3　次に，開示による支障を検討すると，鴨川ダム訴訟では当該事案をめ
ぐって関係者に様々な働きかけがあり，これが不開示とされる一要因となった
ようである（松井・前掲323頁は，不開示とすべき事情が認められるかやや疑わしい
とする）。安威川ダム訴訟においても，事業対象地の住民は開示に反対してい
たが，高裁はこれを「感情論」にすぎず，開示の可否とは必然的な関連性をも
つわけではないと判断した。

　本件においてはγは，本件係争部分が開示されると処分予定地が実際には
既に選定されているかのような誤解を招き，それによってγの行う中間貯蔵
施設の立地業務に支障が生じると主張している。しかし，この主張は2つの先
例に比べてもかなり抽象的であるばかりでなく，本判決が指摘するように，誤
解の原因は処分予定地の選定方法等が正しく認識されていないことにあるから，
上記支障と本件係争部分の開示の間に「合理的な因果関係」（林・前掲403頁）
があるかは疑問である。

　もっとも，本件においてγが実際に危惧したのは，特定地区について調査
を行い，候補地とする報告書を得ていた事実が明らかになり，その結果当該地
区の反発を招くことだったのかもしれない（新聞報道によれば，本件情報を開示し
た後，γは無断で調査を行ったこと等について特定地区の知事に陳謝している）。従来
の公共事業では，計画が固まるまで内密に検討を進める方法がとられ，情報を
開示すると既に結論が出たものと受け取られるのが一般だった（田村悦一「開
発行政情報の公開」園部逸夫先生古稀記念『憲法裁判と行政訴訟』〔有斐閣，1999年〕
496頁以下参照）。このような実態を前提とすればγの懸念も理解できないわけ
ではないが，本判決は「未成熟な段階から代替案を公表し，広く環境情報を収
集しながら透明な手続で意思決定を行うという行政スタイル」（宇賀・前掲81
頁）が求められていることを示唆するものともいえる。

第1部 情報公開

14. ワシントン条約該当生薬の在庫数量等調査結果と事務事業情報

内閣府情報公開審査会平成 17 年 2 月 24 日答申
平成 16 年度（行情）第 569 号

事実 　本件で開示請求されたのは，ワシントン条約（絶滅のおそれのある野生動植物の種の国際取引に関する条約）で国際取引規制の対象とされている動植物に由来する生薬原料の一部について，厚生労働省が行った在庫数量等調査（以下「在庫数量等調査」という）に係る文書である。厚生労働大臣は，業界団体への依頼書（通知）の決裁原議（本件文書Ⅰ），各企業からの報告（本件文書Ⅱ），報告をとりまとめた結果に係る文書（本件文書Ⅲ）を特定した上，行政機関の保有する情報の公開に関する法律（以下「法」という）5条1号，2号イ及びロ，6号に該当するとしてその一部を不開示とし，一部年度について文書不存在を理由に不開示とする決定を行った。異議申立てを受け，審査会はその一部を認容すべき旨を答申した。本稿では文書不存在及び個人情報に関する部分の紹介及び検討を省略する。

答申の要旨 　（文中の番号等は筆者が説明の便宜上付したものである）
　　1　本件文書Ⅱについては，[1] 熊胆等3種類の生薬の各企業での在庫数量等と，[2] 会社名等報告企業が特定される情報が不開示とされている。在庫数量等調査は法令に基づかない任意のものであり，[1] については経営上の機密に属する情報が公になる，[2] については条約で規制された生薬を扱う企業として野生動植物保護の観点から問題視されるおそれがあるとして，調査への協力を躊躇する企業が出ると考えられるので，いずれも法5条6号柱書きに該当する。

　　2　本件文書Ⅰについては，[3] 熊胆等11種類の生薬の在庫保有企業数，[4] 犀角・熊胆・麝香の保有企業名及び在庫数量等が不開示とされている。[3] のうち [a] 保有企業数が比較的大きなものはこれを公にしても企業は特

158

第7章 事例研究 14. ワシントン条約該当生薬の在庫数量等調査結果と事務事業情報

定されないが，［b］比較的小さなものは，関係者によって保有企業が特定され，個別企業の在庫数量等が推測されるおそれがあるから，［b］のみが法5条2号イに該当し，かつ同号ただし書にも当たらない。在庫数量等調査に際し，個々の対象者に係る調査内容を公表しない旨が通知されているが，［a］の保有企業数は集計結果であって個々の対象者に係る調査内容ではないから，同号ロに該当しない。それによって企業が特定されず，不開示特約にも当たらないので，開示しても調査への協力が得られなくなるわけではないから，同条6号にも該当しない。以上より［a］は開示すべきである。［4］のうち個々の会社に係る情報は上記1と同じ理由で同号に当たるが，犀角に係る全社の情報をまとめた記載はいずれの不開示事由にも該当せず，開示すべきである。

　3　本件文書Ⅲについては，［5］熊胆等11種類の生薬の在庫保有企業数，［6］犀角・熊胆・麝香の保有企業名及び在庫数量等，［7］在庫数量調査等調査票，［8］在庫数量等調査ごとの熊胆・麝香・羚羊角・犀角の在庫保有企業数が不開示とされている。［5］［6］は［3］［4］と同内容なので上記2の通りである。［7］には熊胆に係る情報が記載されているところ，個々の会社に係る情報は［1］と同じく法5条6号に該当するが，その余はいずれの不開示事由にも当たらず，開示すべきである。［8］記載の保有企業数はすべて比較的大きな数であり，［3a］と同様いずれの不開示事由にも該当しないので，開示すべきである。

研究　1　法5条6号該当性が肯定されたのは［1］［2］と［4］［6］［7］の一部であり，いずれも開示によって在庫数量等調査に支障が生じることを理由とする。各企業の在庫数量等は，答申のいう通り「経営上の機密に属する情報」であり，同条2号イにも該当する可能性が高い。他方，報告企業を特定する情報については，仮に当該生薬の取引が適法であれば，開示によって正当な利益は害されないと解する余地もあり，慎重な検討が必要と思われる。

　法5条6号に関しては，「支障」は実質的なものでなければならず，「おそれ」についても法的保護に値する蓋然性が必要とされる（総務省行政管理局編『詳解情報公開法』〔財務省印刷局，2001年〕78頁）。また，宇都宮地判平成6年5月25日行集45巻5＝6号1263頁が，事務事業への支障を判断する際には客観

159

第1部　情報公開

的な資料に基づいて客観的・合理的に検討すべきであり，私立大学の大科目レベルの財務情報を開示しても大学誘致を著しく困難にするおそれはない，と判示しているのも参考になる（控訴審東京高判平成9年7月15日行集48巻7＝8号513頁もこれを是認。上告を棄却した最判平成13年11月27日判時1771号67頁は明示的にはこの点に言及していない）。

　本件についてみると，在庫数量等調査には強制力がないため，開示によって調査に支障が生じる可能性は確かに否定できない（間接強制を伴う調査については，東京高判平成15年11月27日判時1850号41頁が開示による支障を否定するのに対し，情報公開審査会答申平成14年度（行情）440号〔西鳥羽和明・季報情報公開10号〔2003年〕24頁〕はこれを肯定する）。しかし，報告企業を特定する情報に限っていえば，企業の数がかなり多いこと（諮問庁によれば「全体で120社程度」），報告企業のすべてが当該生薬を扱っているわけではないこと，調査が困難となった場合，法的規制が導入される可能性もあること（特に熊胆については生薬としての利用が密輸密猟等の要因であるとの指摘があり，厚生労働省野生鳥獣保護管理検討会の報告書「新たな野生鳥獣保護管理に向けて」〔2004年12月〕も，熊胆の流通実態を把握し，規制等を検討する必要があるとする）等を考慮すると，当該生薬の取引が適法であるならば（違法であれば非違情報として開示が必要となることも考えられる。村上裕章・季報情報公開14号〔2004年〕33頁〈本書136頁〉参照），開示によってこれらの企業が「問題視」され，調査に支障が生じる蓋然性がどれほどあるのか，なお検討の余地があるようにも思われる。

　2　法5条2号イに当たるとされたのは［3b］と［5］の一部である。注目されるのは，保有企業数が「比較的大きな数」か否かによって区別している点である。確かに，保有企業数がごく少数であれば，業界全体の在庫数量等から個別企業の経営内容が明らかになるが，多数であればこのようなおそれはない。

　異議申立人は，本件各文書の内容が医薬品製造に関わるとして，同号ただし書該当性も主張している。しかし，本答申も指摘する通り，在庫保有企業数が人の生命等を保護するために公表が必要な情報であるとは解されない（同様に文書内容とただし書該当性の関連性が否定された例として，福島地判平成12年1月25日判自205号21頁がある）。

　3　法5条2号ロについては，［3a］に関して該当性が否定されているが，

第 7 章　事例研究　　15.　部分開示

本件における通知文の内容に照らして妥当な判断である。[1] と [4][6][7] の一部については該当する可能性もあるが，既に同条 6 号該当性が肯定されているため判断されていない。2 号ロと 6 号の密接な関連を示唆するものといえる（村上裕章・季報情報公開 8 号〔2003 年〕26 頁〈本書 147 頁以下〉参照）。

15.　部分開示
──大阪府知事交際費訴訟第 2 次上告審判決

最高裁平成 13 年 3 月 27 日第三小法廷判決〔一部破棄自判，一部棄却〕平成 8 年（行ツ）第 210 号，同第 211 号，行政処分取消請求事件（民集 55 巻 2 号 530 頁，判時 1749 号 25 頁，判タ 1060 号 152 頁）

事実

大阪府の住民等である X らが，大阪府公文書公開等条例（昭和 59 年大阪府条例第 2 号，以下「本件条例」という1)）に基づき，Y（大阪府知事）に対し，昭和 60 年 1 月ないし 3 月に支出した大阪府知事の交際費に関する公文書の公開を請求したところ，Y は，対象文書として経費支出伺，支出命令伺書，債権者の請求書，領収書等の交際費の執行の内容を明らかにした文書及び歳出予算差引表を特定した上で，そのうち経費支出伺，支出命令伺書及び歳出予算差引表についてはこれを公開する旨の決定をし，歳出額現金出納簿，支出証明書，債権者の領収書及び請求書兼領収書（以下これらを「本件文書」という）については，そこに記録されている情報が本件条例 8 条 1 号・4 号・5 号，9 条 1 号に該当するとして，これを公開しない旨の決定（以下「本件処分」という）をしたため，X らが本件処分の取消しを求めて出訴した。

差戻前第 1 審の大阪地判平成元年 3 月 14 日判時 1309 号 3 頁2)は，本件文書

---

1)　本件条例は平成 11 年大阪府条例第 39 号により全部改正され，題名が「大阪府情報公開条例」となっているが，本判決に関連する部分（部分開示の規定も含む）については実質的な変更がない。

2)　評釈等として，阿部泰隆・ジュリ 937 号（1989 年）52 頁，及川憲夫・平成元年度主判解（判タ臨増，1990 年）368 頁，渋谷秀樹・法教 106 号（1989 年）72 頁，田中舘照橘・法令解

161

第1部　情報公開

には本件条例 8 条 1 号・4 号・5 号，9 条 1 号のいずれかに該当する情報は記録されていないとして，本件処分をすべて違法として取り消し，同控訴審の大阪高判平成 2 年 10 月 31 日行集 41 巻 10 号 1765 頁[3]もこれを支持して Y の控訴を棄却した。しかし，第 1 次上告審である最判平成 6 年 1 月 27 日民集 48 巻 1 号 53 頁[4]は，第 1 次控訴審の上記判断のうち本件文書に本件条例 8 条 1 号に該当する情報が記録されていないとした部分は是認したものの，同条 4 号・5 号，本件条例 9 条 1 号に該当する情報が記録されていないとした部分には法令の解釈適用を誤った違法があるとして，第 1 次控訴審判決を取り消し，本件を原審に差し戻した。第 2 次控訴審である大阪高判平成 8 年 6 月 25 日行集 47 巻 6 号 449 頁[5]は，本件文書に記録された本件交際費に関する情報はすべて交際の相手方が識別できるものであるところ，その一部は本件条例 9 条 1 号ない

説資料総覧 94 号（1989 年）84 頁，田谷聰・地方自治 507 号（1990 年）46 頁，橋本勇・地方自治職員研修 292 号（1989 年）108 頁，平岡久・判自 61 号（1989 年）96 頁，平松毅・判評 370 号（判時 1324 号，1989 年）20 頁，森谷昌久・法と民主主義 243 号（1989 年）28 頁，山代義雄・判自 62 号（1989 年）97 頁などがある。

3)　評釈等として，阿部泰隆・判自 80 号（1991 年）92 頁，渋谷秀樹・判例セレクト 1991（法教 138 号別冊，1992 年）13 頁，白井晧喜・自治研究 68 巻 3 号（1992 年）126 頁，松井幸夫・法セ 438 号（1991 年）127 頁などがある。

4)　評釈等として，右崎正博・判例セレクト 1994（法教 174 号別冊，1995 年）12 頁，江原勲・ひろば 47 巻 5 号（1994 年）32 頁，同・地方財務 483 号（1994 年）114 頁，太田幸夫・平成 6 年度主判解（判タ臨増，1995 年）316 頁，北原宗律・行政判例百選 I〔第 6 版〕（別冊ジュリ，2012 年）82 頁，草野功一『平成 6 年行政関係判例解説』（ぎょうせい，1994 年）73 頁，近藤昭三・ひろば 47 巻 5 号（1994 年）25 頁，榊原秀則・ひろば 47 巻 5 号（1994 年）18 頁，澤登文治・南山法学 18 巻 1 号（1994 年）151 頁，渋谷秀樹・憲法判例百選 I〔第 5 版〕（別冊ジュリ，2007 年）172 頁，多賀谷一照・法教 166 号（1994 年）53 頁，田中舘照橘・法令解説資料総覧 147 号（1994 年）80 頁，148 号（1994 年）102 頁，千葉勝美・ジュリ 1045 号（1994 年）62 頁，千葉勝美・曹時 47 巻 4 号（1995 年）203 頁，千葉勝美・最判解民事篇平成 6 年度（1997 年）54 頁，千葉勝美・最高裁時の判例 1（ジュリ増刊，2003 年）156 頁，戸松秀典・メディア判例百選（別冊ジュリ，2003 年）26 頁，長岡徹・法セ 483 号（1995 年）22 頁，永田秀樹・憲法判例百選〔第 6 版〕（別冊ジュリ，2013 年）176 頁，原克也・地方財政 35 巻 12 号（1996 年）88 頁，平岡久・地方自治判例百選〔第 3 版〕（別冊ジュリ，2003 年）32 頁，平松毅・ひろば 47 巻 5 号（1994 年）11 頁，同・民商 111 巻 3 号（1994 年）93 頁，比山節男・ひろば 47 巻 5 号（1994 年）37 頁，藤原静雄・判評 429 号（判時 1503 号，1994 年）33 頁，堀部政男・地方財務 479 号（1994 年）21 頁，同・ひろば 47 巻 5 号（1994 年）4 頁，山代義雄・判自 121 号（1994 年）99 頁などがある。

5)　評釈等として，佐伯彰洋・判自 170 号（1998 年）10 頁がある。

第7章 事例研究 15. 部分開示

し8条4号または5号に該当するが，その余の部分は本件条例8条4号・5号・9条1項に該当しないとして，Yの控訴を一部認容した。X及びYが上告したが，最判平成13年3月27日民集55巻2号530頁[6]は原判決を一部変更した。

判旨　（部分開示に係る部分のみ）

「本件条例10条は，1個の公文書について本件条例8条各号又は9条各号のいずれかの事由（以下「非公開事由」という。）に該当する情報が記録されている部分をその余の部分から容易に，かつ，公文書の公開の請求の趣旨を損なわない程度に分離できるときは，非公開事由に該当する情報が記録されている部分を除いたその余の部分を公開することを実施機関に義務付けるものであって，同条所定の要件に該当する限り，実施機関は同条所定の公文書の部分公開をしなければならず，本件条例7条各号に掲げる者（以下「住民等」という。）は，実施機関に対して，本件条例10条所定の部分公開を請求することができるのである。しかしながら，同条は，その文理に照らすと，1個の公文書に複数の情報が記録されている場合において，それらの情報のうちに非公開事由に該当するものがあるときは，当該部分を除いたその余の部分についてのみ，これを公開することを実施機関に義務付けているにすぎない。すなわち，同条は，非公開事由に該当する独立した一体的な情報を更に細分化し，その一部を非公開とし，その余の部分にはもはや非公開事由に該当する情報は記録されていないものとみなして，これを公開することまでをも実施機関に義

---

[6]　評釈等として，宇賀克也『ケースブック情報公開法』（有斐閣，2002年）181頁以下，小幡純子・判評519号（判時1776号，2002年）17頁，近藤卓史・法時75巻7号（2003年）80頁，清水勉・法セ558号（2001年）66頁，高橋信行・法協125巻1号（2008年）192頁，高橋正徳・平成13年度重判解（ジュリ臨増，2002年）41頁，團藤丈士・平成13年度主判解（判タ臨増，2002年）254頁，東條武治・判自219号（2002年）107頁，長尾文裕『平成13年行政関係判例解説』（ぎょうせい，2002年）55頁，中村孝一郎・阪大法学51巻3号（2001年）103頁，西川知一郎・ジュリ1217号（2002年）116頁，同・曹時55巻4号（2003年）341頁，同・最高裁時の判例1（ジュリ増刊，2003年）159頁，同・最判解民事篇平成13年度（上）（2004年）325頁，平岡久・民商128巻1号（2003年）123頁，同・地方自治判例百選〔第4版〕（別冊ジュリ，2013年）30頁，藤原静雄・季報情報公開1号（2001年）33頁，同・メディア判例百選（別冊ジュリ，2005年）38頁，松崎勝・自治体法務研究11号（2007年）103頁，三木由希子・自治研究43巻5号（2001年）87頁，南川諦弘・判自222号（2002年）11頁などがある。

第1部　情報公開

務付けているものと解することはできないのである。したがって，実施機関においてこれを細分化することなく一体として非公開決定をしたときに，住民等は，実施機関に対し，同条を根拠として，公開することに問題のある箇所のみを除外してその余の部分を公開するよう請求する権利はなく，裁判所もまた，当該非公開決定の取消訴訟において，実施機関がこのような態様の部分公開をすべきであることを理由として当該非公開決定の一部を取り消すことはできない。」

> **研究**　1　はじめに

　本判決の判例としての意義は，本件条例8条4号・5号及び9条1号に係る第1次上告審判決の判旨を明確化した点と，部分開示のあり方について判示した点にあると思われるが，ここでは後者のみを検討の対象とする。以下では，本判決の情報の単位に関する考え方（2），情報の有意性に関する考え方（3），行政機関の保有する情報の公開に関する法律（以下「情報公開法」という）6条2項の理解（4）について順次考察を加え，その後に下された最判平成19年4月17日判時1971号109頁（以下「平成19年最判」という）との関係を整理した上で（5），本判決の射程を明らかにする（6）。

　2　情報の単位

　本件条例10条は，「実施機関は，公文書に次に掲げる情報が記録されている部分がある場合において，その部分を容易に，かつ，公文書の公開の請求の趣旨を損なわない程度に分離できるときは，その部分を除いて，当該公文書の公開をしなければならない」と定め，8条各号及び9条各号に定める情報を掲げている。

　本判決は，本件条例10条について，「非公開事由に該当する独立した一体的な情報を更に細分化し，その一部を非公開とし，その余の部分にはもはや非公開事由に該当する情報は記録されていないものとみなして，これを公開することまでをも実施機関に義務付けているものと解することはできない」とする。そして，実施機関がその裁量判断によって「独立した一体的な情報」を細分化して部分公開を任意に行うことは許容されるが，住民等が実施機関に対してこ

164

のような態様の部分公開を請求する権利を付与されているとは解されないとしている。

　以上の判示からは，本判決が，情報には何らかの客観的な単位（「独立した一体的な情報」）があるとする考え方（以下「情報単位論」という）をとっていることがうかがえる。本判決は，具体的には，本件文書のうち，「歳出額現金出納簿については，各交際費の支出ごとにその年月日，摘要，金員の受払等の関係記載部分」が，「支出証明書については，各交際費の支出ごとにこれに対応する支出証明書に記録された情報が全体として」，「領収書及び請求書兼領収書については，各交際費の支出ごとにこれに対応する領収書又は請求書兼領収書に記録された情報が府の担当者によるメモ書き部分も含めて全体として」，それぞれ独立した一体的な情報をなすとしている。

　しかし，情報に何らかの客観的な単位があるとは考えられない。平成19年最判における藤田宙靖裁判官の補足意見は，この点について次のように指摘する。「ある文書上に記載された有意な情報は，本来，最小単位の情報から，これらが集積して形成されるより包括的な情報に至るまで，重層構造を成すのであって〔中略〕，行政機関が，そのいずれかの位相をもって開示に値する情報であるか否かを適宜決定する権限を有するなどということは，およそ我が国の現行情報公開法制の想定するところではないというべきである。」[7]

　換言すれば，情報についていかなる単位を採用するかは相対的な問題であり，客観的な単位なるものは存在しない。本判決は，上記のように，各交際に係る一連の情報を「独立した一体的な情報」とみるようである[8]。しかし，年月日等の欄を単位とすることも，当該年度の情報を単位とすることも考えられ，いずれかが客観的に正しいというわけではない。これに対しては，「独立した一体的な情報」を細分化すると，情報として有意性がなくなるとの反論も考えられるが，これは次に検討する情報の有意性の問題である。

---

[7]　藤田宙靖『行政法総論』（青林書院，2013年）174頁も同旨。

[8]　調査官解説である西川・前掲注6)最判解民事篇362頁は，「本件のような知事の交際事務に関する情報については，原則として，知事の各交際ごとに（より具体的には各交際費の支出ごとに），相手方識別部分のみならずその余の『金額』や『年月日』等の部分をも含めたその全体が，それぞれ独立した一体のものと把握される」とする。

第1部　情報公開

3　情報の有意性

　本判決における元原利文裁判官の補足意見は，「本件のような知事の交際事務に関する情報であって交際の相手方が識別され得るものが記録された公文書の場合，その情報は，通常，交際の相手方の氏名等交際の相手方を識別することができることとなる情報部分（相手方識別部分）とその余の部分（年月日，金額，支出原因等）とから成るところ，相手方の氏名等の相手方識別部分のみを他の情報と切り離してみれば，それ自体は情報として意味のあるものではなくなり，それのみで本件条例8条4号，5号，9条1号に該当するとは到底いえず，その余の部分を合わせて初めて知事の交際事務に関する情報として意味のあるものとなり，その全体が交際の相手方が識別され得る交際事務に関する情報として，上記各号に該当することになるのである」と述べている[9]。

　しかし，このような断定にも疑問がある。上記の藤田補足意見は，「本件における『出席した公務員の氏名』が，それ自体，単なる罫線の一部であるとか意味不明の記号の断片などとは異なり，全く有意でないなどとは言えないことは，余りにも明白であろう」と指摘している[10]。支出の年月日，金額，支出原因等についても同様のことがいえる。

　情報の有意性が失われる場合に部分開示を免除することは，それ自体合理的な考え方であると思われる（情報公開法6条1項参照[11]）。しかし，裁判所が「独立した一体的な情報」の範囲を自ら決定し，これを細分化することによりただちに有意性が失われるとすることは，開示請求権の合理的な制限とはとうてい考えられない。

---

　9)　西川・前掲注6)最判解民事篇 361 頁以下も同旨を述べる。

　10)　同旨を指摘するものとして，南川・前掲注6)13 頁，平岡・前掲注6)民商 138 頁，高橋（信）・前掲注6)215 頁，藤原・前掲注6)メディア判例百選 39 頁，近藤・前掲注6)81 頁など。

　11)　本件条例 10 条が「公文書の公開の請求の趣旨を損なわない程度に分離できるときは」と規定しているのも，同旨であると解される。行政改革委員会「情報公開法要綱案の考え方」（1996 年 12 月 16 日）3 (3)参照。

166

4 情報公開法6条2項の趣旨

判決理由では全く触れられていないが，上記元原補足意見は，情報単位論をとる根拠として情報公開法を援用している。すなわち，同法が6条1項で本件条例10条とほぼ同旨の原則規定を置きつつ，個人識別情報について同法6条2項で特則を設けていることを指摘した上で，次のように述べる。

「情報開示法〔ママ〕6条1項にいう『部分』は，1個の行政文書の部分を意味し，同条2項にいう『部分』は，1個の行政文書に含まれる情報（同法5条1号の情報のうち特定の個人を識別することができるもの）の部分を意味することは，その文理からみて明らかである。また，同法6条2項は，特定の個人を識別することができることとなる記述等の部分（個人識別部分）を除いた部分は同法5条1号の情報に含まれないものと『みなして』同法6条1項の規定を適用すると定め，特に『みなして』という文言が使われているところからみると，同法は，5条1号のいわゆる個人識別情報は，個人識別部分に限らず，これを除いたその余の部分も同号に該当すると考えているものと解される。すなわち，同法は，5条1号のいわゆる個人識別情報については，6条1項のみでは個人識別部分だけを除くという態様の部分開示を義務付けることができないとして，特に同条2項の規定を設け，上記のような態様の部分開示についての法的根拠を与え，最大限の開示を実現しようとしたものと解される。

このような情報公開法の規定をみれば，同法6条2項に相当する定めを欠く本件条例10条の解釈としては，個人識別部分ないし相手方識別部分のみを非公開とし，その余を公開するといった態様の部分公開をすべき旨を実施機関に義務付けているとまでは到底解されないのである。したがって，裁判所としては，個人識別部分ないし相手方識別部分のみを非公開とし，その余を公開すべきことを実施機関に命ずることはできないといわざるを得ない」[12]（〔 〕は引用者の挿入）。

しかし，このような解釈は情報公開法の誤解に基づくものである[13]。同法

---

[12] 西川・前掲注6)最判解民事篇363頁も同旨を述べる。
[13] 以下については，宇賀・前掲注6)185頁以下，藤原・前掲注6)季報情報公開41頁以下，

第1部　情報公開

は個人情報について個人識別型を採用しているので，個人識別部分（たとえば氏名）とそれによって識別される部分（たとえば支出金額）が全体として個人情報として不開示となる。そうすると不開示部分が広くなりすぎるおそれがあり，個人識別部分を不開示とすればその余の部分を開示できる場合もあることから，同法6条2項は，個人識別部分を除いた部分を個人情報に含まれないものとみなして開示することとしたものである。これに対し，個人情報以外の不開示情報については，それぞれ「おそれがある（と行政機関の長が認めることにつき相当の理由がある）」部分を不開示とすれば足りるから，このような特則を設ける必要はない。したがって，同法が情報単位論を採用したとみるのは立法者の意図に明らかに反するものであり，個人情報以外の不開示情報について細分化を否定する趣旨でないことも明白である。そもそも，本件条例はプライバシー型であるから，情報公開法6条2項のような規定は不必要だったのである。

5　平成19年最判との関係

　平成19年最判の事案においては，愛知県公文書公開条例に基づく非公開決定が争われたが，対象文書中に，非公開情報に該当しない公務員に関する情報[14]と，これに該当する公務員以外の者に関する情報が混在し，両者に共通する記載部分（以下「共通記載部分」という）が存在した。なお，当該条例6条1項2号は個人情報について個人識別型を採用し，同条2項は情報公開法6条1項と同旨の部分開示規定を設けていたが，情報公開法6条2項に対応する規定はなかった。

　原審は，本判決を踏まえて，共通記載部分は公務員以外の者に関する情報の一部を構成するもので，これをさらに細分化することはできないから，共通記載部分のみを公開することはできないと判断した。

　　塩野宏「情報公開法適用上の課題」季報情報公開11号（2003年）4頁以下，亘理格＝北村喜宣編『重要判例とともに読み解く個別行政法』（有斐閣，2013年）82頁［村上裕章執筆］，村上裕章「司法制度改革後における行政法判例の展開――理論の過剰と過少」公法研究77号（2015年）29頁以下など参照。

14）　この点は最判平成15年11月11日民集57巻10号1387頁を踏まえたものであるが，この判決については本書109頁以下を参照。

第7章 事例研究 15. 部分開示

最高裁は,「上記各文書中に, 非公開情報に該当しない公務員の懇談会出席に関する情報とこれに該当する公務員以外の者の懇談会出席に関する情報とに共通する記載部分がある場合, それ自体非公開情報に該当すると認められる記載部分を除く記載部分は, 公開すべき公務員の本件各懇談会出席に関する情報としてこれを公開すべきであり, 本件条例6条2項の規定も, このような解釈を前提とするものと解される」と判示し, 共通記載部分を開示すべきとした。

平成19年最判は, 結果的に, 公務員以外の者に関する情報を細分化することを認めていることから, これによって本判決は実質的に修正ないし変更されたとの指摘がある[15]。しかし, いずれも小法廷の判決であるから, このような解釈には疑問がある。むしろ, 平成19年判決は, 本判決の射程を制限し, 上記のような「混在型」[16]の文書について例外を認めたに過ぎないように思われる[17)18]。

平成19年判決においては, 個人識別型の個人情報該当性が問題となっていたが, 個人情報以外の不開示情報についてもその趣旨は及ぶものと解しうる。他方, 後述する通り, 個人識別型を採用する現在の条例はほとんど情報公開法6条2項に当たる規定を置いていることから, 個人情報については判例としての意義がほとんど失われているといえよう。

6　本判決の射程

本判決は, 本件条例に情報公開法6条2項に対応する規定がないことから, 個人情報について「独立した一体的な情報」の細分化を否定している。したがって, 情報公開法6条2項に対応する規定がある場合には, 個人情報につい

---

15)　戸部真澄・速報判例解説1号(2007年)73頁など。

16)　平成19年判決の匿名コメント(判時1971号111頁)の表現。

17)　野呂充・受験新報677号(2007年)21頁など。

18)　平成19年最判に付された上記藤田補足意見は, 本判決がいう「一体的な情報」の範囲を, 最小限の有意な情報という意味に限定して取り扱うことを提言し, 平成19年判決はその趣旨であるとする。本判決を前提とするのであれば, その弊害を小さくするための合理的な限定解釈といえる。もっとも, 同補足意見も指摘するように, 本判決の有意性の判断には疑問がある上, 既に指摘した通り, 法的な根拠を欠いていることから, 判例変更が望ましいと思われる。

169

第1部　情報公開

ては細分化が可能となると考えられる。現時点ではこのような条例が大半を占めると思われるので，この点で本判決の射程は限られたものといえる[19]。

　他方，本判決は個人情報以外の不開示情報については判示していない。しかし，調査官解説は，情報公開法は，「5条1号以外の不開示事由に該当する情報についても，6条1項のみに基づいては上記のような態様の部分開示を義務付けることはできないことをその前提として規定していると解するのが，論理的にも素直な解釈というべきであろう」[20]と述べており，他の不開示情報についても本判決の法理が当てはまると解している。上記の通り，この点については疑問があるが，仮にそうであるとすれば，情報公開法も含めて，個人情報以外の不開示情報についても本件の射程が及び，この点については本判決の意義はなお失われていないものと考えられる。もっとも，5で述べた通り，平成19年最判により，「混在型」の文書については例外が認められることになる。

7　おわりに

　上記の通り，本判決は情報公開法の誤解に基づくものと考えられ，正当化が困難である[21]。のみならず，開示の範囲を不当に制限する結果を招きかねない点で，極めて有害である。一日も早い判例変更が切に望まれる[22]。

---

19)　宇賀・前掲注6)186頁。

20)　西川・前掲注6)最判解民事篇366頁。中村・前掲注6)673頁注(29)，長屋・前掲注6)66頁以下も参照。

21)　内閣府情報公開審査会は，平成14年7月17日答申（平成14年度第123号）などのように，本判決に従っていない。この点については，村上裕章・季報情報公開8号（2003年）27頁〈本書148頁以下〉参照。

22)　藤田宙靖『最高裁回想録』（有斐閣，2012年）95頁は，「最高裁判事就任の当初から，私が，自ら最高裁判事となった以上はなんとかしなければならないと焦慮に駆られていた」判決として，宝塚パチンコ店建築中止命令事件（最判平成14年7月9日民集56巻6号1134頁）とともに本判決を挙げている。また，同98頁以下によれば，最高裁の同僚や調査官に本判決への疑問を示したところ，正面からの反論はなく，裁判官にはむしろ賛同者が多かったが，判決直後だったこともあり，判例変更に至らなかったということである。

第 2 部

個人情報保護

■第 1 章

個人情報保護制度概説

1　はじめに

　本章では個人情報保護制度の概要を説明する。個人情報保護制度の意義（2），用語の定義（3），行政機関における個人情報の取扱い（4），個人情報ファイル（5），開示・訂正・利用停止請求権（6）について順次解説する。開示請求等の手続（処分手続，審査請求手続，訴訟手続）については第 3 部第 1 章で扱う。

2　個人情報保護制度の意義

　個人情報保護制度とは，個人の権利利益を保護するために，個人情報の取扱いに関するルールや本人の権利等について定める制度をいう。当初，私生活上の事実等をみだりに他人に知られない権利（「1 人にしてもらう権利」）として，プライバシー権の保護が論じられた。しかし，コンピュータやインターネット等の普及に伴い，個人情報が不正に利用され，個人の権利利益が侵害されるおそれが高まっている。そこで，プライバシー権が自己情報コントロール権としてとらえられるとともに，個人情報を包括的に保護する制度（個人情報保護制度）の必要性が認識されるようになった。

　個人情報保護制度は，コンピュータが本格的に普及し始めた 1970 年代から各国で導入され始めたが，とりわけ 1980（昭和 55）年に制定された OECD の「個人データ保護ガイドライン」が世界的な普及の契機となった。日本では，

第1章　個人情報保護制度概説

情報公開制度と同様，地方公共団体の取組が先行した。国レベルでは，1988（昭和 63）年に行政機関の保有する電子計算機処理に係る個人の保護に関する法律が制定されたが，表題にもあるとおり，電算処理の対象となる個人情報のみを保護するものであった。

　1999（平成 11）年，住民基本台帳法の改正により住民基本台帳ネットワーク（住基ネット）が導入されたが（**第 2 章 1 参照**），その際に個人情報保護の不十分さが改めて認識され，2003（平成 15）年，ようやく一連の個人情報保護関連法が制定された。個人情報の保護に関する法律（個人情報保護法），行政機関の保有する個人情報の保護に関する法律（行政機関個人情報保護法），独立行政法人等の保有する個人情報の保護に関する法律（独立行政法人等個人情報保護法）がこれである。

　その後，2013（平成 25）年に，行政手続における特定の個人を識別するための番号の利用等に関する法律（番号法）の制定によって，いわゆる番号制度が導入された（**第 2 章 2 参照**）。また，2015（平成 27）年には，個人情報保護法等の改正が行われた。

　現行法上，個人情報保護法（個人情報の保護に関する法律）が個人情報保護に関する一般法であるが，同法は民間事業者（個人情報取扱事業者）についての規制も内容としている。行政主体については，国の行政機関については行政機関個人情報保護法，独立行政法人等については独立行政法人等個人情報保護法，地方公共団体についてはそれぞれの個人情報保護条例が適用される（各法令の適用関係については次頁の図参照）。裁判所も通達によって個人情報保護制度を定めているが，国会（衆議院及び参議院）にはこのような制度が存在しない。

　本章では行政機関個人情報保護法を中心に説明し，引用した条文はとくに断らない限り同法のそれを指す。

3　用語の定義

(1)　行政機関

　本法は国の「行政機関」が保有する個人情報に適用される（2 条 1 項）。「行政機関」の意義は情報公開法と同様である（**第 1 部第 1 章 3**(1)参照）。

173

第 2 部　個人情報保護

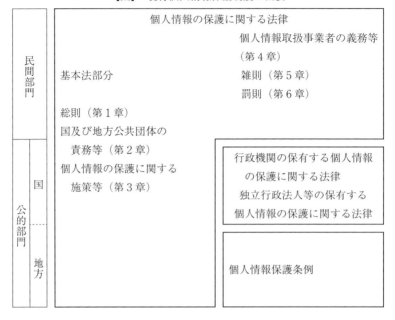

【図】　現行個人情報保護制度の概要

(2) 個人情報等

　本法は「個人情報」等について次のように定義している。

　「個人情報」とは，生存する個人に関する情報であって，①当該情報に含まれる氏名，生年月日その他の記述等により特定の個人を識別することができるもの（他の情報と照合することができ，それにより特定の個人を識別されることとなるものを含む），②個人識別符号が含まれるものをいう（2条2項）。「個人識別符号」とは，旅券番号等を指す（同条3項，同法施行令3条）。

　「要配慮個人情報」とは，本人の人種，信条，社会的身分，病歴，犯罪の経歴，犯罪により害を被った事実その他本人に対する不当な差別，偏見その他の不利益が生じないようにその取扱いに特に配慮を要するものとして政令で定める記述等が含まれる個人情報をいう（同条4項）。

　「保有個人情報」とは，行政機関の職員が職務上作成し，または取得した個人情報であって，当該行政機関の職員が組織的に利用するものとして，当該行

174

政機関の職員が保有しているものをいう。ただし，情報公開法にいう「行政文書」（第1部第1章3⑵参照）に記録されているものに限る（同条5項）。

「個人情報ファイル」とは，保有個人情報を含む情報の集合物であって，次に掲げるものをいう（同条6項）。①一定の事務の目的を達成するために特定の保有個人情報を電子計算機を用いて検索することができるように体系的に構成したもの。②①のほか，一定の事務の目的を達成するために氏名，生年月日，その他の記述等により特定の保有個人情報を容易に検索することができるように体系的に構成したもの。

「非識別加工情報」とは，個人情報に一定の措置を講じて特定の個人を識別することができないように加工してえられる個人に関する情報であって，当該個人情報を復元することができないようにしたものをいう（同条8項）。一定の個人情報ファイルを構成する保有個人情報を加工してえられる非識別加工情報を，「行政機関非識別加工情報」という（同条9項）。行政機関の長は，行政機関非識別加工情報を一定の要件の下に事業者に提供することができる。いわゆるビッグデータの活用を目的とした制度である。

⑶ 本　　人

「本人」とは，個人情報によって識別される特定の個人をいう（2条7項）。

4　行政機関における個人情報の取扱い

⑴　個人情報の保有の制限

行政機関は，個人情報を保有するに当たっては，法令の定める所掌事務を遂行するため必要な場合に限り，かつ，その利用の目的をできる限り特定しなければならない（3条1項）。行政機関は，特定された利用の目的（以下「利用目的」という）の達成に必要な範囲を超えて，個人情報を保有してはならない（同条2項）。利用目的を変更する場合には，変更前の利用目的と相当の関連性を有すると合理的に認められる範囲を超えて行ってはならない（同条3項）。

175

第2部　個人情報保護

(2)　利用目的の明示

　行政機関は，本人から直接書面に記録された当該本人の個人情報を取得するときは，人の生命，身体または財産の保護のために緊急の必要があるときなど，一定の場合を除き，あらかじめ，本人に対し，その利用目的を明示しなければならない（4条）。

(3)　正確性の確保

　行政機関の長は，利用目的の達成に必要な範囲内で，保有個人情報が過去または現在の事実と合致するよう努めなければならない（5条）。

(4)　安全確保の措置

　行政機関の長は，保有個人情報の漏洩，滅失または毀損の防止その他の保有個人情報の適切な管理のために必要な措置を講じなければならない（6条1項）。行政機関から個人情報の取扱いの委託を受けた者が受託した業務（以下「受託業務」という）を行う場合も同様である（同条2項）。

(5)　従事者の義務

　個人情報の取扱いに従事する行政機関の職員もしくは職員であった者または受託業務に従事している者もしくは従事していた者は，その業務に関して知りえた個人情報の内容をみだりに他人に知らせ，または不当な目的に利用してはならない（7条）。

(6)　利用及び提供の制限

　行政機関の長は，法令に基づく場合を除き，利用目的以外の目的のために保有個人情報を自ら利用し，または提供してはならない（8条1項）。

　もっとも，行政機関の長は，本人の同意があるときなど，一定の事由に該当すると認めるときは，利用目的以外の目的のために保有個人情報を自ら利用し，または提供することができる。ただし，保有個人情報を利用目的以外の目的のために自ら利用し，または提供することによって，本人または第三者の権利利

第1章　個人情報保護制度概説

益を不当に侵害するおそれがあると認められるときは，この限りでない（同条2項）。

(7)　保有個人情報の提供を受ける者に対する措置要求

　行政機関の長は，保有個人情報を提供する場合において，必要があると認めるときは，保有個人情報の提供を受ける者に対し，提供にかかる個人情報について，その利用の目的もしくは方法の制限その他必要な制限を付し，またはその漏洩の防止その他の個人情報の適切な管理のために必要な措置を講ずることを求めるものとする（9条）。

5　個人情報ファイル

(1)　個人情報ファイルの保有等に関する事前通知

　行政機関（会計検査院を除く）が個人情報ファイルを保有しようとするときは，当該機関の長は，あらかじめ，総務大臣に対し，個人情報ファイルの名称，当該行政機関の名称，個人情報ファイルの利用目的等を通知しなければならない。通知した事項を変更しようとするときも同様である（10条1項）。

(2)　個人情報ファイル簿の作成及び公表

　行政機関の長は，政令で定めるところにより，当該行政機関が保有している個人情報ファイルについて，その名称等一定の事項を記載した帳簿（個人情報ファイル簿）を作成し，公表しなければならない（11条1項）。

6　開示・訂正・利用停止請求権

(1)　開示請求権

　何人も，行政機関の長に対し，当該行政機関の保有する自己を本人とする保有個人情報の開示を請求することができる（12条1項）。行政機関の長は，不開示情報が含まれている場合を除き，開示請求に係る保有個人情報を開示しなければならない（14条）。

177

第 2 部　個人情報保護

不開示情報は，情報公開法のそれ（第 1 部**第 1 章 5 参照**）とほぼ同じであるが，本人の生命等を害するおそれがある情報（同条 1 号）は，本法特有の規定であり，教育情報や医療情報を念頭においたものである。

部分開示（15 条），裁量的開示（16 条），存否応答拒否（17 条）にかかる規定は，情報公開法と同旨である（第 1 部**第 1 章 6 ないし 8 参照**）。

(2)　訂正請求権

何人も，自己を本人とする保有個人情報の内容が事実でないと思料するときは，行政機関の長に対し，当該保有個人情報の訂正を請求することができる（27 条 1 項）。

行政機関の長は，訂正請求があった場合において，当該訂正請求に理由があると認めるときは，当該訂正請求に係る保有個人情報の利用目的の達成に必要な範囲内で，当該保有個人情報の訂正をしなければならない（29 条）。

訂正請求の対象となるのは開示請求に基づいて開示された保有個人情報である（27 条 1 項）から，あらかじめ開示請求を行う必要がある。

また，訂正請求の対象は事実のみであり，評価の訂正を求めることはできない。

(3)　利用停止請求権

何人も，自己を本人とする保有個人情報が一定の場合に該当すると思料するときは，行政機関の長に対し，一定の措置を請求することができる（36 条 1 項）。

請求の要件及び請求できる措置は，①当該保有個人情報が適法に取得されたものではないとき，3 条 2 項の規定に違反して利用目的の達成に必要な範囲を超えて保有されているとき，8 条 1 項及び 2 項の規定に違反して目的外利用されているときは，当該保有個人情報の利用の停止または消去，②8 条 1 項及び 2 項の規定に違反して外部提供されているときは，当該保有個人情報の提供の停止である。

7　監督機関

国の行政機関による個人情報の管理・利用について，一般的な監督権を有す

る機関は存在しない。総務大臣は，行政機関の長から個人情報ファイルの通知を受け（10条1項），総合的な案内所を整備し（47条2項），行政機関の長から施行状況について報告を受けて，その概要を公表し（49条），行政機関の長に対して資料の提出及び説明の要求を行い（50条），意見を述べることができる（51条）にとどまる。

2013（平成25）年の番号法の制定により，特定個人情報保護委員会が設置され，特定個人情報に関する監督権を付与された。2015（平成27）年の個人情報保護法改正により，同委員会は個人情報保護委員会と改称され，民間事業者に対する監督権も付与されるとともに，同年の行政機関個人情報保護法改正により，行政機関非識別加工情報に関する一定の権限も付与された（51条の2第2項，51条の4ないし51条の8）。しかし，行政機関に対する一般的な監督権はなお認められていない。

■第2章 ─────────────────────────────

住民基本台帳法と番号法

1 はじめに

　本章では，個人情報保護と密接に関連する法制度として，住民基本台帳法
(2) 及び番号法 (3) の概要を説明する。

2 住民基本台帳法

(1) はじめに

　氏名・住所等の国民・住民に関する情報は，国・地方公共団体等の行政主体
が行政活動を行うための重要な基礎資料である。国民・住民にとっても，行政
主体が住所等を把握することは，参政権を行使し，行政サービスを受けるため
の前提条件となる。住民基本台帳法は，このような必要に応えるため，住民に
関する記録を正確かつ統一的に行う住民基本台帳制度を定めている。以下本節
で引用する条文は，とくに断らない限り，同法のそれを指す。

(2) 住民基本台帳

(a) 意　　義

　市町村は，その住民，すなわち，当該市町村の区域内に住所を有する者（地
方自治法 10 条 1 項）につき，住民基本台帳を備えなければならない（5 条）。住
民基本台帳は，個人を単位とする住民票を，世帯ごとに編成したものである

180

（6条1項）。

(b) 住民票の記載事項

住民票の記載事項は，①氏名，②出生の年月日，③男女の別，④世帯主との続柄等，⑤戸籍の表示，⑥住民となった年月日，⑦住所等，⑧転入年月日等，⑨個人番号，⑩選挙人名簿・国民健康保険・後期高齢者医療保険・介護保険・国民年金・児童手当・米穀配給にかかる情報，⑪住民票コード，⑫変更情報である（7条）。住民票の記載に変更があった場合，住民は速やかに届け出なければならない（21条ないし30条）。

(c) 住　所

住所の意義について，本法は，住所に関する法令の規定は，地方自治法10条1項に規定する住民の住所と異なる意義の住所を定めるものと解してはならないと規定している（4条）。判例は，公職選挙法上の住所について，各人の生活の本拠（民法22条），すなわち，その人の生活にもっとも関係の深い一般的生活，全生活の中心を指すものと解している（最大判昭和29年10月20日民集8巻10号1907頁）。

(d) 住民基本台帳の閲覧等

制定当初の本法においては，何人も，住民台帳を閲覧し，住民票の写しを請求することができるとされていた（旧11条・12条）。しかし，この制度がダイレクトメールの送付等に悪用される一方，プライバシー保護の意識が高まったことから，2006（平成18）年及び2007（平成19）年に，住民基本台帳の閲覧及び住民票の写しの交付を制限する改正が行われた。

現行法上，住民基本台帳の一部の閲覧が可能なのは，国または地方公共団体の機関による場合（11条1項）と，調査研究等公益性が高い場合（11条の2第1項）のみである。また，住民票の写し等の交付が可能なのは，本人または本人と同一の世帯に属する者による場合（12条1項）のほか，国または地方公共団体の機関による場合（12条の2第1項），訴訟の提起・追行に必要であるなど，正当な理由がある場合（12条の3第1項・第2項）に限られている。

(3)　戸籍の附票

戸籍の附票とは，戸籍と住民基本台帳を結びつける制度であり，市町村長が，

第2部　個人情報保護

当該市町村の区域内に本籍を有する者につき，戸籍を単位として作成する（16条）。その記載事項は，①戸籍の表示，②氏名，③住所，④住所を定めた年月日である（17条）。

(4)　住民基本台帳ネットワーク

　地方公共団体情報システム機構（以下「機構」という）は，総務省令で定めるところにより，市町村長ごとに，当該市町村長が住民票に記載することのできる住民票コードを指定し，これを当該市町村長に通知しなければならない（30条の2第1項）。その場合，既に指定した住民票コードと重複しないようにしなければならない（同条2項）。機構は，地方公共団体情報システム機構法に基づいて設立された地方協働法人である。

　市町村長は，住民票の記載をする場合には，当該記載にかかる者につき直近に住民票の記載をした市町村長が当該住民票に直近に記載した住民票コードを記載する（30条の3第1項）。その者がいずれの市町村においても住民基本台帳に記録されたことがないときは，機構から指定された住民票コードのうちから，それ以外の者にかかる住民票に記載した住民票コードと異なる住民票コードを選択して記載する（同条2項）。市町村長は，住民票コードを記載したときは，速やかに，当該記載にかかる者に対し，その旨及び当該住民票コードを通知しなければならない（同条3項）。

　市町村長は，住民票の記載，消除，記載の修正を行った場合には，当該住民票の記載等に係る本人確認情報（①氏名，②出生の年月日，③男女の別，④住所等，⑤個人番号，⑥住民票コード等）を都道府県知事に通知しなければならない（30条の6第1項）。都道府県知事は，通知にかかる本人確認情報を機構に通知しなければならない（30条の7第1項）。

　機構は，法所定の国，都道府県及び市町村の機関から，法所定の事務の処理に関し求めがあったときは，機構が保存する本人確認情報であって保存期間が経過していないものを提供しなければならない（30条の9ないし30条の12）。都道府県及び市町村の条例で定めた場合には，都道府県知事及び市町村長は，法所定以外の場合にも本人確認情報を提供することができる。また，都道府県知事は，法所定の場合には，自らが保存する本人確認情報を利用することができ

る（30条の15）。

　上記のとおり，住民票コードは重複しないよう付されるので，関係行政機関の間で本人確認を確実に行うことができ，この点が住基ネットの存在意義である。

　住基ネットについては，行政機関が住民の個人情報を同意なく収集，管理または利用することは，憲法13条により保障されたプライバシー権等を違法に侵害するものであるとして，人格権に基づく差止訴訟が提起された。第1審は請求を棄却したが，控訴審は，住基ネットの運用は原告らの自己情報コントロール権を侵害するものであるとして，請求を認容した。最高裁は，自己情報コントロール権には言及することなく，個人に関する情報をみだりに第三者に対して開示または公表されない自由が憲法上保障されているとした上で，住基ネットについては，本人確認情報が秘匿性の高い情報ではないこと，当該情報が法令等に反して第三者に開示または公表される具体的危険が認められないことから，上記の自由を侵害するものではないと判断した（最判平成20年3月6日民集62巻3号665頁）。

　この判決は，住民票コードについて，住基ネットによる本人確認情報の管理，利用等を目的として，都道府県知事が無作為に指定した数列の中から市町村長が一を選んで各人に割り当てたものであるから，当該目的に利用される限りにおいては，その秘匿性の程度は本人確認情報と異なるものではないと述べている。しかし，上記の通り，住民票コードは本人確認を確実に行う点に存在意義があり，これを用いて名寄せ（データ・マッチング）が可能となるから，上記のような理解には疑問がある。

(5)　外国人住民に関する特例

　従来，本法は日本国籍を有していない者については適用が除外され（旧39条），外国人については外国人登録法に基づく外国人登録制度が適用されていた。2009（平成21）年，外国人登録法の廃止を定める法律が制定されるとともに，本法も改正され，外国人のうち一定のもの（中長期在留者，特別永住者，一時庇護または仮滞在許可者，出生または国籍喪失による経過滞在者）についても，住民票が作成されることになった（30条の45）。

第2部　個人情報保護

　住民登録の対象となる外国人については，戸籍の表示等に代えて国籍等や在留資格等を記載するなど，一定の特例が定められている。この改正により，外国人にとって届出手続が簡略化され，複数国籍世帯の把握が容易になった。しかし，他方で，改正前は，不法滞在者等に対して，外国人登録制度に基づいて，地方公共団体が事実上行政サービスを行うことがあったが，こうしたサービスを行うことが困難になったとの指摘もある。

3　番　号　法

(1)　本法の概要

　2013（平成25）年，行政手続における特定の個人を識別するための番号の利用等に関する法律（以下「番号法」または「法」という）が制定された。この法律は行政情報法の分野における重要法律であり，行政機関個人情報保護法や住民基本台帳法とも密接に関連する。なお，同法は法人番号についても定めるが，ここでは検討を省略する。以下本節で引用する条文は，とくに断らない限り，同法のそれを指す。

　番号法は，大きく分けると，①個人番号等の機能を活用し，関係機関の間で情報を照会・提供するシステムを運用するために必要な事項を定めることと，②個人情報保護法等の特則を定めることを目的としている（1条）。

　まず，住民票コードに基づいて生成された個人番号が指定され，社会保障・税・災害対策に関する事務のために，当該番号が有する特定の個人等を識別する機能が活用されるとともに，関係機関の間で情報を照会・提供するシステム（情報提供ネットワークシステム）が運用される。それによって，効率的な情報の管理・利用と関係機関の間における迅速な情報の授受，行政運営の効率化及び行政分野におけるより公正な給付と負担の確保，国民の利便性の向上が意図されている（1条）。この点において，番号法は，住基ネットを利用した制度として位置付けることができる（(2)）。

　他方で，個人番号により，関係機関の間で個人情報の照会・提供（データ・マッチング）が可能となる上，個人番号は民間事業者による保有が前提となる「見える番号」であり，住基ネットに比べると格段にプライバシー侵害のおそ

184

れが大きい。そこで，番号法は，個人番号等の取扱いの厳格化，特定個人情報保護評価の義務付け，第三者機関である個人情報保護委員会（以下「委員会」という）の設置，罰則の強化等により，個人情報保護制度の特例を設けている。この点において，番号法は，個人情報保護法等の特別法として位置付けることができる（(3)）。

(2) 個人番号等の利用

(a) 個人番号の指定等

市町村長は，住民票に住民票コードを記載したときは，その者について速やかに個人番号を指定し，通知カードにより本人にこれを通知しなければならない（7条1項）。個人番号は原則として変更できないが，不正に用いられるおそれがあると認められるときは，本人の請求により，または職権で，変更することができる（同条2項）。個人番号の指定を受けるのは，住民基本台帳に記録されている者，すなわち，当該市町村に居住する日本国民及び一定の外国人（2(5)参照）である。

指定すべき個人番号は，市町村長が機構（地方公共団体情報システム機構）に対して住民票コードを通知し，機構が個人番号を生成して，これを市町村長に通知する（8条1項・2項）。

市町村長は，当該市町村が備える住民基本台帳に記録されている者に対し，その者の申請により，その者に係る個人番号カードを交付する（17条1項前段）。個人番号カードの取得は義務付けられるわけではないが，氏名・住所・生年月日・性別・個人番号のほか，本人の写真も表示されるので（2条7項），本人確認の有効な手段となる上，マイナポータル（(3)(d)）を利用する際には必要となる。

(b) 個人番号の利用

個人番号を利用する事務には，「個人番号利用事務」と「個人番号関係事務」がある。

個人番号利用事務とは，行政事務を処理する者が個人番号を利用して処理する事務をいう（2条10項）。①番号法別表第1の上欄に掲げる行政機関等が，同表下欄に掲げる事務を処理するために必要な場合（9条1項）と，②地方公

第2部　個人情報保護

共団体の長その他の執行機関が，社会保障，地方税または防災に関する事務その他これらに類する事務であって条例で定めるものの処理に必要な場合（同条2項）がある。たとえば，市町村長が児童福祉法により保育所における保育を実施する場合である（別表第1の8）。個人番号利用事務を行う者を「個人番号利用事務実施者」という（2条12項）。個人番号利用事務実施者は，国の行政機関，地方公共団体，健康保険組合などの公的機関がほとんどであるが，企業年金については事業主がこれに当たる場合もある（別表第1の71及び72）。

　個人番号関係事務とは，個人番号利用事務に関して行われる他人の個人番号を利用する事務をいう（2条11項）。法令により，個人番号利用事務に関して必要とされる他人の個人番号を記載した書面を提出するなど，他人の個人番号を利用した事務を行うものとされた者は，当該事務を行うために必要な限度で個人番号を利用することができる（9条3項）。たとえば，事業者が，従業員の給与の源泉徴収に関して，当該従業員の個人番号を記載した法定調書を提出する場合である。個人番号関係事務を行う者を「個人番号関係事務実施者」という（2条13項）。個人番号関係事務実施者の大半は民間の事業者である。なお，個人番号利用事務と個人番号関係事務をあわせて「個人番号利用事務等」（10条1項），個人番号利用事務実施者と個人番号関係事務実施者をあわせて「個人番号利用事務等実施者」（12条）という。

　個人番号利用事務等実施者は，個人番号利用事務等を処理するために必要があるときは，本人または他の個人番号利用事務等実施者に対し，個人番号の提供を求めることができる（14条1項）。

　このように，個人番号は，行政機関だけではなく，民間の事業者によって保有されることが前提となっており，この点で「見える番号」と呼ばれる。住民票コードが行政内部に限って利用されるのとは，大きく異なる。

(c)　特定個人情報の提供

　個人番号をその内容とする個人情報は「特定個人情報」と呼ばれ（2条8項），一定の例外を除き，その提供は禁止されている（19条）。最も重要な例外が，情報提供ネットワークによる特定個人情報の提供である（同条7号）。すなわち，別表第2の第1欄に掲げる者（以下「情報照会者」という）は，政令で定めるところにより，同表の第3欄に掲げる者（以下「情報提供者」という）に対し，同

表の第2欄に掲げる事務を処理するために必要な同表の第4欄に掲げる特定個人情報の提供を求めることができる。これにより関係機関の間でのデータ・マッチングが可能となる。たとえば，市町村長が児童福祉法による保育所における保育の事務を処理するに当たり，都道府県知事が保有する児童扶養手当の支給に関する情報を必要とする場合，情報提供ネットワークシステムにより当該情報を入手することができる（別表第2の12）。

　情報提供ネットワークシステムは総務大臣が設置管理する（21条1項）。総務大臣は，19条7号の規定により特定個人情報の提供の求めがあったときは，法定の要件を満たしているかを確認した上で，情報提供ネットワークを使用して，情報提供者に対し，特定個人情報の提供の求めがあった旨を通知しなければならない（同条2項）。情報提供者は，総務大臣からの通知を受けたときは，情報照会者に対し，当該特定個人情報を提供しなければならない（22条1項）。

　情報照会者，情報提供者及び総務大臣は，情報提供ネットワークシステムを使用した特定個人情報の提供の求めまたは提供があったときは，一定の事項を記録し，当該記録（以下「情報提供等の記録」という）を政令で定める期間保存しなければならない（23条1項ないし3項）。情報提供等の記録は，行政機関個人情報保護法等に基づく開示請求の対象となるほか，マイナポータル（(3)(d)）でも閲覧することができ，それによって本人は自己の個人情報がいかに提供されているかを確認することができる。

　以上のように，個人番号及び情報提供ネットワークシステムは，当面，行政事務の処理に限って利用される。しかし，政府は，番号法の施行後3年を目途として，利用範囲を民間に拡大すること等について検討することとされている（附則6条1項）。

(3) 個人情報の保護

　住基ネットの場合，住民票コードは行政機関内部でのみ利用され，提供されるのは本人確認情報に限定されている（2(4)）。これに対し，番号法においては，個人番号を内容とする特定個人情報は，一定の民間事業者が保有することが前提となる「見える番号」であり（(2)(b)），個人番号を記載した個人番号カードは，民間における本人確認の手段となることが想定されている（(2)(a)）。また，

第2部　個人情報保護

情報提供ネットワークシステムにより，関係機関の間でのデータ・マッチングを行うことが認められている（(2)(c)）。したがって，個人情報を保護する必要性は格段に高い。そこで，番号法は，個人情報保護法等の特別法として，一連の保護手段を設けている。

(a)　個人番号等の取扱い等

何人も，19条に該当して特定個人情報の提供を受けることができる場合を除き，他人に対し，個人番号の提供を求めてはならない（15条）。個人番号利用事務等実施者は，14条1項の規定により本人から個人番号の提供を受けるときは，個人番号等による本人確認を行わなければならない（16条）。

何人も，法所定の場合を除き，特定個人情報の提供をしてはならず（19条柱書き），また，特定個人情報（他人の個人番号を含むもの）を収集・保管してはならない（20条）。たとえば，本人確認の際に免許証等の写しを取ることがあるが，個人番号カードには個人番号が記載されているため，これをコピーすることは20条違反となる。もっとも，個人番号は個人番号カードの裏面に記載されるので，表面のみをコピーすることは適法である。

行政機関個人情報保護法等においては，一定の場合に目的外利用や外部提供が認められているが（第1章4(6)），番号法はこれらの法律の読替え等により厳格に制限している（30条，31条など）。

地方公共団体には個人情報保護条例が適用されるが（第1章2），条例については読替えを行うことができない。そこで，地方公共団体は，番号法等の趣旨に沿って条例改正等の必要な措置を講じることとされている（32条）。

(b)　特定個人情報保護評価

「特定個人情報保護評価」とは，特定個人情報の漏洩その他の事態の発生の危険性及び影響に関する評価をいう（27条）。これは，プライバシー・バイ・デザインという考え方に基づき，プライバシーに対する影響をあらかじめ評価し，必要な対策を講じることによって，被害の発生を事前に防止・軽減しようとする制度である。特定個人情報保護評価の実施が義務付けられるのは，行政機関の長等が特定個人情報ファイルを保有しようとする場合である。「行政機関の長等」とは，地方公共団体の機関，独立行政法人等，地方独立行政法人，機構，情報照会者及び情報提供者を指す（2条14項）。また，「特定個人情報

ファイル」とは，個人番号をその内容に含む個人情報ファイル（**第1章3(2)**）等をいう（2条9項）。

　委員会は，特定個人情報ファイルを保有しようとする者が，特定個人情報保護評価を自ら実施し，特定個人情報を適切に管理するために講ずべき措置を定めた指針（以下「指針」という）を作成し，公表する（27条1項）。

　行政機関の長等は，特定個人情報ファイルを保有しようとするときは，当該特定個人情報ファイルを保有する前に，一定の事項を評価した結果を記載した書面（評価書）を公示し，広く国民の意見を求める（28条1項）。行政機関の長等は，公募によって得られた意見を十分考慮した上で，評価書に必要な見直しを行い，当該評価書に記載された特定個人情報の取扱いについて委員会の承認を受ける（同条2項前段）。委員会は，評価書の内容等から判断して，当該評価書に記載された特定個人情報ファイルの取扱いが指針に適合していると認められる場合でなければ，承認をしてはならない（同条3項）。行政機関の長等は，評価書について承認を受けたときは，速やかに当該評価書を公表する（同条4項）。行政機関の長等は，評価書の公表を行っていない特定個人情報ファイルに記録された情報を，19条7号の規定により提供し，または当該特定個人情報ファイルに記録されることとなる情報の提供を同号の規定により求めてはならない（28条6項）。

(c)　個人情報保護委員会

　特定個人情報の取扱いを監督するための第三者機関として，特定個人情報保護委員会が設置された。従来，個人情報保護に関しては，十分な権限を備えた独立の第三者機関が存在しなかったことから，これは大きな成果である。なお，2015（平成27）年の個人情報保護法改正により，個人情報保護委員会と改称されている。

　委員会は内閣総理大臣の所轄に属する外局（いわゆる三条機関）である（個人情報保護法59条）。委員長及び委員は，両議院の同意を得て内閣総理大臣が任命し（同法63条），独立してその職権を行い（同法62条），その身分が保障される（同法65条）。

　番号法上，委員会は，個人番号利用事務等実施者に対する指導・助言（33条），特定個人情報の取扱いに関して法令の規定に違反する行為をした者に対

第 2 部　個人情報保護

する勧告・命令（34条），特定個人情報を取り扱う者その他の関係者に対する報告及び立入検査（法35条），総務大臣その他の関係行政機関の長に対する情報システムの構築・維持管理に関する措置の要求（37条），内閣総理大臣に対する意見申出（38条）等の権限を有する。

(d)　マイナポータル

政府は，本法の施行後1年を目途として，情報提供等記録開示システム（マイナポータル）を設置する（附則6条5項）。マイナポータルは，情報提供等の記録（(2)(c)）をオンラインで閲覧できるシステムであり，利用に際して個人番号カード（(2)(a)）により本人確認を行うことが想定されている。行政機関個人情報保護法等に基づく自己情報の開示請求，個人番号利用事務実施者による情報提供（プッシュ型サービス），複数の個人番号利用事務実施者に対する書面の一括提出（ワンストップサービス）に利用することも検討事項とされている（同条6項）。

(4)　おわりに

番号法による番号制度の導入により，行政の効率化が可能となるとともに，添付書類の省略など一定範囲で国民の便宜も図られる。また，所得の正確な把握等により，負担の公平を図り，国民のニーズに応じたきめ細かな行政も実現できる。さらには，給付付き税額控除（附則6条7項参照）やプッシュ型サービスなど，新たな行政サービスの実現も可能となる。

しかし，他方で，本節でも指摘したように，番号制度は住基ネットと比べてもプライバシー侵害のおそれが格段に高く，個人情報の漏洩やなりすまし等の事態が発生する危険も払拭できない。したがって，個人情報保護対策に万全を期するとともに，万一上記のような事態が生じた際には，被害を最小限にとどめる方策を講じる必要がある。とりわけ，番号制度の民間利用については，慎重な検討を要すると思われる。

■第3章 ─────────────

個人情報保護制度の日仏比較

1 序　　論

　本章では，日本公法における個人情報保護の現状を検討し，フランス法及び欧州法と比較することにより，日本法の特色を明らかにする。ここでは特に規律の手法，より具体的には，立法（2），規制（3）及び監督（4）の手法に着目する。

2 立　　法

(1) 沿　　革

(a)　地方立法の時期（1988年まで）

　1960年代，公的部門及び私的部門において，データ処理のためにコンピュータが導入され始めた。それとともに，個人情報保護の必要性も早くから認識された。

　日本においては，この分野で最初に動いたのは地方公共団体だった。最初の地方立法[1]は，1973年の徳島市条例である。当初，この種の立法の対象は

---

[1]　1946年の日本国憲法は，地方公共団体（都道府県及び市町村）に，地方自治（92条）を，とりわけ自主立法権（94条）を保障している。したがって，地方公共団体は，国の立法に反しない限りで，条例を制定することができる。

第 2 部　個人情報保護

データの電子的処理に限定されていたが，手書きの文書にもこれを拡大する傾向が見られた（たとえば，1984 年の春日市条例）。

1980 年，すでに「プライバシー保護と個人データの国際流通についてのガイドラインに関する OECD 理事会勧告」が採択されていたにもかかわらず，国の立法者はこの点で必ずしも積極的ではなかった。

(b)　第 1 次の国の立法の時期（1988 年～ 2003 年）

1988 年，日本の国会はようやく，「行政機関の保有する電子計算機処理に係る個人情報[2]の保護に関する法律」を採択した。この法律は国レベルにおける最初の立法であるが，十分というにはほど遠いものだった。

まず，この法律は，国の行政機関にしか適用されない。したがって，国のその他の機関（国会，裁判所），地方公共団体（そのうちのいくつかはすでに自ら立法を行っていたが），そして私的部門の全体は，規律の対象外だった。

次に，この法律は，その名称が示唆するように，電子計算機処理の対象となる個人データのみを保護している。

最後に，この法律の内容そのものも不十分なものであった。たとえば，この法律は，個人データの本人に，自らの個人データの開示請求権を保障していたが，かなり広範な適用除外条項が存在していた。

私的部門についての規律の欠如はとりわけ問題であった。主務大臣は，特に危険のあるいくつかの分野（銀行，信販会社，病院等）について，（法的拘束力のない）ガイドラインを制定していた。したがって，この領域においては，個人データの保護は，広く，企業の自主規制手段に委ねられていた。

(c)　第 2 次の国の立法の時期（2003 年以降）

1988 年法律が不十分であることは一般に認識されていた。1995 年，「個人データ処理に係る個人の保護及び当該データの自由な移動に関する欧州議会及

---

2)　日本においては，「個人情報（personal information）」と「個人データ（personal data）」の概念が区別されている。「個人情報」とは，生存する自然人に関する情報であって，そこに含まれるその氏名，生年月日その他の記述等によって当該個人が識別されうるものをいう。「個人データ」とは，個人情報ファイルに記録された個人情報をいう。個人情報ファイルの概念は，フランス法におけるそれとほぼ同じである（情報処理，ファイル及び諸自由に関する 1978 年 1 月 6 日法律 2 条 4 項）。

び理事会の指令」（以下「欧州連合指令」という）が採択されることにより，事態は悪化した。この指令の25条は，適切な水準の保護を保障していない第三国に対する個人データの移転を，欧州連合加盟国に禁止しているからである。

しかし，改革を直接にもたらしたのは，「住民基本台帳ネットワーク」制度の導入だった。この制度は，地方公共団体及び国の間での個人データの提供を容易にするために，市町村の（既存の）住民基本台帳を相互に接続し，各市民に番号を振ることを内容としていた。国民番号制度の萌芽と見る論者もあったこの制度は，とりわけプライバシー侵害の懸念ゆえに，市民の間に不安を惹起した。そこで，政府は，既存の立法を根本的に改革する準備を余儀なくされた。

2003年，国会は個人情報の保護のための一連の法律を採択した。特に，「個人情報の保護に関する法律」（以下「個人情報保護法」という），「行政機関の保有する個人情報の保護に関する法律」（以下「行政機関個人情報保護法」という）及び「独立行政法人等[3]の保有する個人情報の保護に関する法律」（以下「独立行政法人等個人情報保護法」という）がその主なものである。この改革により，日本における個人情報の保護に関する現行制度が形成された。

2009年の政権交代後，新たな政府は，行政活動の効率を改善する目的で，「税と社会保障の共通番号制度」の導入を提案している。それとともに，個人データの保護の強化，特に独立の監督機関の設置が議論されている[補注1]。

(2) 個人情報保護に関する現行法上の制度

個人情報保護に関する日本の現在の制度はかなり複雑である（本書174頁の図を参照）。

(a) 一般原則

公的部門及び私的部門に適用される一般原則は，個人情報保護法の一般法部

---

3) 独立行政法人は，特定の行政事務を遂行させるために，国によって設立された法人である。独立行政法人等の保有する個人情報の保護に関する法律は，独立行政法人以外の国の制度，たとえば国立大学法人にも適用され，法律名に「等」が付されているのはそのためである。地方においては，地方公共団体によって設置される地方独立行政法人も存在する。

補注1) 2013（平成25）年，行政手続における特定の個人を識別するための番号の利用等に関する法律（番号法）が制定されたが，同法については**第2章3**を参照。

第2部　個人情報保護

分（第1章ないし第3章）に含まれている。そこには，特に，立法の目的，用語の定義，基本理念，国及び地方公共団体の責務及び施策に関する規定がある。

(b)　公的部門

公的部門については，上記の一般原則のほか，以下の立法が適用される。

国の行政機関に適用されるのは，行政機関個人情報保護法であり，その内容は後に説明する（3(1)及び4(1)参照）。

国の独立行政法人等に適用されるのは，独立行政法人等個人情報保護法であり，その内容は，国の行政機関に関する法律とほぼ同じである。

他方で，国会の両議院（衆議院及び参議院）と，裁判所については，個人情報の保護に関する法的拘束力のない内部的規範しか存在しない。

以上の法律はすべて地方公共団体には適用されないが，個人情報保護法は，地方公共団体に対し，個人情報の適切な処理のために適切な措置を講じることを義務付けている（11条1項）。実際には，すでに見たとおり，一部の地方公共団体は，国の立法に先立って条例を制定していたし，2003年以降は（47ある）すべての都道府県が，2006年以降は（現在1750ある）すべての市町村が，個人情報の保護のための固有の立法を有している[4]。それらの内容は国の行政機関に関する法律とほぼ同じであるが，いくつかの点でより進んだものとなっている。たとえば，2010年4月1日現在，70％の都道府県，98％の市町村において，地方議会が規律の対象とされている[5]。

(c)　私的部門

私的部門については，上記の一般原則の他，個人情報保護法の個別法部分（第4章ないし第6章）が適用されるが，その内容は後に説明する（3(2)及び4(2)参照）。もっとも，この法律の個別法部分は「個人情報取扱事業者」に対してしか適用されない。個人情報取扱事業者とは，国の機関，独立行政法人等，地方公共団体及び地方独立行政法人以外の者であって，個人情報データベース等を事業の用に供している者であるが，取り扱う個人情報の量が少ない場合は除

---

[4]　総務省「地方自治情報管理概要」（2010年11月）52頁。

[5]　総務省・前掲注4)82頁。

かれている[6)補注2)]。さらに，報道機関，著述業者，研究機関，宗教団体及び政治団体にも，この法律の個別法部分は適用されない（50条1項）。

(3) フランス法との比較

(a) 立法の手法

フランスでは，情報処理，ファイル及び諸自由に関する 1978 年 1 月 6 日法律（2004 年改正。以下「1978 年法」という）が，公的部門と私的部門，国と地方とを問わず，原則としてすべての機関に適用される。

日本では，個人情報保護法が一般原則を定めるが，詳細な規律は，様々な法律及び条例に存在する。

(b) 公的部門と私的部門の区別

フランスでは，いくつかの点，たとえば事前手続に関して，若干の相違が存在するとは言え，公的部門と私的部門について，原則として規律は同じである。

日本では，適用される規定が異なるのみならず，規制の内容自体が，2 つの部門の間で異なっている（3参照）。

(c) 地方公共団体に関する立法

フランスでは，1978 年法が地方公共団体にも適用される。

日本では，国の立法の適用は国の機関に限られている。地方公共団体は，個人情報の保護に関する規制を自ら行っている。その理由は，第 1 に，憲法によって保障された地方自治を尊重するためであり，第 2 に，すでに述べたように，地方公共団体がこの分野において国に先行したためである。

---

6) 個人情報保護法施行令 2 条によれば，個人情報によって識別される特定の個人の数が過去 6 月以内のいずれの日においても 5000 を超えない者については，この法律の個別法部分の適用が除外される。さらに，不特定かつ多数の者に販売することを目的として発行され，かつ，不特定かつ多数の者により随時に購入することができるデータベースであって，氏名，住所，電話番号しか含まないものに記載された個人の数は，個人の数に算入されない。

補注2) この適用除外は 2015 年の個人情報保護法改正により撤廃されている。

第2部　個人情報保護

3　規　　制

(1)　公的部門

ここでは，行政機関個人情報保護法の規定のみを取り上げる。

(a)　処理の適法性の要件

(ア)　個人情報の保有の制限

行政機関は，個人情報を保有するに当たっては，法令の定める所掌事務を遂行するため必要な場合に限り，かつ，その利用の目的をできる限り限定しなければならない（行政機関個人情報保護法3条1項，以下特に断わらない限り条文は同法のそれを指す）。行政機関は，当該利用目的の達成に必要な範囲を超えて，個人情報を保有してはならない（同条2項）。行政機関は，利用目的を変更する場合には，変更前の利用目的と相当の関連性を有すると合理的に認められる範囲を超えて行ってはならない（同条3項）。

(イ)　利用目的の明示

行政機関は，本人から直接書面に記録された当該本人の個人情報を取得するときは，次に掲げる場合を除き，あらかじめ，本人に対し，その利用目的を明示しなければならない（4条）。

① 　人の生命，身体または財産の保護のために緊急に必要があるとき。

② 　利用目的を本人に明示することにより，本人または第三者の生命，身体，財産その他の権利利益を害するおそれがあるとき。

③ 　利用目的を本人に明示することにより，国の機関，独立行政法人等，地方公共団体または地方独立行政法人が行う事務または事業の適正な遂行に支障を及ぼすおそれがあるとき。

④ 　取得の状況から見て利用目的が明らかであると認められるとき。

(ウ)　正確性の確保

行政機関の長は，利用目的の達成に必要な範囲内で，保有個人情報が過去または現在の事実と合致するよう努めなければならない（5条）。

(エ)　安全確保の措置

行政機関の長は，保有個人情報の漏洩，滅失または毀損の防止その他の保有

個人情報の適切な管理のために必要な措置を講じなければならない（6条1項）。受託者も同じ義務を負う（同条2項）。

(オ)　従事者の義務

個人情報の取扱いに従事する行政機関の職員もしくは職員であった者または受託業務に従事している者または従事していた者は，その業務に関して知り得た個人情報の内容をみだりに他人に知らせ，または不当な目的に利用してはならない（7条）。

(カ)　利用及び提供の制限

行政機関の長は，法令に基づく場合を除き，利用目的以外の目的のために保有個人情報を自ら利用し，または提供してはならない（8条1項）。

前項の規定にかかわらず，行政機関の長は，次の各号のいずれかに該当すると認めるときは，利用目的以外の目的のために保有個人情報を自ら利用し，または提供することができる。ただし，保有個人情報を利用目的以外の目的のために自ら利用し，または提供することによって，本人または第三者の権利利益を不当に侵害するおそれがあると認められるときは，この限りでない（同条2項）。

① 本人の同意があるとき，または本人に提供するとき。

② 行政機関が法令の定める所掌事務の遂行に必要な限度で保有個人情報を内部で利用する場合であって，当該保有個人情報を利用することについて相当な理由のあるとき。

③ 他の行政機関，独立行政法人等，地方公共団体または地方独立行政法人に保有個人情報を提供する場合において，保有個人情報の提供を受ける者が，法令の定める事務または業務の遂行に必要な限度で提供に係る個人情報を利用し，かつ，当該保有個人情報を利用することについて相当な理由のあるとき。

④ もっぱら統計の作成または学術研究の目的のために保有個人情報を提供するとき，本人以外の者に提供することが明らかに本人の利益になるとき，その他保有個人情報を提供することについて特別の理由があるとき。

第 2 部　個人情報保護

(b)　個人情報ファイルに関する規律

(ア)　個人情報ファイルの保有に関する事前通知

　行政機関が個人情報ファイルを保有しようとするときは，当該行政機関の長は，あらかじめ，総務大臣に対し，個人情報ファイルの名称，当該行政機関の名称及び個人情報ファイルが利用に供される事務をつかさどる組織の名称，個人情報ファイルに記載される項目及び本人として個人情報ファイルに記録される個人の範囲等を通知しなければならない（10 条 1 項）。2009 年 3 月 31 日現在，国の行政機関は 83268 のファイルを，独立行政法人等は 11059 のファイルを，それぞれ保有している[7]。

　この義務は，国の安全，外交上の秘密その他の国の重大な利益に関する事項を記録する個人情報ファイル等には適用されない（10 条 2 項）。

(イ)　個人情報ファイル簿の作成及び公表

　行政機関の長は，当該行政機関が保有している個人情報ファイルの帳簿を作成し，公表しなければならない。この帳簿にはファイルの名称等を記載しなければならない（11 条 1 項）。この義務は一定の場合免除される（同条 2 項）。

(c)　本人の権利

(ア)　開示請求権

　本人は，行政機関の長に対し，当該本人に係る個人情報の開示を請求できる（12 条 1 項）。

　行政機関の長は，次の情報が含まれている場合を除き，開示請求者に対して，当該個人情報を開示しなければならない（14 条）。

①　開示請求者の生命，健康，生活または財産を害するおそれがある情報。

②　開示請求者以外の個人に関する情報であって，当該情報に含まれる氏名，生年月日その他の記述等により開示請求者以外の特定の個人を識別することができるもの，または，開示することにより，開示請求者以外の個人の権利利益を害するおそれがあるもの。ただし，次に掲げる情報を除く。

（i）　法令の規定によりまたは慣行として開示請求者が知ることができ，また

---

7)　総務省「平成 20 年度における行政機関及び独立行政法人等の個人情報保護法の施行の状況について（概要）」7 頁。

は知ることが予定されている情報。

(ⅱ) 人の生命，健康，生活または財産を保護するため，開示することが必要であると認められる情報。

(ⅲ) 当該個人が公務員等である場合において，当該情報がその職務の遂行に係る情報であるときは，当該情報のうち，当該公務員等の職及び当該職務遂行の内容に係る部分。

③ 法人その他の団体（国，独立行政法人等，地方公共団体及び地方独立行政法人を除く）に関する情報であって，次に掲げるもの。ただし，人の生命，健康，生活または財産を保護するため，開示することが必要であると認められる情報を除く。

(ⅰ) 開示することにより，当該法人等の権利，競争上の地位その他正当な利益を害するおそれがあるもの。

(ⅱ) 行政機関の要請を受けて，開示しないとの条件で任意に提供されたものであって，当該条件を付することが当該情報の性質，当時の状況等に照らして合理的であると認められるもの。

④ 開示することにより，国の安全が害されるおそれ，他国もしくは国際機関との信頼関係が損なわれるおそれまたは他国もしくは国際機関との交渉上不利益を被るおそれがあると行政機関の長が認めることにつき相当の理由がある情報。

⑤ 開示することにより，犯罪の予防，鎮圧または捜査，公訴の維持，刑の執行その他の公共の安全と秩序の維持に支障を及ぼすおそれがあると行政機関の長が認めることにつき相当の理由がある情報。

⑥ 国の機関，独立行政法人等，地方公共団体及び地方独立行政法人の内部または相互間における審議，検討または協議に関する情報であって，開示することにより，率直な意見の交換もしくは意思決定の中立性が不当に損なわれるおそれ，不当に国民の間に混乱を生じさせるおそれまたは特定の者に不当に利益を与えもしくは不利益を及ぼすおそれがあるもの。

⑦ 国の機関，独立行政法人等，地方公共団体または地方独立行政法人が行う事務または事業に関する情報であって，開示することにより，当該事務または事業の性質上，当該事務または事業の適正な遂行に支障を及ぼすおそれが

第2部　個人情報保護

あるもの。

(イ)　訂正請求権

　本人は，行政機関の長が開示した個人情報の内容が事実でないと思料すると
きは，当該行政機関の長に対し，当該情報の訂正を求めることができる（27条
1項）。

　行政機関の長は，訂正請求に理由があると認めるときは，利用目的の達成に
必要な範囲内で，当該保有個人情報の訂正をしなければならない（29条）。

(ウ)　利用停止請求権

　本人は，次の各号のいずれかに該当すると思料するときは，行政機関の長に
対し，当該各号に定める措置を請求することができる（36条1項）。

①　当該保有個人情報を保有する行政機関により適法に取得されたものでない
　とき，3条2項の規定に違反して保有されているとき，または8条1項及び
　2項の規定に違反して利用されているときは，当該保有個人情報の利用の停
　止または消去

②　8条1項及び2項の規定に違反して提供されているときは，当該保有個人
　情報の提供の停止

　行政機関の長は，利用停止請求に理由があると認めるときは，当該行政機関
における個人情報の適正な取扱いを確保するために必要な限度で，当該利用停
止請求に係る保有個人情報の利用停止をしなければならない。ただし，当該保
有個人情報の利用停止をすることにより，当該保有個人情報の利用目的に係る
事務の性質上，当該事務の適正な遂行に著しい支障を及ぼすおそれがあると認
められるときは，この限りでない（38条）。

(エ)　争訟手段

　行政機関の長が開示・訂正・利用停止の請求を拒否したときは，請求者は行
政上の不服申立てを提起することができる。この場合，不服申立てを受けた行
政機関は，情報公開・個人情報保護審査会に諮問をしなければならない（42
条）。この審査会については，4(1)(a)を参照。

　請求者は訴訟を提起することもできる。すなわち，拒否決定の取消訴訟か，
2004年の行政事件訴訟法改正によって導入された義務付け訴訟がそれであり，
後者によって，開示・訂正・利用停止決定を行うよう行政に対して命じること

200

第3章　個人情報保護制度の日仏比較

を裁判所に求めることができる。

(オ)　2008 年度における本人によるこれらの権利の行使[8]

国の行政機関は，全部で，7 万 2268 件の開示請求を受け，7 万 0223 件 (97.2%)において（全部または一部を）認容し，1419 件 (2.0%)においてこれを拒否した。36 件の訂正請求を受け，5 件 (13.9%)において（全部または一部を）認容し，31 件 (86.1%)においてこれを拒否した。8 件の利用停止請求を受け，認容されたものはなかった。

国の行政機関に対し，全部で 439 件の不服申立てが提起されたが，そのうち 411 件が開示請求，22 件が訂正請求，6 件が利用停止請求に係るものだった。

この年においては，7 件の新たな訴訟が行政機関の決定に対して提起された。

(d)　刑 事 罰

行政機関の職員もしくは職員であった者または受託業務に従事している者もしくは従事していた者が，正当な理由がないのに，個人の秘密に属する事項が記録された個人情報ファイルを提供したときは，2 年以下の懲役または 100 万円以下の罰金に処する (53 条)。

前条に規定する者が，その業務に関して知り得た保有個人情報を自己もしくは第三者の不正な利益を図る目的で提供し，または盗用したときは，1 年以下の懲役または 50 万円以下の罰金に処する (54 条)。

行政機関の職員がその職権を濫用して，もっぱらその職務の用以外の用に供する目的で個人の秘密に属する事項が記録された文書，図画または電磁的記録を収集したときは，1 年以下の懲役または 50 万円以下の罰金に処する (55 条)。

偽りその他不正の手段により，開示決定に基づく保有個人情報の開示を受けた者は，10 万円以下の過料に処する (57 条)。

(2)　私的部門

(a)　処理の適法性の要件

(ア)　利用目的の特定

個人情報取扱事業者は，個人情報を取り扱うに当たっては，その利用の目的

---

8)　総務省・前掲注7) 3 頁以下。

第2部　個人情報保護

をできる限り特定しなければならない（個人情報保護法15条1項，以下特に断わらない限り，条文は同法のそれを指す）。個人情報取扱事業者は，利用目的を変更する場合には，変更前の利用目的と相当の関連性を有すると合理的に認められる範囲を超えて行ってはならない（同条2項）。

　㈦　利用目的による制限

　個人情報取扱事業者は，あらかじめ本人の同意を得ないで，利用目的の達成に必要な範囲を超えて，個人情報を取り扱ってはならない（16条1項）。

　個人情報取扱事業者は，合併その他の事由により他の個人情報取扱事業者から事業を承継することに伴って個人情報を取得した場合は，あらかじめ本人の同意を得ないで，承継前における当該個人情報の利用目的の達成に必要な範囲を超えて，当該個人情報を取り扱ってはならない（同条2項）。

　前2項の規定は，次に掲げる場合については，適用しない（同条3項）。

① 　法令に基づく場合。

② 　人の生命，身体または財産の保護のために必要がある場合であって，本人の同意を得ることが困難であるとき。

③ 　公衆衛生の向上または児童の健全な育成の推進のために特に必要がある場合であって，本人の同意を得ることが困難であるとき。

④ 　国の機関もしくは地方公共団体またはその委託を受けた者が法令の定める事務を遂行することに対して協力する必要がある場合であって，本人の同意を得ることにより当該事務の遂行に支障を及ぼすおそれがあるとき。

　㈬　適正な取得

　個人情報取扱事業者は，偽りその他不正の手段により個人情報を取得してはならない（17条）。

　㈭　取得に際しての利用目的の通知等

　個人情報取扱事業者は，個人情報を取得した場合は，あらかじめその利用目的を公表している場合を除き，速やかに，その利用目的を，本人に通知し，または公表しなければならない（18条1項）。

　個人情報取扱事業者は，前項の規定にかかわらず，本人との間で契約を締結することに伴って契約書その他の書面に記載された当該本人の個人情報を取得する場合その他本人から直接書面に記載された当該本人の個人情報を取得する

第3章　個人情報保護制度の日仏比較

場合は，あらかじめ，本人に対し，その利用目的を明示しなければならない。ただし，人の生命，身体または財産の保護のために緊急に必要がある場合は，この限りでない（同条2項）。

　個人情報取扱事業者は，利用目的を変更した場合は，変更された利用目的について，本人に通知し，または公表しなければならない（同条3項）。

　前3項の規定は，次に掲げる場合については，適用しない（同条4項）。

①　利用目的を本人に通知し，または公表することにより本人または第三者の生命，身体，財産その他の権利利益を害するおそれがある場合。

②　利用目的を本人に通知し，または公表することにより当該個人情報取扱事業者の権利または正当な利益を害するおそれがある場合。

③　国の機関または地方公共団体が法令の定める事務を遂行することに対して協力する必要がある場合であって，利用目的を本人に通知し，または公表することにより当該事務の遂行に支障を及ぼすおそれがあるとき。

④　取得の状況から見て利用目的が明らかであると認められる場合。

　(オ)　データ内容の正確性

　個人情報取扱事業者は，利用目的の達成に必要な範囲内において，個人データを正確かつ最新の内容に保つよう努めなければならない（19条）。

　(カ)　安全管理措置

　個人情報取扱事業者は，その取り扱う個人データの漏洩，滅失または毀損の防止その他の個人データの安全管理のために必要かつ適切な措置を講じなければならない（20条）。

　(キ)　従業者の監督

　個人情報取扱事業者は，その従業者に個人データを取り扱わせるに当たっては，当該個人データの安全管理が図られるよう，当該従業者に対する必要かつ適切な監督を行わなければならない（21条）。

　(ク)　委託先の監督

　個人情報取扱事業者は，個人データの取扱いの全部または一部を委託する場合は，その取扱いを委託された個人データの安全管理が図られるよう，委託を受けた者に対する必要かつ適切な監督を行わなければならない（22条）。

第2部　個人情報保護

(ケ)　**第三者提供の制限**

(i)　個人情報取扱事業者は，次に掲げる場合を除くほか，あらかじめ本人の同意を得ないで，個人データを第三者に提供してはならない（23条1項）。

① 　法令に基づく場合。

② 　人の生命，身体または財産の保護のために必要がある場合であって，本人の同意を得ることが困難であるとき。

③ 　公衆衛生の向上または児童の健全な育成の推進のために特に必要がある場合であって，本人の同意を得ることが困難であるとき。

④ 　国の機関もしくは地方公共団体またはその委託を受けた者が法令の定める事務を遂行することに対して協力する必要がある場合であって，本人の同意を得ることにより当該事務の遂行に支障を及ぼすおそれがあるとき。

(ii)　個人情報取扱事業者は，第三者に提供される個人データについて，本人の求めに応じて当該本人が識別される個人データの第三者への提供を停止することとしている場合であって，次に掲げる事項について，あらかじめ，本人に通知し，または本人が容易に知りうる状態に置いているときは，前項の規定にかかわらず，当該個人データを第三者に提供することができる（同条2項）。

① 　第三者への提供を利用目的とすること。

② 　第三者に提供される個人データの項目。

③ 　第三者への提供の手段または方法。

④ 　本人の求めに応じて当該本人が識別される個人データの第三者への提供を停止すること。

(iii)　次に掲げる場合において，当該個人データの提供を受ける者は，前各項の規定の適用については，第三者に該当しないものとする（同条4項）。

① 　個人情報取扱事業者が利用目的の達成に必要な範囲内において個人データの取扱いの全部または一部を委託する場合。

② 　合併その他の事由による事業の承継に伴って個人データが提供される場合。

③ 　個人データを特定の者との間で共同して利用する場合であって，その旨並びに共同して利用される個人データの項目，共同して利用する者の範囲，利用する者の利用目的及び当該個人データの管理について責任を有する者の氏名または名称について，あらかじめ，本人に通知し，または本人が容易に知

204

第3章　個人情報保護制度の日仏比較

りうる状態に置いているとき。

(ロ)　**保有個人データに関する事項の公表等**

(i)　個人情報取扱事業者は，保有個人データに関し，次に掲げる事項について，本人の知りうる状態（本人の求めに応じて遅滞なく回答する場合をも含む）に置かなければならない（24条1項）。

①　当該個人情報取扱事業者の氏名または名称。

②　すべての保有個人データの利用目的（18条4項1号から3号までに該当する場合を除く）。

③　開示（25条1項），訂正（26条1項）または利用停止（27条1項及び2項）の手続。

④　前3項に掲げるもののほか，保有個人データの適正な取扱いの確保に関し必要な事項として政令に定めるもの。

(ii)　個人情報取扱事業者は，本人から，当該本人が識別される保有個人データの利用目的の通知を求められたときは，本人に対し，遅滞なく，これを通知しなければならない。ただし，次の各号のいずれかに該当する場合は，この限りでない（24条2項）。

①　前項の規定により当該本人が識別される保有個人データの利用目的が明らかな場合。

②　18条4項1号から3号までに該当する場合。

(iii)　個人情報取扱事業者は，前項の規定に基づき求められた保有個人データの利用目的を通知しない旨の決定をしたときは，本人に対し，遅滞なく，その旨を通知しなければならない（24条3項）。

(b)　**本人に対する義務**

(ア)　**開示義務**

個人情報取扱事業者は，本人から，当該本人に係る保有個人データの開示を求められたときは，本人に対し，遅滞なく，当該保有個人データを開示しなければならない。ただし，開示することにより次の各号のいずれかに該当する場合は，その全部または一部を開示しないことができる（25条1項）。

①　本人または第三者の生命，身体，財産その他の権利利益を害するおそれがある場合。

205

第2部　個人情報保護

②　当該個人情報取扱事業者の業務の適正な実施に著しい支障を及ぼすおそれがある場合。

③　他の法令に違反することとなる場合。

個人情報取扱事業者は，開示の実施に関し，手数料を徴収することができるが（30条1項），その額は，実費を勘案して合理的であると認められるものでなければならない（同条2項）。

(イ)　訂正義務

個人情報取扱事業者は，本人から，当該本人に係る保有個人データの内容が事実でないという理由によって当該保有個人データの内容の訂正，追加または削除を求められた場合は，利用目的の達成に必要な範囲内において，遅滞なく必要な調査を行い，その結果に基づき，当該保有個人データの内容の訂正等を行わなければならない（26条1項）。

(ウ)　利用停止義務

個人情報取扱事業者は，本人から，当該本人に係る保有個人データが16条の規定に違反して取り扱われているという理由または17条の規定に違反して取得されたものであるという理由によって，当該保有個人データの利用の停止または消去を求められた場合であって，その求めに理由があることが判明したときは，違反を是正するために必要な限度で，遅滞なく，当該保有個人データの利用停止等を行わなければならない。ただし，当該保有個人データの利用停止等に多額の費用を要する場合その他の利用停止等を行うことが困難な場合であって，本人の権利利益を保護するため必要なこれに代わるべき措置をとるときは，この限りでない（27条1項）。個人情報取扱事業者は，本人から，当該本人に係る保有個人データが23条1項の規定に違反して第三者に提供されているという理由によって，当該保有個人データの第三者への提供の停止を求められた場合であって，その求めに理由のあることが判明したときは，遅滞なく，当該保有個人データの第三者への提供を停止しなければならない。ただし，当該保有個人データの第三者への提供の停止に多額の費用を要する場合その他の第三者への提供を停止することが困難な場合であって，本人の権利利益を保護するため必要なこれに代わるべき措置をとるときは，この限りでない（27条2項）。

第3章　個人情報保護制度の日仏比較

(エ)　争訟手段

　個人情報取扱事業者が開示・訂正・利用停止請求を拒否した場合，本人がこれを訴訟で争うことができるかについては，議論がある。本人に対して明示的に請求権を規定している行政機関個人情報保護法（(1)(c)(エ)参照）と異なり，個人情報保護法は個人情報取扱事業者の義務しか規定していない。論者の多くはかかる権利の存在を肯定しているが，地方裁判所のある判決はこれを否定している[9]。後者の見解によれば，本人は主務大臣の介入を求めるほか途がないことになる（(c)参照）。しかし，そうだとすれば，日本法がこの領域において，欧州連合指令25条の定める「適正な保護」を保障しているといえるかどうか問題となりうる[補注3]。

(c)　監督機関の権限

　私的部門における監督機関は，原則として，各業界について管轄を有する大臣（主務大臣）である（36条1項）[補注4]。

(ア)　報告の徴収

　主務大臣は，法の規定の施行に必要な限度において，個人情報取扱事業者に対し，個人情報の取扱いに関し報告をさせることができる（32条）。

(イ)　助　　言

　主務大臣は，法の規定の施行に必要な限度において，個人情報取扱事業者に対し，個人情報の取扱いに関し必要な助言をすることができる（33条）。

(ウ)　勧告及び命令

　主務大臣は，個人情報取扱事業者が16条から18条まで，20条から27条までまたは30条2項の規定に違反した場合において個人の権利利益を保護するため必要があると認めるときは，当該個人情報取扱事業者に対し，当該違反行為の中止その他違反を是正するために必要な措置をとるべき旨を勧告することができる（34条1項）。

---

　9)　東京地判平成19年6月27日判タ1275号323頁。

　補注3)　2015年の個人情報の保護に関する法律の改正により，開示・訂正・利用停止請求権が明記された（28条ないし30条）。

　補注4)　2015年の個人情報保護法改正により，個人情報保護委員会が監督機関となった。本書179頁参照。

第 2 部　個人情報保護

　　主務大臣は，前項の規定による勧告を受けた個人情報取扱事業者が正当な理由がなくてその勧告に係る措置をとらなかった場合において個人の重大な権利利益の侵害が切迫していると認めるときは，当該個人情報取扱事業者に対し，その勧告に係る措置をとるべきことを命ずることができる（同条 2 項）。

　　主務大臣は，前 2 項の規定にかかわらず，個人情報取扱事業者が 16 条，17条，20 条から 22 条までまたは 23 条 1 項の規定に違反した場合において個人の重大な権利利益を害する事実があるため緊急に措置をとる必要があると認めるときは，当該個人情報取扱事業者に対し，当該違反行為の中止その他違反を是正するために必要な措置をとるべきことを命ずることができる（34 条 3 項）。

　　(エ)　監督権限の行使

　　2005 年度から 2009 年度まで，主務大臣は，全部で，276 件の報告を求め，1件の助言と 7 件の勧告を行った[10]。命令の事案は存在しない。

　　(d)　刑 事 罰

　　34 条 1 項または 3 項の規定による命令に違反した者は，6 月以下の懲役または 30 万円以下の罰金に処する（56 条）。

　　32 条の規定による報告をせず，または虚偽の報告をした者は，30 万円以下の罰金に処する（57 条）。

　　法人の代表者または法人もしくは人の代理人，使用人その他の従業者が，その法人または人の業務に関して，前 2 条の違反行為をしたときは，行為者を罰するほか，その法人または人に対しても，各本条の罰金刑を科する（58 条 1項）。

　　(e)　自主規制

　　(ア)　認定個人情報保護団体

　　認定個人情報保護団体とは，私的な団体であって，個人情報取扱事業者による適正な個人情報の取扱いの確保を目的とし，主務大臣による認定を受けたものをいう（37 条 1 項）。その任務は，当該認定個人情報保護団体の構成員である個人情報取扱事業者に対して提起された苦情を処理すること（42 条 1 項）と，

---

　　10)　消費者庁「平成 21 年度個人情報の保護に関する法律施行状況の概要」（2010 年 8 月）16頁。

第3章　個人情報保護制度の日仏比較

個人情報の保護のための指針を作成することである（43条1項）。この団体は，名称の使用制限（45条）の他，いかなる特権も持たない。この団体の構成員である個人情報取扱事業者にも，いかなる法律上の利益も与えられない。

　2010年3月31日現在，38の認定個人情報保護団体が存在する[11]。2009年度において，これらの団体は，全部で，680件の苦情を受け付け，119件の説明要求，49件の助言を行い，2件の勧告を発した[12]。2010年3月31日までに，これらの団体は，全部で，41件の指針を作成している[13]。

　(イ)　主務大臣の指針

　国は事業者等が講ずべき措置の適切かつ有効な実施を図るための指針を策定する（8条）。2010年3月31日までに，主務大臣は，全部で，27の業界について，40件の指針を策定している[14]。

　(ウ)　プライバシー・マーク等

　国または地方の立法と並んで，プライバシー・マークのような純粋な自主規制の制度もいくつか存在する。プライバシー・マークとは，総務省及び経済産業省所管の財団法人である日本情報経済社会推進協会（JIPDEC）と契約を締結することにより，事業者が使用することができるマークである。契約を締結する前に，事業者は一定の基準を満たしていることを証明しなければならないが，この基準は，一般に，個人情報保護法のそれよりも厳格なものである。JIPDECによれば，2011年8月2日現在，プライバシー・マークを取得した事業者は1万2184団体である。

(3)　フランス法との比較

(a)　事前規制と事後規制

　フランスにおいては，2004年の改革によって事後規制が強化されたとはいえ，事前規制（届出及び許可）がなお重要な役割を果たしているようである。これに対し，日本においては，事前規制はほとんど全く存在しない。

---

　11)　消費者庁・前掲注10)4頁。
　12)　消費者庁・前掲注10)14頁。
　13)　消費者庁・前掲注10)23頁以下。
　14)　消費者庁・前掲注10)1頁。

209

第2部　個人情報保護

　日本から見ると，フランスの制度は重いものに見え，効率的に機能しているか疑問がある。他方で，日本の制度はより簡略なものであるが，個人データの処理の現状を知ることは困難である。

(b)　一定の範疇のデータの処理

　フランスにおいては，一定のセンシティブなデータの処理は，原則として禁止されている（1978年法8条及び9条）。日本においては，立法者はこの方法を採用しなかった補注5)。その理由としては，個人情報の保護にとって重要なのは，データの性質それ自体よりも，むしろ，それが処理されるコンテクストである，ということが挙げられている。

(c)　公的部門と私的部門の区別

　フランスにおいては，特に事前手続に関して若干の相違があるとはいえ，公的部門と私的部門について，原則として同じ規律が行われている。

　日本においては，適用される法律等が異なるばかりでなく，その内容そのものがかなり異なっている。一般に，公的部門よりも，私的部門における方が，規律が緩やかである。たとえば，私的部門においては，取り扱う個人情報が少ない事業者は適用除外とされ，いくつかの規定は個人データ，すなわちファイルに含まれた個人情報にしか適用されず，開示請求権等の存在が不明確である，などである。

(d)　自主規制

　日本においては，規律は一般にあまり厳格ではなく，私的部門において特にそうである。それに代わり，認定個人情報保護団体，指針，プライバシー・マークといった，自主規制の制度がいくつか存在する。

　フランスにおいては，これまでこの種の制度は知られていなかったが，2004年の改革により，業界規範（1978年法11条3号b），製品及び手続に対するラベル（11条3号c），企業内データ保護責任者（22条3項）といった，一連の自主規制制度が導入されている15)。

　補注5)　2015年の個人情報保護法改正により，「要配慮個人情報」の概念が導入され，一般の個人情報より手厚く保護されている。

　15)　M.-L. Laffaire, Protection des données à caractère personnel, 2005, p.363.

第 3 章　個人情報保護制度の日仏比較

(e)　外国に対する個人データ移転の規律

日本法においては，外国に対する個人データの移転に関する規律はなお存在しない^{補注6)}。

4　監　　督

(1)　公的部門

(a)　国の行政機関

国の行政機関については，上級行政機関を除き，監督機関は存在しない。

確かに，総務大臣はいくつかの重要な役割を果たしている。個人情報ファイル保有届出の受理（行政機関個人情報保護法 10 条 1 項及び 3 項），法の施行のための案内所の整備（47 条 2 項），行政機関に対する法の執行状況に関する報告の求めと，その概要の公表（49 条），資料の提出及び説明の要求（50 条），意見の陳述（51 条）などがそれである。しかし，これらはむしろ調整の役割といえる。

他方，情報公開・個人情報保護審査会が存在する（情報公開・個人情報保護審査会設置法）。これは独立の機関であり，その構成員（15 名）は両院の同意を得て内閣総理大臣によって任命される。しかしその役割はかなり限定されている。行政機関の長は，不服申立てが提起された場合は，同審査会に諮問を行わなければならず，同審査会は法的拘束力をもたない答申を行う（3 (1)(c)(エ)参照）。同審査会はその他の権限はもっていない。2009 年度において，審査会は 179 件の諮問を受け，137 件の答申を行っているが，答申のうち，9 件が全部取消し（6.6%），36 件が一部取消し（26.3%），92 件が棄却（67.2%）となっている¹⁶⁾。

(b)　独立行政法人等

独立行政法人等についても事情はあまり異ならない。各独立行政法人等の主管大臣を除き，監督機関は存在しない。

総務大臣は，法の施行のための案内所を整備し（独立行政法人等情報公開法 46

補注6)　2015 年の個人情報保護法改正により，外国による第三者への提供の制限（24 条）が設けられた。

16)　情報公開・個人情報保護審査会「平成 21 年度の調査審議等の状況」10 頁。

第2部　個人情報保護

条2項），独立行政法人等に対し報告書の提出を求め，これをとりまとめてその概要を毎年公表する（48条）。

　独立行政法人等は，行政上の不服申立てが提起されたときは，情報公開・個人情報保護審査会に諮問を行わなければならない（42条2項）。

　ⓒ　地方公共団体

　多くの地方公共団体においては，不服申立てについて答申を行う審査会の他，個人情報保護について意見を述べる諮問機関が存在する。その意見は法的拘束力を持たないとはいえ，それらの機関は地方公共団体において重要な役割を果たしている。

(2)　私的部門

　ⓐ　主務大臣

　私的部門においては，各業界を所管する大臣が監督機関となる（3(2)ⓒ参照）。

　ⓑ　内閣総理大臣

　内閣総理大臣は重要な役割を果たしている。内閣総理大臣は「個人情報の保護に関する基本方針」の案を作成し，内閣がこれを決定したときは，遅滞なくこれを公表しなければならない（個人情報保護法7条3項及び4項）。内閣総理大臣は，一定の個人情報取扱事業者（36条1項）及び一定の認定個人情報保護団体について（49条1項），主務大臣を定める。内閣総理大臣は，行政機関の長に対し，法の施行状況に関する報告を求め，これをとりまとめてその概要を毎年公表する（53条1項及び2項）。

　実際には，個人情報保護に関しては，内閣府（内閣総理大臣はその長である）に属する消費者庁と，固有の決定権限を有する独立の機関である消費者委員会が，管轄を有している。

(3)　フランス法との比較

　ⓐ　監督機関の多元性と一元性

　フランスにおいては，情報処理及び自由に関する全国委員会（CNIL）が，個人情報保護に関して管轄を有するのに対し，日本においては，個人情報を取り扱う機関によって，監督機関が異なっている。

第3章　個人情報保護制度の日仏比較

　日本の制度の利点としては，たとえば，私的部門について，主務大臣は各業界について十分な知識を有しており，より適切な措置を講じることができる，ということを挙げることができよう。これに対し，CNILは，すべての業界について，必要な知識を十分に持っているのか問題がある。

　他方で，日本の制度については，主務大臣その他の職員は，個人情報保護に関して必ずしも十分な知識を持っていないのではないか，また，各業界にあまりに近すぎるのではないか，という批判もできよう。

　さらに，公的部門における監督機関の不存在は，日本の制度の明らかな欠陥である。現在の政府の内部では，共通番号制度の導入に伴い，独立の委員会の設置が検討されているが（2(1)(c)参照），現在の案では，この委員会の権限は当該制度に限定されているようである*補注7)*。

(b)　監督機関の独立性

　フランスのCNILは独立行政機関である（1978年法11条）。

　日本においては，私的部門における監督機関は大臣である。これが欧州連合指令28条1項の意味における独立の監督機関に当たるか，問題がある。

(c)　監督機関の権限

　フランスのCNILは，現地調査権限（1978年法44条）や過料の賦課権限（45条）を含む，かなり広範で強力な権限を有している。

　日本において，主務大臣は確かに介入権限を有しているが，措置命令を行うためには原則としてまず勧告を行わなければならないとされていることからもわかるように，法律は必ずしもこれらの権限が積極的に行使されることを期待しているわけではないようである（3(2)(c)(ウ)参照）。実際，これらの介入権限は頻繁に行使されているわけではない（3(2)(c)(エ)参照）。

5　結　　論

　フランス法と日本法の間には，共通点と相違点が存在する。

　補注7)　この点については*補注4)*を参照。

213

第 2 部　個人情報保護

(1)　公的部門と私的部門の区別

　フランスにおいては，公的部門と私的部門で法制度は基本的に同じであるが，日本においては，両者で立法が異なっており，私的部門においては一般に規律が緩やかである。

　政治的な理由のほか，日本ではこの区別を正当化するように見える法的理由が2つある。第1に，市民は，国及び地方公共団体による侵害に対しては，個人情報の保護を求める憲法上保障された権利を有するが，市民の間にはこの保障は存在しない。第2に，個人情報取扱事業者は憲法上の自由（経済的自由，職業の自由，財産権等）を有しており，それによって個人情報の保護を求める権利は制約されうる。

(2)　自主規制の役割

　日本においては，強制的な規制に代わり，自主規制の手法がしばしば利用されている。フランスにおいては，2004年の改革により，この方向での一連の措置が導入されたようである（3(3)(d)参照）。

　まず第1に，フランスにおいて，これらの新たな制度は実際に利用されているのかを明らかにする必要がある。

　次に，これらの自主規制手法の射程，特に，それらに限界はないのか，それらはいかなる条件のもとでうまく機能するのかを検討する必要がある。

■第4章

ドイツにおける民間個人情報の立法的保護

＊本稿で用いた以下の文献は括弧内の略号で引用する。

H. Auernhammer, *Bundesdatenschutzgesetz*, 3. Aufl., 1993.（Auernhammer）

L. Bergmann/R. Möhrle/A. Herb, *Datenschutzrecht*, Stand Oktober 1996.（BMH）

M. Bergmann, *Grenzüberschreitender Datenverkehr*, 1985.（Bergmann）

U. Dammann/S. Simitis, *EG-Datenschutzrichtlinie*, 1997.（Dammann/Simitis）

W. Däubler/T. Klebe/P. Wedde, *Bundesdatenschutzgesetz*, 1996.（DKW）

E. Dörr/D. Schmidt, *Neues Bundesdatenschutzgesetz*, 3. Aufl., 1997.（Dörr/Schmidt）

E. Ehmann（Hrsg.）, *Der Datenschutzbeauftragte im Unternehmen*, 1993.（Ehmann）

R. Ellger, *Der Datenschutz im grenzüberschreitenden Datenverkehr*, 1990.（Ellger）

H.-U. Gallwas/H. Geiger/J. Schneider/J. Schwappach/J. Schweinoch, *Datenschutzrecht*, Stand Januar 1986.（GGSSS）

P. Gola/G. Wronka, *Handbuch zum Arbeitnehmerdatenschutz*, 2. Aufl., 1994.（GW）

H.-D. Koch u.a., *Der betriebliche Datenschutzbeauftragte*, 4. Aufl., 1995.（Koch）

G. F. Müller/M. Wächter, *Der Datenschutzbeauftragte*, 2. Aufl., 1991.（MW）

H.-J. Ordemann/R. Schomerus/P. Gola, *Bundesdatenschutzgesetz*. 6. Aufl., 1997.（OSG）

H.-J. Schaffland/N. Wiltfang, *Bundesdatenschutzgesetz*, Stand Juli 1997.（SW）

B. Schlemann, *Recht des betrieblichen Datenschutzbeauftragten*, 2. Aufl., 1997.（Schlemann）

S. Simitis/U. Dammann/H. Geiger/O. Mallmann/S. Walz, *Kommentar zum Bundesdatenschutzgesetz*, 4. Aufl., 1992, Stand Dezember 1995.（SDGMW）

M.-T. Tinnefeld/E. Ehmann, *Einführung in das Datenschutzrecht*, 3. Aufl., 1998.（TE）

D. Ungnade, *Datenschutz im Kreditgewerbe*, 2. Aufl., 1991.（Ungnade）

I. Wind, *Die Kontrolle des Datenschutzes im nicht-öffentlichen Bereich*, 1994.（Wind）

H. H. Wohlgemuth, *Datenschutz für Arbeitnehmer*, 2. Aufl., 1988.（Wohlgemuth a）

H. H. Wohlgemuth, *Datenschutzrecht*, 1992.（Wohlgemuth b）

第2部　個人情報保護

1　はじめに

　個人情報保護の必要性が認識されるに伴い，わが国ではまず意欲的な地方公共団体によって個人情報保護条例が制定され，国においても個人情報保護法（「行政機関の保有する電子計算機処理に係る個人情報の保護に関する法律」）が1988年にようやく成立した。しかしいずれも適用を受けるのは公的機関に限られており，民間個人情報の保護のための立法的規制はいまだ存在しない。わずかに，いくつかの業界について，国の定めた通達・指針や，業界団体の自主規制がみられるのみである[1]。一部の地方公共団体は条例による規律を試みているが，条例制定権の限界について議論があることも手伝って[2]，多くは届出や勧告を規定するにとどまっている。このような現状においては，民間個人情報の保護が十分に実現されているかはなはだ疑問であり，何らかの立法的措置が必要ではないかと思われる。本章はこのような問題関心からドイツ法を検討するものである。

　ドイツにおいては，1977年の連邦データ保護法[3]（以下，「77年法」という）がすでに民間個人情報の規制を行っていたが，「情報自己決定権」が憲法上の権利であることを明らかにした連邦憲法裁判所のいわゆる「国勢調査判決」[4]を受け，同法は90年に全面改正された[5]（以下，「90年法」または「（本）法」とい

---

　　1)　これらの規制については，堀部政男編・情報公開・個人情報保護（ジュリ増刊，1994年）192頁以下の諸論文を参照。個人信用情報については近時法制化の動きがあるが，これについてはジュリ1144号（1998年）5頁以下を参照。

　　2)　条例制定権については，自治大臣官房情報管理室監修『地方公共団体における個人情報保護対策の考え方（第2次個人情報保護対策研究会報告書）』（ぎょうせい，1990年）24頁以下参照。

　　3)　BGBl. 1977 I, S. 201. 邦訳として，藤原静雄「西ドイツの連邦データ保護法」國學院法学27巻1号（1989年）51頁以下。77年法における民間個人情報の保護については，経済企画庁国民生活局消費者行政第1課編『民間部門における個人情報の保護・調査編』（1987年）147頁以下が検討を加えており，とくに業界ごとの実態調査は示唆に富む。

　　4)　BVerfGE 65, S. 1. 鈴木庸夫＝藤原静雄「西ドイツ連邦憲法裁判所の国勢調査判決（上）（下）」ジュリ817号（1984年）64頁以下，818号（1984年）76頁以下参照。

　　5)　BGBl. 1990 I, S. 2955. 概要については，藤原静雄「ドイツの個人情報保護制度」堀部編・前掲注1)287頁以下参照。同「西ドイツ『連邦データ保護法』政府草案について（1)～(3・

216

第 4 章　ドイツにおける民間個人情報の立法的保護

う）。さらに，欧州連合の「個人データの処理における自然人の保護及び自由なデータ流通」に関する指令[6]（以下，「欧州連合指令」という）が 95 年に成立したことに伴い，再度の改正作業が現在進行中である[7]。このようにドイツでは民間個人情報の保護に関する長年の議論と実務経験が存在し，わが国にも参考となる点が多いのではないかと考えられる。

　「個人データの取扱による人格権の侵害に対して個人を保護することを目的とする」（法 1 条 1 項）90 年法は，第 1 章「総則」，第 2 章「公的機関のデータ処理」，第 3 章「非公的機関及び公法上の競争企業のデータ処理」，第 4 章「特則」，第 5 章「終末規定」から構成される。本稿ではこのうち第 3 章の適用を受ける「非公的機関」を検討対象とする。民間の個人情報については，労働者に関する情報，信用情報等[8]，個別領域ごとの検討も不可欠だが，本稿ではこれらの分野の詳細に立ち入ることはできない。また，本法に優先して適用される（法 1 条 4 項）特別法についても同様である。

　以下では，ドイツの民間個人情報の規制について，その対象（2），データ処理等の適法要件（3），本人の権利（4），及び監督制度（5）について検討し，最後に若干の考察を加える（6）。

2　規制の対象

　連邦データ保護法第 3 章は，「非公的機関」が一定の「個人データ」の「収

　　完）」國學院法学 24 巻 4 号（1987 年）17 頁以下，25 巻 1 号（1987 年）1 頁以下，25 巻 4 号
　　（1988 年）59 頁以下は，1986 年段階の政府草案を詳細に検討したものであり，現行法の理解
　　にとっても参考となる。

　6)　　*ABlEG.* 1995 Nr. L281, S. 31. この指令については，堀部政男編『情報公開・プライバ
　　シーの比較法』（日本評論社，1996 年）11 頁以下［堀部執筆］，同「プライバシー保護の国
　　際調和論」法学新報 103 巻 11 = 12 号（1997 年）40 頁以下，同「EU 個人保護指令と日本」
　　変革期のメディア（ジュリ増刊，1997 年）358 頁以下参照。

　7)　　本稿では 1997 年 12 月 8 日付けの参事官草案を検討対象とする（以下，「改正草案」とい
　　う）。なお，欧州連合指令 32 条 1 項 1 文によれば，各国は指令採択から 3 年以内（すなわち
　　98 年 10 月 24 日まで）に国内法上の措置をとらなければならない。

　8)　　信用情報の保護については，平松健「ドイツ個人信用保護法について」ジュリ 1144 号
　　（1998 年）73 頁以下参照。

第2部　個人情報保護

集，処理，利用」を行う場合に適用される。以下ではこれらの概念について検討を加える。

(1)　非公的機関

(a)　意　　義

　第3章の規定が適用される[9]「非公的機関」は，「自然人，私法上の法人，組合，その他の団体であって，〔法2条〕1項から3項までに含まれないもの」と定義される（法2条4項1文）。2条1項から3項までには，連邦の公的機関，州の公的機関，及び公的機関が設立した私法上の団体が挙げられているので，それ以外の私法上の団体すべてが非公的機関となる。私人及び一般の企業のほか，自由業，社団，政党等も含まれる[10]。外国に所在する機関も，ドイツ国内で個人データを処理するかぎり，本法の適用対象となる[11]。これに対し，非公的機関が高権的任務（hoheitliche Aufgabe）を委託された場合[12]，その任務については公的機関に関する第2章の規定が適用される（2条4項2文）。

(b)　蓄積機関

　個人データを自らのために蓄積しまたは他者に委託して蓄積させる機関は「蓄積機関」[13]と呼ばれる（法3条8項）。それ以外の者は「第三者」となる。蓄積機関と第三者の区別は，個人データの「提供」（後述(3)(b)参照）を判断する

---

9)　第3章の規定は「公法上の競争企業」にも適用される（法27条1項）。これは，私人が行うのと同様のサービスを提供し，法的な独占権をもたない公的機関を意味し（BMH，§27 Rn. 6; OSG，§27 Anm. 2. 4），監督行政庁に関する38条に代えて第2章の一定の規定（18条・21条・24条から26条まで）が適用される（27条1項2文）。また，公的機関が保有する個人データが公務員法上または労働法上の法律関係のために処理・利用される場合にも，第3章の一定の規定（28条1項・2項1号・33条から35条まで）が適用される（12条4項）。なお，報道機関については特則が設けられているが（41条），詳細はここでは省略する。

10)　SDGMW，§2 Rn. 124 f.; Auernhammer，§2 Rn. 19; BMH，§2 Rn. 29; TE，S. 169.

11)　SDGMW，§1 Rn. 75; Auernhammer，§2 Rn. 19; DKW，§1 Rn. 2. 欧州連合指令4条を受けて，改正草案1条5項は他の欧州連合加盟国に所在する機関がドイツ国内で行うデータの処理等を適用領域から除外する（ただしドイツ国内に営業所を置く場合は適用を受ける）。

12)　具体例については，H. Maurer, *Allgemeines Verwaltungsrecht*, 11. Aufl., 1997, S. 582 ff. を参照。

13)　改正草案は欧州連合指令2条dにならって「責任機関」という概念を用いる。

際に重要な意味をもつ。個人データの本人及び委託を受けてドイツ国内[14]で
データを処理する機関は第三者とはみなされない[15](3条9項)。蓄積機関とな
りうるのは本法の名宛人となる自然人，法人，その他の団体であり，支店[16]
や内部部局はこれに該当しない。コンツェルン等の経済的な結合は，これにつ
いて一般に認識をもたない本人を保護する趣旨から考慮されず，個別の構成企
業が蓄積機関となる[17]。

(2) 対象となるデータ

本法第3章の規定は，「データファイル」に蓄積された「個人データ」が，
「業務として，もしくは職業上または営業上の目的で」処理・利用される場合
に適用される（法1条2項3号，27条1項）。

(a) 個人データ

「個人データ」は，「特定のまたは特定可能な自然人（本人）の，人的または
物的状況に関する個別情報（Einzelangabe）」と定義されている（法3条1項）。
本法は規律の対象を一定の「センシティブな」情報に限定したり，一定の「無
害な」データを最初から適用対象から除外するという考え方をとっていな

---

14) 国外の場合第三者となる。改正草案3条8項3文は欧州連合内の受託処理機関を第三者
  から除外する。

15) 欧州連合指令2条gを受け，改正草案3条8項1文は「受領者」の概念（データを受け
  取る者であり，本人，受託処理機関，責任機関内部の者も含む）を新たに導入し，これによ
  り届出（同4e条6号）及び本人への開示（同34条1項1文2号，3文，2項2文）の内容
  が拡大される。Vgl. M. Weber, *CR* 1995, S. 300; U. Brühann/T. Zerdick, *CR* 1996, S. 431; U.
  Wuermeling, *DB* 1996, S. 664; TE, S. 202.

16) もっとも多数説（R. Schomerus, *DuD* 1980, S. 7 f.; OSG, §3 Anm. 16. 2; SDGMW, §3 Rn.
  243; Auernhammer, §3 Rn. 52; Bergmann, S. 88 ff.; Wohlgemuth a, Rn. 464; ders. b, Rn. 260;
  Ellger, S. 197 f.; K.-W. Knauth, *WM* 1990, S. 210; Ungnade, S. 31; TE, S. 207）及び政府見解
  （*BT-Drs.* 8/4487, S. 13 f.）は，本法が及ばないことに鑑みて，ドイツ企業の外国の支店を独
  立の蓄積機関とみなし，データの引渡しを提供とするが，反対説（J. Schwappach, *DuD*
  1978, S. 23; GGSSS, §24 Rn. 82; H. Wittek, *DuD* 1980, S. 69 ff.; H.-L. Drews, *DuD* 1991, S. 513;
  MW, S. 171; SW, §27 Rn. 19 f.）もある。外国企業のドイツ国内の支店から本店へのデータ
  の引渡しについても，提供説（Auernhammer, §2 Rn. 19; Ellger, S. 218; TE, S. 207）と否定
  説（GGSSS, §24, Rn. 88; Bergmann, S. 96 f.）がある。

17) 通説。Vgl. z. B. SDGMW, §2 Rn. 130 ff.

第 2 部　個人情報保護

い[18]。これは，データ処理が自動化されている現状のもとでは，データの種類よりもむしろそれが使用される脈絡が重要であるという，連邦憲法裁判所が国勢調査判決で示した考え方に沿うものである[19][20]。

(b)　データファイル

「データファイル」は，「特定の指標に従い，自動化された手続によって分析できる個人データの集合体（自動化されたデータファイル）」，ならびに，「同種の構成要素からなり，特定の指標に従って整理し，並べ替え，かつ分析できる，それ以外の個人データの集合体（自動化されていないデータファイル）」と定義される（法3条2項1文）。後者の典型例はカードファイルである。一般の文書は，自動化された手続によって並べ替え，かつ分析できる場合を除き，データファイルには含まれない（3条2項2文）。ただし，文書に含まれた個人データであっても，「明らかにデータファイルから取り出された」ものについては，第3章が適用される（27条2項）。77年法はデータファイルとの関連を公的及び非公的領域いずれについても適用要件としていたが，90年法は公的領域においてのみこの限定を放棄し（文書における蓄積で足りる），非公的領域ではこれを維持した。本法の適用領域を「実行可能な範囲に限定するため」[21]と説明されているが，いずれの領域に属するかは保護の必要性にとって決定的な意味をもつものではない，という強い批判もある[22]。欧州連合指令は自動化されていない処理に関して適用領域をデータファイルに限定しているが（3条1項），その意義（2条c）は本法よりかなり広いものであり[23]，改正草案もこれに応じ

---

18)　SDGMW, §3 Rn. 7 f.; Auernhammer, Einl. Rn. 45. もっとも，一定の場合には処理・利用の要件について特則がある（後述 **3**(2)(c)参照）。

19)　*BVerfGE* 65, S. 1 (45). Vgl. S. simitis, *FS-Pedrazzini*, 1990, S. 469 ff.; SDGMW, §1 Rn. 127 ff.

20)　欧州連合指令8条を受けて，改正草案は一定のセンシティヴなデータを「特別な種類の個人データ」とし（3条9項），一定の特則を設けている（後注 *123)160)230)* 参照）。

21)　Auernhammer, §27 Rn. 2. 現行法を支持するものとして，W. Zöllner, *RDV* 1985, S. 148 がある。

22)　SDGMW, §1 Rn. 185, §3 Rn. 60, §27 Rn. 19; S. Walz, *CR* 1991, S. 365; DKW, §1 Rn. 5.

23)　Vgl. U. Brühann, *RDV* 1996, S. 15; Brühann/Zerdick, a. a. O.（Anm. 7），S. 430; Wuermeling, a. a. O.（Anm. 7），S. 664; Dammann/Simitis, Einl. Erl. 48 f.; TE, S. 193.

第 4 章　ドイツにおける民間個人情報の立法的保護

た変更を加えている[24]。

　本法はさらに，一定のデータファイルについて特則を設ける（いずれも公的機関と共通）。第 1 に，「もっぱら処理技術上の理由から一時的に作成され，処理技術上の利用の後に自動的に消去される自動化されたデータファイル」（一時的データファイル）には，本法 5 条（守秘義務）及び 9 条（技術的及び組織的予防措置）のみが適用される（1 条 3 項 1 号）。このような「中間的・補助的データファイル」にはその性質上人格権を侵害する危険がないという理由による[25]。この規定は 77 年法にはなかったが，従来から通説が認めていた限定を成文化し，内容を明確化したものである[26]。もっとも欧州連合指令にこの趣旨の例外規定は存在せず[27]，改正草案では削除されている。第 2 に，「自動化されていないデータファイルで，その個人データが第三者への提供を予定されていないもの」（内部的データファイル）には，本法 5 条，9 条，39 条（職業上または特別の職務上の秘密に当たる個人データに関する目的の拘束），及び 40 条（研究機関による個人データの処理・利用）のみが適用される（1 条 3 項 2 号）。本法の適用を容易にするとともに，蓄積機関の内部領域に無制限に介入することへの疑念を考慮したものであると説明されている[28]。このような例外については，77 年法及び 90 年法の制定過程で激しく争われていたが[29]，データは提供されて初めて個人にとって危険なものとなるという，時代遅れの考え方に基づくものであるとの批判が根強くある[30]。いずれにしても欧州連合指令に内部的データ

---

24)　データファイルを，「プログラムによって制御された個人データのすべての自動的な収集，処理，または利用（自動化されたデータファイル）」，ならびに，「外見上比較しうる指標に従って構成され，かつ特定の指標に従って検索および分析が可能な，個人データのすべての集合体（自動化されていないデータファイル）」と定義し直し（後者については整理・並べ替えの可能性は不要），文書に関する限定（90 年法 3 条 2 項 2 文）を削除する。これによって少なからぬ文書が適用対象となるが，他方で本文で触れた現行法 27 条 2 項は削除されている。

25)　90 年法政府草案理由の説明（*BT-Drs.* 11/4306, S. 39）。

26)　SDGMW, §1 Rn. 230.

27)　Vgl. Brühann/Zerdick, a. a. O. (Anm. 7), S. 431; DKW, §1 Rn. 16.

28)　Auernhammer, §1 Rn. 19.

29)　Vgl. Auernhammer, §1 Rn. 23; OSG, §1 Anm. 6. 1.

30)　Vgl. Bundesbeauftragter für den Datenschutz (BfD), 1. Tätigkeitsbericht (TB), *BT-Drs.* 8/2460, S. 45 f.; SDGMW, §1 Rn. 244; U. Dammann, *NVwZ* 1991, S. 641; DKW, §1 Rn. 9.

第 2 部　個人情報保護

ファイルに関する例外規定はみあたらず[31]，改正草案はこの条項も削除している。

(c)　業務上もしくは職業上または営業上の目的

データファイルに蓄積された個人データは，「業務として，もしくは職業上または営業上の目的で」処理・利用されなければならない。「業務として (geschäftsmäßig)」という要件の解釈には争いがあり，広義説はこれを商業上の目的と解し，非営利目的の団体への適用を否定する[32]のに対し，狭義説はこれを継続的または反復的に行われる活動と解し，純粋に個人的・私的な利用のみを適用対象から除外する[33][34]。欧州連合指令 3 条 2 項第 2 段はデータ処理が「自然人によってもっぱら個人的または家庭的活動のために行われた場合」についてのみ例外を許容しており，改正草案もこれに沿った変更を加えている[35]。

(3)　収集・処理・利用

本法は個人データの「収集，処理，利用」に適用される（法 1 条 2 項）。

---

31)　Vgl. Brühann/Zerdick, a. a. O.（Anm. 7），S. 431; OSG, §1 Anm. 6. 4; DKW, §1 Rn. 16; TE, S. 178.

32)　A. Brüllesbach, *NJW* 1991, S. 2596; P. Gola/G. Wronka, *RDV* 1991, S. 168; OSG, §1 Anm. 5. 2, §27 Anm. 3. 2; Dörr/Schmidt, §1 Rn. 10, §27 Rn. 5 ff.; SW, §1 Rn. 22, §27 Rn. 9b.

33)　SDGMW, §1 Rn. 228, §27, Rn. 32 f., §29 Rn. 7; TE, S. 173 ff.; Wohlgemuth b, Rn. 102. 連邦データ保護監察官（BfD, 14. TB, *BT-Drs.* 12/4805, S. 156）及び各州の監督行政庁（vgl. Aufsichtsbehörde Baden-Württemberg, Hinweise zum Bundesdatenschutzgesetz für die private Wirtschaft（Hinweise），Nr. 30, zitiert in SW, Nr: 7010, S. 91）もこの見解に立つ。さらに自然人の場合に限定する見解として，SDGMW, §27 Rn. 31, §29 Rn. 9; Dammann, a. a. O.（Anm. 22），S. 641; TE, S. 174 がある。もっとも，90 年法政府草案にあった自然人への限定（*BT-Drs.* 11/4306, S. 6, 39）は制定過程において削除されている（vgl. Auernhammer, §27 Rn. 3)。

34)　そのほか，法 28 条及び 29 条では「業務として」という概念が提供目的と結びつけられていることから，第三者への提供を目的としていることと解する見解もある（Auernhammer, §27 Rn. 4 f.; BMH, §27 Rn. 37, 39)。これに対する批判として，SDGMW, §27 Rn. 32 がある。

35)　改正草案 1 条 2 項 3 号及び 27 条 1 項は「もっぱら個人的な活動のため」という表現を用いている。

第 4 章　ドイツにおける民間個人情報の立法的保護

(a) 収　集

「収集」は「本人に関するデータを入手すること」と定義される（法 3 条 4 項）。77 年法には収集に関する規定がほとんど存在しなかった[36]。国勢調査判決がデータ保護におけるその重要性を強調したことから，90 年法では一定の規律が設けられたが，その内容は依然としてかなり限定的なものである。第 1 に，収集は本法の意味における「処理」概念に含まれず，その結果処理に関する一連の重要規定，すなわち一般的禁止の原則，守秘義務，技術的及び組織的措置（後述 3(1)参照）等についての規定は適用されない。第 2 に，収集固有の規律としても，公的機関については詳細な規定（13 条）があるのと対照的に，非公的機関については信義誠実の原則を規定するにとどまる（後述 3(2)(d)参照）。収集の取扱いは立法過程においても非常に争われたが[37]，現行法に対しても規律が不十分との批判がある[38]。欧州連合指令は収集を処理概念に含め（2 条 b），（とくに非公的機関については）ドイツ法よりも厳しい規制を行っており[39]，改正草案もこれに沿った変更を加えている[40]。

(b) 処　理

本法の規律を主として受ける「処理」は，個人データを蓄積，変更，提供，封鎖，消去することを意味する（法 3 条 5 項 1 文）。自動化された手続による必要はない[41]が，収集及び利用は含まない。処理の各過程の定義は次のとおりである（3 条 5 項 2 文）。「蓄積」とは，個人データをさらに処理または利用する

---

[36]　9 条 2 項に，公的機関について，法規に基づいて収集が行われる場合にはその根拠規定を，そうでない場合には回答が任意である旨を教示しなければならない，とする規定があったのみである。

[37]　Vgl. Auernhammer, §28 Rn. 30.

[38]　Vgl. SDGMW, §1 Rn. 187.

[39]　Vgl. Weber, a. a. O. (Anm. 7), S. 300; G. Wronka, *RDV* 1995, S. 199; Brühann/Zerdick, a. a. O. (Anm. 7), S. 430; Wuermeling, a. a. O. (Anm. 7), S. 664; DKW, §3 Rn. 25.

[40]　処理概念は変更されていないが，ほとんどの箇所で処理・利用とともに収集に言及されている（とくに 4 条 1 項，5 条，9 条）。もっとも損害賠償の特則（8 条）は適用されない。他方で，収集に関して公的及び非公的機関に共通する条文が設けられ（4 条 2 項から 4 項まで），そこでは 90 年法の公的機関に関する規定（13 条 2 項から 4 項まで）とほぼ同趣旨の内容が規定されている。

[41]　このことは，3 条 5 項 2 文の「その際に用いられる手続にかかわらず」という文言に示されている。Vgl. SDGMW, §3 Rn. 118; Auernhammer, §3 Rn. 28.

223

第 2 部　個人情報保護

ために，これをデータ媒体に把捉，記録，または保存することをいう。「変更」
とは，蓄積された個人データの内容を変えることをいう。内容に手を加えない
データの照合や形式的な変更はこれにあたらないが，コンテクストの改変は変
更に該当する場合もありうる[42]。「提供」とは，蓄積されまたはデータ処理に
よって得られた個人データを蓄積機関が第三者（受領者）に譲渡すること，も
しくは，蓄積機関が閲覧または引出に供した当該データを受領者が閲覧または
引き出すことをいう。第三者（前述(1)(b)参照）に該当しない，本人への開示，
受託処理機関への引渡し，蓄積機関内部での伝達は提供にはあたらない[43]。
77 年法は蓄積機関が閲覧・引出に供することそれ自体を提供としていたが，
自動引出手続ではその段階で提供の適法要件を満たすことが実際上不可能だっ
たので，90 年法は閲覧・引出の時点にずらし[44]，これに伴って受領者側の責
任を強化している（後述 3 (1)(d)参照）。「封鎖」とは，蓄積された個人データが
さらに処理または利用されるのを制限するために，これに標識を付することを
いう。標識を付することによって，例外的な場合を除き，将来における当該
データの処理・利用が禁止される[45]。「消去」とは，蓄積された個人データを
判読不能にすることをいう。封鎖と異なり，蓄積されたデータを完全に認識で
きなくすることを意味する[46]。

(c)　利　　用

「利用」は，処理以外の個人データのあらゆる使用を意味する（法 3 条 6 項）。
これは受け皿概念であり，本人への開示，受託処理機関への引渡し，蓄積機関
内部での伝達，閲覧，照合，複写や抜粋の作成など，広範に及ぶ[47]。収集と
は対照的に，また 77 年法とも異なり，利用は多くの箇所で処理とともに規定

---

[42]　SDGMW，§ 3 Rn. 135 ff.; Auernhammer，§ 3 Rn. 32; OSG，§ 3 Anm. 9. 1; TE, S. 200.

[43]　SDGMW，§ 3 Rn. 164; Auernhammer，§ 3 Rn. 34; OSG，§ 3 Anm. 10. 1; SW，§ 3 Rn. 50,
　　 53. 不特定多数者への公表については提供説（SDGMW，§ 3 Rn. 163; SW，§ 3 Rn. 59a;
　　 Wohlgemuth a, Rn. 3531; TE, S. 202） と 利 用 説（Auernhammer，§ 3 Rn. 34, 44; Dörr/
　　 Schmidt，§ 3 Rn. 24; BMH，§ 3 Rn. 109）がある。

[44]　90 年法政府草案理由（*BT-Drs.* 11/4306, S. 40）参照。Vgl. auch Dörr/Schmidt，§ 3 Rn.
　　 17; SDGMW，§ 3 Rn. 154; Auernhammer，§ 3 Rn. 37.

[45]　SDGMW，§ 3 Rn. 171; OSG，§ 3 Anm. 11.

[46]　SDGMW，§ 3 Rn. 188 f., Auernhammer，§ 3 Rn. 42; OSG，§ 3 Anm. 12.

[47]　Vgl. SDGMW，§ 3 Rn. 195 ff.; Auernhammer，§ 3 Rn. 44; BMH，§ 3 Rn. 109.

されており，とくに４条１項による一般的な禁止の適用がある。

3　個人データ処理等の要件

　以下では本法第１章に規定されている通則を概観したうえで，第３章に規定された個人データの収集・処理・利用の要件（自己使用目的の場合，提供目的の場合，及び匿名化された形式で提供する目的の場合によって異なる）を検討し，さらに国外への提供，特別の目的の拘束，届出義務にも言及したい。

(1)　処理・利用の通則

　公的機関と共通する通則のうち，ここでは処理・利用の一般的禁止，データの秘密，技術的及び組織的措置，自動化された引出手続の設置，委託に基づく個人データの処理・利用について述べる[48]。

(a)　処理・利用の一般的禁止

　法４条１項は，「個人データの処理及びその利用は，この法律またはその他の法規がこれを許容または命令しているか，もしくは本人が事前に同意したときにのみ許される」と規定する。すなわち本法は，個人データの処理・利用を一般的に禁止し，法律の根拠または本人の同意がある場合に例外的に許容する，という方針を採用しているわけである。これに反した者は一定の要件の下で刑事罰を受ける[49]。欧州連合指令（７条，２条ｂ参照）を受けて，改正草案は収集

---

48)　欧州連合指令15条を受け，改正草案は「自動的個別決定」に関する規定を総則に新設する（6a条）。すなわち，本人に法的効果または著しい侵害を及ぼす決定は，個人データの自動的処理にもっぱら依拠して下してはならない。ただし，決定が契約等の範囲内で行われ，かつ本人の申出が受諾される場合，ならびに，本人の正当な利益が適切な措置（例えば反論の機会）によって保障され，かつ決定が本人に通知される場合は，例外が認められる。

49)　本法によって保護された公知のものとなっていない個人データを蓄積・変更・提供した者，自動化された手続によって引き出しうる状態に置いた者，引き出しまたは（自己または他者のために）データファイルから入手した者は，１年以内の自由刑または罰金に処せられる（43条１項）。改正草案では収集も対象に加えられている。右のデータを虚偽の申告によって詐取した者も同様の処罰を受ける（43条２項１号）。対価を得て，もしくは他者に利益または損害を与える目的で当該行為を行ったときは，刑罰が２年以下の自由刑または罰金に引き上げられる（43条３項）。これらは親告罪である（43条４項）。

225

第2部　個人情報保護

を一般的な禁止の対象に加えている。

　個人データの処理・利用はまず，本法またはその他の法規がこれを許容また
は命令している場合に許される。「その他の法規」は直接の外部的効果をもつ
実質的意味での法規を指し，法律及び法規命令を含むが，行政規則は該当しな
い[50]。州の立法者が基本法上の権限を有するかぎりで，州の法律も含まれ
る[51]。私法上の法人の定款は法規範の性質をもたないが[52]，一般的拘束力を
承認された労働協約（労働協約法4条1項）及び経営体内の合意（経営体規制法
77条4項1文）は法規とみなされる[53]。「その他の法規」の内容については本
法に規定されていないが，憲法上の要請を満たすものでなければならない[54]。
ただし，その内容が本法の保護水準を下回りうるかについては問題があり，法
律については一般に肯定されているが[55]，それより下位の法規については争
いがある[56]。

　本人の事前の同意がある場合にもデータの処理・利用は許される。データ保
護が情報自己決定権を基礎としていることからは一見当然とも思われるが，現
実に存在する社会的依存関係（例えば求人に応募する場合，融資を申し込む場合）
に鑑みて，有力説は法律の根拠と並ぶ一般的な適法要件とすることを疑問とし
ており[57]，実際に問題となった例も多い[58]。いずれにしても，通説によれば，

---

50)　通説。Vgl. z. B. SDGMW, §4 Rn. 4.

51)　通説。Vgl. z. B. SDGMW, §4 Rn. 4.

52)　SDGMW, §4 Rn. 10; Auernhammer, §4 Rn. 6; BMH, §4 Rn. 24.

53)　通説。Vgl. z. B. Wohlgemuth a, Rn. 96, 211 ff.; GW, S. 68 ff.

54)　SDGMW, §4 Rn. 14; BMH, §4 Rn. 18, 25.

55)　SDGMW, §4 Rn. 16; OSG, §4 Anm. 2. 1.

56)　本法の水準を守らねばならないとするものとして，SDGMW, §4 Rn. 16 がある。連邦労
　　働裁判所は経営体内の合意によって本法の規定を労働者に不利益な方向で変更しうるとする
　　（BAG, *NJW* 1987, S. 674（677））が，これに対しては批判が強い。Vgl. SDGMW, §4 Rn. 16;
　　OSG, §4 Anm. 2. 5; BMH, §4 Rn. 26a f.; DKW, §4 Rn. 7; Wohlgemuth a, Rn. 213 ff.; GW, S.
　　69; MW, S. 35.

57)　SDGMW, §4 Rn. 20 ff.; BMH, §4 Rn. 33 f.; Wohlgemuth a, Rn. 120 ff.; Ellger, S. 412;
　　DKW, §4 Rn. 18; TE, S. 212.

58)　Vgl. SDGMW, §4 Rn. 21. SCHUFA 条項については後注60)参照。家屋の賃貸人が賃借
　　申込者から信用情報機関の自己情報を要求した最近の事例につき，BfD, 15. TB, *BT-Drs.*
　　13/1150, S. 172 を参照。

第4章　ドイツにおける民間個人情報の立法的保護

同意は自由意思に基づかなければならず[59]，概括的な同意は許されない[60]。
この点について本法は一定の対策を講じている。第1に，本人に事前の同意を
求めるときは蓄積目的及び予定された提供の目的を示さなければならず，また，
本人の求めに応じて，同意を拒否した場合の帰結を教示しなければならない
（4条2項1文）。第2に，特別な事情によりその他の形式が適切である場合を除
き，同意は書面を要する（4条2項2文）。「特別な事情」としては，法4条3項
に学術調査の目的が書面の同意によって著しく損なわれる場合が挙げられてい
るほか，緊急の必要がある場合などが考えられる[61]。第3に，同意が他の意
思表示とともに書面で行われるときは，同意の意思表示はその外観において強
調されねばならない（4条2項3文）。同意が契約等に含まれている場合に，本
人にこれを明確に認識させる趣旨である[62]。事前の同意の法的性質について
は争いがある[63]が，いずれにしても行為能力ではなく弁識能力で足り[64]，
（弁識能力があるかぎりで）代理は許されず[65]，撤回が可能である[66]ことは一般
に承認されている。欧州連合指令7条aも同意をデータ処理の要件としている
が，その規定内容は本法よりも詳細であり，改正草案はこれに沿った変更を加
えている[67]。

59）Vgl. z. B. SDGMW, §4 Rn. 31.

60）Vgl. z. B. OLG Celle, *NJW* 1980, S. 347（348）; *BGHZ* 95, S. 362（367 f.）; SDGMW, §4
Rn. 55.

61）通説。Vgl. z. B. Auernhammer, §4 Rn. 15.

62）Vgl. Auernhammer, §4 Rn. 16; OSG, §4 Anm. 6. 2; BMH, §4 Rn. 59; SW, §4 Rn. 23. 90
年法政府草案理由によれば，普通契約約款法3条が参考とされている（*BT-Drs.* 11/4306, S.
41）。

63）事実行為説（GGSSS, §3 Rn. 16; Auernhammer, §4 Rn. 11; OSG, §4 Anm. 5. 5; Dörr/
Schmidt, §4 Rn. 3; SW, §4 Rn. 15）と法律行為的意思表示説（SDGMW, §4 Rn. 28; MW, S.
33; DKW, §4 Rn. 9）がある。

64）Vgl. z. B. SDGMW, §4 Rn. 28.

65）SDGMW, §4 Rn. 35; Auernhammer, §4 Rn. 11; DKW, §4 Rn. 9. 代理を認める説として，
OSG, §4 Anm. 5. 5; SW, §4 Rn. 18 がある。

66）Vgl. z. B. SDGMW, §4 Rn. 65 ff.

67）新たに「本人の事前の同意」と題する4a条を設け，その1項1文に，「本人の事前の同
意は，それが本人の自由な決定に基づく場合にのみ効力を有する」と規定する。4a条1項2
文以下及び2項は90年法4条2項1文以下及び3項とほぼ同内容。

第2部　個人情報保護

(b)　データの秘密

「データ処理に従事する者は個人データを権限なく処理・利用してはならない（データの秘密）」（法5条1項）。

　これによってデータ処理に従事する者（自然人）は本法の適法要件の遵守を直接義務付けられる[68]。「データ処理に従事する者」の範囲については争いがある[69]。「権限なく」とは本法その他の法規に反することを意味する（したがって「守秘義務」よりも広い）が，当該従業員がその職務を逸脱した場合も含むと解されている[70]。明文上は処理及び利用のみが対象とされている[71]が，欧州連合指令（16条，2条b）を受け，改正草案では収集も加えられている。非公的機関においては，データ処理に従事する者はその活動を開始する際にデータの秘密を守ることをとくに義務付けられねばならない（5条2項）。従業員に義務を自覚させるための措置であり，義務付けを怠った場合でも遵守義務は存在する[72]。この義務は職務終了後も存続する（5条3項）。

(c)　技術的及び組織的措置

　自らのためまたは委託に基づいて個人データを処理する公的及び非公的機関は，本法の規定の適用を確保するため，とくに，付則に挙げられた要請を確保するために，必要な措置をとらなければならない（法9条1項）。付則には，個人データが自動的に処理される場合にとられるべき技術的・組織的措置が挙げ

---

68)　SDGMW, §5 Rn. 5; Auernhammer, §5 Rn. 1; Ungnade, S. 66 f.; TE, S. 231.

69)　データ処理に携わる者に限定する説（Auernhammer, §5 Rn. 3; SW, §5 Rn. 5; Wohlgemuth a, Rn. 523），利用する者（配達人，文書係，整備係等）にも適用する説（OSG, §5 Anm. 2. 4; Aufsichtsbehörde Baden-Württemberg, Hinweise, Nr. 33, zitiert in SW, Nr. 7010, S. 112 f.），個人データに触れる可能性があるすべての者（掃除夫等）を含むとする説（SDGMW, §5 Rn. 14 f.; Koch, S. 34 f.; DKW, §5 Rn. 5; TE, S. 231）がある。

70)　SDGMW, §5 Rn. 21 f.; Auernhammer, §5 Rn. 5; OSG, §5 Anm. 2. 3; BMH, §5 Rn. 30; Ungnade, S. 67. 含まないとする説として，GGSSS, §5 Rn. 8; SW, §5 Rn. 11 がある。

71)　収集にも5条の適用を肯定する説として，SDGMW, §5 Rn. 13; DKW, §5 Rn. 2; TE, S. 230 がある。

72)　GGSSS, §5 Rn. 13; SDGMW, §5 Rn. 28.

第4章　ドイツにおける民間個人情報の立法的保護

られている[73]が，これは例示にすぎないと解されている[74]。明文上は処理の
みが対象とされている[75]が，欧州連合指令 17 条 1 項，2 条 b を受け，改正草
案は処理・利用にも適用を拡張している。措置に要する費用と保護目的の間に
は比例原則が適用される（9 条 2 項）。

(d)　自動引出手続の設置

　個人データの自動的な提供を可能とする手続（自動引出手続）の設置は，本
人の保護に値する利益ならびに関係機関（提供機関及び受領者）の任務または業
務目的を考慮したうえで，この手続が適切であるときにのみ許される（法 10 条
1 項 1 文）。いわゆる「オンライン接続」が念頭に置かれており，本人に対する
特別の危険を考慮した規定である[76]。本人の利益については本法の保護目的
が考慮されねばならず[77]，とくにセンシティブなデータに関しては原則とし
て適切性を否定すべきであると解されている[78]。設置の必要は，データの迅
速な提供が必要な場合や大量のデータが提供される場合に認められる[79]。利
益衡量の結果適切性が肯定された場合は引出手続を設置できるが，個別の引出
は提供の適法要件を満たさなければならない（10 条 1 項 2 文）。このように自動

---

73)　データ処理装置への権限なき者の接近を防止すること，データ媒体の権限なき閲読・複
　　写・変更・除去を防止すること，記憶装置への権限なき入力ならびに蓄積された個人データ
　　の権限なき閲読・変更・消去を防止すること，権限なき者の転送装置によるデータ処理シス
　　テムの利用を防止すること，利用権限を有する者のみがデータへアクセスできるよう保障す
　　ること，データ提供の審査・確認を保障すること，データ入力の事後的な審査・確認を保障
　　すること，委託機関の指示に従った受託処理機関の処理を保障すること，データの転送及び
　　データ媒体の輸送に際し権限なき閲読・複写・変更・消去を防止すること，データ保護の要
　　請に適合した組織を整備すること。欧州連合指令 17 条を受けて，改正草案は一定の変更を
　　加えているが，ここでは立ち入らない。
74)　SDGMW, §9 Rn. 18, 53; Auernhammer, §9 Rn. 6; DKW, §9 Rn. 10.
75)　処理・利用への適用を肯定する説として，SDGMW, §9 Rn. 10; BMH, §9 Rn. 18; DKW,
　　§9 Rn. 8 がある。
76)　Vgl. OSG, §10 Anm. 1. 1, 1. 2; BMH, §10 Rn. 1, 5; DKW, §10 Rn. 3.
77)　Auernhammer, §10 Rn. 4; BMH, §10 Rn. 13; DKW, §10 Rn. 7.
78)　DKW, §10 Rn. 9.
79)　90 年法政府草案理由（*BT-Drs.* 11/4306, S. 43）参照。同旨のものとして，Auernhammer,
　　§10 Rn. 5; OSG, §10 Anm. 3. 1; Dörr/Schmidt, §10 Rn. 4; BMH, §10 Rn. 14; SW, §10 Rn.
　　4; DKW, §10 Rn. 7; TE, S. 240 がある。

229

第2部　個人情報保護

引出手続の設置は関係機関が決定でき，法律上の根拠[80]も監督行政庁への届出も必要ない[81]。関係機関は引出手続の適法性が（データ保護受託者及び監督行政庁によって）統制されうるよう配慮する義務を負い（10条2項1文），そのため設置に先立って，設置の理由及び目的，データの受領者，提供されるデータの種類，法9条によって必要な技術的及び組織的措置（前述(C)参照）を書面で確定しなければならない（10条2項2文）。個別の引出については受領者が責任を負う（10条4項1号）。これは提供機関にとって介入する機会が実際上存在しないことを考慮したものである[82]。ただし，提供機関は何らかの理由がある場合に審査を行うほか，適切な抽出審査も実施しなければならない（10条4項2文・3文）。一定のまとまった量のデータの引出が行われる場合は全体の適法性を審査すれば足りる（10条4項4文）。何人も利用できるデータ・バンク等には本条は適用されない（10条5項）。

(e)　委託に基づく個人データの処理・利用

個人データの処理・利用が委託される場合，データ保護法規の遵守については委託機関が責任を負う（法11条1項1文）。外部委託により蓄積機関が責任を免れることを防ぐ趣旨である[83]。「委託」による処理・利用とは，それがもっぱら委託機関の業務の補助機能として行われる場合を指し，受託処理機関が自己の業務目的を追求する場合は含まない[84]。受託処理機関は第三者とはみなされない（前述2(1)(b)参照）ので，委託に基づくデータの供与には提供に関する規定は適用されない。明文上収集は挙げられていないが，委託機関は受託処理機関による収集についても責任を負うと解されている[85]。本人の権利，すなわち開示・訂正・消去・封鎖請求権（6条），損害賠償請求権（8条）も委託機

---

80)　州法の多くは，公的機関についてであるが，自動化された引出手続の設置に法令の根拠を要求している。Vgl. OSG, §10 Anm. 6.

81)　この点を憲法上疑問とするものとして，BMH, §10 Rn. 11; DKW, §10 Rn. 3 がある。

82)　OSG, §10 Anm. 2. 2; BMH, §10 Rn. 40; DKW, §10 Rn. 17.

83)　Vgl. SDGMW, §11 Rn. 1; Auernhammer, §11 Rn. 2.

84)　SDGMW, §11 Rn. 18 ff.; Auernhammer, §11 Rn. 2; BMH, §11 Rn. 9; TE, S. 245.

85)　SDGMW, §11 Rn. 14, 39; Auernhammer, §11 Rn. 5; DKW, §11 Rn. 1; TE, S. 243. 否定説として，SW, §11 Rn. 1 がある。欧州連合指令（17条2項から4項，2条b参照）を受けて，改正草案11条1項1文は収集にも明文で言及する。

関に対して主張される[86]（11条1項2文）。受託処理機関の選定は，講じられている技術的及び組織的措置の適切さを考慮して，慎重に行われなければならない（11条2項1文）。受託処理機関の信頼性及び遵法精神も考慮すべきとされる[87]。委託は書面で行い，そのなかで，データの処理・利用の内容，技術的及び組織的措置，再委託が行われる場合はその態様を決定しなければならない[88]（11条2項2文）。受託処理機関は委託機関の指示の範囲内でのみデータを処理・利用できる（11条3項1文）。指示は実際には非常に多くの場合まったく行われず，あるいは不十分であるとの指摘がある[89]。受託処理機関は指示が違法であると考えるときは，委託機関に対してその旨を遅滞なく指摘しなければならない（11条3項2文）。受託処理機関の方がデータ保護に通じていることが多い実態を考慮した規定である[90]。受託処理機関に対しては，データの秘密（5条），組織的及び技術的措置（9条），一定の刑事罰（43条）及び秩序罰（44条）についての規定が適用される。データの処理・利用の受託を業務として行う場合は，届出（32条），データ保護受託者（36条，37条），監督行政庁（法38条）に関する規定の適用も受ける（11条4項）。

(2) 自己使用目的でのデータの蓄積・提供・利用

(a) 概　説

　法28条は個人データの処理・利用が「自己の業務目的を達成する手段として」行われる場合の要件を定める。他方，29条及び30条は提供目的での処理・利用の要件を規定している。両者は，データ処理が自己の業務を達成するための手段として行われているか，それともデータの提供それ自体が業務目的となっているかによって区別される[91]。具体的な場合の判別は必ずしも容易

---

86)　データの利用・提供に対する異議申立て（法28条3項，29条3項）についても同様に解されている。Vgl. SDGMW, §11 Rn. 40; OSG, §11 Anm. 1. 3; Dörr/Schmidt, §11 Rn. 4.

87)　SDGMW, §11 Rn. 44.

88)　欧州連合指令17条2項後段を受けて，改正草案は「委託機関は受託処理機関による技術的及び組織的措置の遵守を自ら確認する義務を負う」とする規定（11条2項4文）を新設する。

89)　Aufsichtsbehörde Hessen, 8. TB, *LT-Drs.* 14/299, S. 26.

90)　Vgl. SDGMW, §11 Rn. 60.

91)　77年法政府草案理由（*BT-Drs.* 7/1027, S. 27）参照。Vgl. Auernhammer, §28 Rn. 2;

第 2 部 　個人情報保護

でないが，自己使用目的であることの目安としては，蓄積機関と本人との間に
契約関係が存在すること[92]，また，データの処理・利用に蓄積機関が固有の
利益を有すること[93]が挙げられている。

(b) 蓄積・変更・提供・利用の要件

法28条1項は，個人データの蓄積・変更・提供・利用について4つの適法
要件を挙げる。

第1は，それが本人との間の契約関係または契約に類する信頼関係の目的の
範囲内に含まれる場合である（1号）。「契約に類する信頼関係」とは，契約に
先立つ，または契約終了後に発生する信頼関係等を指す[94]。「目的の範囲内に
含まれる」とは，当該処理等が契約関係等に基づく権利義務の実現に役立つこ
と[95]，あるいはそのために必要であること[96]を意味すると解されている[97]。
契約関係等の目的は，契約の場合は両当事者の合致した意思表示から，契約に
類する信頼関係の場合には事実関係から，それぞれ明らかになる[98]。例えば
労働関係においては，性別，家族状況，学歴，勤務状況に関するデータの蓄積
は許されるが，宗教上または政治上の見解については否定される[99]。

第2は，蓄積機関の正当な利益を確保するために必要であり，かつ処理・利
用を行わないことに対する本人の保護に値する利益が優越すると考える理由が

　　　OSG, §28 Anm. 1. 2; SW, §28 Rn. 6; DKW, §28 Rn. 7; Dörr/Schmidt, §28 Rn. 3; TE, S.
　　　349.

92)　Auernhammer, §28 Rn. 3; BMH, §28 Rn. 11; SW, §28 Rn. 11; DKW, §28 Rn. 8.

93)　OSG, §28 Anm. 1. 2; DKW, §28 Rn. 8; Dörr/Schmidt, §28 Rn. 3.

94)　通説。Vgl. z. B. Auernhammer, §28 Rn. 11.

95)　GGSSS, §23 Rn. 3 ff.; Auernhammer, §28 Rn. 12; SW, Rn. 18; DKW, §28 Rn. 13; Dörr/
　　　Schmidt, §28 Rn. 11.

96)　OSG, §28 Anm. 5. 1; BMH, §28 Rn. 26; Wohlgemuth a, Rn. 239; HW, §23 Rn. 1; GW, S.
　　　138; TE, S. 353.

97)　この点について欧州連合指令7条bは，処理の一要件として「本人が一方当事者である
　　　契約の履行，または，本人の委託に基づいて行われる契約上の措置の実行に，処理が必要な
　　　場合」を規定し，第2説と近い表現になっている。これに対して改正草案28条1項1号は，
　　　「本人との契約関係または契約類似の信頼関係の目的に役立つ」場合と表現を変更しており，
　　　むしろ第1説に近い。

98)　通説。Vgl. z. B. Auernhammer, §28 Rn. 12.

99)　判例学説の詳細については，例えば，BMH, §28 Rn. 29. ff.; SW, §28 Rn. 23 ff.; DKW, §
　　　28 Rn. 21 ff.; Wohlgemuth a, Rn. 237 ff., 288 ff., 406 ff.; GW, S. 133 ff. を参照。

第 4 章　ドイツにおける民間個人情報の立法的保護

ない場合である（2 号）。これは 1 号の原則に対する例外であり，厳格な解釈を
要する[100]。「正当な利益」は法的利益のほか，経済的・観念的利益も含
む[101]。必要性については，処理・利用が不可欠であることまでは要求されて
いない[102]が，それが認められなければ蓄積機関が過度の不利益を被ることが
必要である[103]。「考える理由がない」とは，侵害をうかがわせるような，重
大で，直ちに注意を引くような事情が存在しないことを意味し，個別事案にお
ける具体的調査は必要ない[104]。ただし，センシティブなデータが問題となっ
ている場合，本人が異議を申し立てている場合は別である[105]。SCHUFA[106]
（Schutzgemeinschaft für allgemeine Kreditsicherung）のような信用情報機関への銀
行による信用情報の提供は判例によって一定の範囲内で承認されている[107]が，

---

100)　Auernhammer, §28 Rn. 17; BMH, §28 Rn. 104; DKW, §28 Rn. 29; Aufsichtsbehörde
　　　Baden-Württemberg, a. a. O.（Anm. 22），Nr. 3, S. 10. より厳格に，契約関係等が存在する場
　　　合本号は適用されないとする説として，OSG, §28 Anm. 2. 2; Wohlgemuth b, Rn. 229 がある。
　　　本号に対応する要件として欧州連合指令 7 条 f は「処理の責任機関またはデータの提供を受
　　　ける第三者の正当な利益の実現に必要であり，かつ 1 条 1 項によって保護された本人の利益
　　　または基本権・基本的自由が優越しない場合」を規定する。本法よりも要件が厳しいが（個
　　　別事案における利益衡量が必要），改正草案では変更されていない。

101)　通説。Vgl. z. B. Auernhammer, §28 Rn. 18.

102)　OSG, §28 Anm. 7. 2.

103)　Auernhammer, §28 Rn. 18; OSG, §28 Anm. 7. 2; DKW, §28 Rn. 30. これに対し，正当
　　　な利益に役立つことで足りるとする見解（SW, §28 Rn. 85, 110），蓄積機関の正当な利益を
　　　確保するに適しており，目的にかなっていればよいとする見解（Dörr/Schmidt, §28 Rn. 20）
　　　もある。

104)　Auernhammer, §28 Rn. 19; OSG, §28 Anm. 7. 5; SW, §28 Rn. 128; DKW, §28 Rn. 31.

105)　Auernhammer, §28 Rn. 19; OSG, §28 Anm. 7. 6; BMH, §28 Rn. 110a, 110c; DKW, §
　　　28 Rn. 32.

106)　信用情報を収集・交換する目的で銀行等によって設立された機関であり，わが国の全国
　　　銀行個人信用情報センター等に該当する。詳しくは，Ungnade, S. 94 ff. を参照。

107)　信用受供者に関するデータの信用情報機関への提供は，参加機関の利益にかなうがゆえ
　　　に原則として適法だが，個別事案において受供者の利益と蓄積機関及び他の参加機関の利益
　　　の間で比較衡量を行う必要がある（BGH, NJW 1984, S. 436（437）; NJW 1984, S. 1889
　　　（1890））。とくに，信用力に関する客観的なデータ（破産宣告の開始のような「ハードな」
　　　データ）と異なり，一方当事者の主張のみを反映したデータ（催告や支払命令のような「ソ
　　　フトな」データ）については，普通契約約款における概括的な同意によって提供が適法とな
　　　るわけではない（BGHZ 95, S. 362（368））。現在の SCHUFA 条項については，Ungnade, S.
　　　97 f. を参照。邦語文献としては，経済企画庁国民生活局消費者行政第一課編『民間部門にお
　　　ける個人情報の保護・資料編』（1987 年）238 頁以下，平松健「ドイツ個人信用情報保護法

233

第2部　個人情報保護

医療データの提供にはつねに同意が必要と解されている[108]。

　第3は，当該データを一般に近づくことのできる情報源から入手可能か，またはこれを公表することが蓄積機関に許されており，かつ，処理または利用を行わないことに対する本人の保護に値する利益が明らかに優越するわけではない場合である（3号）。これは情報の自由に対する基本権（基本法5条1項1文）を考慮した規定である[109]。「一般に近づくことのできる情報源」は，新聞・雑誌等のほか，閲覧制限のない公の登記簿も含む[110]。公表が許されている場合としては，具体的には出版物の著者の情報を蓄積してこれを公刊するサービス機関が考えられる[111]。本人の保護に値する利益が「明らかに」優越していなければよいので，個別事案の詳細な調査は必要ない[112][113]。

　第4に，蓄積機関による学術調査の実施に必要な場合である（4号）。ただし，目的変更を行わないことに対する本人の利益に学術上の利益が著しく優越し，かつ，別の方法によっては調査目的が達成されないか，または過大な（unverhältnismäßig）コストをかけてのみ可能なことが要件とされている。これは学術研究の自由（基本法5条3項1文）を顧慮した規定である[114]。2号及び3号と異なり，本号の利益衡量は具体的事案に即して厳格に行わなければなら

について」ジュリ 1144 号（1998 年）77 頁以下を参照。

[108]　刑法 203 条 1 項（守秘義務違反）に依拠したものだが，診療報酬債権の取立会社への譲渡（*BGHZ* 115, S. 123（126 ff.）），診療所の譲渡（*BGHZ* 116, S. 268（273））等について判例がある。

[109]　Vgl. z. B. Auernhammer, §28 Rn. 25.

[110]　通説。Vgl. z. B. Auernhammer, §28 Rn. 24.

[111]　BMH, §28 Rn. 120 ff.; OSG, §28 Anm 9. 3; Dörr/Schmidt, §28 Rn. 31 ff.; DKW, §28 Rn. 38.

[112]　Auernhammer, §28 Rn. 26; OSG, §28 Anm. 9. 1; Dörr/Schmidt, §28 Rn. 32; DKW, §28 Rn. 39.

[113]　3 号は処理の適法要件を定める欧州連合指令 7 条違反とする説（U. Brühann, *RDV* 1996, S. 15; U. Wuermeling, *DB* 1996, S. 666; BMH, §28 Rn. 113a）と，比較衡量（7 条 f）の具体化として許されるとの説（F. Kopp, *DuD* 1995, S. 208; OSG, §28 Anm. 9. 4）がある。指令の 90 年提案では「一般に近づくことのできる情報源」についての特則が置かれていたが，92 年修正提案で削除されている（vgl. z. B. Dammann/Simitis, S. 147）。改正草案では，本人の正当な利益が「責任機関の正当な利益に対し」明らかに優越するわけではない場合，と変更されている。

[114]　DKW, §28 Rn. 40.

第4章　ドイツにおける民間個人情報の立法的保護

ず[115]，とくに，匿名化されたデータで足りないかどうかを考慮する必要がある[116][117]。なお，学術研究目的での個人データの処理・利用については本法40条に特則があり，目的の拘束，提供の制限，匿名化の原則，公表の要件が規定されている。

(c)　提供・利用の特則

1項に該当する場合に加え，法28条2項はさらに3つの場合にデータの提供・利用を認めている。

第1は，第三者の正当な利益または公益[118]のために必要であり，かつ提供・利用[119]を行わないことに対する保護に値する利益を本人が有すると考える理由がない場合である（1号1文a）。本人の保護に値する利益が存在すれば提供・利用は不適法となり，利益衡量は必要ない[120]。

第2は，特定の集団への所属に関する名簿状のデータであって，その記載内容が一定の基礎的事項（当該集団への所属に関する情報，職業・業種・業務の名称，氏名，肩書き，学位，住所，生年）に限定され，かつ，提供・利用を行わないことに対する保護に値する利益を本人が有すると考える理由がない場合である（1号1文b）。これは「自由なデータ」と呼ばれ，一般に公知であることを理由として，主として広告業を念頭に置いて適法要件が緩和されている[121]。ただし，契約関係または契約に類する信頼関係の目的の範囲内において，一定のセンシティヴなデータ（健康状態，犯罪行為，秩序違反行為，宗教上または政治上の見解，使用者による提供については労働法上の法律関係）が提供される場合には，本

---

115)　Auernhammer, §28 Rn. 28; DKW, §28 Rn. 45.

116)　Auernhammer, §28 Rn. 28; BMH, Rn. 133; DKW, §28 Rn. 44.

117)　改正草案では，現行法4号が3号までと異なって目的の変更を内容としていること，他の目的での利用・提供については3項2号に規定があることから，4号は削除されている。

118)　改正草案では，欧州連合指令6条1項及び13条1項を考慮して，「公益」の内容を「国家の安全及び治安，並びに犯罪行為の訴追」に限定している。

119)　条文には「提供」しか挙げられていないが，これは立法ミスであり，「利用」も含まれると解されている。Vgl. BMH, §28 Rn. 141; Dörr/Schmidt, §28 Rn. 57. 改正草案では変更されていない。

120)　Auernhammer, §28 Rn. 36; BMH, §28 Rn. 148; Dörr/Schmidt, §28 Rn. 57; DKW, §28 Rn. 53.

121)　Vgl. Auernhammer, §28 Rn. 38. 批判的な見解として，SDGMW, §1 Rn. 144; DKW, §28 Rn. 55 がある。

第2部 個人情報保護

人の正当な利益の存在が推定される（1号2文）。この推定は反証によって覆すことができる[122)123)]。

第3に，蓄積機関による学術調査の実施に必要であり，目的変更を行わないことに対する本人の利益に学術上の利益が著しく優越し，かつ，別の方法によっては調査目的が達成されないか，または過大な費用をかけてのみ可能な場合にも，提供・利用が許される（2号）。この規定は1項1文4号とまったく同内容だが，後者が蓄積機関が自らのために学術調査を行う場合に適用されるのに対し，本号は他の機関のためにこれを行う場合に適用される[124)]。

(d) 収集の一般原則

法28条1項2文は，「データは，信義誠実の原則に従い，かつ，適法な方法で収集されなければならない」と規定する。これは本法4条1項の意味における根拠規定ではないが，収集が適法に行われるための要件となる。もっとも，信義誠実の原則（民法242条参照）はすでに私法秩序に内在しており，この規定も創設的な意味をもつものではない[125)]。具体的には，収集が脅迫，欺罔，強制等によって行われた場合がこれに抵触する[126)]。とくに労働者のデータについては，使用者の質問権に関する判例が妥当する[127)]。データがこの原則に反して収集された場合，それに引き続くすべての処理・利用は不適法となる[128)]。収集の問題点及び改正草案については前述2(3)(a)参照。

---

122) 90年法政府草案理由（*BT-Drs.* 11/4306, S. 50）参照。同旨のものとして，Auernhammer, §28 Rn. 43; OSG, §28 Anm. 12. 1; BMH, §28 Rn. 165; Dörr/Schmidt, §28 Rn. 58; DKW, §28 Rn. 57 がある。

123) この点については，改正草案では次のような修正が加えられている。第1に，欧州連合指令6条bを受け，目的を明確化するために「公告目的，もしくは市場・世論調査の目的で」という要件を加える。第2に，指令8条を受け，センシティヴなデータに人種的・民族的出自，哲学上の信条，組合への所属，性生活を追加する。

124) Auernhammer, §28 Rn. 27, 44; OSG, §28 Anm. 10. 2; BMH, §28 Rn. 127; Dörr/Schmidt, §28 Rn. 35, 61; DKW, §28 Rn. 41 f. これに対し，立法ミスとするものとして，SW, §28 Rn. 155 がある。

125) 通説。Vgl. z. B. Auernhammer, §28 Rn. 32 欧州連合指令6条1項aも同旨を定める。

126) BMH, §28 Rn. 19 ff.; Dörr/Schmidt, §28 Rn. 38; DKW, §28 Rn. 48.

127) 詳細は，Wohlgemuth a, Rn. 108 ff.; BMH, §28 Rn. 17c ff.; GW, S. 91 ff.; TE, S. 225 ff. を参照。

128) OSG, §28 Anm. 4. 1; BMH, §28 Rn. 23; DKW, §28 Rn. 48.

第4章　ドイツにおける民間個人情報の立法的保護

(e)　異議申立て

広告目的もしくは市場調査または世論調査を目的とする個人データの利用または提供に対し，本人が蓄積機関に異議を申し立てた場合，これらの目的での利用・提供は許されない（法28条3項1文）。これはダイレクト・マーケティング業界で慣行となっていた「ロビンソン・リスト」を制度化したものである[129]。申立てには理由も，特別の形式も必要ない[130]。異議申立てが到達すると，それ以降はこれらの目的での当該データの利用・提供は許されなくなるが，その他の目的での処理・利用が妨げられるわけではない[131]。さらに，28条2項による提供がすでに行われている場合（1項による提供には適用がない），本人は，広告目的もしくは市場調査または世論調査を目的とする処理・利用に対し，受領者に直接異議を申し立てることができ，受領者は当該データをこれら目的に関して封鎖しなければならない（28条3項2文）。

(f)　目的の拘束

公的機関（法14条1項）と異なり，非公的機関に関しては一般的な目的の拘束は規定されていない[132]。ただしデータの受領者は当該データを提供された目的のためにのみ処理・利用でき（28条4項1文），違反には刑事罰が科される（43条2項1号）。もっとも他の目的での処理・利用も28条1項及び2項の要件（前述(b)(c)参照）の下で例外的に認められる（28条4項2文）ので，受領者にも提供機関と同様の権限が認められる結果となる。学説の多数はこのように広範な

---

129)　Auernhammer, §28 Rn. 51; Wohlgemuth b, Rn. 258. 欧州連合指令14条bはダイレクト・マーケティングに関して異議申立てと事前の通知を規定するが，多数説は加盟国がいずれかを選択できると解しており（M. Weber, *CR* 1995, S. 298; R. Bachmeier, *RDV* 1995, S. 51; G. Wronka, *RDV* 1995, S. 200; Dammann/Simitis, Art. 14 Erl. 5 f.; TE, S, 251 f. A. A. Wuermeling, a. a. O.（Anm. 66），S. 666 f.），改正草案にもこの点の変更はない。

130)　Auernhammer, §28 Rn. 53; BMH, §28 Rn. 185; DKW, §28 Rn. 58; Wohlgemuth b, Rn. 257.

131)　Auernhammer, §28 Rn. 53; BMH, §28 Rn. 194 f; Dörr/Schmidt, §28 Rn. 62; DKW, §28 Rn. 59.

132)　これに対する批判として，U. Dammann, *NVwZ* 1991, S. 642; S. Walz, *CR* 1991, S. 366 がある。これに対し，規制強化に反対するものとして，W. Zöllner, *RDV* 1985, S. 13 f. がある。目的の拘束については，次に述べる受領者に関する規定のほか，データの保護・保全のためのデータ（後述(6)参照），職業上及び特別の職務上の秘密（法39条），学術研究（40条）に関して特則がある。

第 2 部　個人情報保護

例外の容認に批判的である[133]。提供されたデータが目的の拘束を受けることについて，提供機関は受領者に注意を喚起しなければならない（28条4項3文）。目的の拘束は受領者が提供されたデータをデータファイルに蓄積しない場合も適用されるので，教示義務はこの点で重要な意味をもつ[134]。欧州連合指令6条bは目的の拘束を非公的機関にも適用される一般原則としており，改正草案はこの趣旨の条項を新設している[135]。

(3)　提供目的での業務上のデータ蓄積

(a)　概　　説

　法29条はデータの蓄積が提供目的で業務として[136]行われる場合[137]の処理・利用の要件を規定する。具体的な適用対象は興信所，探偵事務所，信用情報機関，名簿業者（Adressenverlag）等であり[138]，自己使用目的の場合とは利害状況が異なること，とくに本人に対する危険が大きいことが考慮されている[139]。28条のうち，収集の一般原則（1項2文），異議申立て[140]（3項），目的の拘束（4項）の規定が準用されており（29条1項2文・3項），これらの詳細

---

133)　Vgl. OSG, §28 Anm. 3. 2; BMH, §28 Rn. 224; SW, §28 Rn. 159; DKW, §28 Rn. 62. 肯定的な見解として，Dörr/Schmidt, §28 Rn. 63 がある。

134)　Auernhammer, §28 Rn. 59; OSG, §28 Anm. 3. 2; Dörr/Schmidt, §28 Rn. 64; Ungnade, S. 43; Wohlgemuth b, Rn. 262. これに対し，提供されたデータがデータファイルに由来することが受領者にとって明らかな場合にのみ目的の拘束が適用されるとするものとして，SW, §28 Rn. 158 がある。

135)　「業務として」とは，当該活動が継続的または反復的に行われることを意味すると一般に解されている（SDGMW, §29 Rn. 7 ff.; Auernhammer, §29 Rn. 2, §27 Rn. 4; OSG, §29 Anm. 2. 1; BMH, §29 Rn. 6; GGSSS, §31 Rn. 9）が，営利目的と解する見解もある（Dörr/ Schmidt, §29 Rn. 2; SW, §29 Rn. 4）。

136)　「個人データの収集に際しては，それが処理または利用されるべき目的を具体的に確定しなければならない」（改正草案28条1項2文）。「他の目的での処理または利用は第1項〔1文？〕2号または3号の要件の下にのみ許される」（同条2項）。

137)　28条の適用領域との区別については前述(2)(a)参照。

138)　通説。Vgl. z. B. SDGMW, §29 Rn. 13 ff.

139)　Vgl. SDGMW, §27 Rn. 3; DKW, §29 Rn. 1.

140)　改正草案29条3項は住所録・電話帳等に収録を望まないことが明らかな者の個人データを掲載してはならない旨を新たに規定するが，これは欧州連合指令とは関係しない改正である。

は前項に譲る[141]。

(b) 蓄積・変更の要件

業務として提供目的[142]で個人データの蓄積・変更を行うことは，次の2つの場合に許される（法29条1項1文）。

第1は，蓄積．変更を行わないことに対する保護に値する利益を本人が有すると考える理由がない場合である（1号）。保護に値するか否かの判断にあたっては，当該データがセンシティブなものか，住所・氏名等の基礎データにすぎないかが一応の手がかりとなるが，データが用いられる脈絡も十分に考慮されなければならない[143]。判例及び有力説はこの趣旨をさらに敷衍し，蓄積・変更が蓄積機関の業務目的のために必要でなければならず，また，本人の利益が保護に値するかどうかは蓄積機関の利益との比較衡量によって判断すべきであると解している[144]。

第2は，当該データを一般に近づくことのできる情報源から入手可能か，またはその公表が蓄積機関に許されており，かつ，処理・利用を行わないことに対する本人の保護に値する利益が明らかに優越するわけではない場合である（2号）。28条1項1文3号と同内容である（前述(2)(b)参照）。

(c) 提供の要件

蓄積が適法であっても，その提供は法29条2項1文が定める2つの場合にのみ許される。

第1は，当該データの提供を受けることに対する正当な利益を受領者が疏明

---

141) 改正草案29条1項2文は28条1項2文（前注136参照）も準用する。

142) 欧州連合指令6条b（前掲注123参照）を受けて，改正草案は提供が「公告．信用情報の提供，名簿業，または市場・世論調査」のために行われることを要件に付加している。

143) SDGMW, §29 Rn. 22 f.; Auernhammer, §29 Rn. 9; BMH, §29 Rn. 34; DKW, §29 Rn. 16. 例えば犯罪行為に関するデータについては，SDGMW, §29 Rn. 34 ff. を参照。信用情報機関によるデータの蓄積については，銀行等からの提供が適法な場合（前述(2)(b)参照），原則として本号により適法となるとされている。Vgl. SDGMW, §29 Rn. 55; OSG, §29 Anm. 4. 6.

144) BGH, *NJW* 1984, S 1989 (1890) und *NJW* 1986, S. 2505 (2506)；SDGMW, §29 Rn. 24 ff.; OSG, §29 Anm. 4. 3; DKW, §29 Rn. 14 f. 蓄積機関の利益の考慮は条文からは読みとれないが，このような解釈は，右の利益が大きいことを理由に，本人が保護に値する利益をもつにもかかわらず，処理を正当化することを可能とする点に注意しなければならない。反対説として，Auernhammer, §29 Rn. 10; Dörr/Schmidt, §29 Rn. 3; BMH, §29 Rn. 30 がある。

第2部　個人情報保護

(glaubhaft darlegen) した場合である（1号a)。「正当な利益」は，受領者が意図した目的にとって当該データが必要なかぎりでのみ認められる[145]。法的利益である必要はないが，特定のデータの提供に対する具体的な利益でなければならない[146]。例えば，当該データが信用契約，保険契約等との関連で必要な場合がそうである[147]。「疏明」とは，この利益が高度の蓋然性をもって存在する旨を示すことを意味する[148]。蓄積機関は，正当な理由が存在する理由，及び，疏明の態様を記録しなければならない（29条2項3文)。ただし，提供が自動化された引出手続によって行われる場合は，受領者が記録義務を負う（同4文)。記録を怠った場合秩序罰が科される（44条1項1号)。

　第2は，28条2項1号bに規定された名簿状のデータ（前述(2)(c)参照）が，広告もしくは市場調査または世論調査の目的で提供される場合である（1号b)。

　以上いずれの場合も，「提供を行わないことに対する保護に値する利益を本人が有すると考える理由」があるときは，提供は許されない（29条2項1文2号)。これは28条2項1文1号の例外と同旨である。また，28条2項1号2文に列挙されたセンシティヴなデータについては，保護に値する利益の存在が推定される（29条2項2文)。これらの点については前述(2)(c)参照。

(4)　匿名化された形で提供する目的でのデータ蓄積

(a)　概　　説

　法30条は個人データを匿名化して提供する目的で蓄積する場合の特則を定める。適用対象となるのは市場調査，世論調査，社会調査を行う機関等である[149]。匿名化とは，「個人データを変更して，人的または物的状況に関する個別情報を特定のまたは特定可能な自然人に帰することがもはやできなくすること，または，過大な時間・費用・労力をかけてのみそれが可能なようにする

---

[145]　*BGHZ* 91, S. 233 (240)；SDGMW, §29 Rn. 87; Auernhammer, §29 Rn. 19; OSG, §29 Anm. 5. 2.

[146]　SDGMW, §29 Rn. 85; DKW, §29 Rn. 29.

[147]　SDGMW, §29 Rn. 83; Auernhammer, §29 Rn. 19; SW, §29 Rn. 41.

[148]　SDGMW, §29 Rn. 91; OSG, §29 Anm. 5. 3; DKW, §29 Rn. 30.

[149]　Vgl. z. B. Auernhammer, §30 Rn. 3.

第4章　ドイツにおける民間個人情報の立法的保護

こと」を意味する（3条7項）。蓄積されたデータについては個人特定指標を個別情報から分離することのみが要求されているので（後述(b)参照），その限りで個人データの性質は失われない[150]。

　本条は変更及び消去について規定を置く一方，29条の適用を否定しており（4項），変更・消去以外の処理・利用の根拠規定は本条には存在しないことになる。そこで通説は，右の処理・利用，とくに蓄積には，他の法律に根拠規定がない限り本人の同意を要すると解している[151]。これに対し，匿名化されたデータ自体はもはや個人データではないので，その提供はとくに制限を受けない[152]。なお，33条から35条までの適用も排除されており（4項），本人は本条によって蓄積されたデータに対して通知・開示・訂正・消去・封鎖を請求できない[153]。

(b)　ファイル分離の原則

　匿名化された形で提供するために個人データを業務として蓄積する場合，個別情報を特定個人に結びつける指標（個人特定指標）は個別情報と分離して蓄積しなければならない（法30条1項1文）。蓄積の目的または学術上の目的を達成するために必要な場合にのみ，この指標を個別情報と組み合わせることができる（30条1項2文）。これは長期追跡調査等を可能とする趣旨である[154]。

(c)　変更の要件

　蓄積された個人データの変更は次の2つの場合にのみ許される（法30条2項）。第1は，変更を行わないことに対する保護に値する利益を本人が有する

---

150)　通説。Vgl. z. B. Auernhammer, §30 Rn. 7.

151)　Auernhammer, §30 Rn. 10, 16; OSG, §30 Anm. 2. 2; DKW, §30 Rn. 5; TE, S. 383; Wohlgemuth b, Rn. 281. 蓄積も黙示的に許容されているとする説として，Dörr/Schmidt, §30 Rn. 3 がある。匿名化された形での提供はそうでない場合に比べて危険が少ないと考えられることからすれば，29条よりも要件を厳しくするのは平仄が合わない感がしないでもないが，通説は，本条の適用を受けるデータはしばしば市民のプライバシーに踏み込むことが多く，原則として本人から収集すべきこと，この場合蓄積機関も個人データそのものに関心を有するわけではないことを，実質的な根拠として挙げている。Vgl. Auernhammer, §30 Rn. 16.

152)　通説。Vgl. z. B. Auernhammer, §30 Rn. 7, 16.

153)　改正草案は，現行法が欧州連合指令13条1項に合致するか疑問であるとして，法33条から35条までの適用を認めている。

154)　77年法政府草案理由（*BT-Drs.* 7/1027, S. 31）参照。

第2部　個人情報保護

と考える理由がない場合（1号），第2は，当該データを一般に近づくことのできる情報源から入手することが可能であるか，または蓄積機関がこれを公表することができ，かつ，変更を行わないことに対する本人の保護に値する利益が明らかに優越するわけではない場合である（2号）。これらは29条1項1文の要件と同じである（前述(3)(b)参照）。

(d)　消去義務

個人データの蓄積が不適法な場合は，当該データを消去しなければならない（法30条3項）。本人の同意がない場合のほか，収集が信義誠実の原則に反して行われた場合がこれに当たる[155]。

(5)　国外へのデータ提供

公的機関（法17条）と異なって，この点に関する特則はないので，提供の一般規定が適用される。本人の同意があるか契約関係等の目的の範囲内である場合以外は，主に本人の保護に値する利益の有無が問題となる（前述(2)(b)(c)，(3)(c)参照）。提供先の国が本法と「同等の（gleichwertig）」データ保護制度を欠く場合，この要件は満たされないと一般に解されているが，契約でこれを補いうるかは争われている[156]。欧州連合指令25条・26条を受け，改正草案はこの点に関する規定を新たに設けている[157]。

---

[155]　OSG, §30 Anm. 2. 7. 29条1項2文の適用はないが，当然の原則とされる。

[156]　肯定説（GGSSS, §24 Rn. 84; J. Schwappach, *DuD* 1978, S. 23; A. Einwag, *RDV* 1990, S. 3; K.-W. Knauth, *WM* 1990, S. 211 f.; MW, S. 12, 171; Ungnade, S. 99 f.; Auernhammer, §28 Rn. 49; OSG, §28 Anm. 8. 1; Dörr/Schmidt, §28 Rn. 27 ff.; BMH, §28 Anlage 6 Rn. 5. 5. 2; SW, §28 Rn. 127; GW, S. 208），否定説（SDGMW, §1 Rn. 93 ff.; Bergmann, S. 85, 92; Wohlgemuth a, Rn. 462; ders. b, Rn. 260; D. Baumeister, *RDV* 1990, S. 24; H. Koch, *RDV* 1991, S. 111; E. Ehmann, *CR* 1991, S. 234 ff.），委託処理についてのみ肯定する説（Ellger, S. 203 ff.; ders., *RabelsZ* 1996, S. 766 ff.）がある。デュッセルドルフ会議（後述5(2)(a)参照）は契約による解決を推奨する（vgl. SW, §28 Anhang 2）。

[157]　欧州連合加盟国内に所在する機関への提供は（欧州連合指令が適用されるかぎりで）28条から30条によって可能である（4b条1項）。それ以外の国（加盟国であって指令が適用されない場合も含む）及び国際機関（以下「第三国」と呼ぶ）への提供は，本人が提供しないことについて保護に値する利益を有する場合，とくに第三国で「適切な（angemessen）」データ保護の水準が保障されていない場合は許されない（4b条2項）。適切性は第三国におけるデータ保護に関する法令及びその他すべての事情を考慮して判断される（4b条3項）。適切な水準が存在しないときも，一定の場合（本人が同意した場合，本人との契約履行，本

第4章　ドイツにおける民間個人情報の立法的保護

(6)　特別の目的の拘束

　もっぱらデータ保護の統制，データの保全，またはデータ処理施設の適正な運営の確保のために蓄積された個人データは，当該目的のためにのみ処理・利用できる（法31条）。これらの目的に藉口して本法の適用を免れることを防ぐ趣旨であり，とくにこれらの場合の通知及び開示義務の免除（後述4⑵(C)，⑶(C)参照）はそれによってはじめて正当化される[158]。

(7)　届出義務

(a)　概　　説

　法32条は蓄積機関の届出義務を規定する。監督行政庁に情報を与えるとともに，届出事項を登録簿に記載して公開する（後述5⑵(C)参照）ことで，一般公衆に対する透明性を確保することを目的とする[159][160]。

　　人の利益のための第三者との契約の締結，重要な公益または裁判所での権利行使，本人のきわめて重要な利益等のために必要な場合，公の登録簿から提供される場合）には提供が認められる（4c条1項）。それ以外の場合でも，十分な保護措置が（契約等によって）とられていると認めるときは監督行政庁は提供を許可できる（4c条2項）。その他，第三国へのデータ提供は公開事項とされ（後注160），後注273）参照），受領者の本人への開示も一般化されている（後注198）参照）。欧州連合指令及び改正草案が第三国のデータ保護水準の（「同等性」ではなく）「適切性」を基準としていること，契約による解決を広く認めていることに対しては批判が強いが，ここでは立ち入らない。

158)　Auernhammer, §31 Rn. 2; Dörr/Schmidt, §31 Rn. 3; DKW, §31 Rn. 1.

159)　Auernhammer, §32 Rn. 1; BMH, §32 Rn. 2; DKW, §32 Rn. 1.

160)　欧州連合指令18条から20条までを受けて，改正草案は届出について次のような修正を加えている。第1に，公的機関及び非公的機関に関する規定を統合し，総則（4d条及び4e条）に置く。第2に，届出は業務開始に先立って行われる（4d条1項）。第3に，適用対象については，自動化されたデータファイルを設置する機関一般（ただし支店は除外されている）に届出義務を課すが（4d条1項），データ保護受託者を任命した場合（同2項）または自己使用目的であって本人の権利自由を侵害する危険がない場合（同3項）は例外が認められる。ただし，現行法上届出義務が課せられている機関（同4項）及び一定のセンシティヴなデータを取り扱う機関（同5項）にはこの例外は適用されない。第4に，これらの機関に対しては，特別の危険がある場合データ保護受託者または監督行政庁による事前統制が行われる（同6項・7項）。第5に，届出事項（4e条1文）については，蓄積機関の業務目的及びデータ保護受託者の氏名を削除する一方，本人の範疇，一般的な消去期間，予定された第三国へのデータ提供を新たに加える。第6に，データ処理施設の種類及び受領者（定義が変更され〔前注15)参照〕，また反復的な提供に限られない）も登録簿に掲載される。第7に，

第 2 部　個人情報保護

(b)　対象となる機関

　届出義務を負うのは，業務として個人データを提供目的で蓄積する機関（前述(3)(a)参照），匿名の形式で提供する目的で蓄積する機関（前述(4)(a)参照），委託に基づいて処理・利用する機関（前述(1)(e)参照），及びこれらの機関の支店である（法32条1項）。いずれも他者のためのデータの処理・利用を業務として行うことから，特別の危険を伴うことを考慮して監督行政庁に一般的監督権限が認められ（後述5(2)(a)参照），その行使を助けるために届出義務が課されている。フランス等に比べ，届出対象機関がかなり限定されているが，その背景には，届出制度はコストがかかるにもかかわらず統制の実効性に乏しい，という認識がある[161]。

(c)　手　　　続

　届出は活動の開始及び終了から1か月以内に管轄を有する監督行政庁（後述5(2)参照）に対して行わなければならない（法32条1項）。届出事項の変更についても同様である（32条4項）。

(d)　届出事項

　届出事項は，登録簿に記載されて公開されるものと，そうでないものに分けられる。記載される事項は，機関の名称または商号，機関の長及びデータ処理の責任者，所在地，機関及びデータ処理の業務目的，データ保護受託者の氏名，（受託処理機関を除き）蓄積された個人データの種類の概要である（法32条2項）。登録簿に記載されない[162]事項は，用いられているデータ処理施設の種類，ならびに，反復的に個人データの提供を受ける受領者及び当該データの種類である（32条3項）。届出事項の詳細は監督行政庁が個別事案において決定できる（32条5項1文）。これは官僚主義を排して柔軟な取扱いを可能とする趣旨である[163]。決定は行政行為であり，取消訴訟によって争うことができる[164]。届

　　　　現行法32条5項に該当する規定はない。

　161)　Vgl. z. B. Landesbeauftragter für den Datenschutz Bremen, 15. TB (1992), S. 17.

　162)　90年法政府草案理由（*BT-Drs.* 11/4306, S. 51）は営業上の内部事項を保護する趣旨とする。

　163)　90年法政府草案理由（*BT-Drs.* 11/4306, S. 51）参照。

　164)　通説。Vgl. z. B. Auernhammer, §32 Rn. 12.

第4章　ドイツにおける民間個人情報の立法的保護

出に要する費用は監督にとっての重要性と比例したものでなければならない（32条5項2文）。届出義務違反には秩序罰が科される[165]（44条1項2号）。

4　本人の権利

　本人の権利については総則に原則的な規定がある。これを受けて第3章は本人への通知，開示，データの訂正・消去・封鎖に関する規定を置く。損害賠償責任の特則についてもここで触れる。

(1)　一般原則

(a)　合意による排除の禁止

　「開示（19条，34条），並びに，訂正，消去，または封鎖（20条，35条）を求める本人の権利は，法律行為によってこれを排除または制限することができない」（法6条1項）。情報自己決定権に対するこれらの権利の重要性に鑑み，本人を保護するためにその処分権を制限する趣旨である[166]。非公的機関については，社会的な従属関係が存在する領域においてこの規定はとくに重要な意味をもつ[167]。権利を排除するとは権利それ自体を主張できなくすることを，制限するとは，その行使を法律に存在しない条件にかからしめ，権利の内容を限定し，あるいはその行使に不利益を結びつけることを意味する[168]。これに反する法律行為は無効となる[169]。本法によって保障された他の権利，すなわち，異議申立権（前述3(2)(e)参照），通知請求権（後述(2)参照），監督行政庁に訴え，登録簿を閲覧する権利（後述5(2)(b)(c)参照）についても，多数説は同様の制限を

---

165)　届出の件数は州によって20件前後から1000件以上までとさまざまである（Wind, S. 98）。届出を怠る例も少なくないようだが（*ibid.*, S. 98 f.），秩序罰にまで至る例はそれほど多くないとされる（*ibid.*, S. 145 ff.）。

166)　SDGMW, §6 Rn. 3 ff.

167)　W. Däubler, *CR* 1991, S. 482; DKW, §6 Rn. 1.

168)　SDGMW, §6 Rn. 19; BMH, §6 Rn. 27 ff.; DKW, §6 Rn. 2.

169)　SDGMW, §6 Rn. 21; Auernhammer, §6 Rn. 9; DKW, §6 Rn. 3; Wohlgemuth b, Rn. 330.

第2部　個人情報保護

受けると解する[170]。

(b) 蓄積機関が複数である場合の取扱い

　1つのデータファイルに複数の機関が蓄積権限をもち，本人が自己のデータの蓄積機関を特定できない場合は，本人はいずれの機関に対しても権利を主張しうる（法6条2項1文）。このような場合，蓄積機関がどれかを外部から容易に認識できない実態を考慮した規定である[171]。他の機関に連帯責任を負わせる趣旨ではない[172]。主張を受けた機関は，自らが当該データの蓄積機関でないときは，これを蓄積機関に伝達し，その旨を本人に通知しなければならない（6条2項2文・3文）。

(2) 本人への通知

(a) 概　　説

　法33条は本人に対する蓄積または提供の通知を規定する。収集が本人から行われる場合等を除き，本人は法34条1項1文により，自己のデータが蓄積されていることを知らないことが多いので，通知は情報自己決定権にとって重要な意味をもつ[173][174]。

(b) 通知義務

　通知義務が発生するのは，自己使用目的で蓄積を行う機関（前述3(2)(a)参照）については初めて本人に関するデータを蓄積した時点，提供目的で蓄積を行う

---

170)　SDGMW, §6 Rn. 17 f.; OSG, §6 Anm. 1. 2; DKW, §6 Rn. 4; GW, S. 227. 反対説として，BMH, §6 Rn. 6 がある。

171)　90年法政府草案理由（BT-Drs. 11/4306, S. 41）参照。

172)　通説。Vgl. z. B. SDGMW, §6 Rn. 28. 政府草案理由（BT-Drs. 11/4306, S. 41）も同旨。

173)　SDGMW, §33 Rn. 2; OSG, §33 Anm. 1. 2; BMH, §33 Rn. 4 f.; DKW, §33 Rn 1.

174)　欧州連合指令11条，13条を受け，改正草案では次のような修正が加えられている。第1に，蓄積を本人が知らないことを通知の要件に加える。第2に，通知事項に関して，自己使用目的の場合にのみ処理目的及び責任機関の身元（Identität）を追加する。また，本人が予期できない場合に限ってだが，受領者の範疇も通知事項とする。第3に，通知義務の例外（2項）に関して，一時的データファイル（現行法5号）を削除し，法律が蓄積・提供を明文で規定する場合（4号）を挿入し，さらに2号，6号a，7号に「関係する事例が多数に上るため，通知が不相応（unverhältnismäßig）である」という要件を付加する。第4に，2号，4号，6号，7号の例外を適用した場合，監督行政庁の審査に際してその旨をとくに申し出なければならないとする。

第4章　ドイツにおける民間個人情報の立法的保護

機関（前述3(3)(a)参照）については初めて提供した時点である（法33条1項）。後者には蓄積時における通知義務は存在しないが，本来の利用を行うのが受領者であることがその理由とされている[175]。その是非は90年法の立法過程でも争われたが[176]，データの透明性の原則に反するという批判がある[177]。本来の本人のデータが第三者の情報も含む場合（例えば，労働者のデータのなかに家族の情報がある場合）については，通説はこの第三者も「本人」に当たり，2項の例外が適用されないかぎり通知が必要と解する[178]。通知される事項は，蓄積または提供が行われたこと及び当該データの種類である（33条1項）。明文規定はないが，蓄積機関の住所も含むと一般に解されている[179]。蓄積の目的や提供の有無が含まれないことには批判もある[180]。通知は蓄積または提供の後遅滞なく行われなければならない[181]。最初の蓄積または提供の際に通知すれば足りるが，その後データの種類に変更が生じた場合，多数説はあらためて通知が必要と解する[182]。通知義務違反には秩序罰が科される（44条1項3号）。

(c)　通知義務の例外

　法33条2項は例外的に通知義務が生じない7つの場合を列挙している。通知がもつ重要性に鑑み，厳格な解釈が必要とされている[183]。

---

175)　Dörr/Schmidt, §33 Rn. 10.

176)　Vgl. Auernhammer, §33 Rn. 4 f.

177)　U. Dammann, *ZRP* 1980, S. 85; SDGMW, §33 Rn. 22; Ellger, S. 179; Wohlgemuth b, Rn. 324; DKW, §33 Rn. 4.

178)　SDGMW, §33 Rn. 13; Auernhammer, §33 Rn. 7; BMH, §33 Rn. 16; DKW, §33 Rn. 11; Aufsichtsbehörde Baden-Württemberg, Hinweise, Nr. 20, zitiert in SW, Nr. 7010, S. 65 f. 反対説として，SW, §33 Rn. 10 ff. がある。

179)　SDGMW, §33 Rn. 16; OSG, §33 Anm. 4. 2; BMH, §33 Rn. 41.

180)　Däubler, a. a. O.（Anm. 2），S. 476 f; DKW, §33 Rn. 17. 欧州連合指令11条1項bは最低限の通知内容として「処理の目的」を挙げる。改正草案については前注9)参照。

181)　通説。Vgl. z. B. SDGMW, §33 Rn. 36.

182)　SDGMW, §33 Rn. 10; OSG, §33 Anm. 2. 3; DKW, §33 Rn. 16; TE, S. 386. より広く，データの質または量に重要な変更が生じた場合に通知を要すると解する説として，BMH, §33 Rn. 52 ff. がある。これに対し通知義務を否定する説として，Dörr/Schmidt, §33 Rn. 8; SW, §33 Rn. 7 がある。

183)　SDGMW, §33 Rn. 39; Auernhammer, §33 Rn. 10; BMH, §33 Rn. 76; DKW, §33 Rn. 19. 通知をむしろ例外とする見解として，SW, §33 Rn. 1 がある。

第2部　個人情報保護

　第1は，本人が蓄積または提供について他の方法で知っている場合である（1号）。知っていることが取引上の慣例である場合も含むかどうかについては争いがある[184]。

　第2は，当該データがたんに法律，定款，または契約の保存規定によって消去が許されないという理由で蓄積されている場合，もしくは，それがもっぱらデータ保全またはデータ保護の統制に用いられている場合である（2号）。前段の法律上の保存規定としては，例えば商法257条の商人の資料保存義務がある。後段のデータについては，ほとんどの場合本来のデータファイルのコピーでしかないこと，厳格な目的の拘束（前述3(6)参照）のもとにあることから，一般に問題ないとされている[185]。

　第3は，法規の定めまたはその性質により，とくに第三者の優越的な法的利益のために，当該データを秘密にしておかなければならない場合である（3号）。第三者の法的利益が優越するかどうかについては個別事案ごとに比較衡量を行う必要がある[186]。例えば，保険金詐欺の手口に関するデータを保険会社の団体が蓄積する場合[187]，顧客の支払い能力に関するデータを提供した者の身元を銀行が秘匿する場合[188]などがこれにあたる。

　第4は，当該データの開示が公の安全または秩序を危うくし，もしくは，連邦または州の利益を害する旨を，管轄を有する公的機関が蓄積機関に対して確認している場合である（4号）。例えば，民間企業が国から秘密研究や武器生産を委託されている場合がこれにあたる[189]。

　第5は，当該データが蓄積されているデータファイルが，たんに一時的に設置され，その作成から3か月以内に消去される場合である（5号）。過度の官僚

---

184)　肯定説（OSG, §33 Anm. 6. 2; Dörr/Schmidt, §33 Rn. 19; SW, §33 Rn. 39）と，否定説（SDGMW, §33 Rn. 50; DKW, §33 Rn. 21）がある。

185)　SDGMW, §33 Rn. 64; OSG, §33 Anm. 6. 3; Dörr/Schmidt, §33 Rn. 22; Däubler, a. a. O. (Anm. 2), S. 477.

186)　通説。Vgl. z. B. SDGMW, §33 Rn. 70.

187)　Auernhammer, §33 Rn. 15; Dörr/Schmidt, §33 Rn. 25.

188)　SDGMW, §33 Rn. 75; BMH, §33 Rn. 116; SW, §33 Rn. 63; DKW, §33 Rn. 27.

189)　Vgl. z. B. SDGMW, §33 Rn. 80.

第4章　ドイツにおける民間個人情報の立法的保護

主義を回避するとの理由によって正当化されている[190]が，この場合も本人への危険は無視できないとの強い批判がある[191]。

　第6は，自己使用目的での蓄積に関するものであり，2つの例外が規定されている。第1の例外は，当該データが一般に近づくことのできる情報源（前述3(2)(b)参照）から入手された場合である（6号a）。この場合も本人による統制が必要であるという批判がある[192]。第2の例外は，通知が蓄積機関の業務目的を著しく危うくし，かつ，通知を求める本人の利益がこの危険に優越しない場合である（6号b）。とくに営業上・業務上の秘密がこれにあたるが，通知によって個別の取引が成立しなくなるというだけでは原則として不十分とされる[193]。

　第7は，提供目的での蓄積に関するものであり，やはり2つの例外が規定されている。第1の例外は，当該データが「一般に近づくことのできる情報源から入手され，それが当該データを公表した者に関係する場合」である（7号a）。90年法政府草案理由によれば，図書館等が書籍の著者に関するデータを蓄積する場合が想定されている[194]。第2の例外は，当該データが29条2項1号bに規定された名簿状のデータ（前述3(2)(c)参照）に該当する場合である（7号b）。これは名簿業やダイレクト・マーケティングに配慮した規定である[195]。

---

190)　Auernhammer, §33 Rn. 18; OSG, §33 Anm 6. 6; Dörr/Schmidt, §33 Rn. 28; SW, §33 Rn. 72.

191)　SDGMW, §33 Rn. 83; BMH, §33 Rn. 122; U. Dammann, *NVwZ* 1991, S. 642; S. Walz, *CR* 1991, S. 368; Däubler, a. a. O.（Anm. 2）, S. 477; DKW, §33 Rn. 32; TE, S. 389. 改正草案で削除されていることについては，前注174)参照。

192)　SDGMW, §33 Rn. 86; OSG, §33 Anm. 6. 7; TE, S. 389; Dammann, a. a. O.（Anm. 26）, S. 642; Däubler, a. a. O.（Anm. 2）, S. 477. 改正草案による変更については前注174)参照。

193)　通説。Vgl. z. B. SDGMW, §33 Rn. 90.

194)　Vgl. *BT-Drs.* 11/4306, S. 51.

195)　Vgl. z. B. Auernhammer, §33 Rn. 25. 批判的な見解として，BfD, 1. TB, *BT-Drs.* 8/2460, S. 50; Dammann, a. a. O.（Anm. 12）, S. 85 がある。7号の改正草案による変更については前注174)参照。

第 2 部　個人情報保護

(3)　本人への開示

(a)　概　　説

法 34 条は本人への開示について規定する。開示請求権はそれ自体が情報自己決定権の構成要素である[196]と同時に，本人が処理・利用の適法性を吟味し，必要な是正措置をとるための不可欠の前提となる[197][198]。

(b)　開示請求権

本人は，法 34 条 1 項 1 文により，自らについて蓄積されたデータ（その出所及び受領者に関わる部分も含む）（1 号），蓄積の目的（2 号），及び，データが自動的に処理される場合には，反復的に提供を受ける者及び機関（3 号）の開示を求めることができる。3 号は受領者名が本人のデータに含まれていない場合に適用されると解される[199]が（さもなければ 1 号と重複する），反復的な提供に限られていることには批判もある[200]。

提供目的での蓄積については例外が設けられている。この場合，データの出所及び受領者については，本人がデータの正確性について根拠を挙げて疑い（begründeter Zweifel）を主張するときにのみ，開示を求めうる（34 条 1 項 3 文）。90 年法政府草案理由によれば，これらの事項から蓄積機関の営業関係が明らかになることに配慮した規定である[201]。他方で，右の事項は，それが蓄積されていない場合にも開示しなければならない（34 条 1 項 4 文）。これはデータファイルに蓄積されていないという意味であり，蓄積がまったく行われていな

---

196)　Vgl. *BVerfGE* 65, S. 1 (43).

197)　Vgl. SDGMW, §6 Rn. 3; S. Simitis/G. Fuckner, *NJW* 1990, S. 2717; BMH, §34 Rn. 3 f.; DKW, §34 Rn. 1; TE, S. 390.

198)　欧州連合指令 12 条，13 条を受け，改正草案は，受領者に関する事項の開示につき，自動化されたデータ及び反復的提供という要件を削除する（改正草案 34 条 1 項 1 文 2 号）。受領者概念の変更については前注 15)参照。

199)　Auernhammer, §34 Rn. 5; Dörr/Schmidt, §34 Rn. 6 f. まったく蓄積されていない場合に適用されるとする説として，OSG, §34 Anm. 2. 5; DKW, §34 Rn. 12 がある。

200)　DKW, §34 Rn. 14. 改正草案については前掲注 198)参照。

201)　*BT-Drs.* 11/4306, S. 51. この限定（及び興信所に関する同旨の限定）は欧州連合指令に反するとの指摘（U. Brühann/T. Zerdick, *CR* 1996, S. 433）もあるが，改正草案は指令 13 条 1 項 g によって正当化されるとの見解（M. Weber, *CR* 1995, S. 301; DKW, §34 Rn. 15; TE, S. 393）に立って維持する。

い場合は含まないと解されている[202]。

　照会に応じて情報を提供する（Auskunfterteilung）目的で蓄積を行う機関，すなわち興信所[203]（Auskunftei）については，さらに例外が規定されている。この場合は，本人の個人データがデータファイルに蓄積されていないときであっても，開示を行わなければならない（34条2項1文）。もっとも，当該データは提供目的で作成された文書に含まれている必要がある[204]。これに対し，データの出所及び受領者については，本人がデータの正確性について根拠を挙げて疑いを主張する場合にのみ開示される（34条2項2文）。また，開示が行われなかった旨，または正しく行われなかった旨を，本人が根拠を挙げて主張した（begründet darlegt）場合，監督行政庁は個別審査権限（後述5(2)(b)参照）を行使しうる（34条2項3文）。これは監督行政庁の審査権限をその限りで文書にも拡張する趣旨である[205]。

(c) 開示請求権の例外

　本人が33条2項2号から6号までの規定によって通知を受けない場合（前述(2)(c)参照），開示義務は存在しない（法34条4項）。本人が知っている場合（1号）及び提供目的での特定の蓄積（7号）は含まれない。その他，通説によれば，短期間に何度も請求する場合のように，権利濫用に当たる場合にも開示を拒否できる[206]。蓄積機関は開示義務を免除されるだけなので，33条2項3号及び4号に該当する場合を除き，任意の開示は妨げられない[207]。

202）　Auernhammer, §34 Rn. 8; Dörr/Schmidt, §34 Rn. 8; BMH, §34 Rn. 73; Ungnade, S. 64. まったく蓄積されていない場合も含むとする説として，SW §34 Rn. 5; DKW, §34 Rn. 16 がある。

203）　Vgl. Auernhammer, §34 Rn. 9; Dörr/Schmidt, §34 Rn. 13; SW, §34 Rn. 6. BMH, §34 Rn. 76 は，古典的な興信所のほか，業界の情報サービス機関，データバンク，信用情報機関等も含むとする。

204）　Auernhammer, §34 Rn. 9; Dörr/Schmidt, §34 Rn. 13; SW, §34 Rn. 6.

205）　Auernhammer, §34 Rn. 10; OSG, §34 Anm. 2. 6; Dörr/Schmidt, §34 Rn. 14; BMH, §34 Rn. 80; TE, S. 390 f. 改正草案は欧州連合指令28条に適合させるためとして3文を削除しているが，監督行政庁の権限が拡張されること（後注279参照）を考慮しても，本文の趣旨からすれば疑問がある。

206）　Vgl. z. B. Auernhammer, §34 Rn. 16.

207）　OSG, §34 Anm. 4. 2; DKW, §34 Rn. 26.

第2部　個人情報保護

(d) 手　　続

開示請求の意思表示は準法律行為であり，民法の法律行為に関する規定が適用される[208]。請求にあたり本人は対象となる個人データの種類を詳しく特定すべきである（soll）とされる（法34条1項2文）。強行規定ではないが，開示に要する時間及び費用を節約できるので，本人の利益にもなる[209]。蓄積機関は本人確認や代理権の証明を要求できる[210]。特別の事情ゆえに他の形式が適切である場合を除き，開示は書面で行われる（34条3項）。他の形式としては閲覧やスクリーン上の表示が考えられる[211]。開示は遅滞なく行わなければならず，通常2週間から4週間程度が目安とされる[212]。請求が繰り返し行われた場合は，前回以降変更されたデータのみを開示すればよい[213]。開示を拒否する場合は理由を付さなければならない[214]。拒否決定に対しては，本人は訴訟を提起できるほか，監督行政庁に訴えることも可能である。もっとも開示義務違反については罰則は設けられていない。

(e) 開示の費用

開示は原則として無償で行われる（法34条5項1文）。77年法（26条3項1文，34条3項1文）は有償を原則としていたが，経験上過大な負担は生じなかったことから改められた[215]。ただし，個人データが提供目的で蓄積されており，本人がこれを第三者との関係で経済的に利用できるときは，蓄積機関は対価を求めることができる（34条5項2文）。これは濫用を防止する趣旨である[216]。本人に関するデータが蓄積されていないという回答に対価を要求しうるかは争

---

208)　Auernhammer, §34 Rn. 11; DKW, §34 Rn. 5.

209)　Auernhammer, §34 Rn. 12; OSG, §34 Anm. 1. 3; BMH, §34 Rn. 53; DKW, §34 Rn. 7.

210)　Auernhammer, §34 Rn. 14; SW, §34 Rn. 15 ff. 蓄積機関に確認義務もあるとする説として，OSG, §34 Anm. 1. 2; DKW, §34 Rn. 8; TE, S. 390 がある。

211)　Vgl. z. B. Auernhammer, §34 Rn. 13.

212)　通説。Vgl. z. B. Auernhammer, §34 Rn. 14.

213)　Auernhammer, §34 Rn. 14; SW, §34 Rn. 31; DKW, §34 Rn. 23.

214)　通説。Vgl. z. B. Auernhammer, §34 Rn. 18.

215)　Vgl. Auernhammer, §34 Rn. 19.

216)　Vgl. Auernhammer, §34 Rn. 19. 銀行がすべての顧客に自己情報の提供を求めると情報機関の経営が破綻するとの指摘もある。Vgl. OSG, §34 Anm. 5. 2; Dörr/Schmidt, §34 Rn. 22; DKW, §34 Rn. 28.

第4章　ドイツにおける民間個人情報の立法的保護

われている[217]。データが不正確または不適法に蓄積されていると考える特別の事情がある場合，もしくは，データを訂正しなければならないこと，または35条2項2文1号（不適法な蓄積）によって消去しなければならないことが開示によって明らかになった場合は，対価を要求できない（34条5項4文）。訂正の原因が本人にある場合は別である[218]。対価の額は開示によって生じた直接の費用を越えてはならない（34条5項3文）。個別の開示に要する実費（郵送料など）に限られ，開示を可能とするための設備やプログラムに要した費用は含まれない[219]。開示が有償の場合，本人には蓄積機関に直接赴いて閲覧する機会を与えるとともに，その旨を適切な方法で教示しなければならない（34条6項1文・2文）。本人の費用負担を軽減する趣旨である[220]。

(4)　データの訂正・消去・封鎖

(a)　訂正義務

不正確な個人データは訂正されなければならない（法35条1項）。「不正確」とは，内容が誤っている場合のほか，文脈上誤解を招く場合も含む[221]。価値判断についても，それが事実に基づくかぎりで訂正が考えられる[222]。訂正は本人の請求を待つことなく，遅滞なく行わなければならない[223]。

(b)　消去の適法性

消去は原則としていつでも可能である（法35条2項1文）。消去はデータ処理の一段階であり（前述2(3)(b)参照），一般的な禁止（前述3(1)(a)参照）のもとにあるが，この規定に基づいて適法性が広く認められる。消去が通常本人の利益に

---

217)　無償とする説（Auernhammer, §34 Rn. 20），費用がかかるので有償とする説（SW, §34 Rn. 51; GGSSS, §26 Rn. 56），それが経済的意味をもつ（例えば信用情報機関に自己情報がない）場合は対価を求めうるとする説（OSG, §34 Anm. 5. 4; DKW, §34 Rn. 28）がある。

218)　Auernhammer, §34 Rn. 23; OSG, §34 Anm. 5. 3; SW, §34 Rn. 61; TE, S. 394.

219)　通説。Vgl. z. B. Auernhammer, §34 Rn. 21.

220)　OSG, §34 Anm. 5. 5; Dörr/Schmidt, §34 Rn. 29; BMH, §34 Rn. 140.

221)　通説。Vgl. z. B. OSG, §35 Anm. 2. 1.

222)　通説。Vgl. z. B. Auernhammer, §20 Rn. 7.

223)　Auernhammer, §20 Rn. 8; Wohlgemuth b, Rn. 338; Däubler, a. a. O.（Anm. 2), S. 480; DKW, §35 Rn. 35; TE, S. 396. 例外的な場合に限定するものとして，BMH, §35 Rn. 39; SW, §35 Rn. 10 がある。

253

第2部　個人情報保護

なることを考慮したものである[224]）。ただし，法律，定款，または契約の定める保存期間が消去を妨げる場合，及び消去により本人の保護に値する利益が侵害されると考える理由がある場合は，消去が禁止される（35条2項1文）。

⒞　消去義務

法35条2項2文は，蓄積機関に消去義務が生じる4つの場合を規定する。いずれかの要件が満たされた場合，本人の請求を待つことなく，遅滞なく消去を行わなければならない[225]）。

第1は，当該データの蓄積が不適法な場合である（1号）。本法28条1項または29条1項の要件が満たされず，他の根拠規定も，本人の同意もない場合がそうである[226]）。収集が不適法な場合も含まれる[227]）。当初不適法だったが後に適法要件が満たされた場合は，消去義務は存在しない[228]）。

第2は，特定のセンシティブなデータ（健康状態，犯罪行為，秩序違反行為，宗教上または政治上の見解）について，それが正確であることを蓄積機関が証明できない場合である（2号）。多くの場合，これらのデータの蓄積はそもそも不適法であり，そのときは1号によって消去義務が生じる[229]）。欧州連合指令14条1文aを受けて，改正草案は対象となるデータに若干の項目を追加している[230]）。

第3に，データが自己使用目的で蓄積されているときは，蓄積目的の達成に必要でなくなった時点で直ちに消去しなければならない（3号）。例えば，本人との契約関係が終了した場合である[231]）。

第4に，データが提供目的で蓄積されているときは，最初の蓄積から5暦年

224）　Auernhammer, §35 Rn. 11; OSG, §35 Anm. 3. 1.

225）　Auernhammer, §35 Rn. 22; DKW, §35 Rn. 23.

226）　Auernhammer, §35 Rn. 16; BMH, §35 Rn. 60.

227）　BAG, *DB* 1987, S. 1048（1048）; BMH, §35 Rn. 60; Däubler, a. a. O.（Anm. 2）, S. 480; DKW, §35 Rn. 14; TE, S. 397.

228）　通説。Vgl. z. B. Auernhammer, §20 Rn. 14.

229）　Vgl. z. B. Auernhammer, §35 Rn. 17.

230）　人種的及び民族的出自，哲学上の信条，組合への所属，性生活がこれである。

231）　BMH, §35 Rn. 79; SW, §35 Rn. 33; DKW, §35 Rn. 21. その他の適用要件が満たされなくなった場合，本人が同意を撤回した場合もこの規定を準用する説（Auernhammer, §35 Rn. 19），1号の適用を認める説（BMH, §35 Rn. 61; DKW, §35 Rn. 14）もある。

第4章　ドイツにおける民間個人情報の立法的保護

が経過した時点での審査により，それ以上の蓄積が必要でないことが明らかに
なった場合に，初めて消去義務が生じる（4号）。この場合，提供以外に特別の
蓄積目的がないことを考慮したものである[232]。この期間は蓄積が行われた暦
年の終了から起算される[233]。必要性が肯定された場合，それ以降は審査の義
務はなく，要件が満たされているかぎり蓄積を続けることができる[234]。

(d)　封鎖義務

次の3つの場合には消去義務に代わって封鎖義務が生じる（法35条3項）。
第1は，本条2項3号及び4号により蓄積が必要なくなった場合（前述(3)参照）
に該当するが，法律，定款，契約上の保存期間が消去を妨げる場合である（1
号）。2項1号及び2号に該当する場合は保存期間にかかわらず消去義務が生
じる[235]。第2は，消去によって本人の保護に値する利益が侵害されると考え
る理由がある場合である（2号）。当該データが本人に有利な証拠手段となる場
合などがこれにあたる[236]。第3は，蓄積の特殊な態様のため，消去が不可能
か，または過大なコストを伴ってのみ可能な場合である（3号）。例えば当該
データがCD‒ROMに蓄積されている場合である[237]。

これらの場合のほか，35条4項によれば，個人データの正確性が本人に
よって争われ，正確であるとも不正確であるとも確定できない場合にも，封鎖
を行わなければならない。センシティヴなデータについては特則がある（前述
(c)参照）。

封鎖されたデータは，本人の同意がある場合を除き，原則として提供・利用
が禁じられる。ただし，学術目的のため，立証困難（Beweisnot）を解消するた
め，その他蓄積機関または第三者の優越的な利益のためにそれが不可欠であり，
かつ，封鎖されていなければ当該データの提供または利用が許される場合は，
例外的に提供または利用が許される（35条7項）。不可欠であるとは，それが

---

232)　Vgl. OSG, §35 Anm. 3. 5; Dörr/Schmidt, §35 Rn. 9.

233)　Vgl. z. B. Auernhammer, §35 Rn. 21.

234)　Auernhammer, §35 Rn. 20; OSG, §35 Anm. 3. 5; Dörr/Schmidt, §35 Rn. 10.

235)　法律上の保存義務がある場合は別と解する説もある。Vgl. Auernhammer, §35 Rn. 26.

236)　Auernhammer, §20 Rn. 26; OSG, §35 Anm. 4. 2; Dörr/Schmidt, §35 Rn. 14.

237)　OSG, §35 Anm. 4. 3; Dörr/Schmidt, §35 Rn. 16; SW, §35 Rn. 46; DKW, §35 Rn. 26;
　　　TE, S. 398.

第2部　個人情報保護

なければ目的を達することができないことを意味する[238]。封鎖されたデータも依然として蓄積されたデータであり，本人の開示・訂正・消去請求権の対象となる[239][240]。

(e)　訂正・封鎖・消去義務の例外

個人データを「一般に近づくことのできる情報源」（前述 3 (2)(b)参照）から入手し，これを第三者に提供するために記録目的（Dokumentationszwecke）で蓄積するときは，それが不正確か，または本人がその正確性を争っている場合でも，訂正・封鎖・消去を要しない。ただし一定のセンシティヴなデータ（前述(3)参照）にはこの例外は適用されない（以上，法 35 条 5 項 1 文）。具体的に適用対象となるのは報道等の記録であり，蓄積機関がその正確性に責任を負っていない事情を考慮したものである[241]。本人の請求に基づき，当該データにはそれが蓄積されている間本人の反論を添付しなければならず，提供もこの反論抜きで行ってはならない（35 条 5 項 2 文・3 文）。反論抜きの提供には秩序罰が科される（44 条 1 項 4 号）。

(f)　受領者への通知

法 35 条 6 項によれば，蓄積機関がすでにデータを提供している場合，受領者に訂正・封鎖・消去を通知しなければならない。受領者が必要な措置をとることを可能とする趣旨である[242]。通知義務は次の要件が満たされて初めて生じる。第 1 に，反復的な受領者のみが対象となる。第 2 に，データは蓄積の目的で提供されなければならない。第 3 に，通知が本人の保護に値する利益のために必要でなければならない。第 4 に，通知を要するのは，不正確なデータの

---

238) Auernhammer, §20 Rn. 37; OSG, §35 Anm. 4. 5; Dörr/Schmidt, §35 Rn. 25; DKW, §35 Rn. 29.

239) Auernhammer, §20 Rn. 35; BMH, §35 Rn. 113.

240) 欧州連合指令 14 条 1 文 a を受けて，改正草案は「本人が特定の収集，処理，または利用に対し責任機関に異議を申し立て，かつ，本人の特別の一身上の事情により，本人の保護に値する利益が収集，処理，または利用に対する責任機関の利益に優越することが審査の結果明らかになった場合，データファイルにおける個人データを収集，処理，または利用することは許されない」という規定（35 条 5 項）を新設する。これは封鎖ではなく，したがって例外規定の適用はないと解される。

241) Vgl. z. B. Auernhammer, §35 Rn. 32.

242) Auernhammer, §35 Rn. 34.

第4章　ドイツにおける民間個人情報の立法的保護

訂正（本条1項），争われたデータの封鎖（同4項），蓄積が不適法であることを
理由とする消去または封鎖（同2項2文1号・同3項）のみである[243]。

(5) 損害賠償責任の特則

　法8条は，「自動化されたデータ処理が本法またはデータ保護に関するその
他の法規により不適法または不正確だったことを理由として，本人が蓄積機関
に対して損害賠償請求権を主張し，損害が蓄積機関の責に帰すべき事情の結果
であるか否かが争われているときは，蓄積機関が立証責任を負う」と規定する。
これは，自動化されたデータ処理過程を理解し，個別の違法を発見することを，
本人には通常期待できない，という事情を考慮した規定である[244]。もっとも，
公的機関について無過失責任を認める（7条）のと対照的に，立証責任の転換
にとどまる。転換の範囲については争いがある[245]。本条は立証責任のみを規
定しており，請求権の根拠は一般の損害賠償法による[246]。

5　監督制度

　データ保護の実施を監督するために，本法は蓄積機関における内部統制
（データ保護受託者）と，監督行政庁による外部統制の両者を設けている。連邦
データ保護監察官も一定の役割を有する。

---

243)　欧州連合指令12条cを受けて，改正草案は次のような修正を加えている。第1に，す
　　べての受領者が通知の対象となる。第2に，本文の第三の要件は削除され，これに代えて，
　　通知が「過大な費用を必要とせず，かつ，本人の保護に値する利益がこれを妨げない場合」
　　という要件が設けられている。Vgl. Brühann/Zerdick, a. a. O.（Anm. 36）S. 433.

244)　Auernhammer, §35 Rn. 3.

245)　本人は蓄積機関が自己のデータを処理・利用したこと及び損害の発生を，蓄積機関は故
　　意過失・因果関係の不存在を，それぞれ立証しなければならないとする説（OSG, §8 Anm. 4;
　　BMH, §8 Rn. 26 f; DKW, §8 Rn. 5; TE, S. 269 f.），本人は損害の発生のみを立証すればよい
　　とする説（Auernhammer, §8 Rn. 3），逆に蓄積機関は故意過失がないことのみを立証すれば
　　よいとする説（I. Wind, *RDV* 1991, S. 23; Walz, a. a. O.（Anm. 26），S. 367）がある。

246)　通説。Vgl. z. B. Auernhammer, §35 Rn. 1. 改正草案7条1項は公的及び非公的機関に
　　共通する損害賠償の根拠規定を新設するとともに，立証責任の転換を自動化されていない場
　　合にも拡張する。

257

第 2 部　個人情報保護

(1)　データ保護受託者

(a)　概　　説

　蓄積機関内部においてデータ保護を担当するのはデータ保護受託者（Beauftragter für den Datenschutz）である。蓄積機関によって任命され，その長のもとに置かれる点で，内部的統制の手段でありながら，職務行使にあたってはかなりの独立性を法律上保障されている。その意味できわめて両義的な制度[247]であり，運用によっては蓄積機関のたんなる代弁者になりさがる危険も少なくない[248]。しかし，データ保護の成否が究極的には蓄積機関及びそこにおける処理担当者の意識に大きく左右されることを考えると，監督機能を蓄積機関内部に組み込み，「データ保護文化」の拠点としての役割を演じさせるこの制度は，非常に興味深いものであるということができるであろう。

(b)　任　　命

　個人データを自動的に処理し，通常（in der Regel）少なくとも 5 名の労働者を恒常的に（ständig）これに従事させている非公的機関は，受託者の任命義務を負う（法 36 条 1 項 1 文）。個人データがマニュアルで処理される場合は，要件が 20 名に引き上げられる（36 条 1 項 2 文）。適用対象となるのは蓄積機関（前

---

[247]　受託者がデータ保護という「社会の利益の擁護にとって重大な委託」を受けていることを強調する見解として，LG Ulm, *DuD* 1991, S. 154（155）; G. Kongehl, in: Ehmann, S. 131; OSG, §36 Anm. 5. 1; BMH, §36 Rn. 6, 52; Koch, S. 62; DKW, §36 Rn. 3 がある。これに対し，あくまでも企業の「人的手段」であり，本人は反射的利益を受けるにすぎないとする見解として，Dörr/Schmidt, §36 Rn. 15 ff., 24 がある。

[248]　後述するように，実際にも問題が多く，「アリバイ的受託者」が少なからず存在することが指摘されている。Vgl. G. Kongehl/T. Kummer, *DuD* 1995, S. 528. また，欧州連合指令の制定過程でも，当初の提案にはなかったこの制度の導入を強く求めるドイツに対し，他の諸国には，業界の意向を受けてデータ保護の骨抜きを狙っているのではないか，との疑念が根強くくすぶっていた。Vgl. z. B. F. Kopp, *RDV* 1995, S. 210. 最終的に指令（18 条 2 項・20 条 2 項）がこれを承認したこともあり，制度として定着したと評しうる。Vgl. z. B. Schlemann, S. 301 f. データ保護受託者の養成講座を設ける大学等も出てきている。Vgl. T. Hoeren, in: Ehmann, S. 151 ff.; Kongehl, a. a. O.（Anm. 1）, S.135; ders., *DuD* 1995, S. 475 ff. 改正草案は公的機関にも受託者を設置することとし（すでに現在でも多くの連邦行政庁において設置されていることについては，vgl. BfD, 15. TB, *BT-Drs.* 13/1150, S. 117），これに伴って規定が 4f 条及び 4g 条に移動している。同様の仕組みはインミッション防護法等にも存在し，ドイツ法上ある程度確立した制度といえる。Vgl. Auernhammer, Vor §36 Rn. 2.

第4章　ドイツにおける民間個人情報の立法的保護

述2(1)(b)参照）だが，委託に基づいて業務として個人データを処理する機関も同様に任命義務を負う（11条4項2号）。「通常」という要件は，一時的変動を考慮しない趣旨であり，ある程度長期間（少なくとも1年）当該労働者数が維持されなければならない[249]。「恒常的に」とは，従事が長期にわたって（たいていは期間を定めずに）行われることを意味し，一時的な場合は除かれる[250]。労働者数に算入されるのは個人データの処理[251]に従事する者に限られるが，これを主たる職務とする必要はない[252]。任命は当該機関の活動開始から1か月以内に書面で行わなければならず（36条1項1文），適時に任命しない場合は秩序罰が科せられる[253]（44条1項5号）。なお，蓄積機関が届出義務を負う場合（前述3(6)(d)参照）を除き，受託者の氏名を届け出る義務はない[254]。

　通説によれば，当該機関の被用者（内部的受託者）のほか，外部の者（外部的受託者）を受託者に任命することも可能であり[255]，また，受託者に他の職務を兼任させることも許される[256]。任命の人的要件として，本法は「その任務に必要な専門知識及び信頼性（Zuverlässigkeit）」を要求する（36条2項）。必要な専門知識は当該企業の規模及びそこでの個人データ処理の重要性によって異

---

[249]　通説。Vgl. z. B. Auernhammer, §36 Rn. 10.

[250]　通説。Vgl. z. B. Auernhammer, §36 Rn. 11.

[251]　通説によればもっぱら収集・利用に従事する者は算入されない。Vgl. z. B. Dörr/Schmidt, §36 Rn. 7. 批判的見解として，OSG, §36 Anm. 2. 6; Schlemann, S. 76 ff. 316. 改正草案（4f条1項）は収集・利用も要件に含めている。

[252]　Auernhammer, §36 Rn. 14; OSG, §36 Anm. 2. 3; Schlemann, S. 83. 異説として，SW, §36 Rn. 12 がある。

[253]　比較的最近のバーデン＝ヴュルテンベルク州での調査によれば，約26%（従業員100名未満の小企業では約86%）の企業が任命義務を果たしていない（Kongehl/Kummer, a. a. O.（Anm. 2），S. 523）。この調査は大中小企業それぞれから同数の標本を抽出して行われており，数値もそのかぎりのものである。Vgl. auch Schlemann, S. 91 ff.

[254]　改正草案では届出事項からも外されていることについては，前述Ⅱ注160)参照。

[255]　Vgl. z. B. OSG, §36 Anm. 3. 2. 改正草案4f条2項2文は明文でこれを規定する。外部的受託者は全体の約3.6%であり（Kongehl/Kummer, a. a. O.（Anm. 2), S. 522)，バーデン＝ヴュルテンベルク州内務省の担当者によれば，ほとんどが「データ保護保全協会（Gesellschaft für Datenschutz und Datensicherung e. V.)」等の専門的公益団体の派遣である。

[256]　Vgl. z. B. Auernhammer, §36 Rn. 23. 専任の受託者は全体の一割程度にすぎない（Kongehl/Kummer, a. a. O.（Anm. 2), S. 526. Vgl. auch A. Breinlinger, *RDV* 1993, S. 55)。なお，後注267)参照。

第2部　個人情報保護

なりうるが，一般に，データ保護法を熟知し，企業組織の概要を把握し，データ処理の技術的プロセスを理解できることが必要とされる[257]。信頼性とは，その者の個人的な資質・能力・行動が任務の遂行に適していることを意味し，データ保護法規や守秘義務への違反を理由として刑罰や秩序罰を受けていたり，データ処理部局の責任者などの受託者と両立しない職務を兼ねている場合[258]はこれを欠く。受託者がこれらの要件を満たさない場合[259]，監督行政庁はその解任を求めうる（後述(2)(f)参照）。

(c)　地　　位

受託者は一定の独立した地位を保障される。第1に，受託者は蓄積機関の長のもとに直属させられる（法36条3項1文）。これによって長に直接違法を指摘し，是正措置を要求することが可能となる。第2に，データ保護に関する専門事項について受託者は指揮命令を受けない（36条3項2文）。第3に，受託者はその職務の遂行を理由として不利益を受けてはならない（33条3項3文）。もっとも，他の理由を口実として不利益取扱いを行うことは難しくないとの指摘もある[260]。第4に，受託者の任命は監督行政庁の解任要求（後述(2)(f)参照）または民法626条（重大な事由に基づく解約告知）に基づいてのみ撤回しうる（33条3項4文）。後者は著しい職務懈怠や秘密漏洩のような重大な義務違反があるときに適用される[261]。内部的受託者については，労働関係（基本関係）と受託者としての職務関係が併存する[262]が，基本関係が保護を受ける範囲について

---

[257]　通説。詳細については，例えば，Schlemann, S. 193 ff. を参照。受託者の素養については，約57％が商業または経営学の，約36％が情報工学の，約7％が法律学の専門教育を受けている（Kongehl/Kummer, a. a. O.（Anm. 2），S. 524）。バーデン＝ヴュルテンベルク州内務省の担当者によれば，大企業では法律または情報工学の専門家が，中小企業ではデータ処理業務の経験者が任命されることが多い。

[258]　データ処理部局の担当者について，BAG, BB 1994, S. 2070（2072）を参照。兼職可能範囲の詳細については，例えば，OSG, §36 Anm. 5. 4; BMH, §36 Rn. 57 ff.; Schlemann, S. 205 ff. を参照。

[259]　受託者の3割程度にいずれかの点で問題があるとされる（Kongehl/Kummer, a. a. O.（Anm. 2），S. 528）。

[260]　B. Schierbaum/E. Kiesche, CR 1992, S. 731; DKW, §36 Rn. 51.

[261]　BMH, §36 Rn. 93; A. Herb, in: Ehmann, S. 55; DKW, §36 Rn. 55.

[262]　通説。Vgl. z. B. Auernhammer, §36 Rn. 5.

第4章　ドイツにおける民間個人情報の立法的保護

は争われている[263]。

　他方で受託者は，本人の身元及びこれを推認させうる事情につき，本人の許可がないかぎり守秘義務を負う（33条4項）。本人の匿名性を守り，受託者への申立てを容易にする趣旨である[264]。

　蓄積機関は受託者の職務遂行を支援し，とくに，補助人員，執務室，施設，備品，資金を必要に応じて提供しなければならない（33条5項）。そのほか，オフィスへの立入り，業務資料・プログラム・個人データ等の閲覧，受託者の研修等を保障することも支援内容に含まれる[265]。また，兼任の場合は，受託者としての任務を十分果たせるよう，他の職務を軽減しなければならない[266]が，現実には受託者としての任務に割きうる時間が足りない例が多い，という指摘がある[267]。

(d) 任　　務

　受託者は「この法律並びにデータ保護に関するその他の規定の執行を確保する[268]（sicherstellen）」ことを任務とする（法37条1項1文）。すなわち，法規が遵守されているかを監督し，必要な保護対策を講じ，違法な取扱いを是正しなければならない[269]。任務の具体例として，データ処理プログラムの使用を監

---

[263]　解雇事由が職務関係に関わるかぎりでのみ保護を認める説（C. Ehrich, *DB* 1991, S. 1985 f.; Dörr/Schmidt, §36 Rn. 28; ArbG Dresden, *CR* 1994, S. 484 (484); SW, §36 Rn. 65e; DKW, §36 Rn. 56; Schlemann, S. 243 ff. ほぼ同旨，A. Ostrowicz, *RDV* 1995, S. 116. 企業嘱託医につき同旨，BAG, *DB* 1989, S. 227 (227 ff.)），兼職の場合にかぎり他の職務を理由とする解雇を認める説（P. Gola, *DuD* 1991, S. 343; P. Gola/G. Wronka, *RDV* 1991, S. 171 f.; OSG, §36 Anm. 8. 3; GW, S. 270; Schierbaum/Kiesche, a. a. O. (Anm. 14), S. 729; M. Wächter, *DuD* 1994, S. 261)，基本関係も同様に保護されるとする説（B. Beder, *CR* 1990, S. 619; Wohlgemuth b, Rn. 127; ders., *BB* 1995, S. 1353; Koch, S. 79; TE, S. 410)，兼職の場合基本関係消滅後も職務関係は存続するとする説（H. v. Sponeck, in: Ehmann, S. 39; Herb, a. a. O. (Anm. 15), S. 57 ff.）がある。

[264]　90年法政府草案理由（*BT-Drs.* 11/4306, S. 52）参照。

[265]　Vgl. z. B. Auernhammer, §36 Rn. 34.

[266]　Vgl. z. B. OSG, §36 Anm. 5. 3.

[267]　Vgl. Aufsichtsbehörde Hessen, 8. TB, *LT-Drs.* 14/299, S. 23 f.; Kongehl/Kummer, a. a. O. (Anm. 2), S. 526.

[268]　改正草案は欧州連合指令18条2項にならって「監督する（überwachen）」と表現を改めている。

[269]　Auernhammer, §37 Rn. 2. 詳細については，Schleman, S. 109 ff. を参照。改正草案は

第2部　個人情報保護

督すること（そのため自動的処理の導入を適切な時期に通知されなければならない），データ保護法規を当該業務領域に関連づけて従業員に教育すること，データ処理に携わる者の選任に際して助言を与えることが挙げられている（37条1項3文）。

　もっとも，本法は受託者に指揮命令権を与えているわけではなく，データ保護に必要な措置の実施は蓄積機関の長の権限に属する。受託者は任務を対内的に果たすのみであり，対外的な責任はあくまでも長が負うのである[270]。この点できわめて重要な例外を認めるのが37条1項2文であり，それによれば，「受託者は，疑問がある場合は，監督行政庁に助言を求める（sich wenden）ことができる」。この規定は，データ保護に関する問題について疑問が生じ，長と合意のうえで監督行政庁の見解を求める場合をさしあたり想定している。しかし通説によれば，重大な違法の是正を長が行わないような例外的場合には，受託者は監督行政庁に事実関係を明らかにし，その介入を求めることができる[271]。受託者の「最後の手段」といえるが，前述した受託者の両義的な地位が顕在化することになる[272]。

(e)　データファイル概要[273]

　非公的機関は，使用されているデータ処理装置，データファイルの名称及び種類，蓄積されているデータの種類，当該データが必要とされる業務目的，当

　　「労働者はいつでもデータ保護受託者に訴え出ることができる」という規定（4f条5項2文）を新設している。

[270]　通説。Vgl. z. B. Auernhammer, §37 Rn. 3 f.

[271]　Auernhammer, §37 Rn. 8; OSG, §37 Anm. 3. 2; Dörr/Schmidt, §37 Rn. 6; BMH, §37 Rn. 14; DKW, §37 Rn. 18. この点について連邦議会内務委員会では，報告者が「疑問がある場合，例えば企業幹部の合意が得られない場合に，監督行政庁を統制に介入させることにより，受託者の発意はより重みをもつことになる」と述べている（BT-Drs. 7/5277, S. 9）。

[272]　バーデン＝ヴュルテンベルク州内務省の担当者によれば，このような「内部告発」の例は実際に存在するとのことである。

[273]　欧州連合指令18条2項はデータ保護受託者を任命している機関に届出義務の免除を認めており，改正草案4g条2項はこれに応じて一連の変更を加える。第1に，データファイル概要の内容は届出事項（前注[160]参照）と統一され，それにアクセス権者が加えられている。第2に，届出義務がない場合，受託者は（アクセス権者に関する事項を除き）データファイル概要を何人にも開示しなければならない。第3に，一時的データファイルに関する現行法37条3項に該当する規定は削除されている。

第4章　ドイツにおける民間個人情報の立法的保護

該データの反復的な受領者，アクセス権限を有する者またはそのグループについての概要を，受託者に知らせなければならない（法37条2項）。受託者の職務遂行を助けるための措置だが，監督行政庁にも閲覧権限がある（38条4項2文）ことから，外部統制の手段ともなる[274]。ただし，データ処理装置以外の事項については，データファイルが一時的なものであり，作成から3か月以内に消去される場合は，適用が除外されている（37条3項）。変更作業の負担を軽減する趣旨[275]だが，使用期間が短いことはデータ保護の必要性が小さいことを直ちに意味するわけではない，という批判もある[276]。

(2) 監督行政庁

(a) 概　説

データ保護の外部統制は法38条に定める監督行政庁が行う。同条6項は管轄行政庁の決定を州に委ねており，具体的には内務大臣，行政管区長官，州データ保護監察官等がこれにあてられている[277]。各州の最高監督行政庁は定期的に会合をもち（いわゆる「デュッセルドルフ会議」），意見交換を行っている[278][279]。

---

274) Auernhammer, §37 Rn. 19; OSG, §37 Anm. 7. 2.

275) 90年法政府草案理由（*BT-Drs.* 11/4306, S. 46）参照。

276) BMH, §37 Rn. 65; DKW, §37 Rn. 16; Schleman, S. 180. 改正草案での削除につき前掲注273)参照。

277) 1996年末現在の状況については，SW, §38 Anhang 1 を参照。監督を担当する職員数は州によって1.3から10名弱とされる。その内訳も含め，詳細については，Wind, S. 46 ff. を参照。

278) デュッセルドルフ会議については，Wind, S. 45 f., 167 f. を参照。

279) 欧州連合指令28条を受けて，改正草案は，一般的監督権限をすべての蓄積機関に拡張し，他の欧州連合加盟国の監督行政庁との職務共助，定期的な報告書の公表，法21条1項（連邦データ保護監察官への申立て）及び23条5項7文（告発権限）の準用等を新たに規定する（改正草案38条1項）。指令28条1項2文は監督行政庁が任務を「完全に独立して」行使する旨定めるが，現行法はこれに反するとみる説（M. Körner-Dammann, *RDV* 1993, S. 19; U. Brühann/T. Zerdick, *CR* 1996, S. 435; T. Giesen, *DuD* 1996, S. 395; DKW, §38 Rn. 33; Dammann/Simitis, Einl. Erl. 43, Art. 28 Erl. 5; TE, S. 258）と，被監督機関に対する独立で十分とする説（F. Kopp, *DuD* 1995, S. 211; R. Bachmeier, *RDV* 1995, S. 52）がある。連邦内務省は後説に立ち（vgl. M. Weber, *CR* 1995, S. 298），改正草案にこの点の変更はない。

263

第 2 部　個人情報保護

(b)　個別審査権限

　監督行政庁は，本法の適用，ならびに，データファイルのなかの（またはそこから得られた）個人データの処理または利用を規律するデータ保護に関するその他の規定[280]（以下「関連規定」と呼ぶ）の適用について，これらの規定に非公的機関が違反しているという十分な根拠があるとき，とくに本人自らがその旨を根拠を挙げて主張しているときは，個別にこれを審査できる（法 38 条 1 項）。具体的な手がかりがある場合にのみ個別審査を許容する趣旨であり，定期的または無作為抽出の審査は許されない[281]。77 年法は本人の申立てがあった場合にのみ個別審査を認めていたが，実務上不十分であることが明らかとなった[282]ことから要件が緩和された。本人の申立て以外の手がかりとしては，マスコミ報道，第三者や他の公的機関による通報等が考えられる[283]。

(c)　一般的監督権限

　これに対し，届出義務を負う機関（前述 3 (7)(b)参照），すなわち，個人データを業務として提供目的で蓄積する機関，匿名化して提供する目的で蓄積する機関，及び委託に基づいて処理する機関については，監督行政庁は本法及び関連規定の適用を「監督する（überwachen）」（法 38 条 2 項 1 文）。具体的な手がかりがない場合でも職権で一般的に監督権限を行使しうるという意味であり[284]，人格権侵害の危険がとくに大きいことを考慮して監督権限が強化されているのである[285]。監督行政庁はこれらの機関の届出に基づいて登録簿を管理し，何人もこれを閲覧できる（38 条 2 項 2 文・3 文）。

---

280)　条文の意味は必ずしも明確ではないが，通説は「データファイルのなかの……に関する」という限定が「その他の規定」のみにかかると解する。したがって，本法の適用にかぎり，監督権限はデータファイル以外にも及ぶことになる。Vgl. z. B. SDGMW, §38 Rn. 9. 異説として，SW, §38 Rn. 4 がある。

281)　Vgl. z. B. SDGMW, §38 Rn. 12. 改正草案での変更については，前注33)参照。

282)　90 年法政府草案理由（*BT-Drs.* 11/4306, S. 53）参照。

283)　Vgl. z. B. SDGMW, §38 Rn. 13 個別審査の実態につき，Wind, S. 105 ff., 119 ff., 142 f. を参照。

284)　通説。Vgl. z. B. SDGMW, §38 Rn. 17. 定期審査の数は，例えば 1992 年においては，州によって 5 から 64 であり，届出機関数に対する割合は 10%弱から 30%程度に該当するとされる（Wind, S. 100 f.）。個別審査に比べて定期審査が不十分であることが指摘されている（*ibid.*, S. 159）。

285)　SDGMW, §38 Rn. 16; TE, S. 417.

第4章　ドイツにおける民間個人情報の立法的保護

(d) 情報請求権限

審査または監督を受ける機関，及びその経営を委ねられた者は，監督行政庁の求めに応じ，その任務遂行に必要な情報を提供しなければならない（法38条3項1文）。データの出所及び受領者に関する事項も提供義務に含まれる[286]。提供命令に従わない場合は秩序罰が科せられる（44条1項6号）。ただし，その回答が自らまたは民事訴訟法383条1項1号から3号に挙げられた親族等を刑事訴追または秩序違反手続にさらすおそれがある場合は，情報提供を拒否することができる（38条3項2文）。監督行政庁はその旨を教示しなければならない（38条3項3文）。

(e) 調査権限

監督行政庁から審査・監督を委託された者は，その任務に必要なかぎりで営業時間内に当該機関の土地・建物に立ち入り，審査・検分を行うことができる（法38条4項1文）。これらの者はまた，業務上の資料，とくにデータファイル概要（前述1(5)参照），蓄積された個人データ，データ処理プログラムを閲覧できる（38条4項2文）。資料の持ち帰りまたは行政庁への送付は要求できない[287]。明文上はこれらの措置の受忍義務のみが規定されている（38条4項4文）が，場合によっては（資料提出等の）一定の作為義務も生じると解されている[288]。義務違反には秩序罰が科せられる（44条1項6号）。

38条4項3文は24条6項を準用し，後者はさらに同条2項を準用している。それによると，監督行政庁は職業上の秘密及び特別の職務上の秘密についても権限を行使しうるが，郵便及び通信の秘密，医療秘密，人事記録・保安審査[289]（Sicherheitsüberprüfung）に関する個人データについては，本人が異議を申し立てた場合はこの権限が及ばず，また，異議申立権について本人に教示を行わなければならない。とくにこの教示義務に関しては，実際上の履行が困難

---

[286]　Auernhammer, §38 Rn. 17; DKW, §38 Rn. 13.

[287]　通説。Vgl. z. B. SDGMW, §38 Rn. 32.

[288]　通説。Vgl. z. B. SDGMW, §38 Rn. 34.

[289]　保安審査（Sicherheitsüberprüfung）とは，機密事項を取り扱う職務につく適性があるか否かの審査をいう。

265

第2部　個人情報保護

との指摘がある[290]。

(f)　命令権限

法38条5項は監督行政庁に一連の命令権限を付与する。77年法は経済的自由を考慮してこのような規定を意識的に設けなかったが，実務上不十分であることが明らかになった[291]ことから，90年法で導入された。なお，営業法上の監督権限はこれによって影響を受けない（38条7項）。

監督機関はまず，本法及び関連規定に基づくデータ保護を保障するために，法9条による要請（前述3(1)(c)参照）の範囲内で，確認された技術的または組織的な瑕疵を除去するための措置を命令することができる（38条5項1文）。その内容は法9条に定めるデータ保全のための技術的及び組織的措置に限られ，これに該当しないデータ保護法上の違法の是正を命じることはできない[292]。蓄積機関が措置命令に従わない場合，秩序罰（44条1項7号）を科しうるほか，州法に基づく強制執行が可能である。もっとも，瑕疵の除去は原則として代替不可能なので，実際には強制金の賦課のみが考えられる[293]。

瑕疵が重大であり，とくにそれが人格権を特別の危険にさらし，かつ，措置命令及び強制金の賦課にもかかわらず適切な期間内に除去されないときは，監督行政庁は個別手続の実行を禁止できる（38条5項2文）。重大な瑕疵は基本的な保全措置がとられていない場合等に存在する[294]が，センシティヴなデータが蓄積されているときは容易に肯定されうる[295]。

監督行政庁はまた，データ保護受託者が任務に必要な専門知識または信頼性（前述(1)(b)参照）を備えないときは，その解任を請求できる（38条5項3文）。た

---

290)　S. Walz, *CR* 1991, S. 368 f.; BMH, §38 Rn. 50; A. Herb, *CR* 1992, S. 112; Auernhammer, §38 Rn. 32; T. Weichert, *CR* 1994, S. 181; DKW, §38. Rn. 23. 改正草案は保安審査以外の事項を削除している。

291)　90年法政府草案理由（*BT-Drs.* 11/4306, S. 53）参照。

292)　SDGMW, §38 Rn. 39; Auernhammer, §38 Rn. 28; OSG, §38 Anm. 7. 1; Dörr/Schmidt, §38 Rn. 1; Wind, S. 81; DKW, §38 Rn.25. 保全措置を通して違法の是正も命じうるとする説として，BMH, §38 Rn. 55 f.; Herb, a. a. O.（Anm. 44), S. 113 がある。

293)　Auernhammer, §38 Rn. 29.

294)　Auernhammer, §38 Rn. 31; BMH, §38 Rn. 63; A. Herb, *CR* 1995, S. 113; DKW, §38 Rn. 26.

295)　Vgl. z. B. SDGMW, §38 Rn. 40.

266

第4章　ドイツにおける民間個人情報の立法的保護

だし正式の解任請求は最後の手段であり，他の方法（例えば講習会への参加）による治癒の可能性をまず検討しなければならない[296]。通説によれば請求が直ちに解任の効果をもつわけではない[297]が，蓄積機関がそれによって解任を義務付けられるか[298]，また，蓄積機関が解任を行わない場合に受託者を任命していないとみなして秩序罰（44条1項5号）を科しうるかについては，見解が対立している[299]。いずれにせよ，措置命令・禁止命令と同様，解任請求も行政行為であり，取消訴訟によって争いうる[300][301][302]。

(3)　連邦データ保護監察官

連邦データ保護監察官（Bundesbeauftragter für den Datenschutz）は，本来連邦の公的機関の監督を任務とするが[303]，非公的機関に対する監督においても一定の役割を果たす。第1に，連邦監察官の活動報告書には「非公的領域におけるデータ保護の重要な発展に関する記述」も含まれる（法26条1項2文）。こ

---

296)　通説。Vgl. z. B. SDGMW, §38 Rn. 42.

297)　異説として，BMH, §38 Rn. 79; Herb, a. a. O. (Anm. 15), S. 56; ders., a. a. O. (Anm. 44), S. 114 がある。

298)　肯定説として，SDGMW, §38 Rn. 42; OSG, §38 Anm. 8. 2; Wind, S. 88 ff.; DKW, §36 Rn. 54; Schlemann, S. 239 がある。否定説として，Dörr/Schmidt, §36 Rn. 25; Auernhammer, §38 Rn. 34 がある。

299)　肯定説として，Auernhammer, §36 Rn. 16, §38 Rn. 34, OSG, §36 Anm. 8. 1, §38 Anm. 8. 2; Gola, a. a. O. (Anm. 17), S. 343; GW, S. 269; Schierbaum/Kiesche, a. a. O. (Anm. 14), S. 728; Schlemann, S. 240 がある。否定説として，GGSSS, § 28 Rn. 43; Dörr/Schmidt, §36 Rn. 25 がある。

300)　通説。Vgl. z. B. Auernhammer, §38 Rn. 34.

301)　法定権限のほか，実務上はとくに助言活動が重要な役割を果たしており（Wind, S. 67 ff., 161 ff.），個別問題について業界団体等との間で拘束力のない取決めがなされることも多い（ibid., S. 147 ff.）。また，州によっては（法律によりまたは自発的に）報告書を公刊している（ibid., S. 1 f., 69 ff.）。

302)　なお，欧州連合指令27条2項を受けて，改正草案は新たに38a条を設け，責任機関によって構成される団体はデータ保護法の実施のための行為準則の草案を監督行政庁に提出することができ，監督行政庁はそれが現行法と合致しているかどうかを審査しなければならないと規定する。この制度については，藤原静雄「国際化の中の個人情報保護法制」公法研究55号（1993年）71頁参照。

303)　連邦データ保護監察官については，藤原静雄「西ドイツ『連邦データ保護法』政府草案について（二）」國學院法学25巻1号（1987年）19頁以下に詳しい。

第2部　個人情報保護

の規定は90年法で初めて設けられたが，従来の実務を追認したものであ
り304)，データ保護法の改正作業に必要な情報を議会に提供する機能をも
つ305)。第2に，連邦監察官は監督行政庁と協力するよう努めることとされる
（26条4項）。本法の統一的な適用を確保する趣旨であり306)，そのため連邦監
察官は「デュッセルドルフ会議」（前述(2)(a)参照）に参加している307)308)。

6　おわりに

　ドイツにおける民間個人情報の保護については，以下のような特色を指摘し
うる。
　第1に，個別分野ごとに規律を行うアメリカ合衆国と対照的に，一般法によ
る規制が行われている。この点については，一般法では抽象的な規定にとどま
らざるをえず，個別分野の特殊事情を十分考慮できないことから，分野によっ
ては特別法を制定する必要性が指摘されている309)。しかし，それも一般法の
存在を前提とした主張であり，すべての領域にわたって一定の水準を確保しう
ること，国民にとっても理解しやすいことなど，一般法の利点も見逃しえない
であろう。
　第2に，個人データ一般が保護対象とされており，センシティブなデータに
適用を限定したり，これを特別扱いする仕組みは基本的にとられていない。こ
れは，データの内容よりも，むしろ処理の脈絡の方がデータ保護にとって重要
だ，という考え方に基づくものである（前述2(2)(a)参照）。
　第3に，規制はデータの自動的処理だけでなく，マニュアル処理にも及んで
いる。もっとも後者については，データファイルに含まれている場合に限られ

---

304)　Vgl. SDGMW, §26 Rn. 5; OSG, §26 Anm. 2. 2.

305)　SDGMW, §26 Rn. 5; Dörr/Schmidt, §26 Rn. 2; BMH, §26 Rn. 10.

306)　SDGMW, §26 Rn. 19.

307)　Vgl. z. B. SDGMW, §26 Rn. 20.

308)　改正草案は26条4項2文において同38条1項1文（前注279)参照）を準用し，連邦
　　監察官に非公的機関に対する一般的監督権を与えている。ただし情報請求・調査・命令権限
　　は付与していない。

309)　Z. B. BfD. 16. TB, BT-Drs. 13/7500, S. 196; SDGMW, §1 Rn. 62.

第4章　ドイツにおける民間個人情報の立法的保護

ており，公的機関について文書一般も適用対象とされていることとの関係で議論がある（前述2(2)(b)参照）。いずれにせよ，わが国の個人情報保護法は適用を自動的処理に限定しており，この点の落差は大きい。

第4に，個人データの処理・利用について，原則禁止の考え方がとられている。これに対し，収集の規制はなお限定的であり，欧州連合指令との関係で見直しを迫られている（前述2(3)(a)参照）。目的の拘束も指針に比べると緩やかなものにとどまっている（前述3(2)(f)参照）。

第5に，届出制度は存在するものの，その適用対象はフランスなどに比べるとかなり限定されており（前述3(7)(b)参照），それに代わってデータ保護受託者という特有の制度が設けられている（前述5(1)参照）。これは届出制度の実効性に対する懐疑的な見方を反映したものである。

最後に，全体的にみると，非公的機関の規制はそれ自体かなり厳しいものだが，それでも公的機関に比べて多くの点で緩やかなものにとどまっている[310]。たしかに両者の法的位置付けには大きな相違がみられる。まず，非公的機関は公的機関と異なり憲法の直接適用を受けない。しかし私法上確立された一般的人格権[311]をとおして情報自己決定権の要請が働く[312]ので，このことは決定的な差異をもたらすわけではない。他方，非公的機関についての考慮事項は公的機関のそれとは異なっており，とくに蓄積機関の基本権も保護する必要がある[313]。しかしそれが直ちに保護水準の格差を正当化するわけではなく，むしろ個別の利害状況に応じた規律が必要であると思われる[314]。ドイツにおいても，人格権侵害の危険は場合によっては公的機関よりも大きいとして，非公的機関の保護水準を引き上げる必要が有力に主張されている[315]。また，欧州連

---

310)　とくに，文書の取扱い，収集の規制，目的の拘束など（前述2(2)(b)，(3)(b)，3(2)(f)参照）。

311)　五十嵐清『人格権論』（一粒社，1989年）122頁以下参照。

312)　Vgl. z. B. *BVerfGE* 84, S. 192（194 f.）; BGH, *RDV* 1995, S. 172（172 f.）; BAG, *DB* 1987, S. 1048（1049）; GGSSS, vor §22 Rn. 7 ff.; Auernhammer, Einf. Rn. 12, §1 Rn. 12 ff.; BMH, §28 Rn. 105.

313)　Vgl. GGSSS, vor §22 Rn. 12 ff.; SDGMW, §1 Rn. 191 ff.; DKW, Einl. Rn. 40.

314)　Vgl. *BVerfGE* 84, S. 192（195）.

315)　Z. B. BfD, a. a. O.（Anm. 1），S. 11.

第 2 部　個人情報保護

合指令は両者を基本的に区別しておらず316)，ドイツ法も対応を迫られている
ところである。このような動向は，日本の議論においても視野に入れておく必
要があるといえよう。

　民間においても大量の個人情報が蓄積・利用され，そのなかには行政機関の
それに劣らずプライバシーにとって危険な情報が少なからず含まれている現状
に鑑みれば，わが国においても民間個人情報の保護を立法的に行う必要はきわ
めて大きいと考えられる。ドイツばかりでなく，欧州連合のデータ保護指令に
おいても法規による規律が求められており，これは現時点でのデータ保護のひ
とつの国際水準であるといえる。欧州連合指令との関係でさらに注意を要する
のは，「適切な」データ保護水準をもたない第三国に対しては，データの提供
が制限されていることである317)。現状のままでは，民間情報について日本の
保護水準が「不適切」と判断される可能性も少なくない318)。この点からも早
急な対応が求められているといえよう319)補注。

---

316)　Vgl. M. Körner-Dammann, *RDV* 1993, S. 16; U. Brühann, *RDV* 1996, S. 14 f. 欧州連合指
令の制定過程においては，ドイツ以外の国からは，むしろ非公的機関の方が危険が大きいと
の主張がなされていた。Vgl. F. Kopp, *DuD* 1993, S. 12.

317)　前注157)参照。

318)　第三国への提供に関する指令 25 条及び 26 条の適用の細目については，欧州委員会で現
在検討が進められているが（vgl. Working Party on the Protection of Individuals with
Regard to the Processing of Personal Data, Working Document, Transfers of Personal Data
to Third Countries: Applying Articles 25 and 26 of the EU Data Protection Directive,
Adopted on 24 July 1998)，ここでは立ち入ることができない。

319)　この点を指摘するものとして，堀部政男編『情報公開・プライバシーの比較法』（日本
評論社，1996 年）17 頁［堀部執筆］，同「プライバシー保護の国際調和論」法学新法 103 巻
11 = 12 号（1997 年）46 頁，同「EU 個人保護指令と日本」変革期のメディア（ジュリ増刊，
1997 年）363 頁。欧州連合指令を受けて通商産業省機械情報産業局はガイドラインを作成し
ているが（同局・個人情報保護ハンドブック「民間部門における電子計算機処理にかかる個
人情報保護ガイドライン」〈解説書〉〔1998 年〕参照)，その批判的検討として，樋口範雄
「個人情報に関する法的課題（上）（下）」ジュリ 1145 号（1998 年）52 頁以下，1146 号
（1998 年）108 頁以下がある。

補注　原論文の公刊後，ドイツでは 2001 年及び 2009 年に連邦データ保護法が改正されている。
前者については，藤原静雄「資料：改正連邦データ保護法（2001 年 5 月 23 日施行)」季刊行
政管理研究 99 号（2002 年）76 頁，山下義昭「ドイツ連邦データ保護法の改正と残された課
題（1）～（3・完)」クレジット研究 27 号（2002 年）184 頁），29 号（2003 年）91 頁，32
号（2004 年）228 頁など参照。後者については，戸田則子「連邦データ保護法改正——民間
企業の個人データ利用を制限」ジュリ 1409 号（2010 年）7 頁など参照。

■第5章 ─────────────────────────

国境を越えるデータ流通と
個人情報保護
── 欧州連合個人データ保護指令の
第三国条項を手がかりとして ──

1　はじめに

　情報通信技術の発達によりデータの国際的流通はますます活発化しつつある。しかしこのことは個人情報保護にとって大きな脅威となりうる。国内法によって個人情報の保護を強化しても，保護の不十分な国にデータが移転され，そこで処理されるならば，規律は容易に骨抜きにされるからである。本章ではこの問題について考える手がかりとして，1995 年に採択された欧州連合の「個人データの処理における自然人の保護並びに自由なデータ流通のための欧州議会及び理事会の指令[1)]」（以下「指令」という）を検討する。

───────────────

[1)]　　Directive 95/46/EC of the European Parliament and of the Council of 24.10.1995 on the protection of individuals with regard to the processing of personal data and the free movement of such data, OJ 1995, L 281, p. 31.　指令本文の翻訳として堀部政男研究室・新聞研究 578 号（1999 年）17 頁，前文の翻訳として藤原静雄・自治研究 76 巻 11 号（2000 年）138 頁，検討として堀部政男編『情報公開・プライバシーの比較法』（日本評論社，1996 年）11 頁以下［堀部執筆］，福田耕治「EU 行政の情報化と情報公開・個人情報保護の制度化」同志社法学 48 巻 1 号（1996 年）133 頁，樋口範雄「個人情報に関する法的課題（上）（下）」ジュリ 1145 号（1998 年）52 頁，1146 号（1998 年）108 頁，日本総合研究所・消費者の個人情報の保護に関する調査報告書（1999 年）52 頁［藤原静雄執筆］，新見育文「個人情報保護基本法制大綱 ── アメリカ・EU との対比」ジュリ 1190 号（2000 年）95 頁，山岸和彦「固人情報保護法制化の動向と課題 ──EU」法時 72 巻 10 号（2000 年）34 頁，藤原静雄「諸外

第 2 部　個人情報保護

　指令は欧州連合構成国の個人情報保護制度を「高い保護水準」（前文 10 項）で統一し，連合域内での自由なデータ移転を保障する（指令 1 条）一方，構成国以外の国（以下「第三国」という）へのデータ移転を制限する（25 条，26 条。以下「第三国条項」という）。すなわち，①「適正な保護水準」を欠く第三国への個人データ移転を原則として禁止し，②一定の事由（以下「例外事由」という）があるとき，及び，③個人情報保護のために適切な措置が講じられているとして許可（以下「例外許可」という）が与えられたときに例外を認める[2]。

　第三国条項を検討する日本法にとっての意義は主に 2 つある。第 1 に，右条項は個人情報保護の観点からデータの国際的移転を規制する初めての本格的な国際制度であり[3]，わが国で今後この問題を検討する際の参考となりうる。第 2 に，日本も「第三国」に該当し，欧州からのデータ移転の規制を受ける立場にある。

　以下では，指令の原則（2），例外事由（3），例外許可（4）について検討を加

　　　国における個人情報保護法制の動向」ひろば 2001 年 2 月号 2 頁以下，同「個人情報保護法
　　　制とメディア」塩野宏先生古稀記念『行政法の発展と変革上巻』（有斐閣，2001 年）711 頁
　　　などがある。

2)　　指令の制定過程においては，1990 年の欧州委員会提案では①と③の 2 段階構造だったが，
　　　92 年の修正堤案において②が設けられ，結果として規律がかなり緩和された。さらに 95 年
　　　の共同見解（common position）によって例外事由が大幅に拡大された。

3)　　個人データ保護に関する国際文書として 1980 年の OECD ガイドライン及び 81 年の欧州
　　　評議会条約 108 号があるが，いずれも加盟国（締約国）以外の国に対するデータ移転に関す
　　　る規定を持たず，加盟国（締約国）間でも例外的に制限を許容する。C. f. M. Bergmann,
　　　Grenzüberschreitender Datenschutz, 1985, S. 141ff.; R. Ellger, Der Datenschutz im
　　　grenzüberschreitenden Datenverkehr, 1990, S. 460ff.; A. C. M. Ntigter, Transborder Flow of
　　　Personal Data within the EC, 1990, p. 20 et sq., 225 et sq.; U. Hahn, Datenschutzrecht und
　　　grenzüberschreitender Datenverkehr, 1994, S. 58f., 70f.; U. Wuermeling, Handelshemmnis
　　　Datenschutz, 2000, S. 29ff. これに対し，電子化された個人データファイルに関する 1990 年
　　　の国連ガイドラインは国境を越えるデータ流通について規定している（第 9 原則）。すなわ
　　　ち，移転先の国に同様の（comparable）保障措置が存在する場合，情報は自由に流通される
　　　べきであり，そうでない場合でも，制限は不適切に（unduly）課せられてはならず，またプ
　　　ライバシー保護に必要な範囲にとどまなければならない。このように規律内容は一般的であ
　　　り，法的拘束力もない。C. f. Ellger, ibid., S. 564ff.; Hahn, ibid., S. 51ff.; Wuermeling, ibid., S.
　　　33. 指令制定以前の欧州連合構成国のこの問題への対応については，c. f. Bergmann, ibid., S.
　　　73ff.; Ellger, ibid., S. 173ff.; Nugter, ibid., p. 181 et sq., Hahn, ibid., S. 169ff., Wuermeling, ibid.,
　　　S. 33ff.

第 5 章　国境を越えるデータ流通と個人情報保護

え，最後にアメリカ合衆国とのとの間で合意された「セーフ・ハーバー制度」
を取り上げる（5）。

2　原　　則

⑴　概　　説

　構成国は，処理の対象となっている，または移転後に処理が予定されている
個人データの第三国への移転は，指令の他の規定に基づいて制定された構成国
法の規定を遵守することに加え，当該第三国が「適正な保護水準（adequate
level of protection）」を保障する場合にのみ適法である旨を定めるものとする
（25 条 1 項）。保護水準の適正さは 1 つのまたは一連のデータ提供に関係するす
べての事情を考慮して評価され，特に，データの性質，予定された処理の目的
及び期間，データの由来国及び最終目的国，当該第三国で適用される一般的ま
たは分野別法規範，並びにそこで適用される職業規範及び保全措置が考慮され
る（同 2 項）。構成国及び欧州委員会は適正な保護水準を欠くと考えられる第三
国について相互に情報を交換し（同 3 項），特定の第三国が右水準を保障してい
ない旨を指令 31 条 2 項の手続[4]によって欧州委員会が確認したときは，構成
国は同種の移転が行われないよう必要な措置を講じるものとする（同 4 項）。欧
州委員会はかかる状況を是正するために適切な時点で交渉を開始し（同 5 項），
その結果適正な保護水準が保障されたときは，その旨を指令 31 条 2 項の手続
によって確認し，構成国は右確認に従うために必要な措置を講じるものとす
る[5]（同 6 項）。

---

4)　欧州委員会はとるべき措置を構成国の代表から成る（議長は欧州委員会の代表が務める）
　　小委員会（committee）に提案し，小委員会は特別多数（共同体設立条約 148 条 2 項参照）
　　をもって議決を行う。小委員会が提案に同意すれば措置は直ちに効力を発する。同意しない
　　ときは遅滞なく理事会に通知され，理事会は 3 か月以内に提案と異なる決定を行いうる。そ
　　うでないときは欧州委員会は当初の措置を行うことができる。
5)　欧州委員会が適正な保護水準を確認した場合，構成国は第三国における保護水準を理由
　　と し て デ ー タ 移 転 を 拒 否 で き な い と す る 見 解（E. Ehmann/M. Helfrich, EG
　　Datenschutzrichtlinie, 1999, Art. 25 Rdnr. 24））と，で き る と す る 見 解（U. Dammann/S.
　　Simitis, EG-Datenschutzrichtlinie, 1997, Art. 25 Rdnr. 30; C. Klug, Persönlichkeitsschutz
　　beim Datentransfer in die USA - Die Safe-Harbor-Lösung, Recht der Datenverarbeitung

273

第 2 部 個人情報保護

　ここでは「適正な」保護水準という基準が用いられているが，むしろ「同等の (equivalent)」水準を要求すべきであるとの批判がある[6]。また，「適正な」水準は「同等の」それよりも低水準であるとする見方もあれば[7]，同じ制度である必要はないにせよ，結果として同じ水準が確保されなければならない（「機能的等価」）とする見方もある[8]。いずれにせよ，指令は評価に際して考慮すべき要素を例示するのみであり，水準それ自体については何も述べていない。具体的な判断基準については指令 29 条に基づいて設置された「個人データの処理における個人の保護のための作業班[9] (Working Party on the Protection of Individuals with regard to the Processing of Personal Data)」（以下「作業班」という）が意見を述べ，またいくつかの国については欧州委員会が既に正式の認定を行っており，以下ではこれらを検討する。

　　　(RDV) 2000, S. 214) がある。

6)　　R. Ellger, Datenschutz und europäischer Binnenmarkt (Teil 2), RDV 1991, S. 131; ders., Datenexport in Drittstaaten, Computer und Recht (CR) 1993, S. 9; M. Körner-Dammann, Der zweite Entwurf einer EG-Datenschutzrichtlinie, RDV 1993, S. 17f.; P. Dippoldsmann, EG-Datenschutz - ＞Zwiedenken＜ auf europäisch, Kritische Justiz 27 (1994), S. 377; C. O. Dressel, Die gemeinschaftsrechtliche Harmonisierung des Europäischen Datenschutzes, 1995, S. 293; S. Lütkemeier, EU-Daten-schutzrichtlinie - Umsetzung in nationales Recht, Datenschutz und Datensicherheit (DuD) 1995, S. 601; Dammann/Simitis (note 5), Einl. Rdnr. 28.

7)　　P. P. Swire/R. E. Litan, Non of Your Business - World Data Flows, Electric Commerce, and the European Privacy Directive, 1998, p. 33; Ehmann/Helfrich (note 5), Art. 25 Rdnr. 5f.; W. Däubler, Die Übermittlung von Arbeitnehmerdaten ins Ausland, CR 1999, S. 55; N. Mallet-Poujol, La réforme de la loi <informatique et liberté>. Revue française d'administration publique (RFAP) n° 89 (1999), p. 55; Wuermeling (note 3), S. 103ff.

8)　　Dammann/Simitis (note 5), Einl. Rdnr. 29, Art. 25 Rdnr. 8; S. Walz, Datenschutz-Heausforderüng durch neue Technik und Europarecht, DuD 1998, S. 151; S. Simitis, Der Transfer von Daten in Drittländer - ein Streit ohne Ende?, in: A. Büllesbach (Hrsg.), Datenverkehr ohne Datenschutz?, 1999, S. 189.

9)　　作業班は，構成国の監督機関（指令 28 条）の代表，欧州共同体諸機関の監督機関の代表，欧州委員会の代表（投票権を持たない）によって構成される。諮問機関にすぎないが，専門家の集団であるため実質的な影響力を持つ。日本総合研究所・前掲注1)54 頁［藤原執筆］。データ保護以外の問題について責任を負わないため，指令を過度に厳格に解釈する傾向があるとの見方もある。Swire/Litan (note7), p. 41. 作業班の文書（Working Paper: WP）は欧州連合のウェブサイト（http://europa.eu.int/comm/internal_market/en/dataprot/wpdocs/index.htm）で入手できる。

第5章　国境を越えるデータ流通と個人情報保護

(2)　適正な保護水準に関する作業班の見解 [10]

　作業班によれば，保護水準は実体及び手続の2つの観点から検討されなければならない。実体面で問題となる事項として，①目的制限の原則，②データの質及び比例の原則，③透明性の原則，④安全の原則，⑤開示，訂正，異議申立権，⑥再移転の制限，⑦センシティブなデータ[11]，⑧ダイレクト・マーケティング，⑨自動的決定が挙げられている。①〜⑤は OECD の諸原則に含まれているが，その他は指令の規定に対応したものである。すなわち，⑥個人データの再移転はその受領者が適正な保護水準を保障する規範に服する場合にのみ許される（指令25条参照），⑦この種のデータについては本人（data subject）の明示の同意などの特別の措置が講じられなければならない（8条参照），⑧かかる目的での処理については本人に拒否権を与えなければならない（14条参照），⑨自動的決定を行うためにデータが移転されるときは，本人に当該決定の論理を知らせ，正当な利益を保護するための措置を講じなければならない（15条参照）とされている。

　作業班によれば，以上の実体的な諸原則が規定されるだけでは不十分であり，それらの実効的な遵守を確保するための手続的担保が必要である。欧州諸国では法律による規定と独立の機関による監督制度が一般に設けられているが，第三国においては必ずしもそうではなく，次の3点を評価すべきである。

ⓐ　規範の十分な遵守

　規範が十分に遵守されるためには，処理責任者（controller）がその義務を，本人がその権利及びその行使方法を十分に認識していることが必要である。また，実効的かつ抑止力あるサンクションの存在，公的機関ないし独立の監査機関による監視制度も重要である。

---

　10)　WP 4 of 26.6.1997.　保護水準の「適正さ」についての部分は第三国条項の適用に関する作業班の一般的見解をまとめた文書（WP 12 of 24.7.1998）に収録されている。

　11)　センシティブなデータとは，人種的または民族的出自，政治的見解，宗教上または哲学上の信条，または組合への帰属を明らかにする個人データ，健康または性生活に関するデータを指し，原則として処理が禁止される（指令8条）。

第2部　個人情報保護

(b)　本人による権利行使への支援

本人は，迅速かつ実効的に，過大な費用を要することなく，自己の権利を実現できなければならない。そのためには不服を独立して調査できる制度的メカニズムが必要である。

(c)　適切な損害賠償

規範が遵守されなかった場合，損害を受けた本人に適切な救済がなされなければならない。これは中核的要素であり，必要に応じて賠償の支払及びサンクションの賦課を可能とするための独立の仲裁ないし調停制度が必要である。

(3)　自主規制（self-regulation）の評価に関する作業班の見解 [12]

データ保護を法令によってではなく，業界等の自主規制によって行っている国が存在する。作業班によれば，この場合も内容及び実効性の両面から検討する必要がある。内容については前記の諸原則が要求されていればよいが，実効性については評価がより難しい。

(a)　規範の十分な遵守

この点で問題となるのは，自主規制を定めた団体の構成員が規範の存在及びその内容をどの程度認識しているか，規範の公開性が確保されているか，外部監査制度が存在するか，そして最も重要なのは，不遵守に対するサンクションの性質及び強制手段がいかなるものかである [13]。真に抑止的で懲罰的なサンクションが存在しなければ，厳格な外部監査制度が存在しない限り，十分な遵守水準を認定することは困難である。

---

12)　WP 7 of 14.1.1998. この文書も前掲注10)の文書（WP 12）に収録されている。

13)　具体的には，①構成員に規範を認識させるため団体がいかなる努力を行っているか，②構成員が規範を遵守している証拠を団体が要求しているか，③かかる証拠は構成員自らが提出するか，外部から提供されるか，④団体は違反の調査を行っているか，⑤規範の遵守は団体に所属するための要件か，任意に委ねられているか，⑥違反が明らかになった場合，いかなる形の懲戒処分が可能か，⑦団体を除名されても当該職業ないし業界での活動は可能か，⑦規範の遵守を他の方法（裁判所，専門審査会等）によって強制できるかが考慮される。最後の点については，職業倫理規範が法的な強制力をもつ国が存在すること，業界の規範を強制するために不正競争法の利用も考えられることが指摘されている。

276

第5章 国境を越えるデータ流通と個人情報保護

(b) 本人による権利行使への支援

調査権限を備えた公平で独立の紛争解決制度が必要である[14]。特に重要なのは裁定者の公平さであり，処理責任者との関係で独立性を有するだけでなく，外部から任用する，あるいは消費者の代表を同数加えるなど，中立性を確保する工夫が必要である。

(c) 適切な損害賠償

違反に対する救済が必要であり，それは問題点の是正と，場合によっては損害賠償を含まなければならない[15]。

(4) 具体的な評価

欧州委員会による第三国の個別評価は始まったばかりである。評議会条約締約国[16]のうちスイス[17]及びハンガリー[18]，そして，右条約の締約国ではないが，指令を念頭に置いて民間部門に関する一般法を制定したカナダ[19]につ

---

14) 具体的には，①不服を調査する制度が設置されているか，②本人がこの制度の存在及び個別の決定を知るためにいかなる措置が講じられているか，③本人が利用する際に何らかのコストがかかるか，④調査を誰が担当し，必要な権限は与えられているか，⑤申し立てられた違反について裁定するのは誰か，その者は独立かつ公平であるかが考慮される。

15) 具体的には，(2)で挙げた項目のほか，①構成員が是正措置を講じたか否かの審査は可能か，②本人が規範に基づいて賠償請求できるか，③違反は契約違反と同視されるか，あるいは公法（消費者保護法，不正競争防止法等）によって執行可能か，そして管轄裁判所はこれに基づいて損害賠償を命じうるかが考慮される。

16) 作業班は前注10)の文書（WP 4）において評議会条約の保護水準を検討し，①遵守を確保するための適切なメカニズム（適切な権限を有する独立の監督機関など），②再移転の制限を補う必要があると結論している。これらの問題点を是正するため，欧州評議会は2001年11月に「監督機関及び国境を越えるデータ流通に関する」追加議定書（http://conventions.coe.int/Treaty/EN/Treaties/HTML/181.htm）を採択している。

17) Commission Decision 2000/518/EC of 26.7.2000 pursuant to Directive 95/46/EC of the European Parliament and of the Council on the adequate protection of personal data provided in Switzerland, OJ 2000 L 215, p. 1. 作業班の意見は，WP 22 of 7.6.1999.

18) Commission Decision 2000/519/EC of 26.7.2000 pursuant to Directive 95/46/EC of the European Parliament and of the Council on the adequate protection of personal data provided in Hungary, OJ 2000 L 215, p. 4. 作業班の意見は，WP 24 of 7.9.1999.

19) Commission Decision of 20.12.2001 pursuant to Directive 95/46/EC of the European Parliament and of the Council on the adequate protection of personal data provided by the Canadian Personal Information Protection and Electronic Documents Act, OJ 2002, L 2, p. 13. ただし同法が適用される場合に限る。作業班の意見は，WP 39 of 16.1.2001. カナダ法の

第2部　個人情報保護

いて，欧州委員会は既に適正な保護水準を認定している。また，同じく民間部門についての一般法を制定したオーストラリアについても，作業班は一応の評価を行い，問題点を指摘している[20][21]。アメリカ合衆国については，後述するように「セーフ・ハーバー制度」が適用される場合に適正な水準を認定しているが，適正な保護水準が一般的には認められないことを前提としているものと思われる。

(5)　小　　括

作業班の示した基準については様々な見解がある[22]。また，欧州委員会による正式の評価がいかなる基準によって行われるかは未だ不透明であり，今後の運用を待つ必要がある。ただ，これまでの認定を見る限り，現時点ではある程度厳格な運用が行われているといえる。検討対象が拡大するにつれて水準が引き下げられる可能性も否定できないが，合衆国について一般的に適正な保護水準を欠くとの立場がとられていると推測されることからすると，それには自ずから限界があると考えられる。

法案段階での紹介として，日本総合研究所・前掲注1)47頁以下［松本恒雄執筆］がある。

20)　WP 40 of 26.1.2001.

21)　その他，欧州委員会の委託に基づく日米を含む6か国のケース・スタディとして，The University of Edinburgh, Application of a methodology designed to assess the adequancy of the level of individuals with regard to processing personal data: test of the method on several categories of transfer: final report, September 1998（http://europa.eu.int/comm/internalmarket/en/dataprot/studies/adequat.htm）．同じく欧州委員会の委託に基づく詳細なアメリカ法研究として，P. M. Schwartz/J. R. Reidenberg, Data Privacy Law, Study of United States Data Protection, 1996．合衆国への影響を指令に批判的な観点から詳細に検討した研究として，Swire/Litan（note 7）がある。

22)　独立の監督機関をも要求すべきであるとの見解（Smitis（note 8），S. 204），逆に，連合構成国で指令の遵守が十分確保されているかは疑問であり，したがって実効性を過大に評価すべきではないとの見解（Wuermeling（note 3），S. 130f.）などがある。

第5章　国境を越えるデータ流通と個人情報保護

3　例外事由[23)]

(1)　概　　説

指令 25 条の規定にかかわらず，「特殊な事案に適用される国内法に別段の定めがある場合を除き」[24)]，同 26 条 1 項の定める事由が存在するときは，保護水準が適正でない第三国へのデータ移転が許される。

(2)　例外事由

(a)　本人の同意（26 条 1 項 a）

予定されている移転に本人が明らかに同意を与えた場合である。指令の定義規定によれば，同意の意思は「十分な情報を与えられた上で，特定の事案について，自由に表示（freely given specific and informed indication）」されなければならない（2 条 h）。作業班によれば，適正な保護が存在しない国に対するデータ移転が特別のリスクを伴う旨を適切に通知する必要がある。また，「明らかに（unambiguously）」という文言からすると，黙示の同意（例えば移転を知りつつ異議を申し立てなかったこと）は例外事由にあたらないとされる[25)]。

(b)　本人と処理責任者の間の契約等（26 条 1 項 b）

本人と処理責任者の間の契約を履行するため，または，本人の申し出に応じてなされる契約締結前の措置を行うために必要な場合である。作業班によれば，契約履行に必要のないデータの移転や，契約以外の目的での移転は認められない。

---

23)　例外事由についての作業班の見解は前注10)の文書（WP 12）の第5章として公表されている。

24)　作業班によれば，構成国が特殊な場合（例えば労働者）について例外事由が適用されない旨を定めうることを意味する。

25)　同旨，C. Klug, Globaler Arbeitnehmerdatenschutz, RDV 1999, S. 112. 推断的行態で足りるとするものとして，Dammann/Simitis (note 5), Art. 26 Rdnr. 5; Ehmann/Helfrich (note 5), Art. 26 Rdnr. 7; T. Riemann, Künftige Regelungen des grenzüberschreitenden Datenverkehrs, CR 1997, S. 765; Däubler (note 7), S. 56; Wuermeling (note 3), S. 143.

第 2 部　個人情報保護

⒞　本人のための処理責任者と第三者の間の契約（26 条 1 項 c）

本人の利益のために処理責任者と第三者との間で締結される契約の締結または履行に移転が必要な場合である。作業班によれば，銀行間での送金などが念頭に置かれている。

⒟　重要な公益等（26 条 1 項 d）

重要な公益のため，もしくは，請求権の確認，行使，または防御のために，移転が必要であるか，または法律上要求されている場合である。指令前文 58 項によれば，前半部分により関税や社会保険に関するデータ移転が可能となる。後半部分は国際争訟を念頭に置いたものとされる。

⒠　本人の死活に関わる利益（26 条 1 項 e）

本人の死活に関わる利益を保護するために移転が必要な場合である。「死活に関わる利益（vital interests）」について前文 31 項は「本人の生（life）にとって重要な」ものと説明するが，「生命」に関わる場合に限定するか，「生活」に関わる場合も含むかは明らかでない。作業班は狭く解し，欧州連合構成国の国民が外国で事故にあったときに必要な医療情報を提供する場合を挙げ，財産上の利益や家族に関する利益は含まないとする[26]。

⒡　公の登録簿（26 条 1 項 f）

法令の規定により公衆への情報提供を目的として設置され，すべての公衆または正当な利益を証明しうる者が閲覧できる登録簿[27]から，閲覧の要件を満たした上で移転が行われる場合である。作業班によれば，この例外事由は，登録簿の閲覧権を持つにもかかわらず，第三国に所在するという理由のみでその行使を否定されるべきではない，という趣旨から設けられている。指令前文 58 項は，登録簿の全体またはそのうちのある範疇のデータ全体を移転することはこの規定よっては許されない旨を注記している。

26）　より広く解する見解として，Wuermeling（note 3），S. 151.

27）　具体的には土地登記簿や商業登記簿を指す。C. f. Dammann/Simitis（note 5），Art. 26 Rdnr. 11; Wuermeling（note 3），S. 152.

第5章　国境を越えるデータ流通と個人情報保護

(3)　小　　括

　これらの例外事由はデータ移転が現実に必要とされる主要な事例を含んでおり，実務への配慮がそれなりに行われているといえる[28]。ただし，例外事由に当たるか否かの判断は基本的に処理責任者が行うことになるので，とりわけデータの国外移転について許可制や届出制がとられない場合，判断の適正さが十分担保されるかという問題が残るように思われる。

4　例外許可（契約による解決）

(1)　概　　説

　第三国が「適正な」保護水準を満たさず，かつ例外事由が存在しない場合であっても，「個人のプライバシー並びに基本的な権利及び自由の保護，並びに，そこから生じる権利の行使に関して，処理責任者が十分な[29]保障措置を講じているとき」には，構成国は個人データの移転を許可できる。保障措置としては「適切な契約条項」が例示されている（以上26条2項）。右の許可を行った場合，構成国は欧州委員会及び他の構成国にこれを通知しなければならず，「個人のプライバシー並びに基本的な権利及び自由に照らして十分に理由づけられた異議が申し立てられたとき」は，委員会は指令31条2項に定める手続により適切な措置を決定する。構成国は右決定に従うために必要な措置を講じなければならない（26条3項）。また，委員会が特定の標準契約条項が2項の意味における十分な保障措置となる旨を31条2項の手続によって決定したときは，構成国は右決定に従うために必要な措置を講じなければならない[30]（26

---

28)　C. f. Riemann (note 25), S. 765; Simitis (note 8), S. 180f.

29)　独文及び仏文では「十分な（ausreichend, suffisant）」，英文では「適正な（adequate）という言葉が用いられている。

30)　欧州委員会は，標準契約条項が認定された場合，構成国はこれに従う移転を直ちに許可しなければならないとする。John F. Mogg (Director-General of the Internal Market DG of the European Commission), Letter to the EU Committee of the American Chamber of Commerce (http://europa.eu.int/comm/internal_market/en/dataprot/news/calusesexchange.htm).

第 2 部　個人情報保護

条 4 項）。

　契約による解決は構成国において既に利用されており，特にフランスのフィアット事件[31]やドイツのバーンカード事件[32]がよく知られている[33]。欧州評議会もその活用を推奨しており[34]，指令はこれを正式に取り入れたものである。だが，そこでは「十分な保障措置」[35]や「適切な契約条項」がいかなるものかは全く明らかではない。以下では契約による解決に関する作業班の見解と，欧州委員会が指令 26 条 4 項によって認定した標準契約条項を検討する。

---

[31]　フィアットのフランス子会社が幹部職員の人事データを当時一般的な個人情報保護法を持たなかったイタリアの本社データベースに移転しようとした。フランスの情報自由全国委員会は，子会社と本社との間で契約を締結し，評議会条約及び同国の 1978 年法の規定を遵守することを確引すべきことを命じた。C. f. CNIL, Les libertés et l'informatique: vingt délibérations commentées, 1998, p. 63 et s.

[32]　ドイツ鉄道株式会社が特典付カードにクレジット機能を付与し，そのためのデータ処理をシティバンクのドイツ法人に依頼したが，後者がこれをアメリカ合衆国内の電算センターで行わせることとした。ベルリンのデータ保護監督官などとの協議の結果，申込書の裏面にデータの輸出について明記する他，ドイツ鉄道とシティバンクの間で契約を締結し，シティバンク側はドイツのデータ保護法に応じた保護水準を処理に適用すること，顧客はドイツ鉄道に対しても権利（開示，消去，封鎖，損害賠償請求権）を行使しうること，ベルリンのデータ保護監督官が合衆国においてもデータ保護のための審査を行いうることなどが取り決められた。C. f. Berliner Datenschutzbeauftragter, Jahresbericht 1995, S. 20ff.

[33]　その他ドイツにおける信用機関による標準契約の作成について，藤原静雄「国際化の中の個人情報保護法制」公法研究 55 号（1993 年）68 頁参照。

[34]　Council of Europe, Model contract to ensure equivalent protection in the context of transborder data flows with explanatory report, 2. November 1992（http://www.legal.coe. int/dataprotection/Default.asp?fd=pub&fn=CTypeE.htm）. この問題をさらに掘り下げて検討した報告書として，J. Huet, Study contracts involving the transfer of personal data between Parties to Convention Ets 108 and third countries not providing an adequate level of protection, 21 January 2001（http://www.legal.coe.int/dataprotection/Default. asp?fd=reports&fn=RapHuetE.htm）.

[35]　契約以外に「行為準則（code of conduct）」も「十分な保障手段」になりうるとされるものとして，Ehmann/Helfrich（note 5），Art. 26 Rdnr. 19; F. Gackenholz, Datenübermittlung ins Ausland unter besonderer Berücksichtigung internationaler Konzerne, DuD 2000, S. 730ff.; A. Büllesbach/P. Höss-Löw, Vertragslosung, Safe Harbor oder Privacy Code of Conduct, DuD 2001, S. 135. 行為準則はむしろ 25 条 1 項の適正な保護水準の問題とも考えられる。

第5章　国境を越えるデータ流通と個人情報保護

(2)　契約による解決に関する作業班の見解[36]

　基本的な出発点は前述した「適正なデータ保護水準」を判断するための基準，すなわち，実体的なデータ保護準則及びその実効性を確保するための手段である（2(2)参照）。実体面では前記諸原則が契約に規定される必要がある。実効性の確保についても基本的には同じ基準によるが，データの受領者が第三国に存在するために様々な困難が生じる。

(a)　適切な損害賠償

　本人に対する損害賠償を確保するためには，①第三者のための契約[37]によって本人に法的な救済手段を認める，②（例えば本人からの収集に際して）データ移転者が本人と別個の契約を締結し，受領者の行為から生じた損害について自らが責任を負う旨を定める，③②の内容を構成国の法律によって規定する，などが考えられる。

(b)　本人への支援

　データが国外に移転された場合，本人が契約の遵守状況を確認したり，不遵守を法的に争うことは非常に困難である。構成国の監督機関の権限も第三国には及ばない。そこで，①移転者と受領者の間の契約により，第三国での処理に関する審査権限を構成国の監督機関に付与する，②受領者が監督機関に直接保証を行い，契約違反の疑いがある場合にアクセス権限を承認する，などの手法が考えられる。ただし，このような方法をとるとしても，構成国の監督機関が第三国における処理について現実に調査を行いうるか疑問が残る。

---

36)　WP 9 of 22.4.1998. この文書も前注10)の文書（WP 12）に修正の上収録されている。

37)　第三者のための契約を認めない国（例えば以前のイギリス）ではこの手法は使えない。C. f. B. W. Napier, Vertragliche Lösungen für das Problem des gleichwertigen Datenschutzes im grenzüberschreitenden Datenverkehr, RDV 1990, S. 216; Ellger（note 6），CR 1993, S. 10; ders., Vertragslösungen als Ersatz für ein angemessenes Schutzniveau bei Datenübermittlungen in Drittstaaten nach dem neuen Europäischen Datenschutzrecht, Rabels Zeitschrift für ausländisches und internationales Privatrecht 60（1996），S. 764ff.; Damman/Simitis（note 5），Art. 26 Rdnr. 18; Huet（note 32），II A 2 a. イギリスで法改正によりこの種の契約が一定範囲で可能になったことについては，Wuermeling（note 3），S. 159.

第 2 部　個人情報保護

(c)　規範の十分な遵守

　この点で特に問題となるのは，遵守を確保するためのサンクションを契約によって設けることができないことである。受領者に義務違反がある場合，移転者がその責任を追及することは可能だが，このような間接的な手法では不十分である。したがって，受領者の処理に対する外部監査が必要である。

(d)　法抵触の問題

　第三国の法律によって受領者に対して個人データの国家への提供が命じられ，それによって契約上の義務が反故にされる可能性がある。指令はこのような提供に制限を加えているが[38]，第三国の政府がこれに従う保障は全くない。この問題を克服する手段はなく，ここに契約による解決の限界がある。

(e)　結　　論

　以上の検討に基づいて，作業班は次のように結論している。契約による解決には一定の限界があり，この手法が有効に機能する場合とそうでない場合がある。類似のデータが反復して移転される場合は詳細な契約条項による規律が容易であり，また，公衆による監視を受けている大企業については実効的な遵守を期待できる可能性が高い。そこで，クレジットカードの決済や航空機の予約などのための大規模な国際的ネットワークは，契約による解決に適しているといえる。また，データが同じ企業集団に属する当事者間で移転される場合も，遵守の調査を行う能力が高いと考えられる[39]。

(3)　欧州委員会が承認した標準契約条項

　欧州委員会は 2001 年 6 月，指令 26 条 4 項に基づき，「第三国への個人データ移転のための標準契約条項に関する決定」を行った[40]。この決定は，決定

---

38)　構成国は，①国家の安全，②防衛，③治安，④犯罪行為等の訴追，⑤重大な経済的または財政的利益，⑥③〜⑤と関連して行われる規制活動，⑦当事者及びその他の者の権利自由の保護のために必要があるときに限り，処理責任者の責任や本人の権利について例外規定を設けうる（13 条 1 項）。

39)　同様に契約による解決は例外的にのみ認められるとするものとして，Ellger（note 37），S. 767ff.; Dammann/Simitis（note 5），Art. 26 Rdnr. 19.

40)　Commission Decision of 15.6.2001 on standard contractual clauses for the transfer of personal data to third countries, under Directive 95/46/EC, OJ 2001 L 181, p. 19.　作業班も

本文，その付属文書（Annex）としての標準契約条項，さらにその付録（Appendix）から構成される。

(a) 決定本文

本決定は付属文書である標準契約条項が指令 26 条 2 項の意味での「十分な保障措置」であることを承認する（1 条）。

本決定は右の標準契約条項の適切性にのみ関わるものであり，個人データの処理に関する構成国法の適用を妨げない（2 条 1 段）。前半は構成国の監督機関が 26 条 2 項によってその他の契約条項に基づいて許可を行うことを妨げないことを（前文 6 項参照），後半は契約に基づく移転が処理に関する国内法を遵守しなければならないことを意味する[41]。また，本決定は委託処理には適用されない（2 条 2 段）。委託処理については別途標準契約条項を作成する趣旨であり（前文 8 項参照），より簡略な標準契約条項が 2001 年 12 月に承認されている[42]。

構成国の監督機関は次の場合に第三国へのデータの移転を禁止ないし停止できる（4 条 1 項）。①当該第三国の法令が，データ保護準則に違反しかつ民主主義社会において必要な制約[43]を越えるような義務をデータ輸入者に課し，それによって標準契約条項による保障を実質的に阻害しうる場合。これは作業班が「法抵触の問題」（(2)(d)参照）で検討している点に関わる。②データ輸入者が契約条項を遵守していない旨を監督機関が確認した場合。③標準契約条項が現実にあるいは将来遵守されないこと，そして，移転の継続によって本人に重大な損害が及ぶ差し迫ったリスクが発生することにつき，実質的な蓋然性（substantial likelihood）が存在する場合。監督機関の処分はその理由がなくなったときは直ちに撤回しなければならない（4 条 2 項）。構成国は処分を行ったことを直ちに欧州委員会に通知しなければならず，同委員会はこれを他の構成国

これを承認する意見を述べている。WP 38 of 26.1.2001.

41) WP 38, p. 3.

42) Commission Decision of 27.12.2001 on standard contractual clauses for the transfer of personal data to processors established in third countries, under Directive 85/46/EC, OJ 2002 L 6, p. 52. 作業班の意見は，WP 47 of 13.9.2001.

43) 前注38)参照。

第2部　個人情報保護

に通知する（4条3項）。

(b)　標準契約条項

標準契約条項は11の条項と3つの付録から構成される。

「移転の詳細」について，当事者は一定の書式に従って付録1[44]に記載する（2条）。

「第三受益者条項（Third-party beneficiary clause）」は，本人が本契約の一定の条項（3条，4条b・c，5条a・b・c・e，6条1項及び2項，7条，9条，11条）の履行を第三受益者として請求できること[45]，また，本人が団体等に代理を依頼しても，これに対して本人が異議を申し立てないことを規定する（3条）。

「データ輸出者の義務」は次の通り（4条）。①（移転を含む）データの処理を輸出者が所在する構成国の法規に従って行うこと。②移転が特殊な種類のデータ[46]を含むときは，適正な保護水準を欠く第三国に移転される旨を予め本人に通知すること。③請求に基づいて本条項の写しを本人に提供すること。④データ輸入者の処理について監督機関または本人が調査を行う際は，合理的な期間内に合理的に可能な範囲内でこれに応じること。

「データ輸入者の義務」は次の通り（5条）。①輸入者に適用される国内法が契約上の義務の履行を妨げないことを保証し，右義務に実質的影響をもたらしうる法改正が行われたときは，その旨をデータ輸出者及びその監督機関に通知すること。この場合輸出者は移転を中止し，契約を破棄できる。これは前述した「法抵触の問題」（(2)(d)参照）を考慮した条項である。②付録2に定める強行的

---

44)　付録1には記載事項として，データ輸出者，データ輸入者，本人，移転の目的，データの種類，（必要に応じて）センシティブなデータ，データの受領者（データ輸入者から提供を受ける者），データの保管期間が挙げられている。

45)　4条aは除外されているので，データ輸入者がデータ輸出者の義務違反について本人から責任を問われることはない。合衆国側からの批判を考慮したものである。

46)　指令8条に定めるデータ（前注11)）を指す（標準契約条項1条a，決定3条b参照）。

286

データ保護原則[47]を遵守すること[48])。③移転された個人データの処理に関する輸出者または本人による合理的な調査に迅速適切に対応し，また，権限ある監督機関の調査に協力しその助言に従うこと。④輸出者による監査，または，輸出者によって（場合によっては監督機関の同意を得て）選任された，独立性を有し必要な専門的資格を備えた監査団体（inspection body）によって行われる監査のために，輸出者の請求に応じてデータ処理施設を使用に供すること。⑤本人の請求に応じて本条項の写しを提供し，不服を取り扱う機関を教示すること。

「責任」については，3条に挙げられた条項に違反した結果として本人に生じた損害につき本人が当事者に対して賠償請求権を有することに当事者が同意すること，右義務は当該規定の違反についていずれの当事者も責を負わない場合にのみ免除されることを規定する（6条1項）。この損害については当事者が連帯責任を負い（jointly and severally liable），本人は当事者のいずれに対しても（両者でもよい）訴訟を提起できる（6条2項）[49]。

「調停及び裁判」については，本人といずれかの当事者の間に紛争が生じたときは，本人が中立的な者または監督機関による調停か，あるいはデータ輸出者の所在する構成国における裁判所へ出訴することを，当事者が認めることとされる（7条1項）。

　その他，監督機関の請求に応じて当事者が契約の写しを提出すること（8条），

---

47) 付録2に挙げられているのは，目的制限，データの質及び比例性，透明性，安全及び守秘，開示・訂正・消去・封鎖請求権，再移転の制限，特殊な範疇のデータ，ダイレクト・マーケティング，自動化された個別決定の諸原則である。再移転については本人が同意した場合及び通知に対し異議を申し立てなかった場合に許容している。作業班は，再移転は複雑な問題をはらんでおり，標準契約条項ではむしろ禁止すべきだが，本人の同意がある場合及びデータ輸入者と再輸入者間で契約が締結された場合は許されるとしていた（WP 38, p. 4 et sq.）。再移転の問題性については，Huet（note 34），II B 1.

48) ただし，①データ輸出者が所在する欧州連合構成国の法に従うことに当事者が合意した場合，または，②データ輸入者が所在する第三国の特定の領域について欧州委員会が適正な保護水準を承認しているところ，当該移転が右領域に属さないものの，承認された規定がその性質上当該移転に適用可能な場合（後述するセーフ・ハーバー制度が念頭に置かれている）には，付録3に挙げられた簡略な保護原則に従えば足りる。

49) 当事者の一方のみが訴えられた場合，右の当事者が他の当事者に対して求償を求めることができる，という規定（6条3項）も置かれているが，これを設けるかどうかは当事者の任意に委ねられている。

第 2 部　個人情報保護

契約の終了によって当事者がその義務を免れるわけではないこと（9 条），契約にはデータ輸出者が所在する構成国の法が適用されること（10 条），当事者は契約を変更しない旨確約すること（11 条）などが規定されている。

(4)　小　　括

契約手法の実効性についてはかねてから疑問が提起されており[50]，前述のように作業班もかなり懐疑的な見解を示していた。右見解と最終的に採択された決定との間にかなりの乖離があることは否定できず，このことは標準契約条項が妥協の産物だったことを示唆するように思われる。にもかかわらず，合衆国や業界からは実用に耐えないとの批判があり[51]，今後の運用が注目される。

5　セーフ・ハーバー制度

(1)　概　　説

指令，特に第三国条項に対しては，アメリカ合衆国及び同国と取引のある業界がかねてから強い批判を加えていた。同国では民間部門に関する一般法が存在せず，欧州からのデータ移転が制限を受けることが危惧されたのである。そこで欧州委員会は合衆国政府と交渉を重ね[52]，2000 年 7 月にいわゆる「セー

---

[50]　Bergmann（note 3），S. 220; Nugter（note 3），p. 306 et eq.; Ellger（note 3），S. 203ff.; S. Simitis, Datenschutz und Europäische Gemeinschaft, RDV 1990, S. 12; ders.（note 8），S. 211ff.; E. Ehmann, "Vertragslösungen" auf Basis der EG-Datenschutzrichtlinie?, CR 1991, S. 234ff.; Körner-Dammann（note 6），S. 18; T. Hoeren, Datenschutz in Europa, Wertpapier-Mitteilungen 1994, S. 7; Dressel（note 6），S. 291; Lütkemeier（note 6），S. 601; P. M. Schwartz, European Data Protection Law and Restrictions on International Data Flows, Iowa Law Review, vol. 80 No. 3（1995），p. 492; Huet（note 34）.

[51]　最終段階での批判（http://europa.eu.int/comm/internal_market/en/dataprot/news/clausesexchange.htm）を参照。国際商業会議所は自らの作成した独自の標準契約条項を承認するよう欧州委員に求めている。International Chamber of Commerce, Proposed standard contractual clauses for the transfer of personal data from the EU to Third Countries, Electronic commerce project, 17 September 2001（http://www.iccwbo.org/home/statements_rules/statements/2001/ contracual_clauses_for_transfer.asp）.

[52]　交渉過程で欧州委員会と合衆国政府との間で交わされた文書は合衆国商務省のウェブサイト（http://www.export.gov/safeharbor/sh_documents.html）で見ることができる。

第 5 章　国境を越えるデータ流通と個人情報保護

フ・ハーバー制度」が適切な保護水準を保障することを承認する決定を行っ
た53)54)。

　同制度の仕組みは次の通りである。①欧州連合構成国から個人データを輸入
しようとする合衆国の事業者は，個人情報の保護に関する「セーフ・ハー
バー・プライバシー諸原則」（以下「諸原則」という）に従うことを合衆国商務
省に届け出る。②商務省は届出のあった事業者のリストを公示する。③事業者
が諸原則に違反した場合，最終的には連邦取引委員会等が「不公正かつ欺瞞的
行為（unfair and deceptive acts）」としてしかるべき制裁を科す。④以上を前提
として，欧州委員会は，指令 25 条 6 項により，公示された事業者への個人
データの移転について「適正な保護水準」が確保されていることを確認する。
　以下では決定本文及び諸原則について検討を加える。

(2)　決定本文

「問答集（Frequently Asked Questions）」（付属文書Ⅱ）に従って適用される諸原
則（付属文書Ⅰ）は，合衆国商務省が作成した文書（付属文書Ⅲ〜Ⅶ）に照らし，
欧州共同体から合衆国所在の事業者へ移転される個人データに関して，適正な
保護水準を保障するものと見なされる（1 条 1 項）。ただし，①データを受領す
る事業者が諸原則を遵守する旨を明確かつ公に宣言すること，②違反について
調査命令権限を有する行政機関（付属文書Ⅶによれば連邦取引委員会及び合衆国運
輸省）の管轄に服することが要件となる（1 条 2 項）。諸原則を遵守する旨及び

---

53)　Commission Decision of 26.7.2000 pursuant to Directive 95/46/EC of the European
　　Parliament and of the Council on the adequacy of the protection provided by the safe
　　harbour privacy principles and related frequently asked questions issued by the US
　　Department of Commerce, OJ 2000 L 215, p. 7.　セーフ・ハーバー制度に関する検討として，
　　藤原「諸外国における個人情報保護法制の動向」（前掲注 1)）15 頁以下。

54)　欧州議会及び作業班はいくつかの問題点を指摘していたが，後述するように必ずしも全
　　面的に受け入れられたわけではない。C. f. Klug (note 5), S. 213f.　欧州議会の意見は，
　　European Parliament, Resolution of 5.7.2000 on the Draft Commission Decision on the
　　adequacy of the protection provided by the Safe Harbour Privacy Principles and related
　　Frequently Asked Questions issued by the US Department of Commerce（http://www3.
　　europarl.eu.int/）．作業班の意見は，WP 15 of 26.1.1999; WP 19 of 3.5.1999; WP 21 of
　　7.6.1999; WP 23 of 7.7.1999; WP 27 of 3.12.1999; WP 31 of 16.3.2000; WP 32 of 16.5.2000.

289

第 2 部　個人情報保護

管轄を有する行政機関を事業者が商務省に届け出た場合[55]，右要件は満たされたものと見なされる（1 条 3 項）。ここで注目されるのは，反トラスト法による制裁などの実効性確保手段（付属文書Ⅲ～Ⅶで説明されている）が必要とされている点である[56]。他方で，諸原則に対する多くの例外を規定する「問答集」が本決定の構成部分とされている点も重要である。

　本決定は指令 25 条 1 項の意味における適正な保護水準が確保されていることにのみ関わるものであり，指令の他の規定の適用には影響を及ぼさない（2 条）。連合域内に所在する処理[57]責任者の処理には構成国法が適用される旨を確認的に規定したものである。

　構成国の監督機関は次の場合にデータ移転を停止させることができる（3 条 1 項 1 段）。①管轄を有する合衆国政府の行政機関（付属文書Ⅶ）または独立の紛争処理機関（後述）が，当該事業者が諸原則に違反している旨を決定した場合。②諸原則違反の実質的な蓋然性が存在し，執行制度（後述）によっては当該事案について適正かつ適時の措置が講じられないと信じるに足る合理的な根拠があり，移転の継続が本人に重大な損害を与える差し迫ったリスクを招くと考えられ，かつ，監督機関が事案の状況に応じて事業者に告知聴聞の機会を与える合理的な努力をなした場合[58]。諸原則の遵守が確保された旨の通知を受けたときは，監督機関は直ちに停止をやめなければならない（3 条 1 項 2 段）。構成

---

55)　届出の詳細は問答集 6 に示されている。記載事項として，事業者の連絡先及び業務内容等の他，①事業者の「プライバシー政策」を入手できる場所，②それが実施された日時，③苦情やアクセス申立て等の窓口，④管轄を有する行政機関，⑤事業者が加入しているプライバシー・プログラムの名称，⑦監査の方法（後述），⑧独立の紛争処理制度が挙げられている。届出を行った事業者のリストは商務省のウェブサイト（http://web.ita.doc.gov/safeharbor/shlist.nsf/webPages/safe+harbor + list）で見ることができる。2002 年 2 月 18 日現在 154 社が届出を行っている。

56)　連邦取引委員会の書簡（付属文書Ⅴ）は，諸原則違反が「不公正かつ欺瞞的取引」を構成しうること，プライバシー侵害を理由とする摘発例も存在することを詳述する。

57)　合衆国の事業者が連合域内に設置された施設を用いて収集を行う場合（指令 4 条 1 項 c）を含む。C. f. WP 27, p. 6; WP 32, p. 3.

58)　構成国の監督機関は諸原則の順守状況を積極的に調査すべきであるとする見解もある。U. Dammann, Safe Harborneue Elemente im internationalen Datenschutz, in: D. Simon/M. Weiss（Hrsg.）, Zur Autonomie des Individuums, Liber Amicorum Spiros Simitis, 2000, S. 26f.

国は3条1項に定める措置をとったときは遅滞なくこれを欧州委員会に通知する（3条2項）。諸原則の遵守を確保する合衆国の機関がこれを怠っている事例について，欧州委員会及び構成国の監督機関は相互に通知する（3条3項）。欧州委員会は，諸原則の遵守を確保すべき機関がその役割を実効的に果たしていないとの証拠を得た場合には，その旨を合衆国商務省に通知し，必要があれば，指令31条2項の手続により，本決定を取り消し，またはその適用領域を制限するための措置を講じる（3条4項）。このように，諸原則が遵守されていない場合は停止命令が可能であり，最終的な決定権は構成国の監督機関に留保されていると見ることができる[59]。

その他，本決定はいつでも修正可能であること（4条1項1段），欧州委員会は3年後に報告書を作成し（4条1項2段），必要に応じて指令31条の手続に従って必要な措置を提案すべきこと（4条2項），構成国は本決定が通知された日から90日以内に必要な措置を講ずべきこと（5条）などが規定されている。

(3) セーフ・ハーバー・プライバシー諸原則

(a) 前　文

セーフ・ハーバーの申告は完全に任意であり，諸原則の遵守を確保する方法も様々である。すなわち，事業者はプライバシー保護のための既存の自主規制プログラムに加入してもよいし，自らプライバシー政策を開発してもよい。遵守が自主規制に基づく場合，これに対する違反は連邦取引委員会法5条により「不公正かつ欺瞞的行為」として訴追の対象となりうる。また，事業者がプライバシーを保護する合衆国法令の適用を受ける場合も，セーフ・ハーバーの申告を行いうる[60]。

諸原則の遵守は一定の場合に免除される。すなわち，①国家の安全，公益，または法執行（law enforcement）に必要な場合，②法令または判例法が諸原則

---

59) ただし，既に作業班が指摘しているように（WP 27, p. 11 et sq.），問答集11によれば，欧州連合側からの不遵守の通知はリストに反映されないことになっており，その結果停止命令が実効性を欠くこともありうる。

60) 作業班は，この場合は連邦取引委員会等の制裁を受けないと思われることから，決定1条2項との間で齟齬が生じる旨を指摘していた。WP 27, p. 11 ; WP 32, p. 4.

第2部　個人情報保護

と抵触する義務を課し，または明示的な許可を行っている場合（許可について
は，不遵守が優越する正当な利益を満たすために必要な範囲にとどまっていることを，
事業者が立証する必要がある），③指令ないし構成国の法により例外ないし適用除
外が認められうる場合である[61]。

　以下の諸原則は問答集に従って解釈されなければならない。特に，問答集に
例外が設けられている場合が多い点[62]に注意が必要である。

(b)　通知（Notice）

　事業者は本人に対し，①収集利用の目的，②調査・不服申出の際に事業者に
連絡を取る方法，③情報が提供される第三者の種類，④本人に認められる選択
及びその手段を通知しなければならない[63]。この通知は，本人が情報を提供
することを最初に求められた時点，またはその後できるだけ早く，遅くとも事
業者が当初の目的以外の目的でこれを利用し，または第三者に提供する前に行
われなければならない。

(c)　選択（Choice）

　事業者は本人に対し，①第三者への提供，または，②当初の収集目的または
その後本人によって許可された目的と両立しない[64]（incompatible）目的での使
用について，拒否をする（opt out）機会を与えなければならない。そのために
本人に対し明確かつ顕著で（conspicuous）容易に利用できる手段を提供しなけ
ればならない。センシティブな情報[65]については，上記の場合に本人の肯定
的または明示の選択（opt in）が必要である。

---

61)　作業班は透明性及び法的確実性の観点からかかる例外について商務省が欧州委員会に通
　　　知すべきであるとしていたが（WP 32, p. 5），付属文書Ⅶにこの点の説明がある。
62)　このことは作業班も既に指摘している。E. g. WP 27, p. 8; WP 32, p. 4.　アクセス（問答
　　　集8）や公の記録及び公衆が閲覧できる記録（問答集15）に関する例外がその顕著なもので
　　　ある。これらに対する批判として，WP 27, p. 5 et sq.; WP 32, p. 5.
63)　通知の範囲について争いがあったことについては，Dammann（note 58），S. 23。なお，通
　　　知及び選択の原則は委託処理には適用されない旨が注において規定されている。
64)　「両立しない」の意味について，欧州側は当初の目的と何ら実質的に関連しない目的を考
　　　えていたのに対し，合衆国側は目的外利用によって本人の利益を特に持続的な方法で（in
　　　besonderers nachhaltiger Weise）侵害する場合を考えており，解釈の争いが不可避であると
　　　指摘されている。C. f. Dammann（note 58），S. 24
65)　指令8条（前注11））に定めるのとほぼ同じ事項が挙げられている。また，問答集1には
　　　指令8条2項及び3項に準じた例外事由が定められている。

292

第5章　国境を越えるデータ流通と個人情報保護

(d)　再移転（Onward Transfer）

移転を受けた事業者が情報を第三者に再移転するときは通知及び選択の原則を適用しなければならない。委託処理には適用がないが，事業者は受託処理者が諸原則または指令の適用を受けていることを事前に確認するか，もしくは同じ保護水準を確保する旨を書面で合意しなければならない[66]。以上の要件を満たしている場合，第三者による処理について事業者は責任を負わない。事業者が別段の合意をしている場合，もしくは，右の処理を知りあるいは知るべきだったにもかかわらず適切な措置を講じなかった場合は別である。

(e)　安全（Security）

事業者は，個人情報の紛失，濫用，並びに，許可を受けないアクセス，提供，改変，及び破壊を防ぐために，合理的な予防措置を講じなければならない。

(f)　データの完全性（Data Integrity）

個人情報は利用目的と関連性を有するものでなければならない。事業者は収集目的と両立しない方法で個人情報を処理してはならない。これらの目的に必要な範囲内で，データが利用目的にとって信頼でき，正確であり，完全であり，かつ最新のものであることを確保するために，事業者は合理的な措置を講じなければならない。

(g)　アクセス（Access）

本人は事業者が保有する自身の個人情報にアクセスし，情報が不正確であるとき[67]は，その訂正・修正・削除を求めることができなければならない。ただし，アクセスに伴う負担ないし費用がプライバシーに対するリスクに比して均衡を逸している（disproportionate）場合，もしくは，本人以外の者の権利が侵害される場合は，この限りでない。アクセスを拒否できる事例については問答集8でかなり詳細に述べられている。

---

66)　作業班はこれでは執行及び責任の原則が確保されないと批判する（WP 32, p. 6）。再移転の問題性については前注47)参照。

67)　作業班が指摘しているように（WP 32, p. 6），本人の同意なく収集処理されている場合や，諸原則に反している場合には，削除請求権が認められない。かかる理由による削除は苦情処理機関による制裁としてのみ規定されている（問答集11）。

第 2 部　個人情報保護

(h)　執行（Enforcement）

実効的なプライバシー保護は，諸原則の遵守を確保し，不遵守によって侵害を受ける本人の不服申出を可能とし，不遵守があった場合には事業者に対する制裁（consequences）を課す制度を含まなければならない。かかる制度は最低限，①本人の不服について調査し，諸原則に従ってこれを解決し，場合によっては損害を賠償する[68]ための，容易に利用可能な独立の紛争処理制度，②事業者のなした申告が真実であり，表示されたとおりに実施されていることを監査するための検証手続，③不遵守から生じた諸問題を解決する（remedy）事業者の義務及び事業者に対する制裁を含まなければならない。

執行の原則は本制度の中でもかなり重視されており，問答集の中で詳細な説明が加えられている。まず前記①及び③を取り扱う問答集 11 によれば，事業者の対応として次の 3 つが考えられる（限定する趣旨ではない）。第 1 は，諸原則を体現し，必要な実効的執行制度を含む，民間部門のプライバシー・プログラム[69]に加入すること，第 2 は，個人の不服及び紛争処理を取り扱う公的な監督機関の権限に服すること，第 3 は，欧州連合構成国の監督機関への協力を約束すること[70]である。重要なのは，以上が連邦取引委員会等の権限行使[71]に加えて要求される旨が明記されていることである。

前記②（検証手続）については，問答集 7 によれば，事業者は自主審査または外部審査を選択することができる。いずれの場合も，事業者は審査の記録を保管し，必要に応じてこれを提出しなければならない。

⑷　小　　括

セーフ・ハーバー制度については，欧州議会や作業班との溝が最後まで埋ま

---

68)　損害賠償については，欧州議会によって不明確であるとの批判がなされていたが（前注 54)），付属文書Ⅳにおいてこれが認められる場合についての説明がなされている。

69)　BBB Online, Web Trust, TRUSTe などが想定されているようだが，作業班はいずれもオンライン事業のみを対象としていると指摘する。WP 27, p. 9; WP 32, P. 7.

70)　欧州連合構成国の監督機関の利用については問答集 5 に詳述され，連合レベルで非公式のパネルが設置される。この点の経緯については，c. f. Dammann (note 58), S. 26.

71)　作業班は，①民間の紛争処理機関から FTC 等への橋渡しがうまくいかない可能性があること，②摘発は FTC 等の裁量に委ねられていることを指摘する。WP 32, p. 7.

らなかったことからも明らかなように妥協の色彩がかなり強いように思われる。その実効性についても批判が多い[72]。他方で，どれだけ実際に利用されるかも未知数である[73]。いずれにしても，この制度においても実効的な遵守が重視されていることは注目される[74]。

6 おわりに

欧州連合から見て「適正な保護水準」を持たない第三国への個人データの移転を原則として禁止する第三国条項は，それ自体としては筋の通った制度である。しかしそれは欧州連合と必ずしも同じ法思想に立つわけではない第三国との間で必然的に軋轢を生じさせる。そのためのいわば安全弁として用意されたのが例外事由及び例外許可である。第三国条項の仕組みを通して欧州連合がどこまで筋を通すことができるかはなお定かではなく，今後の運用を注意深く見て行く必要がある。現時点では，適正な保護水準の認定はある程度厳しく行われていること，他方で契約による解決及びセーフ・ハーバー制度についてはかなりの妥協が行われていると思われることは，既に述べた通りである。

特にアメリカ合衆国との間で見られるのは規制に対する考え方の対立である。合衆国では伝統的に政府による規制に対する反発が強く，民間部門について一般的な個人情報保護法を制定することは困難な状況である。これに対し欧州連合諸国では，法令による規制が必要であることについては基本的な合意が存在する。しかし欧州においても，政府による規制の実効性に対する疑問や，規制緩和論の影響から，自主規制の活用を求める声が近年高まっている[75]。他方

---

[72] Simitis (note 8), S. 186 J. B. Rule, La Protection des données aux Etats-Unis; la réaction à la directive européenne, RFAP n° 89 (1999), p. 103 ; Klug (note 5), S. 216; P. M. Schwartz, Privacy, Participation, and Cyberspace: An American Perspective, in: Simon/Weiss (note 58), S. 349. 連邦取引委員会の規制の実効性に対する批判として，M. Rotenberg, Privacy Protection - A US Perspective, Computer Law & Security Report 1998, p. 38 et sq.

[73] 届出の状況については前注55)参照。

[74] 藤原「諸外国における個人情報保護法制の動向」（前掲注1)）16頁。

[75] H.-H. Trute, Öffentlich-rechtliche Rahmenbedingungen einer Informationsordnung, Veröffentlichungen der Vereinigung der Deutschen Staatsrechtslehrer 57 (1998), S. 262f.; A.

第2部　個人情報保護

でその実効性に対する批判も根強く存在する[76]。いわば「第3の道」として，「政府によって統制された自主規制」という考え方も示されている[77]。

　最後に日本法との関連について一言しておく。2001年に国会に提出された「個人情報の保護に関する法律」案は指令の第三国条項への対応という側面を持つ。そこで同法案が指令の「適正な保護水準」を満たすかが問題となる。欧州側の正式な評価はなお明らかにされていないようであり，評価基準自体も前述のように必ずしも明確ではない。ここでは，同法案は，実体的側面はともかく，実効性確保の面では必ずしも万全とはいえないこと[78]を指摘するにとど

Bullesbach, Datenschutz in einem globalen Unternehmen, RDV 2000, S. 1; J. Bizer, Selbstregulierung des Datenschutzes, DuD 2001, S. 168.

76)　Simitis (note 8), S. 212; Electoronic Privacy Information Center/Privacy International, Privacy & Human Rights 1999 (http://www.privacyinternational.org/survey/index99. html) ; Schwartz (note 72), p. 347; H. Heil, Datenschutz durch Selbstregulierung - Der europäische Ansatz, DuD 2001, S. 133.　合衆国についても自主規制が機能していないとの指摘がある。C. f. Schwartz/Reidenberg (note 21), p. 217, 384.

77)　A. Roßnagel, Globale Datennetze: Ohnmacht des Staates - Selbstschutz der Bürger, Thesen zur Änderung der Staatsaufgaben in einer "civil information society", Zeitschrift für Rechtspolitik 1997, S. 30; ders., Datenschutz in globalen Netzen, DuD 1999, S. 256f.; Dammann/Simitis (note 5), Einleitung Rdnr. 11; W. Hoffmann-Riem, Informationelle Selbstbestimmung in der Informationsgesellschaft, Archiv des öffentlichen Rechts 123 (1998), S. 537; Verhandlungen des 62. Deutschen Juristentages (1998), D 101ff. (M. Kloepfer), M 162 (Beschlulß); Heil (note 76), S. 133f. ; P. Bischoff, L'union européenne et la protection des données, Revue du marche commun (RMC) 1998, p. 542 ; T. R. Fenoulhet; La co-régulation: une piste pour la régulation de la société de l'information?, RMC 2001, p. 598 et sq.　本稿で紹介した契約による解決やセーフ・ハーバー制度，指令の定める行為準則の制度（27条），ドイツ法（村上裕章「ドイツにおける民間個人情報の立法的保護」田村善之編『情報・秩序・ネットワーク』（〔北海道大学図書刊行会，1999年〕171頁以下〈本書259頁以下〉参照）から指令に導入された企業内のデータ保護責任者の制度（18条2項）も，単なる自主規制ではなく，公的な規制と組み合わせられている。

78)　法案は主務大臣の命令等（37条〜39条）及び認定個人情報保護団体による苦情処理等（第5章第2節）によって実効性を担保しようとしている。認定団体の自主規制については今後の運用を見る必要があるが，事業者に対する監督はむしろ独立の行政機関に行わせるべきではないか（指令28条は「自らに委ねられた職務を完全に独立して」行使する監督機関を要求する）命令の要件（39条2項及び3項）が厳格に過ぎるのではないか，といった問題がある。その他，本人に開示請求権等が認められるが，訴訟による行使が可能かどうかは必ずしも明らかでないこと（小早川光郎ほか「個人情報保護基本法制大綱をめぐって」ジュリ1190号〔2000年〕20頁以下参照），権利行使の前提となる通知について「公表」ないし「本人が容易に知り得る状態に置」くことで足りるとされているが（23条1項・3項，28条2

第 5 章　国境を越えるデータ流通と個人情報保護

める[補注]。

項・3 項・4 項 3 号・5 項），自己の情報が特定の事業者によって収集処理されていることを
知らない者にはほとんど意味を持たないこと（松本恒雄「消費者法と個人情報保護」同 56
頁）なども問題である。なお，同法案にはデータの国外移転についての規定は見られない。
データの提供等に関する規定（28 条）で足りるとの趣旨かもしれないが，国外移転の危険性
に照らして適切か，また前述したように通知等によって本人の権利が十分に保護されるか，
といった疑問が残る。

補注　原論文で紹介したセーフ・ハーバー制度について，2015 年，EU 司法裁判所は先決裁定
により無効を宣言しているが，この点については，中西優美子「EU から第三国への個人
データ移転と欧州委員会のセーフ・ハーバー決定（Ⅵ(4)）」自治研究 92 巻 9 号（2016 年）96
頁など参照。また，EU は 2016 年に新たに一般個人データ保護規則を制定しているが，この
点については，C・ゲミン（藤原静雄訳）「ヨーロッパデータ保護一般規則——EU における
新たなデータ保護の規律の客観的考察」自治研究 93 巻 3 号（2017 年）3 頁，A・ロスナーゲ
ル（笠原毅彦訳）「データ保護規則と構成国の権利との関係」桐蔭論叢 36 号（2017 年）37
頁など参照。

■第6章

事 例 研 究

1. 死者の診療記録の相続人による開示請求

名古屋高裁金沢支部平成 16 年 4 月 19 日第 1 部判決〔取消自判〕
平成 15 年（行コ）第 1 号，公文書非開示決定取消請求控訴事件
（判タ 1167 号 126 頁）

事実　X は，富山県新湊市（以下「市」という）情報公開条例（平成 12 年
市条例第 1 号。以下「本条例」という）に基づき，Y（市長）に対し，
亡母 A の新湊市民病院（以下「市民病院」という）におけるカルテその他一式
（以下「本件診療記録」という）の開示請求（以下「本件開示請求」という）を行っ
た。Y が，本件診療記録は本条例 7 条 2 号（個人情報）に当たり，かつ同 15 条
1 項（本人情報の開示）に該当しないとして，不開示決定（以下「本件不開示決定」
という）をしたため，X は取消訴訟を提起した。第 1 審（富山地判平成 15 年 1 月
29 日判例集未登載）は，本条例上の開示請求権は相続の対象とならないこと，
本条例 15 条は開示の相手方を本人に限定する趣旨であること，相続人の開示
を求める必要は否めないが，開示を行うには請求権の内容・範囲を具体化しな
ければならず，これは立法によるほかないこと等を理由に，請求を棄却した。
X が控訴したが，本判決は X が本条例 15 条 1 項の「本人」に当たると判断し，
原判決を取り消して X の請求を認容した。

第6章 事例研究 1. 死者の診療記録の相続人による開示請求

判旨　1　死者はプライバシー権を享受する地位を有しないため，個人識別情報の「本人」が死亡した場合，死亡した当該「本人」のプライバシー保護に配慮する必要はない。

2　XはAの相続人として同人の権利義務を包括的に承継する者であるところ，仮にAの死亡について不法行為等が成立すれば，XはAの損害賠償請求権を相続し，また固有の慰謝料請求権を取得することになるので，本件診療記録はXの上記各請求権の存否に密接な関連を有する情報として，X自身の個人識別情報でもあるということができる。

研究　1　ここで紹介するのは，相続人による死者の診療記録の開示請求を認容した，注目すべき判決である。本件開示請求は情報公開条例に設けられた本人開示条項に基づくものであり，個人情報保護条例等に基づく本人開示と同視できる。なお，新湊市では，本判決の後，本条例を改正し，遺族（配偶者，子，父母等）による開示請求を明文で規定している。

2　まず診療記録の遺族に対する開示の現状を概観しておく。診療記録の本人開示の法制化を提言した厚生省の「カルテ等の診療情報の活用に関する検討会報告書」（平成10年6月，ジュリ1142号〔1998年〕64頁）は，遺族への開示を検討の対象外としていた。翌年公表された日本医師会の「診療情報の提供に関する指針〔第1版〕」（平成11年4月）にもこの点の言及はない。その後，厚生省の「国立病院等における診療情報の提供に関する指針」（平成12年7月，法時73巻2号〔2001年〕69頁）は，遺族との信頼関係の確保の観点から主治医が適当と認める場合に開示できる旨を規定した。日本医師会の「診療情報の提供に関する指針〔第2版〕」（平成14年10月）も，法定相続人について患者本人への開示規定を準用することを認める。ただし，同指針は，第1版と同様，訴訟を前提とする場合を適用の対象外としている。そして，厚生労働省の「診療情報の提供等に関する指針」（平成15年9月）は，患者本人への開示を「配偶者，子，父母及びこれに準じる者」に準用するに至っている。もっとも以上はすべて指針にとどまり，強制力を持つわけではない。なお，厚生労働省指針の基礎となった「診療に関する情報提供等の在り方に関する検討会報告書」（平成15年6月）は，「訴訟を前提とした診療記録の開示の求めについては，訴訟を前提としていることのみを理由に診療記録の開示を行わないことは適当ではな

299

第 2 部　個人情報保護

い」旨を注記している。

　次に，地方公共団体における死者の個人情報の開示の状況を見ると，条例に明文規定を置く団体（宮城県等）と置かないものがある。明文規定がない団体では，一定の要件の下に開示請求を認めるもの（東京都等）と，認めないものがあり，後者には情報提供で対応しているものがある（札幌市等）。明文規定または解釈により開示請求を認めている団体については，請求者自身の個人情報と考えられる場合等に限定するもの（東京都等），一定範囲の遺族に認めるもの（宮城県等），両者を組み合わせるもの（三重県個人情報保護審査会の改正意見，平成 16 年 6 月）などがある。このように地方公共団体の対応は非常に分かれている。

　関連判例として，生徒の自殺に関する全校生徒の作文の開示を当該生徒の親が請求した事案に関する東京地判平成 9 年 5 月 9 日判時 1613 号 97 頁及び控訴審東京高判平成 11 年 8 月 23 日判時 1692 号 47 頁がある。第 1 審は，死亡した子の個人情報を家族共同体構成員の固有情報と同視できる場合があり，本件はこれに当たると判示する（この「家族共同体」論に対する批判として，常本照樹・判評 475 号〔判時 1643 号，1998 年〕11 頁以下，下村哲夫・ひろば 53 巻 2 号〔2000 年〕68 頁）。控訴審は，「親権者であった者が死亡した未成年の子どもの個人情報の開示を求めているという場合においては，社会通念上，この子どもに関する個人情報を請求者自身の個人情報と同視しうるものとする余地もある」と述べるが（ここには後記東京都報告書の影響が窺われる），この点の結論は留保している。生存する子の個人情報を親が請求した事案については，東京地判平成 8 年 5 月 23 日判時 169 号 37 頁及び控訴審東京高判平成 9 年 3 月 12 日判タ 973 号 152 頁が請求権を肯定するのに対し，浦和地判平成 9 年 8 月 18 日判時 1660 号 48 頁は否定する。もっとも，浦和地裁は，「子が死亡により請求権を行使することが不可能である場合には，親独自の請求権を肯定しうる余地はあろう」と述べている。静岡地判平成 14 年 10 月 31 日判タ 1153 号 139 頁は同様の事案において親権者の開示請求を認めるが，被告が一貫して原告を請求権者として取り扱ってきたなどの経緯を理由とするもので，一般論としては本人のみが開示を請求できるとしている。

　このような状況の中，本判決は公刊された判例としては初めて親権者以外の

300

第6章　事例研究　1．死者の診療記録の相続人による開示請求

遺族による開示請求を認め，その理由として主に2つの根拠を挙げている。

　3　第1に，本判決は死者の個人情報に保護の必要はないとする（**判旨**1）。しかし，一概にそういえるか問題があるのみならず，本件におけるかかる判示の必要性も疑問である。

　まず，死者の個人情報を保護するか否かは立法政策の問題と思われる。確かに，昭和63年に制定された行政機関の保有する電子計算機処理に係る個人情報の保護に関する法律や，平成15年に制定された行政機関の保有する個人情報の保護に関する法律（以下「新行政機関法」という）は，保護対象を「生存する個人に関する情報」に限定しており（いずれも2条2項），同様の条例も多い（東京都条例など）。しかし，死者の個人情報を保護する条例もかなり存在するし（宮城県条例など），新行政機関法の不開示事由である第三者の「個人に関する情報」（14条2号）は死者のそれも含むとされる（宇賀克也『個人情報保護法の逐条解説』〔有斐閣，2004年〕277頁参照）。本件新湊市条例も，特に限定されていない以上，死者の個人情報を保護するものと解すべきであり，本判決のように一般論によってこれを否定するのは適切でないと思われる。

　また，そもそも本件において上記のような判示の必要があったのか疑問である。本判決は，死者の個人情報が保護されているとすると，本件診療記録がXの個人情報であっても，それが同時にAの個人情報でもある以上，Xに対して開示できなくなる，と考えたものと推測される。しかし，これは条例の定める不開示事由の問題であり，本条例では第三者の個人情報は不開示事由とされていない（15条1項）。立法論としては疑問もあるが，いずれにしても本条例に関しては上記のような問題は生じないのである。東京都条例16条4号のように，不開示事由を「第三者の権利利益を侵害するおそれがあるとき」と規定する場合にも，死者の個人情報を遺族等に開示する障害とはならない。これに対し，新行政機関法14条2号のように，死者も含めて第三者の個人情報を不開示事由とする場合，ただし書に当たらない限り死者の個人情報の開示は困難となる。

　4　第2に，本判決は，XはAの相続人であり，Aの死亡により損害賠償請求権等を取得する可能性があるから，本件診療記録はXの個人情報でもあるとする（**判旨**2）。

第 2 部　個人情報保護

　この考え方は東京都個人情報保護委員会の「死者の個人情報に係る開示請求の取扱いに関する報告書」（平成 9 年 3 月，以下「東京都報告書」という）から示唆を受けているようである。同報告書は死者の個人情報を開示すべき場合として，「ア　請求者自身の個人情報でもあると考えられるもの」（①請求者が死者である被相続人から相続した財産に関する情報，②請求者が死者である被相続人から相続した不法行為による損害賠償請求権等に関する情報，③近親者固有の慰謝料請求権など，死者の死に起因して，相続以外の原因により請求者が取得した権利義務に関する情報）及び「イ　社会通念上，請求者自身の個人情報とみなしうるほど，請求者と密接な関係がある情報」（未成年者である自分の子どもに関する情報）を挙げている。

　もっとも両者には看過できない相違もある。東京都報告書はアの場合に請求権取得を証明する確定判決書等の提示を求めており（東京都個人情報開示・訂正事務取扱要綱第 3 の 2 (3)も参照），遺族が事実関係の解明を意図する場合などは情報提供で対応する趣旨のようである。これに対して本判決は，請求権の「存否に関して密接に関連する情報が記録されているものであることをもって足りると解するのが相当である」として，厳格な立証を要求していない。

　個人情報概念を厳格に解するならば，本判決及び東京都報告書の考え方には疑問もありうる。例えば土地所有権が相続された場合（東京都報告書のア①），当該土地に関する情報が相続人の個人情報となることは確かである。しかし，本件のように請求権が相続される場合（同ア②），診療記録等が当該請求権を証明する重要な情報だとしても，上記の土地に関する情報と同様の意味で相続人の個人情報といえるか，なお検討の余地があるように思われる。仮に相続人の個人情報だとしても，相続を理由に開示請求を認めるにはその取得を証明する必要があると思われ，この点では東京都の取扱いが首尾一貫している。本判決の考え方によれば，相続ではなく，むしろ相続人たる地位を理由として開示請求を認めることになると考えられる。

302

第 6 章　事例研究　2.　公文書公開条例に基づく診療報酬明細書の公開請求

2.　公文書公開条例に基づく診療報酬明細書の公開請求

最高裁平成 13 年 12 月 18 日第三小法廷判決〔棄却〕
平成 9 年（行ツ）第 21 号，公文書非公開決定取消請求
事件（民集 55 巻 7 号 1603 頁，判時 1775 号 23 頁，判
タ 1084 号 154 頁）

事実　　　 X_1 とその夫 X_2（X_1 とあわせて以下「X ら」という——原告・控訴
人・被上告人）は，兵庫県公文書の公開等に関する条例（昭和 61 年
兵庫県条例第 3 号，以下「本件条例」という）5 条に基づき，実施機関である Y
（兵庫県知事——被告・被控訴人・上告人）に対し，X_1 の分娩に関する診療報酬明
細書（以下「本件文書」という）の公開を請求した。Y は，本件文書に記録され
た情報は本件条例 8 条 1 号所定の非公開情報（「個人の思想，宗教，健康状態，病
歴，住所，家族関係，資格，学歴，職歴，所属団体，所得，資産等に関する情報（事業
を営む個人の当該事業に関する情報を除く。）であって，特定の個人が識別され得るも
ののうち，通常他人に知られたくないと認められるもの」）に当たるとして，公開し
ない旨の決定（以下「本件処分」という）をしたので，X らが本件処分の取消訴
訟を提起した。なお，本件処分当時，兵庫県に個人情報保護条例は存在しな
かった。

　第 1 審（神戸地判平成 7 年 11 月 27 日行集 46 巻 10 = 11 号 1033 頁）は，本件処分
は適法であるとして請求を棄却したが，控訴審（大阪高判平成 8 年 9 月 27 日判タ
931 号 188 頁）は，本件処分は違法であるとして請求を認容したので，Y が上
告した。

判旨　　　上告棄却。
　　　「情報公開制度が先に採用され，いまだ個人情報保護制度が採用
されていない段階においては，X らが同県の実施機関に対し公文書の開示を
求める方法は，情報公開制度において認められている請求を行う方法に限られ
ている。また，情報公開制度と個人情報保護制度は，前記のように異なる目的

第2部　個人情報保護

を有する別個の制度ではあるが，互いに相いれない性質のものではなく，むしろ，相互に補完し合って公の情報の開示を実現するための制度ということができるのである。とりわけ，本件において問題とされる個人に関する情報が情報公開制度において非公開とすべき情報とされるのは，個人情報保護制度が保護の対象とする個人の権利利益と同一の権利利益を保護するためであると解されるのであり，この点において，両者はいわば表裏の関係にあるということができ，本件のような情報公開制度は，限定列挙された非公開情報に該当する場合にのみ例外的に公開請求を拒否することが許されるものである。これらのことにかんがみれば，個人情報保護制度が採用されていない状況の下において，情報公開制度に基づいてされた自己の個人情報の開示請求については，そのような請求を許さない趣旨の規定が置かれている場合等は格別，当該個人の上記権利利益を害さないことが請求自体において明らかなときは，個人に関する情報であることを理由に請求を拒否することはできないと解するのが，条例の合理的な解釈というべきである。もっとも，当該地方公共団体において個人情報保護制度を採用した場合に個人情報の開示を認めるべき要件をどのように定めるかが決定されていない時点において，同制度の下において採用される可能性のある種々の配慮をしないままに情報公開制度に基づいて本人への個人情報の開示を認めることには，予期しない不都合な事態を生ずるおそれがないとはいえないが，他の非公開事由の定めの合理的な解釈適用により解決が図られる問題であると考えられる。」

研究

1　はじめに

　本件で争われたのは，情報公開制度によって請求者が自らの個人情報（自己情報）の開示を求めることができるかという問題である。本判決は一定の要件の下にこれを肯定し，論争に一応の決着をつけた。もっとも，後述するように，その射程はかなり限られている。

2　本判決の意義

　この問題については，①知る権利に基づく情報公開制度とプライバシー権に基づく個人情報保護制度は目的が異なるとして自己情報の開示請求を認めない

第 6 章　事例研究　2. 公文書公開条例に基づく診療報酬明細書の公開請求

否定説（松井茂記・民商 126 巻 6 号〔2002 年〕895 頁，兼子仁・自治総研 28 巻 8 号〔2002 年〕76 頁など），②自己情報の開示についてはプライバシー保護の必要はない等の理由でこれを認める肯定説（棟居快行『憲法フィールドノート〔第 3 版〕』〔日本評論社，2006 年〕170 頁以下，赤坂正浩・平成 8 年度重判解〔ジュリ臨増，1997 年〕10 頁など），③個人情報保護制度が存在しない場合に限って認めうるとする折衷説（右崎正博ほか編『情報公開法』〔三省堂，1997 年〕44 頁以下［二関辰郎執筆］，鈴木渉・判自 170 号〔1998 年〕14 頁，戸部真澄「『情報公開制度における本人開示』再考」山形大学法政論叢 32 号〔2004 年〕1 頁など）がある。下級審では否定説（長野地判昭和 62 年 10 月 22 日判タ 669 号 140 頁，本件第 1 審，大阪高判平成 13 年 10 月 26 日〔平 12（行コ）104 号〕など）と肯定説（東京地判平成 6 年 1 月 31 日判時 1523 号 58 頁，東京地判平成 8 年 5 月 23 日判自 169 号 37 頁及び東京高判平成 9 年 3 月 12 日判タ 973 号 152 頁，本件控訴審，長崎地判平成 10 年 11 月 18 日判自 186 号 26 頁など）が対立していた。

　本判決は，情報公開制度と個人情報保護制度の目的が異なることを認めつつ，①後者が存在しない段階では自己情報の開示を求める方法がほかにないこと，②両制度は相互に補完し合って公の情報の開示を実現するための制度であること，③情報公開制度において個人情報が不開示情報とされるのは個人情報保護制度と同一の権利利益を保護するためであること，④情報公開制度においては例外的にのみ開示請求を拒否できることを挙げて，本件においては自己情報の開示を請求できるとした。①が折衷説の論拠であるのに対し，②と③は肯定説の論拠となりうることから（井出嘉憲ほか編『講座・情報公開』〔ぎょうせい，1998 年〕154 頁以下［右崎正博執筆］は②と同旨を述べるが，折衷説も「十分にあり得てよい」と述べるにとどまり，折衷説をとると断言しているわけではない），本判決が肯定説と折衷説のいずれをとるのか明らかではないとの指摘もある（松井・前掲 902 頁，松本和彦・憲法判例百選 I〔第 6 版〕〔別冊ジュリ，2013 年〕179 頁）。もっとも，論理が不明瞭であることは別として，「個人情報保護制度が採用されていない状況の下において」自己情報の開示を認めていることから，本判決は，「実質的な結果の妥当性を重視して」（福井章代・最判解民事篇平成 13 年度（下）〔2004 年〕881 頁），折衷説をとったものと解される（宇賀克也『情報公開と公文書管理』〔有斐閣，2010 年〕110 頁など）。

第 2 部　個人情報保護

3　本判決への批判

　本判決に対しては，第 1 に，情報公開制度と個人情報保護制度の目的が異な
る以上，明文規定がないにもかかわらず自己情報の開示を認めるのは「筋道が
さかさま」ではないかとの批判がある（松井・前掲 903 頁。兼子・前掲 85 頁も同
旨）。本判決は，どのような請求権を認めるかは，「基本的には当該地方公共団
体の立法政策にゆだねられている」とする。しかし，本件条例を立案した兵庫
県情報公開懇話会の報告書では，「自己情報開示制度は，総合的なプライバ
シー保護の体系の中で考慮される必要」があり，例外の定め方等についてなお
検討すべき困難な問題があるから，「自己情報開示制度を含めたプライバシー
の保護については，公文書公開制度とは別途に検討されるべき課題である」と
して，自己情報の開示を認めない旨が明示されていた（福井・前掲 887 頁も，本
判決は「立法者意思や立法趣旨の探求方法という観点からは，今後に検討課題を残し
た」と指摘する）。「立法者意思とは，条文と論理から合理的に推定されるもの
を指すのであって，生の立案関係者の意図ではない」（中川丈久・平成 13 年度重
判解〔ジュリ臨増，2002 年〕52 頁）としても，次にみるように，立案者の上記判
断が不合理とは必ずしも思われない。行政機関の保有する情報の公開に関する
法律（平成 11 年法律 42 号）を立案した行政改革委員会は，自己情報の開示を認
めない旨を明言していたが（「情報公開法要綱案の考え方」8⑴），本判決の考え方
によると（個人情報保護制度が存在しなければ）これが認められる可能性もある
（古本晴英・法時 75 巻 5 号〔2003 年〕56 頁）。

　第 2 に，情報公開制度と個人情報保護制度では，不開示情報の定め方に違い
がありうるのではないかとの批判がある（松井・前掲 905 頁以下，兼子・前掲 82
頁以下，宇賀・前掲 111 頁）。実際，個人情報保護制度においては，情報公開制
度にはない不開示情報を設けるのが一般である（行政個人情報 14 条 1 号など）。
本判決はこの点について，「他の非公開事由の定めの合理的な解釈運用により
解決が図られる問題である」とし，調査官解説は，情報公開条例で通常定めら
れている非開示事由に該当することが多いから，「実際上の不都合はほとんど
生じない」（福井・前掲 883 頁）と述べる。しかし，上記のような不開示情報を
設けるか否かは「高度の立法判断に委ねられた事柄」（中川丈久「情報公開制度

306

における本人開示について（上）」自治研究74巻7号〔1998年〕75頁）であり，立法判断を待つことなく，情報公開条例の不開示情報のみによる判断を強いることは，解釈論の枠を超えているのではないかと思われる（上記不開示情報を設けることの当否は別問題である）。

第3に，情報公開制度では，一般に本人確認が行われていないが，自己情報の開示については必要不可欠なのではないかとの批判がある（松井・前掲904頁以下）。本判決は，X_1が本人であることは「本件公開請求それ自体において明らかであった」としているが，本人確認には言及していない。確認手段のあり方は行政機関の責任で定めてよい問題との見方もあるが（中川丈久「情報公開制度における本人開示について（下）」自治研究74巻8号〔1998年〕64頁），自己情報開示請求権が条例によって認められているとすれば，明文の根拠なくこれを制限することには問題があるように思われる（松井・前掲905頁）。

4　本判決の射程

本判決は自己情報の開示請求が認められる要件として，①個人情報保護制度が採用されていないこと，②そのような請求を許さない趣旨の規定がないこと，③本人の権利利益を害さないことが請求自体において明らかであることを挙げている。このうち③は判決の射程とは別問題と解される。

そこで，第1に，個人情報保護制度が採用されている場合，本判決の射程は及ばない（福井・前掲883頁以下）。現在，国及びすべての地方公共団体で個人情報保護制度が設けられていることから，その限りで本判決の意義は失われている（国会や裁判所については不備があるが，情報公開制度も同様なので，本件のような問題は生じない）。個人情報保護制度が存在するものの，適用領域が限られていたり，適用除外が設けられている場合はどうなるかという問題はあるが（佐伯彰洋・判自235号〔2003年〕15頁，古本・前掲56頁，松本・前掲179頁），当該適用除外等が情報公開制度における自己情報開示をも排除する趣旨かどうかによって判断すべきであろう（中川丈久・地方自治判例百選〔第3版〕〔別冊ジュリ，2003年〕39頁）。

第2に，自己情報の開示請求を許さない趣旨の規定がある場合，本判決の射程は及ばない。

第2部　個人情報保護

　第3に，個人情報の定め方には，個人が識別可能な情報を原則不開示とする個人識別型と，「通常他人に知られたくないもの」等に限って不開示とするプライバシー型があるが，本件条例は後者であることから，本判決の射程が個人識別型にも及ぶかという問題がある。明示されているわけではないが，本判決は本件条例がプライバシー型であることに全く言及していないことから，個人識別型にも射程が及ぶものと解される（福井・前掲885頁）。

第 *3* 部

行政情報手続

■第1章 ─────────────────────────

行政情報手続概説

1 はじめに

　以下では，行政機関の保有する情報の公開に関する法律（以下「情報公開法」という）に基づく開示請求を中心に，処分手続，審査請求手続，訴訟手続を概説し，必要に応じて，個人情報保護制度に基づく開示請求，訂正請求及び利用停止請求にかかる手続に言及する。

2 処分手続

(1) 開示等の請求

　情報公開法に基づく開示請求は，①開示請求をする者の氏名・住所等，②行政文書の名称その他の開示請求に係る行政文書を特定するに足りる事項を記載した書面（開示請求書）を，行政機関の長に提出してしなければならない（4条1項）。

　行政機関の保有する個人情報の保護に関する法律（以下「行政機関個人情報保護法」という）に基づく開示請求もほぼ同様であるが（13条1項），本人確認情報を提示しなければならない（同条2項）。訂正請求及び利用停止請求については，さらに，請求の趣旨及び理由も提出しなければならない（28条1項，37条1項）。

310

第1章　行政情報手続概説

(2)　審　　査

　情報公開法に基づき開示請求を受けた行政機関の長は，対象となる行政文書を特定し，当該行政文書に不開示情報が含まれているか否かを検討する（以下については**第2章**参照）。当該行政文書に開示請求者以外の第三者の情報が含まれている場合，当該第三者に意見書提出の機会を付与することができる（13条，**第3章**参照）。

　行政機関個人情報保護法に基づく開示請求についてもほぼ同様である。訂正請求及び利用停止請求については，それぞれの要件（*第2部***第1章6**(2)(3)参照）を満たすかどうかを審査することになる。

(3)　決　　定

　情報公開法に基づき開示請求を受けた行政機関の長は，開示または不開示の決定（開示決定等）を行ったときは，これを開示請求者に通知しなければならない（9条）。開示決定等は，原則として，開示請求があった日から30日以内にしなければならないが（10条1項），例外も認められる（同条2項，11条）。

　行政機関個人情報保護法に基づく開示請求，訂正請求及び利用停止請求についてもほぼ同様である（18条ないし20条，30条ないし32条，39条ないし41条）。

(4)　開示等の実施

　情報公開法に基づき開示決定を行った場合，文書または図画については閲覧または写しの交付により，電磁的記録については政令で定める方法により開示を実施する（14条1項本文）。

　行政機関個人情報保護法に基づく開示決定についてもほぼ同様である（24条）。訂正請求については，当該保有個人情報の利用目的の達成に必要な範囲内で，当該保有個人情報の訂正を行う（29条）。必要があると認めるときは，当該保有個人情報の提供先に対し，遅滞なく，その旨を通知しなければならない（35条）。利用停止請求については，当該保有個人情報の適正な取扱いを確保するために必要な限度で，当該利用停止請求に係る保有個人情報の利用停止をする（38条）。

311

第3部　行政情報手続

(5)　手 数 料

　情報公開法に基づき開示請求をする者は，政令で定めるところにより，開示請求にかかる手数料（開示請求手数料）と，開示の実施にかかる手数料（開示実施手数料）を納付しなければならない（16条1項）。地方公共団体の条例では，開示請求手数料を無料とし，開示の実施にかかる実費のみを徴収するところが多い。

　行政機関個人情報保護法に基づく開示請求についてもほぼ同様である（26条1項）。訂正請求及び利用停止請求については，手数料の納付は必要ない。

3　審査請求手続

(1)　審査請求の提起

　情報公開法に基づく開示決定等に不服がある者は，行政不服審査法に基づく審査請求をすることができる。不開示決定（一部不開示決定を含む）について，開示請求者が審査請求を行う場合と，開示決定（一部開示決定を含む）について，第三者が審査請求を行う場合がある。

　情報公開法は，何人に対しても開示請求権を付与していることから，開示請求者が開示決定等に不服がある場合，審査請求を行うことができる（行政不服審査法2条）。開示請求に対し何らの処分もされないときは，不作為についての審査請求ができる（同法3条）。行政機関個人情報保護法に基づく開示請求，訂正請求及び利用停止請求についても同様である。

　また，開示決定等により第三者が権利利益を害される場合は，当該第三者も審査請求をすることができる（同法2条）。この場合，当該第三者が審査請求をする資格（「法律上の利益」）を有することが必要である（4(1)参照）。

(2)　諮問手続

　情報公開法に基づく開示決定等に対して審査請求がなされた場合，当該審査請求に対する裁決または決定をすべき行政機関の長は，原則として，情報公開・個人情報保護審査会（以下「審査会」という）に諮問を行わなければならな

312

い（19条）。審査会は総務省に設置される諮問機関である（情報公開・個人情報保護審査会設置法2条）。会計検査院については，その地位の独立性に鑑み，会計検査院情報公開・個人情報保護審査会に諮問することとされている（19条かっこ書，会計検査院法19条の2第1項）。地方公共団体においても，所定の機関に諮問することとされている。

審査会は，開示請求の対象となった行政文書を，実際に見分すること（インカメラ審理）ができる（情報公開・個人情報保護審査会設置法9条）。

行政機関個人情報保護法に基づく開示請求，訂正請求及び利用停止請求についてもほぼ同様である（43条）。

(3) 裁　　決

審査庁は，審査会から諮問に対する答申を受けたときは，遅滞なく裁決をしなければならない（行政不服審査法44条）。答申は法的な拘束力を持たないが，裁決の主文が答申書と異なる内容である場合は，異なることとなった理由を裁決理由に記載しなければならないので（同法50条1項4号），実際上尊重されることになる。

4　訴訟手続

(1) 訴訟類型

開示決定等にかかる訴訟についても，不開示決定（一部不開示決定を含む）を開示請求者が争う場合と，開示決定（一部開示決定を含む）を第三者が争う場合がある。審査請求前置主義を定めた規定はないので，ただちに訴訟を提起することが可能である（行政事件訴訟法8条1項本文）。

情報公開法は，何人に対しても開示請求権を付与していることから，開示請求者が開示決定等に不服がある場合，裁判所に訴訟を提起することができる。不開示決定を受けたときは，当該決定の取消訴訟（行政事件訴訟法3条2項）を提起するほか，2004（平成16）年の行政事件訴訟法改正で明文化された申請型義務付け訴訟（同条6項2号）を提起することができる。開示請求を行ったにもかかわらず，何らの処分もなされないときは，不作為の違法確認訴訟（同条

第3部　行政情報手続

5項）を提起するほか，申請型義務付け訴訟を提起することができる。行政機関個人情報保護法に基づく開示請求，訂正請求及び利用停止請求についても同様である。

　開示決定を第三者が争う場合（アメリカ合衆国の情報自由法 Freedom of Information Act から「逆 FOIA 訴訟」と呼ばれる）は，開示決定がなされているときは取消訴訟を，開示決定がなされる前であれば，やはり行政事件訴訟法改正で明文化された差止訴訟（同法3条7項）を提起することができる。いずれの場合も原告適格（同法9条，37条の4第3項・第4項）が要求される。

⑵　インカメラ審理

　情報公開訴訟においては，開示請求の対象となった行政文書を裁判所に提出すると，相手方当事者もこれを閲覧できることになり，その結果訴訟が意味を失うことになる。したがって，裁判所のみが行政文書を見分できる制度（インカメラ審理）が必要である。

　しかし，判例は，民事訴訟の基本原則に反するとして，解釈論としてはインカメラ審理を認めていない（最決平成21年1月15日民集63巻1号46頁）。そこで，現在のところ，裁判所は当該行政文書を見分しないで審理を行っているが，立法によりインカメラ審理を導入することが必要である（**第5章，第6章2.** 参照）。

　行政機関個人情報保護法に基づく開示請求についても同様の問題がある。

⑶　立証責任

　情報公開訴訟における立証責任に関しては，開示が原則とされていることから，不開示情報該当性については行政主体の側に立証責任があると解されている（最判平成6年2月8日民集48巻2号255頁）。もっとも，国家安全情報及び公共安全情報については，行政機関の長に裁量が認められるため（本書6頁以下参照），原告側に立証責任があるとする説もある（この問題については**本書58頁及び390頁参照**）。これに対し，文書の存在については，原告側に立証責任があるとされている（最判平成26年7月14日判時2242号51頁）。

　行政機関個人情報保護法に基づく開示請求についても基本的に同様と解され

第1章　行政情報手続概説

る。訂正請求及び利用停止請求については，原告側に立証責任があると考えられる。

■第2章 ─────────────────────────────

開 示 手 続

1 はじめに

本章では，行政機関の保有する情報の公開に関する法律（以下「法」という）
4条による開示請求がなされた後，開示を実施するまでの手続（法9条から17
条）を検討する。開示手続について行政改革委員会の「情報公開法要綱案の考
え方」（以下「考え方」という）は，「開示請求をしようとする者にとって利用し
やすいこと，行政機関の事務処理が適正かつ円滑に行われることの両面を兼ね
備えた合理的な仕組みとする必要がある」（5(1)）と述べており，以下では右の
要請が満たされているかどうかに着目して個別条文を検討する。なお，これは
「申請に対する処分」の手続であり，行政手続法第2章が適用される（「考え方」
5(1)）。

2 開示請求に対する措置（9条）

本条は開示請求に対して行政機関の長がとるべき措置を規定する。開示請求
に係る行政文書の全部または一部を開示する場合は1項，全く開示しない[1]場

---

1) 9条2項の「全部を開示しないとき」は，「全部を開示するわけではない」と「全部開示
しない」のいずれの意味にもとれるが，1項との対比から後者と解される。

第 2 章　開示手続

合は 2 項が適用される[2]。

　開示の実施を決定した場合は，その旨及び「開示の実施に関し政令で定める事項」を請求者に書面で通知しなければならない。行政改革委員会行政情報公開部会（以下「部会」という）の中間報告要綱案は，通知事項として「閲覧の日時・場所，写しの交付の方法等」を例示する。開示実施方法等の申出（法 14 条 2 項）について教示する必要もある。

　開示をしないことを決定した場合は，本条 2 項によってその旨を請求者に書面で通知しなければならない。開示をしない場合としては，①法 5 条所定の不開示事由に該当するため開示を拒否する場合がまず考えられるが，かっこ書は，②法 8 条によって行政文書の存否を明らかにしないで開示を拒否する場合と，③開示請求に係る行政文書を当該行政機関が保有していない場合もこれに含まれることを明記している。②及び③の場合にも拒否決定を行わせる趣旨であり，請求者はそれを「行政処分」として審査請求（行政不服審査法 2 条）や行政訴訟（行政事件訴訟法 3 条 2 項）によって争いうることになる。情報公開条例においては文書不存在の場合の処理が不明確であり，請求の取り下げを求められたり，受理を拒否された場合に，救済手段がないという問題があった[3]。このような実務は到達主義をとる行政手続法 7 条の下ではいずれにしても認められないが，取扱いを明確化した点にかっこ書の重要な意義がある[4]。

---

[2]　行政改革委員会の「情報公開法要綱案」では，「開示する場合」（第 9 の 1 項）と「開示しない場合」（同 2 項）を分け，部分開示にはそれぞれの部分ごとに両者が適用されることとされていた（「考え方」5 (5) 参照）。法の規定方法には，2 項括弧書が部分開示（1 項）に適用されない結果となる点で，問題がある。

[3]　川上宏二郎「情報公開条例と公文書の『不存在』」西南学院法学 22 巻 2 = 3 号（1990 年）127 頁，高田敏「情報公開と公文書の不存在」堀部政男編・情報公開・個人情報保護（ジュリ増刊，1994 年）77 頁，兼子仁「公文書と職員メモのあいだ」春日市個人情報保護審議会専門研究会編『「知る権利」・「知られない権利」』（春日市，1996 年）114 頁，西鳥羽和明「情報公開制度における公文書不存在について」近大法学 45 巻 1 号（1997 年）31 頁など参照。自治体における取扱いについては，川崎市『情報公開制度記念論文集』（川崎市，1993 年）513 頁以下［藤原静雄執筆］参照。

[4]　文書不存在には，①請求された文書が存在しない場合と，②文書は存在するが請求対象となる「行政文書」に該当しない場合があり，条例の解釈として①の場合は拒否処分を不要とする有力説もある。しかし法はこのような限定をしていないので，いずれの場合も拒否処分が必要と解される。行政手続法の到達主義は①にも妥当するし，この場合審査や訴訟での審理に限界があるとしても，審査請求を契機に行政内部で再度調査・検討したり，審査会や

317

第3部　行政情報手続

　1項によって部分開示（＝部分不開示）をする場合及び2項によって全面不開示とする場合，いずれも行政手続法8条に従ってその理由を提示しなければならない（考え方5(5)）。処分が書面で行われるので，理由の提示も書面による（同2項）。理由の内容は拒否理由によって異なる。第1に，法5条に定める不開示事由に該当する場合，原則として根拠条文を示すだけでは足りず，開示請求者が不開示事由の「どれに該当するのかをその根拠とともに了知しうるもの」でなければならない[5]。第2に，法8条によって請求を拒否する場合，仮に文書が存在したならば該当するであろう不開示理由を示した上で，存否を明らかにしない理由を具体的に述べる必要がある[6]。この規定が濫用されやすいこと，請求者及び裁判所にとって裏付けをとる手段がないことを考慮すれば，特に詳細な理由提示を要すると考えられる。第3に，文書不存在の場合も，その真否を検証する手段が限られていることから，理由提示が重要な意味をもつ[7]。文書不存在には，①請求に係る文書は初めから存在しない，②存在したが（保管期間が過ぎるなどして）廃棄された，③文書は存在するが法所定の「行政文書」（法2条2項）に該当しない，などがありうるので，いかなる理由でいずれの場合に該当するのかを具体的に説明しなければならない。

3　開示決定等の期限（10条）

　本条1項によれば，法9条に定める開示または不開示の決定（「開示決定等」）は，原則として開示請求があった日から30日以内にしなければならない。条

　　裁判所が間接証拠によって文書の存否を解明する余地もないわけではない。

[5]　　最判平成4年12月10日判時1453号116頁。情報公開条例についての判示だが，本法の解釈にも妥当すると考えられる。また，右判決は，後日口頭で不開示理由の説明がされても瑕疵は治癒されないとする。

[6]　　右崎正博＝宇賀克也「対談・情報公開法案の検討」法時70巻6号（1998年）18頁［宇賀発言］は，法8条は不開示事由を拡大するのではなく，文書が仮に存在すれば不開示事由に該当することが前提となるので，いかなる理由でいかなる事由に該当しうるかを明らかにしなければならない，と指摘する。同旨，行政改革委員会事務局監修『情報公開法制』（第一法規，1997年）125頁。

[7]　　右崎＝宇賀・前掲注[6]25頁［宇賀発言］参照。

例では期限を 15 日とするところが多いが[8]，処理の実状などを考慮して 30 日とされた[9]。それ以前に決定できる場合は速やかにこれを行わなければならない（考え方 5 (6)）。

ただし書は補正（法 4 条 2 項）に要した日数を期間に算入しないものとする。補正は行政指導としての性格を持つにすぎないので，請求者が補正の求めに従わない意思を明確にした場合（行政手続法 33 条参照），その時点から期間の起算が始まることになる[10]。

本項に定める期間を徒過した場合，行政機関の長の不作為は違法となるので，請求者は不作為に対する審査請求（行政不服審査法 3 条）または不作為の違法確認の訴え（行政事件訴訟法 3 条 5 項）で争うことになる。部会の審議過程では期限の徒過を拒否処分とみなす案も検討されたが，①みなし拒否処分では処分内容が不明なので不服審査に不都合が生じる，②期限内に処分をすることは行政機関の義務であり，みなし処分は甘やかしとなる，③行政手続法ではみなし拒否処分の考え方がとられていない，などの理由で結局否定された[11]。しかし，①不作為の違法確認の訴え等によって争う場合，勝訴しても拒否処分がなされれば重ねて取消訴訟を提起しなければならず，救済手段として不備であること，②審査・訴訟の段階で行政機関に意見を述べさせれば審理に不都合はないこと，③行政手続法は処分の期限を明示的に定めていないので直接の参考とはならないことなどを考えると，立法論としてはみなし拒否処分の方が優れていると思われる[12]。

2 項によれば，正当な理由がある場合，開示決定等の期限を 30 日の限度で延長できる。正当な理由としては「事務処理上の困難」が例示されているが，考え方 (5 (6)) は，考慮要素として，開示請求の対象となる情報の量，不開示理由該当性の判断の難易，第三者保護手続の要否，行政機関の事務の繁忙の状

---

8) 行政改革委員会事務局監修・前掲注6)578 頁以下参照。

9) 情報公開法研究会『情報公開制度のポイント』（ぎょうせい，1997 年）92 頁以下。

10) 宇賀克也『情報公開法の理論』（有斐閣，1998 年）85 頁，藤原静雄『情報公開法制』（弘文堂，1998 年）85 頁。

11) 情報公開法研究会・前掲注9)93 頁参照。

12) 結論同旨，松井茂記「情報公開法要綱案の救済上の問題点と課題」法時 69 巻 1 号（1997 年）39 頁。期限を明示する個人情報保護法はみなし拒否処分を定める（15 条 3 項）。

第3部　行政情報手続

況などを挙げている。

4　開示決定等の期限の特例（11条）

　本条は大量請求の対策として期限の特例を定める。大量請求が濫用的請求であるわけでは決してない[13]ので，本条が期限の延長のみを認め，開示義務を前提していることは評価できるが，後述するように問題がないわけではない。濫用的請求に対しては権利濫用法理の適用も想定されている（考え方5(6)）。

　本条の特例を適用するには，①「開示請求に係る行政文書が著しく大量」であること，②60日以内にすべての文書について開示決定等をすると事務遂行に著しい支障が生ずるおそれがあることを要する。①については，一見すると当該請求にかかる文書の量のみが考慮されるように読めるが，考え方（5(6)）によると当該行政機関に対して請求されている文書（他の請求者によるものも含む）が大量である場合にも適用する趣旨のようである[14]。いずれにしても2つの「著しい」によって絞りがかけられているので，本条の適用には慎重でなければならない。また，大量請求以外の理由（例えば開示判断の困難，第三者の意見聴取の遅延）によって本条を適用することはできない。

　以上の要件が満たされた場合，行政機関の長は開示請求に係る文書のうち「相当な部分」について60日以内に開示決定等を行い，残りの部分は「相当な期間」内にこれを行えばよい。事柄の性質上，不確定概念を用いることはやむを得ないかもしれないが，濫用の危険がないわけではなく，比例原則による限定が必要であろう。

　本条を適用する場合，10条1項の期限（すなわち請求があった日から30日）以内に請求者に書面で所定の事項を通知しなければならない。この「通知」は期限を変更する法的効果を持つので，それ自体1つの処分であり，審査請求または訴訟によって取消しを求めうると解される。ただし法10条にいう「開示決

---

13)　関東弁護士会連合会編『市民のための情報公開』（明石書店，1997年）213頁。

14)　この点は要綱案について阿部泰隆『論争・提案・情報公開』（日本評論社，1997年）32頁以下で指摘されていたが，法においても改善されていない。

定等」ではないので，審査請求があった場合でも審査会への諮問（法18条）は
必要ない[15]。他方，通知された「相当な期間」内に残りの部分について開示
決定等が行われないときは，不作為の違法確認を求めることができる。

5 事案の移送（12条）

　本条は，開示請求に係る行政文書を当該行政機関が保有しているが[16]，何
らかの理由で他の行政機関に開示決定等を行わせるべき場合に，移送が可能で
あることを定める。

　1項によれば，移送できるのは，①他の行政機関の長が開示決定等をするこ
とにつき「正当な理由」があり，②当該他の行政機関の長とあらかじめ協議を
行った場合である。考え方（5(7)）は，「正当な理由」として，当該文書が他の
行政機関によって作成された場合のほか，「他の行政機関の事務に密接な関連
を有する情報が記録されているとき」を挙げる。移送をする場合，請求者にそ
の旨を書面で通知する必要がある。

　2項によれば，移送が行われたときは，これを受けた行政機関の長が開示決
定等を行わなければならない。事案を当初の行政機関の長に差し戻したり，他
に再移送することは許されない。移送を受けた行政機関の長の行為とみなされ
る「移送をした行政機関の長が移送前にした行為」としては，開示請求の受
領[17]，補正の請求（4条2項），期限の延長（10条2項，11条）などが考えられ
る。

　3項は，移送を受けた行政機関の長自らが開示を実施しなければならないこ

---

15)　阿部・前掲注14)33頁。

16)　請求に係る文書を当該行政機関が保有しない場合に適用されるとする説（宇賀・前掲注
10)77頁，藤原・前掲注10)79頁）もあるが，疑問である。行政改革委員会事務局監修・前
掲注6)94頁，情報公開法研究会・前掲注9)95頁，自由人権協会編『情報公開条例の運用と
実務（上）』（信山社，1997年）20頁［秋山幹男執筆］など参照。右の場合，文書不存在と
して拒否決定がなされるが，運用上は当該文書を保有する機関や「総合的な案内窓口」（法
37条2項）を教示すべきである。

17)　したがって，開示決定等の期限も当初の請求時から起算される（情報公開法研究会・前
掲注9)95頁，藤原・前掲注10)85頁）。

第 3 部　行政情報手続

と，移送をした行政機関の長もこれに協力しなければならないことを定める。

6　第三者に対する意見書提出の機会の付与等（13条）

　本条は，請求対象文書に第三者に関する情報が含まれている場合の，当該第三者の手続的保障を定める[18]。情報公開条例では「第三者の意見を聴くことができる」などと定めるのが一般であり[19]，本条 2 項が一定の場合に意見書提出機会の付与を義務付けていることが注目される。この点については開示を不当に遅延させるとの批判[20]もあるが，①行政手続法はこの場合意見聴取を義務付けていない[21]ものの，第三者保護の必要性が否定されているわけではないこと，②情報公開には文書が一旦公開されると取り返しがつかないという特殊性があること，③2 項で規定される場合，本来保護に値する第三者の情報が公益のために開示されるので，第三者の手続保障が特に強く求められることなどを考えると，適切な規定であると思われる[22]。いずれにしても，最大限 60 日以内に開示決定等をしなければならないので，意見書提出に期限を付す等，迅速な処理を図る必要がある。

　1 項は第三者に意見書提出の機会を与えることができる旨を定めるが，これは確認的規定と解される[23]。「第三者」について括弧書で説明を加えているのは，法 31 条にいう「第三者」と意味が異なることを明確にする趣旨である[24]。地方公共団体は除外されているが，国と利害を異にする場合も多いので，運用

---

18)　第三者の手続的保障の重要性については，松井茂記「情報公開の手続上の諸問題」ジュリ 854 号（1986 年）41 頁，同『情報公開法』（岩波書店，1996 年）212 頁参照。

19)　川崎市・前掲注3) 476 頁以下［藤原静雄執筆］参照。

20)　土生照子「実効性のある情報公開法の制定を求める」ジュリ 1093 号（1996 年）45 頁，関東弁護士会連合会編・前掲注13) 148 頁など。

21)　開示決定は第三者に対する「不利益処分」（行政手続法 2 条 4 号）ではない（総務庁行政管理局編『逐条解説行政手続法〔増補〕』〔ぎょうせい，1994 年〕21 頁参照）ので，意見聴取の努力義務（同法 10 条）があるに過ぎない。

22)　同旨，秋山幹男「法人等の情報」ジュリ 1107 号（1997 年）49 頁。

23)　情報公開法研究会・前掲注9) 97 頁参照。

24)　宇賀・前掲注10) 86 頁参照。

322

第 2 章 開示手続

上必要に応じて意見を聴取すべきであろう[25]。第三者に通知すべき事項は政令で定められるが，開示請求者の氏名を通知すべきかは争いがある[26]。2項と異なり，通知自体は書面による必要はない[27]。

2項は，前述したように，第三者の手続保障が特に必要な場合について，意見書提出機会の付与を義務付けている。もっとも2号については，第三者の情報を含む文書が法5条3項から6項までの理由で不開示とされるべき場合についてまで義務付けを行う必要があるか，疑問もある。ただし書は第三者の所在が判明しない場合に例外を認めるが，その他災害等によって履行が困難な場合にも「行政手続法制の一般法理」（行政手続法13条2項1号の類推適用か）によってこの義務は免除されると解されている[28]。

3項は，第三者が開示に反対する場合に，訴訟（または不服申立て）を提起する機会を与えるための規定である。開示の実施を遅らせるとの批判[29]もあるが，権利保護の実効性の観点からは極めて重要な意味をもつ。部会では第三者による特別の差止手続の導入も検討されたが，現行制度を利用することに落ち着いた[30]。すなわち，開示決定の取消しを求める審査請求と執行停止の申立て（行政不服審査法2条，25条），または取消訴訟と執行停止の申立て（行政事件訴訟法3条2項，25条）によることになる。

7 開示の実施（14条）

本条は開示の実施方法等について定める。開示決定から開示実施までの期間

---

25) 考え方4(7)，多賀谷一照「不開示情報をどうとらえるか」法時69巻1号（1997年）34頁参照。

26) 多賀谷一照「情報公開と個人情報保護」ひろば49巻8号（1996年）14頁参照。

27) 藤原・前掲注10)86頁。

28) 行政改革委員会事務局監修・前掲注6)141頁，情報公開法研究会・前掲注9)99頁。阿部・前掲注14)39頁以下は，明文で規定すべきとする。

29) 土生・前掲注20)45頁。

30) 情報公開法研究会・前掲注9)97頁以下参照。条例に関する実例については，斎藤誠「開示決定の取消訴訟」法教201号（1997年）34頁など参照。開示決定等の前の差止訴訟も考えられるが（阿部泰隆『事例解説行政法』〔日本評論社，1987年〕42頁，同・前掲注14)71頁注（53)），3項が機能する限りその必要は小さくなる。

323

第3部　行政情報手続

については本法に規定されていないが，考え方（5⑸）は，「開示の実施は，開示に伴う事務処理に要する期間を勘案しつつ，速やかに行われるべきである」と述べている[31]。

　1項は開示の方法を定める。文書・図画については「閲覧又は写しの交付」によるとするが，ただし書が写しの交付によりうる場合を定めることからすると，右の場合以外は請求者に選択を委ねる趣旨と解される。ただし書の「正当な理由」としては，条文に例示するほか，原本が事務事業の執行に必要不可欠である場合[32]，部分開示の際に不開示部分との分離が困難な場合などが考えられる。写しの交付について考え方（5⑼）は，請求者の利便を考慮して郵送も認めるべきとする。電磁的記録の開示方法は政令に委ねられているが，特に電子的形態での交付が請求者にとって便宜となることを考慮すべきである[33]。

　2項及び3項は，開示の実施方法等に関する申出及びその期限について定める。「開示の実施の方法」は1項のそれを指し，文書及び図画については閲覧または写しの交付のいずれによる（あるいは両方）かを申し出ることになる。「その他政令で定める事項」としては，希望する開示の日時・場所，郵送による写しの交付の申出などが考えられる。期間を徒過した場合，開示を実施する必要はなくなるが，再度の請求は妨げられない。もっとも手数料を改めて支払う必要がある。期間の例外が認められる「正当な理由」は行政不服審査法14条や行政事件訴訟法14条に準じて解釈することができよう。

　4項は再度の開示について定める。文書を閲覧してから必要な部分について写しの交付を請求したり，文書の一部について写しの交付を受けた上で他の部分についてもこれを求めたりすることによって，手数料を節約することが可能

---

31)　開示決定後約半年間開示を行わなかった事案につき開示を命じた判決として，秋田地判平成8年7月8日（判例集未登載，朝日新聞1996年7月8日夕刊参照），請求から開示決定ないし開示を112日ないし232日後に行った事例につき損害賠償（慰謝料）請求を認容した判決として，秋田地判平成9年3月27日判自168号50頁がある。

32)　宇賀・前掲注10) 98頁。

33)　情報公開法理論研究会「共同研究・情報公開法要綱案（中間報告）の批判的検討」法時68巻8号（1996年）36頁。電磁的記録の開示方法についてはアメリカの制度（宇賀・前掲注10) 165頁以下，松井茂記「電子的情報の公開」法時70巻6号（1998年）68頁以下など参照）が参考になる。

第 2 章　開示手続

となる[34]。再度の開示については請求手数料の納付は必要ないと考えられる。

8　他の法令による開示の実施との調整（15 条）

　本条は他の法令[35]による開示との調整を定める。この問題について考え方
（7(5)）は，原則として他の法令と本法は並行して適用されるが，①個別法による開示が可能であればそれに委ねる，②公開制度が体系的に整備されている場合（登記等）もそれによる，③個別法が公開を禁じている場合は調整措置を講じる，という方針を示していた。このうち，①について本条で規定し，②については「行政機関の保有する情報の公開に関する法律の施行に伴う関係法律の整備等に関する法律」が適用除外を定めている。③については本法に規定が見あたらない（法 5 条においても「法令秘」は不開示事由とされていない）ので，原則に戻って本法を並行して適用する（法 5 条によって開示不開示を判断する）趣旨と解される。

　1 項によれば，他の法令による開示が可能な場合，本法による開示は行わない。重複適用による事務手続の錯綜を避ける趣旨である（考え方 7(5)）。要件は次の 5 つである。第 1 に，「法令」による開示であること。第 2 に，「何人にも」開示が行われること。利害関係者等に限定されている場合（例えば独占禁止法 69 条）は含まない。第 3 に，法 14 条 1 項本文に規定するのと「同一の方法」，すなわち文書または図画については「閲覧又は写し」によって開示されること。例えば閲覧のみが可能な場合（例えば宅地建物取引業法 10 条），本法によって写しの交付を求めることができる[36]。本条 2 項によって「縦覧」（例えば公職選挙法 23 条）も「閲覧」とみなされる。第 4 に，他の法令による開示に期間が定められているとき（例えば土地改良法 87 条 5 項）は当該期間内であるこ

---

34)　宇賀・前掲注10)90 頁，藤原・前掲注10)86 頁。

35)　その例につき，総務庁行政管理局監修『情報公開』（第一法規，1990 年）186 頁以下参照。

36)　宇賀・前掲注10)91 頁，藤原・前掲注10)87 頁，三宅弘「情報公開条例と関係法律との調整」法時 69 巻 1 号（1997 年）43 頁。最判平成 7 年 2 月 24 日民集 49 巻 2 号 517 頁は政治資金規正法（旧）21 条 2 項（現 20 条の 2 第 2 項）の「閲覧」は写しの交付を含まないとするが，自治大臣保存分については本法により後者を求めることが可能となる。

325

第3部　行政情報手続

と。右期間の前後は本法による開示を求めうる[37]。第5に，本項ただし書は，他の法令に一定の場合に開示をしない旨の定めがあるときは「この限りでない」とする。その文意は必ずしも明瞭でないが，重複適用の回避という本条の目的からすると，他の法令による開示が制限されている場合（例えば河川法12条4項），原則に戻って本法を適用する趣旨と解される[38]。

9　手数料（16条）

　本条は開示の手数料について定める。これまで多くの自治体では複写費用のみを手数料として徴収している[39]のに対し，本条1項は開示の実施に係る手数料（以下「開示実施手数料」という）のほか，開示請求に係る手数料（以下「開示請求手数料」という）の納付を命じており，その当否が争われている。政策的判断にもかかわる問題だが，以下の理由から複写費用以外の手数料を徴収することには疑問がある。第1に，開示が「国民主権の理念」に基づく政府の「説明責任」の履行として行われるのであれば，その費用も政府が負担するのが筋ではないか[40]。第2に，「受益者負担」が手数料の根拠とされている[41]が，商業目的での利用は別として，情報公開は基本的に民主主義の実質化を目的としており，請求者個人が「受益」するとはいえないのではないか[42]。第3に，濫用防止も根拠とされている[43]が，法11条や権利濫用法理の歯止めもあるし，手数料が防止手段として有効かどうか確かでない上，額及びその算定方法（後述）によっては正当な大量請求を困難にするおそれもある[44]。第4に，部分開示の場合には閲覧にも費用がかかるとの意見[45]があるが，この場合は写し

37）　藤原・前掲注10) 87頁。
38）　藤原・前掲注10) 87頁。
39）　行政改革委員会事務局監修・前掲注6) 310頁参照。
40）　棟居快行「開示請求権の位置づけについて」ジュリ 1107号（1997年）30頁。
41）　行政改革委員会事務局監修・前掲注6) 83頁参照。
42）　情報公開法理論研究会・前掲注33) 36頁，関東弁護士会連合会編・前掲注13) 206頁。
43）　行政改革委員会事務局監修・前掲注6) 65頁以下，83頁参照。
44）　関東弁護士会連合会編・前掲注13) 206頁以下。
45）　自由人権協会編・前掲注16) 21頁［秋山幹男執筆］に引用。

326

第 2 章　開示手続

の交付のみで対処すればよい。このように複写費用以外の手数料を納付させることは妥当でなく，仮に徴収するとしても公益減免（後述）を認めるべきである[46]。いずれにしても，この点については法の運用状況（請求の数，商業的利用の割合，大量請求の実態など）を調査した上で再検討することが望まれる。

　手数料のうち請求手数料は開示請求に課せられるので，不開示の場合も納付しなければならない[47]。その額は，請求の受付，文書の検索，開示不開示の審査，結果の通知等に要する「実費」の範囲内で政令によって定められる。実費の算定が容易でない上，その方法次第では手数料が高額となり，請求が実際上困難となるおそれがある。例えば，東京都条例は閲覧手数料を 1 件名当たり200 円とするが，件名は事務手続を基準として数えられるので，手数料が法外な額となる場合もあった[48]。請求 1 件ごとに定額を課す[49]場合はこうした問題は生じないが，大量請求の歯止めとはならず，概括的請求（「……に関する一切の文書」）を助長する可能性もある。また，既開示文書を別の者が請求した場合のように，実費をほとんど要しない場合に手数料を徴収できるかという問題もある[50]。

　開示実施手数料は開示方法（文書または図画の閲覧，写しの交付，電子的記録の開示）によって異なる。閲覧に要する実費はごく少額と考えられるので，開示請求手数料に加えて閲覧手数料を徴収することは疑問である[51]。写しの交付

---

46)　比較法的に見ても，情報公開法を有する 12 か国のうち，複写手数料以外を徴収するのは 4 つのみであり，しかもそのうちアメリカ及びオーストラリアでは公益減免が認められている（行政改革委員会事務局監修・前掲注6）309 頁参照）。

47)　宇賀・前掲注10）91 頁，藤原・前掲注10）88 頁。

48)　具体例も含め，第二東京弁護士会『新版・情報公開ハンドブック』（花伝社，1994 年）120 頁以下参照。部会の議論においても東京都の方法は問題視されていた（行政改革委員会事務局監修・前掲注6）126 頁，情報公開法研究会・前掲注9）117 頁以下参照）。東京都条例は99 年 3 月に改正され，手数料についても一定の改善がなされている。

49)　このような方向を示唆するものとして，宇賀・前掲注10）91 頁，藤原・前掲注10）88 頁。

50)　一部の自治体のように情報提供で対応したり，あるいは簡易開示制度を設ける（阿部・前掲注14）60 頁）などの方法も考えられる。

51)　閲覧手数料を徴収する条例でも請求手数料は要求されていない。諸外国においても，請求に加え閲覧に手数料を課しているのはオーストラリアのみのようである（行政改革委員会事務局監修・前掲注6）309 頁参照）。

327

第3部　行政情報手続

については主として複写費用が考慮される[52]。

　衆議院内閣委員会で追加された2項は，手数料を「できる限り利用しやすい額」とするよう求めている。問い合わせに応じて見積額を通知する等の配慮も必要である（考え方5(10)）。

　3項は，「経済的困難その他特別な理由」がある場合，手数料を減免できるとする。公益目的での請求に減免（公益減免）を認めるべきかは争われている。この点について部会は，①公益減免は請求理由を問わない本法の仕組みにそぐわない，②基準の設定が困難，などの理由から消極に解しており[53]，政令もその方向で定められる公算が高い。しかし，①前述したように公益目的の開示請求には「受益者負担」の概念は当てはまらないし，②請求理由を問わず開示することと減免について請求理由を考慮することは必ずしも矛盾するわけではないので，公益減免を認めるのが妥当と思われる。したがって，「特別な理由」に公益目的を含めて解釈し[54]，法の見直しの際にこれを明文化すべきである[55]。経済的理由に基づく減免は困窮者を代役に仕立てることによって悪用される可能性がある。立法者は減免を裁量に委ねることで適切な対応を確保しようとしている[56]が，限界もあろう。

10　権限または事務の委任（17条）

　本条に定める権限または事務の委任は，それ自体としては行政組織上の問題にすぎない。しかし，地方支分部局に委任が行われると，請求や開示の点で請求者にとって便宜となるだけでなく，裁判管轄に関しても重要な効果をもたらしうる。すなわち，権限が委任された場合，受任機関が被告となるので，その

---

52)　自治体の場合1枚当たり10～40円となっている（行政改革委員会事務局監修・前掲注6)310頁参照）。

53)　考え方5(10)，情報公開法研究会・前掲注9)116頁参照。

54)　阿部・前掲注14)44頁，右崎＝宇賀・前掲注6)24頁〔右崎発言〕。

55)　アメリカの公益減免制度（宇賀克也『アメリカの情報公開』〔良書普及会，1998年〕98頁以下に詳しい）が参考となる。改正された東京都条例は公益減免を規定していないが，対象文書を公にすべき場合に手数料を免除する旨を定める（17条3項）。

56)　情報公開法研究会・前掲注9)114頁参照。

328

所在地の裁判所が管轄裁判所となり（行政事件訴訟法 12 条 1 項），事務が委任された場合，被告は従前の行政機関の長だが，受任行政機関も「事案の処理に当たった下級行政機関」なので，その所在地の裁判所が管轄を持つことになる（同 3 項）。考え方（5(2)，8(2)ア）もこのような効果に配慮して委任を行うよう求めている。

11　おわりに

本法の開示手続は，文書不存在の取扱い（9 条 2 項），第三者の権利の手続的保障（13 条 2 項・3 項），他の法令との調整（15 条）など，従来の条例に比べて改善されている点が少なくない。しかし，手数料（16 条）等について問題がないわけではなく，運用実態を調査した上で，4 年後の見直し（附則 3 項）の際に再検討を行うことが期待される。

■第3章 ───────────────────────────

第三者の意見聴取

───────────────────────────

1　はじめに

　本章では，行政機関の保有する情報の公開に関する法律（以下「法」という）
13条（以下「本条」という）に定める第三者の意見聴取手続について，その趣
旨（2），任意的意見聴取（3），義務的意見聴取（4），争訟の機会の確保（5）を
解説し，最後に課題と展望を述べる（6）。

2　本条の趣旨

(1)　本条の趣旨

　開示請求に係る行政文書に第三者に関する情報が記録されているときに，第
三者の権利利益を保護し，開示判断の適正を確保するため，当該第三者に意見
書提出の機会を付与するとともに，開示実施に先立って第三者が争訟を提起す
る機会を確保する規定である（宇賀克也『新・情報公開法の逐条解説〔第5版〕』
〔有斐閣，2010年〕132頁）。

　開示請求に係る行政文書に第三者に関する情報が記録されている場合，それ
が個人情報（法5条1号）または法人等情報（同条2号）に該当するにもかかわ
らず，開示されてしまうと，当該第三者は取り返しのつかない不利益を被るこ
とになりかねない。そこで，手続保障の観点からは，当該第三者に告知・聴聞
と争訟の機会を保障することが要請される（松井茂記『情報公開法〔第2版〕』〔有

斐閣，2003 年〕380 頁以下）。

　また，不開示情報該当性は行政機関の長が判断すべきであるが，第三者に関する情報については必ずしも的確な判断を行いえない場合もありうる。そこで，当該第三者の意見を聴取することによって，適正な判断を行うことが期待されうる。

　以上のように，本条は，第三者の権利利益の保護と，開示判断の適正確保を目的としているが，前者が主たる目的であると解される。

(2)　制定の経緯

　本法の制定以前の条例においては，第三者の意見聴取について規定を置かないものもあり，規定があっても任意的なものにとどまっていた（川崎市『開かれた市政の実現をめざして・川崎市情報公開制度記念論文集』〔川崎市，1993 年〕476 頁以下，松井・前掲 381 頁以下，藤原静雄『情報公開法制』〔弘文堂，1998 年〕122 頁以下，194 頁以下など参照）。その背景には，法人情報との関係で，法人等に開示拒否権を与えるもので適切ではないとの強い批判があったことがある（松井・前掲 379 頁）。また，手続保障の観点が希薄であり，行政調査の一環という視点が強かった（宇賀・前掲 134 頁以下）。

　本法の制定過程では第三者保護手続の必要が早くから認識されており，要綱案中間報告においてこの手続を設けることとされ，ほぼそのまま最終報告に取り入れられている。条文化に際しても，概ね最終意見が踏襲されているが，①意見を聴取する方法について，書面（意見書）の提出を求め，②争訟機会の確保について，反対意見書が提出された場合に限定し，③開示実施までの期間について，「相当の期間」を 2 週間とし，④開示決定等の通知の時期について，「速やかに」を「直ちに」とするなどの点に相違がみられる。

3　任意的意見聴取（本条 1 項）

(1)　1 項の趣旨

　1 項は，開示請求に係る行政文書に第三者に関する情報が記録されている場合に，当該第三者に意見聴取の機会を与えることができる旨を定めている。本

331

第3部　行政情報手続

条2項と異なり，意見聴取の機会を与えるかどうかについては，行政機関の長の判断に委ねられている。

　第三者の手続保障の観点からは，開示請求に係る行政文書に第三者に関する情報が記録されている場合には，常に意見聴取を義務付けるべきではないかとも考えられる。しかし，後述するように，第三者の範囲は必ずしも明確ではなく，第三者が多数に上る場合もあり，意見聴取の実施により開示が遅延することにもなりうる。本法は，こうした事情を考慮して，意見聴取が義務付けられる場合を限定したものと解することができる。そうであれば，本条2項の適用がない場合であっても，第三者の手続保障の必要は無視できないと考えられる（松井・前掲383頁・386頁）。また，行政機関にとっても，第三者の意見を聴取することなく違法な開示を行った場合，損害賠償等のリスクにさらされかねない。したがって，本条2項に当たらない場合であっても，やむをえない事情がない限り，第三者の意見を聴取することが望ましい（松井・前掲383頁参照）。

　なお，意見聴取は任意調査としての行政調査であり，明文規定がなくとも可能であるから，本項の規定は確認的な性格のものである（宇賀・前掲133頁）。

(2)　第三者に関する情報

　本条にいう「第三者」は，「国，独立行政法人等，地方公共団体，地方独立行政法人及び開示請求者以外の者」を指す。国，独立行政法人等，地方公共団体，地方独立行政法人（以下「国等」という）が除かれているので，審査会設置法13条1項における「第三者」とは意味が異なる（宇賀・前掲133頁）。

　国等が除かれているのは，これらは広い意味での国家機関であって，私人と同様の手続的保障を図る必要性は乏しいこと，また，国等の意見を聴く必要があるときは，適宜の方法により意見を求めれば足りることによる（総務省行政管理局編『詳解情報公開法』〔財務省印刷局，2001年〕119頁）。したがって，国等から事前の意見聴取を行う必要性を否定しているわけではなく，誤った判断を避けるためにはむしろ意見聴取を行うことが望ましい（宇賀・前掲133頁，松井・前掲384頁）。なお，行政手続法においては，国の機関または地方公共団体もしくはその機関に対する処分等について，国の機関等が「その固有の資格において」名宛人となる場合等についてのみ適用除外としているが（行手4条1項），

本項ではこのような限定はなされていない。

　「第三者に関する情報」とは，当該第三者が識別できる情報に限らず，第三者に何らかの関連性を有する情報も含まれる（総務省行政管理局編・前掲120頁）。したがって，第三者の範囲は必ずしも明確ではない場合もありうる。開示によって当該第三者に不利益が生じうるかという観点から，実質的に判断されるべきであろう（藤原・前掲195頁参照）。

　本条は，開示請求に係る行政文書に第三者に関する情報が記録されている場合に適用される。当該第三者が情報を提供した場合に限らず，当該第三者以外の者から取得したり，行政機関が作成した文書についても，第三者に関する情報が記録されている限り，本条が適用される（宇賀・前掲133頁以下，松井・前掲384頁）。

(3)　通　　知

　本項による意見聴取に際しては，開示請求に係る行政文書の表示その他政令で定める事項を通知することとされている。「行政文書の表示」とは，行政文書を特定するに足りる事項を意味する（総務省行政管理局編・前掲120頁）。政令で定める事項は，①開示請求の年月日，②開示請求に係る行政文書に記録されている当該第三者に関する情報の内容，③意見書を提出する場合の提出先及び提出期限である（法施行令7条）。

　開示請求者の氏名等は開示すべき事項に含まれていない（宇賀・前掲134頁）。これを通知する必要を指摘する見解（多賀谷一照「情報公開と個人情報保護」ひろば49巻8号〔1996年〕14頁，同「不開示情報をどう捉えるか」法時69巻1号〔1997年〕35頁以下，井出嘉憲ほか編『講座情報公開』〔ぎょうせい，1998年〕308頁［多賀谷一照執筆]），法人名については通知してよいとする見解（松井・前掲385頁）もある。

　通知の方法については特段の定めがないので，口頭で通知しても違法ではない。しかし，通知した事実を明確にし，通知すべき事項を確実に伝達するためには，書面で通知することが望ましい（宇賀・前掲134頁，松井・前掲384頁）。

第3部　行政情報手続

(4)　意見書の提出

　通知を受けた第三者は，意見書を提出する機会を与えられる。書面の提出を求めたのは，本条3項により，反対の意思を表示した意見書を提出した場合は，争訟の機会を付与するとの法的効果が生ずるので，意見書を提出した事実及びその内容を明確にしておくためである（総務省行政管理局編・前掲120頁，宇賀・前掲134頁）。

　意見書が提出されたとしても，行政機関の長は，本法に従って開示不開示の判断を行うべきであって，意見書に拘束されるわけではない（総務省行政管理局編・前掲120頁，宇賀・前掲136頁，松井・前掲386頁）。

4　義務的意見聴取（本条2項）

(1)　2項の趣旨

　公益上の義務的開示（法5条1号ロ・2号ただし書）や公益上の理由による裁量的開示（法7条）を行う場合，第三者に不利益を与えるにもかかわらず，開示が行われることがありうる。こうした場合には，当該第三者の利益との調整を図る必要性が類型的に認められる（行政改革委員会「情報公開法要綱案の考え方」〔1996年12月16日〕5(8)）。そこで，本項は，これらの場合について，開示決定に先立って，第三者の意見聴取を義務付けている。

(2)　意見聴取が必要な場合

　第三者の意見聴取が必要とされるのは次の場合である。

　第1は，第三者に関する情報が記録されている行政文書を開示しようとする場合であって，当該情報が本法5条1号ロまたは同条2号ただし書に規定する情報に該当すると認められるときである（本項1号）。

　第2は，第三者に関する情報が記録されている行政文書を本法7条の規定により開示しようとするときである（本項2号）。

334

第3章　第三者の意見聴取

(3)　通　　知

　上記(2)の場合，行政機関の長は，開示決定に先立ち，当該第三者に対し，行政文書の表示その他政令で定める事項を，書面で通知しなければならない。

　「当該第三者」とは，公益上の理由により開示されることとなる情報に係る第三者を指す。それ以外の第三者は，自己に関する情報が開示されることになるとしても，必要的意見聴取の対象とはならない（総務省行政管理局編・前掲122頁）。

　通知すべき事項は，本条1項による場合の通知事項に加え，本項1号または2号の規定の適用の区分及び当該規定を適用する理由である（法施行令8条）。

　通知は書面で行われなければならない。意見聴取が義務付けられていることから，通知した事実を明確にし，通知すべき事項を確実に伝達するためである。

(4)　例　　外

　当該第三者の所在が判明しない場合，本項による意見聴取の機会を与えなくてもよい。行政機関の長が合理的な努力を行ったにもかかわらず，当該第三者の所在が判明しないため，手続が進まなくなることを防ぐ趣旨である（総務省行政管理局編・前掲122頁以下）。

　第三者の所在が判明しない場合とは，行政機関に届け出られている住所や，登記簿に記載された所在地に郵送しても不達の場合のほか，当該第三者が死亡または解散している場合も含まれる（総務省行政管理局編・前掲123頁）。

　相手方の所在が判明しない場合は，公示送達をするのが一般的方法であるが（行手15条3項・31条参照），本項はこれを義務付けていない。しかし，行政機関の長は，第三者の所在を明らかにするための合理的努力をする義務がある（総務省行政管理局編・前掲122頁）。たとえば，登記簿等，公になっている記録については調査する必要がある（宇賀・前掲135頁）。

　当該第三者の所在が判明している場合には，その数が多いというだけでは意見聴取義務は免除されない。公示送達によることも考えられるが，書面による通知を求めている本項の解釈としては疑問であり，本法10条2項，11条によって開示決定等の期限を延長し，個別に通知をするのが無難であるとの指摘

335

第 3 部　行政情報手続

がある（宇賀・前掲 136 頁）。

　これに対し，大震災のような緊急時には，意見聴取が免除されるとの見解（情報公開法研究会『情報公開制度のポイント』〔ぎょうせい，1997 年〕99 頁，松井・前掲 388 頁）や，その旨を明文で規定すべきであるとの見解もある（阿部泰隆『論争・提案情報公開』〔日本評論社，1997 年〕39 頁以下，高橋滋ほか編『条解行政情報関連三法』〔弘文堂，2011 年〕412 頁〔大橋真由美執筆〕）。

5　争訟の機会の確保（本条 3 項）

(1)　3 項の趣旨

　開示請求に係る行政文書に第三者に関する情報が含まれている場合，当該行政文書が開示されると当該第三者が取り返しのつかない不利益を受ける可能性がある。そこで，当該第三者に対し，争訟の機会を確保する必要がある。本項は，第三者から反対意見書が提出された場合に，開示決定をしたこと等を当該第三者に通知するとともに，開示決定の日と開示を実施する日との間に少なくとも 2 週間を置くことにより，当該第三者に争訟を提起する機会を確保しようとするものである。

(2)　通知等が必要な場合

　本項が適用されるのは，本条 1 項または 2 項の規定により意見書の提出の機会を与えられた第三者が，当該行政文書の開示に反対の意思を表示した意見書を提出した場合において，開示決定をするときである。

　第 1 に，本条 1 項または 2 項の規定により意見書の提出の機会を与えられたことが前提となる。これらの規定によって通知を受けたのではなく，独自に開示決定がされようとしていることを知って，反対意見書を提出したような場合，本項は適用されない。

　第 2 に，当該第三者が「当該行政文書の開示に反対の意思を表示した意見書」を提出することが必要である。「反対の意思」については，意見書において当該第三者が開示を望まない旨の趣旨が明らかであれば足りる（総務省行政管理局編・前掲 124 頁）。また，口頭ではなく，書面で意見書を提出しなければ

336

ならない。

第3に，本項には明示されていないが，通知に際して設定された提出期限内に反対意見書が提出されることを要すると解される（総務省行政管理局編・前掲124頁）。

最後に，当該行政文書の開示決定をすることが必要である。全部開示に限らず，一部開示の場合も含まれるが，当該第三者に関する情報を不開示とする場合は含まれない（総務省行政管理局編・前掲124頁）。

以上の要件のいずれかを欠く場合であっても，第三者の反対の意思が明らかであるときは，本項に準じた運用をすることが望ましい。

(3) 開示決定等の通知

上記(2)の場合，行政機関の長は，開示決定後直ちに，反対意見書を提出した第三者に対し，開示決定をした旨等を書面により通知しなければならない。争訟を提起するために必要な情報を提供する趣旨である（総務省行政管理局編・前掲125頁）。

「直ちに」とは，開示決定から「即時に」，「間をおかずに」という意味である。要綱案では「速やかに」となっていたが，即時性をより明確に示すために，現行法の文言に修正された（宇賀・前掲137頁）。

通知すべき事項は，①開示決定をした旨，②開示決定の理由，③開示を実施する日である。開示決定の理由については，開示することとした部分すべてについての理由を記載する必要はなく，当該第三者に係る情報を開示する理由のみを記載すれば足りる（総務省行政管理局編・前掲125頁）。開示を実施する日については，開示決定の時点では確定していないのが一般であるので，開示を実施することが見込まれる日でもよい（総務省行政管理局編・前掲125頁）。

行政手続法上，本項の定める理由提示は求められていない。すなわち，申請拒否処分については申請者に対する理由提示が求められているが（行手8条1項），第三者は申請者ではないし（意見書提出は申請に当たらない），開示決定は拒否処分ではない。不利益処分の名宛人に対しては理由提示が求められているが（同14条1項），第三者は開示決定の名宛人ではない。したがって，本項の定める理由提示義務は創設的なものである（宇賀・前掲138頁）。

337

第3部　行政情報手続

⑷　開示実施までの期間

　上記⑵の場合，行政機関の長は，開示決定の日と開示を実施する日との間に，少なくとも2週間を置かなければならない。開示が実施されると取り返しがつかない不利益を受けることもありうることから，開示の実施までの間に争訟の提起を可能とする趣旨である。

　2週間とされたのは，事前に当該第三者の意見を聞いているという事情を踏まえ，訴訟手続における控訴期間を参考にしたものとされる（総務省行政管理局編・前掲124頁）。「少なくとも」2週間とされているので，個別事案の状況によっては，それ以上の期間を置くことも可能であるが，それによって開示の実施が遅れることから，開示請求者の利益との比較衡量が必要である（総務省行政管理局編・前掲125頁）。

　本項は不服申立期間（行審14条）や出訴期間（行訴14条）の特例を設けるものではないが，開示が実施されると開示決定を争う利益が失われることになる。そこで，実質的には，不服申立期間や出訴期間を短縮する効果をもつところ，開示請求者の迅速な開示への期待との利益衡量によって正当化されるとの指摘がある（宇賀・前掲137頁）。

　第三者が提起できる争訟手段としては，不服申立て（行審5条，6条）と取消訴訟（行訴3条2項）が考えられる。いずれについても執行不停止原則がとられているので（行審34条1項，48条，行訴25条1項），開示の実施を阻止するためには執行停止を申し立てる必要がある。開示決定がなされる前であれば，差止訴訟（行訴3条7項）及び仮の差止め（同37条の5第2項）の利用も可能である。

6　課題と展望

　第三者保護手続について，かつては，第三者に実質的な拒否権を与え，開示を遅らせるものとして，批判的な見解もみられた。しかし，現在では，手続保障の重要性が認識されており，概ね肯定的に評価されているように思われる。もっとも，上記のように，義務的意見聴取の例外の範囲については不明確な点

第 3 章　第三者の意見聴取

も残されており，本条はやや第三者保護に傾きすぎているのではないかとの評価（松井・前掲 383 頁）や，情報公開に抑制的に働き，開示されない状態が長く続くことにもなりうるので，その適用を真に必要な場合にとどめるべきであるとの見解（北沢義博＝三宅弘『情報公開法解説〔第 2 版〕』〔三省堂，2003 年〕125 頁）もある。

■第4章 ─────────────────────────────

情報公開訴訟におけるインカメラ審理

─────────────────────────────

1 はじめに

　本章では，情報公開訴訟[1]におけるインカメラ審理について，従来の議論を整理した上で，憲法上の論点を検討し，あわせて立法のあり方を論じる。

　たとえば，情報公開制度に基づく行政文書の開示請求に対して不開示決定がなされ，当該決定が訴訟で争われた場合，不開示事由に該当するとされた情報が実際に記載されているか，不開示の判断が適法か，部分開示の範囲が適切かなどについて判断するためには，裁判官が当該行政文書を実際に見分するのが最も有効かつ確実な審理方法である。しかし，当該行政文書が書証として裁判所に提出されると，原告もこれを閲覧できるから，訴訟の意味が失われてしまう。そこで必要となるのがインカメラ審理である。

　インカメラ審理とは，もともとアメリカ合衆国における用語であり，裁判官が公開の法廷ではなく裁判官室において記録を調べる審理方法を意味する[2]。

───────────────

　1)　本章において「情報公開訴訟」とは，行政機関の保有する情報の公開に関する法律（以下「行政機関情報公開法」という），独立行政法人等の保有する情報の公開に関する法律（以下「独立行政法人等情報公開法」という），またはこれに対応する地方公共団体の条例（以下「情報公開条例」という）の定める制度（以下「情報公開制度」という）において，開示請求に対してなされた開示決定ないし不開示決定を争う訴訟をいう。（一部）開示決定を開示請求者以外の者が争う場合（以下「逆 FOIA 訴訟」という）も含み，また，取消訴訟，義務付け訴訟，差止訴訟といった訴訟形式を問わないものとする。

　2)　宇賀克也『情報公開法──アメリカの制度と運用』（日本評論社，2004 年）139 頁以下，

わが国では，「相手方当事者にもその内容を知らせない非公開審理」[3]，「裁判所だけが文書等を直接見分する方法により行われる非公開審理」[4]などと定義されている。後述するように，憲法の定める裁判の公開原則（82条）や訴訟の基本原則との関係などをめぐって議論があり，わが国ではこれまで実施されてこなかった。裁判所は一般に，行政文書を直接見分することなく，推認等によって不開示事由該当性を判断している[5]。

インカメラ審理の意味について，ここでは2点指摘しておきたい。第1に，現行法上も，文書提出命令の決定手続において，裁判所のみが文書を見分する制度は存在する（民事訴訟法223条6項等）。しかし，この手続（一般に「インカメラ手続」と呼ばれる）は，証拠調べを裁判所のみが行う上記のインカメラ審理とは区別される。本稿で検討するのはインカメラ審理のみである。第2に，上記の定義のうち，審理の「非公開」については，非公開の法廷で行われるという意味か，当事者に非公開とするという意味か，必ずしも明確ではない。第2の点については後に検討する。

以下では，情報公開訴訟におけるインカメラ審理に関するこれまでの経緯を整理した上で（2），憲法上の2つの論点，すなわち，裁判の公開原則及び訴訟の基本原則との関係を検討し（3），インカメラ審理を立法化する上での問題点を概観することにしたい（4）。

2　これまでの経緯

情報公開制度の整備は，国よりも地方において先行したが，地方公共団体においては，不服申立てがなされた場合に諮問を受ける第三者機関（以下「情報公開審査会等」という）が設けられるのが一般だった。そして，情報公開審査会等においてインカメラ審理を行う必要性は早くから認識されており，明文の規

　　松井茂記『情報公開法〔第2版〕』（有斐閣，2003年）527頁など参照。

　3)　行政改革委員会「情報公開法要綱案の考え方」（1996年12月16日，以下「考え方」という）8(2)イ。

　4)　最決平成21年1月15日民集63巻1号46頁。

　5)　宇賀克也『行政法概説I 行政法総論〔第3版〕』（2009年）193頁。

第3部　行政情報手続

定を欠く場合でも，資料提出要求権限などを根拠に，運用上インカメラ審理が行われていた[6]。1999（平成11）年の行政機関情報公開法制定に際し，インカメラ審理が情報公開審査会の権限として明文で規定され（同法27条），さらに，2005（平成17）年の個人情報保護関連法の制定を契機として，情報公開・個人情報保護審査会の権限とされている（情報公開・個人情報保護審査会設置法9条）。地方公共団体においても，これにならった規定をおくところが多くなっている[7]。

　これに対し，裁判所によるインカメラ審理については，憲法の定める裁判の公開原則（82条）や訴訟の基本原則などとの関連をめぐって議論があり，明文で規定されるには至らなかった。判例においても，これまでインカメラ審理は認められてこなかった。しかし，2009（平成21）年の最高裁決定によって，立法化への道が開かれたと解されている。

(1)　情報公開法をめぐる議論

　行政機関情報公開法の制定時には，インカメラ審理の必要性を指摘する見解があったものの，導入には至らなかった。行政改革委員会はその理由を次のように説明している。

　「この種の非公開審理手続については，裁判の公開の原則（憲法第82条）との関係をめぐって様々な考え方が存する上，相手方当事者に吟味・弾劾の機会を与えない証拠により裁判をする手続を認めることは，行政（民事）訴訟制度の基本にかかわるところでもある。また，情報公開条例に基づく処分の取消訴訟や公務員法等の守秘義務違反事件の訴訟では，この種の非公開審理手続なしに，立証上種々の工夫をすることなどが現に行われており，情報公開法の下では，不服審査会における調査の過程で得られた資料が訴訟上活用されることも期待されるところである。」

---

　6)　兼子仁＝佐藤徳光＝武藤仙令『情報公開・個人情報条例運用事典』（悠々社，1991年）301頁，井出嘉憲＝兼子仁＝右崎正博＝多賀谷一照編『講座情報公開』（ぎょうせい，1998年）400頁［兼子執筆］など参照。

　7)　兼子仁『情報公開審査会Q＆Aマニュアル』（ぎょうせい，2000年）10頁。

第4章　情報公開訴訟におけるインカメラ審理

「今後，上記の法律問題を念頭に置きつつ，かつ，情報公開法施行後の関係訴訟の実情等に照らし，専門的な観点からの検討が望まれる。」（考え方8⑵イ）

このように，インカメラ審理の導入に至らなかった主な理由は，裁判の公開原則と行政（民事）訴訟制度の基本に関わるというものであった。

行政機関情報公開法施行4年度の見直し作業の一環として設置された「情報公開法の制度運営に関する検討会」は，2005（平成17）年に報告書を提出しているが，そこでもインカメラ審理の導入は見送られた。同報告書はこの点を次のように説明している。

「現状では，情報公開条例に係る訴訟は相当数あるが，情報公開法に係る訴訟の件数は多くない状況にあることもあり，憲法上の裁判公開（特にいわゆる当事者公開）の要請及び行政（民事）訴訟における当事者平等原則との関係等について，必ずしも議論が十分熟しているとはいえない。」

「情報公開訴訟におけるインカメラ審理については，審査会の調査審議においてインカメラ審理が有効であると認められること等に照らし積極的に導入を検討すべきとの考え方がある。しかし，情報公開法に係る訴訟の状況等からその要否について現時点で判断することは困難であり，また，必ずしも法的問題についての議論が十分熟しているとはいえないことから，本検討会において結論を出すには至らなかった。理論的実務的な今後の蓄積を踏まえつつ，引き続き検討する必要がある課題であると考える。」[8]

ここでも，裁判の公開原則と行政（民事）訴訟における当事者平等原則を主な理由として，インカメラ審理の導入が断念されたわけである。

---

[8]　情報公開法の制度運営に関する検討会「報告（2005年3月29日）」第2章6⑵イ。この報告書については，行政管理研究センター編『情報公開制度改善のポイント』（ぎょうせい，2006年）参照。

343

第 3 部　行政情報手続

(2)　判　　例

　インカメラ審理については明文規定を欠くことから，訴訟においては，開示請求の対象となる文書について，検証物の提示命令（民事訴訟法 232 条 1 項，223条 1 項）を申し立てるとともに，検証への立会権を放棄するなどして，実質的なインカメラ審理を達成することができないかが争われた。

　この問題について最初に判断を行った東京地決平成 16 年 12 月 21 日訟月 51巻 10 号 2578 頁は，検証物の提示命令等は，所持者が当該目的物を提示すべき義務等がない場合には発することができないとした上で，情報公開訴訟において開示請求の対象となった文書を提示しなければならないとすると，訴訟の目的が達成されてしまうところ，このような結果は情報公開制度の趣旨に照らして不合理であるから，被告は当該文書の提示義務を負わないとし，また，原告が検証への立会権を放棄したとしても，検証の結果は裁判所によって調書にとどめられ，記録の一部となって当事者に閲覧謄写可能なものとなるものであるから，上記の結論は左右されないとして，申立てを却下した[9]。

　これに対し，ほぼ同種の事案[10]について，福岡高決平成 20 年 5 月 12 日判時 2017 号 28 頁は，行政機関情報公開法はインカメラ審理を全く許容しない趣旨ではなく，行政文書の開示・不開示に関する最終的な判断権者である裁判所が，その職責を全うするために当該文書を直接見分することが不可欠と考えた場合にまで，実質的なインカメラ審理を否定するいわれはないとして，検証の申立てを一部認容した。

　この決定に対して最高裁に抗告がなされたが，最決平成 21 年 1 月 15 日民集63 巻 1 号 46 頁（以下「平成 21 年最決」という）は原決定を破棄し，申立てを却下した。最高裁はその理由を次のように述べている。

---

　　9)　同決定の本案判決（東京地判平成 18 年 2 月 28 日判時 1948 号 35 頁，判タ 1242 号 184
　　　頁）に対する控訴審である東京高判平成 20 年 1 月 31 日裁判所 HP もほぼ同旨。
　　10)　ただし，前掲東京地決平成 16 年 12 月 21 日の指摘を考慮してか，本件において申立人は，
　　　検証への立会権を放棄するとともに，不開示文書の記載内容の詳細が明らかになる方法での
　　　検証調書の作成を求めない旨も陳述している。

344

第4章　情報公開訴訟におけるインカメラ審理

「訴訟で用いられる証拠は当事者の吟味，弾劾の機会を経たものに限られるということは，民事訴訟の基本原則であるところ，情報公開訴訟において裁判所が不開示事由該当性を判断するための証拠調べとして本案の判断をするにもかかわらず，原告は，当該文書の内容を確認した上で弁論を行うことができず，被告も，当該文書の具体的内容を援用しながら弁論を行うことができない。また，裁判所がインカメラ審理の結果に基づき判決をした場合，当事者が上訴理由を的確に主張することが困難となる上，上級審も原審の判断の根拠を直接確認することができないまま原判決の審査をしなければならないことになる。

このように，情報公開訴訟において証拠調べとしてのインカメラ審理を行うことは，民事訴訟の基本原則に反するから，明文の規定がない限り，許されないものといわざるを得ない。」

(3)　小　　括

平成21年最決により，解釈論でインカメラ審理を実現する道は当面閉ざされたといえる[11]。しかし，他方で，同決定は，裁判の公開原則に触れることなく，インカメラ審理は「明文の規定がない限り」許されないとしているので，素直に読めば，立法による導入は憲法上許されると解しているようである[12]。同決定に付された泉徳治裁判官及び宮川光治裁判官の補足意見は，インカメラ審理が憲法82条に反しない旨を明言している。そこで，立法に向けた具体的な制度設計の検討が今後の課題となる。もっとも，同決定がインカメラ審理が裁判の公開原則に反しないという立場に立つとしても，その法的根拠は明らかでない。また，同決定は，「民事訴訟の基本原則」を専ら法律レベルの問題と見ているようであるが，これを裁判を受ける権利（憲法32条）の内容と解する

---

[11]　もっとも，鎌野真敬・ジュリ1382号（2009年）124頁は，当事者間の合意に基づく事実上のインカメラ審理は現行法上も許されるとする。事実上のインカメラ審理の具体例については，森田明・神奈川ロージャーナル2号（2009年）98頁以下参照。

[12]　この趣旨に解するものとして，宇賀・前掲注5)193頁，同『新・情報公開法の逐条解説〔第5版〕』（有斐閣，2010年）180頁，友岡史仁・法セ654号（2009年）127頁，森田・前掲注11)103頁，北村和生・速報判例解説5号（法セ増刊，2009年）47頁，藤原昌子＝平野朝子・訟月55巻8号（2009年）2809頁，平野朝子・ひろば66巻10号（2009年）67頁。これに対し，鎌野・前掲注11)124頁はこの点を明言していない。

第3部　行政情報手続

説もある。そこで，残された課題は，憲法82条及び32条との関係をいかに考えるか，そして，インカメラ審理について具体的にいかなる立法を行うべきかという点である[13]。以下ではこれらの点を検討する。

3　憲法上の問題

(1)　裁判の公開原則との関係

(a)　裁判の公開原則に関する学説

日本国憲法82条1項は，「裁判の対審及び判決は，公開法廷でこれを行ふ」と定めている。その趣旨は，「裁判を一般に公開して裁判が公正に行われることを制度として保障し，ひいては裁判に対する国民の信頼を確保しようとすることにある」とされる（最大判平成元年3月8日民集43巻2号89頁）。裁判の公開の例外について，同条2項本文は，「裁判所は，裁判官の全員一致で，公の秩序又は善良の風俗を害する虞があると決した場合には，対審は，公開しないでこれを行ふことができる」と定めている。従来，ここでいう「公の秩序又は善良の風俗を害する虞」は，比較的厳格に解されてきた[14]。

しかし，近年では，憲法82条をそのまま適用した場合に様々な不都合が生じることから，解釈によって緩和する見解が大勢となっている[15]。このような学説としては，①同条にいう「公の秩序」を広く解し，実定法秩序によって保護された利益が裁判の公開によって侵害される場合には公開を制限しうるとする公序概念拡張説[16]，②憲法82条2項に定める例外事由を例示と解し，裁

---

13)　村上裕章・判例セレクト2009[Ⅱ]（法教354号別冊付録，2010年）6頁〈本書393頁〉。

14)　たとえば，宮澤俊義（芦部信喜補訂）『全訂日本国憲法』（日本評論社，1978年）700頁は，「『対審』を公開することが，公衆を直接に騒擾その他の犯罪の実行にあおるおそれがある場合とか，わいせつその他の理由で一般の習俗上の見地から公衆にいちじるしく不快の念を与えるおそれがある場合」を挙げる。

15)　議論の状況については，宇賀克也＝大橋洋一＝高橋滋編『対話で学ぶ行政法』（有斐閣，2003年）130頁以下など参照。

16)　戸波江二「裁判を受ける権利」ジュリ1089号（1996年）281頁，伊藤眞『民事訴訟法〔第3版3訂版〕』（有斐閣，2008年）230頁以下，新堂幸司『新民事訴訟法〔第4版〕』（弘文堂，2008年）456頁など。

346

判の公開によって支障が生じる場合にはこれを停止しうるとする例示説[17],
③インカメラ審理は実効的な権利保護（憲法32条）のために必要であるから,
そこから非公開審理を求める権利が導かれるとする非公開審理権説[18]などが
ある。これらの見解に立てば,インカメラ審理は裁判の公開原則に反しないと
解する余地が出てくる。

　さらに,最近では,インカメラ審理にはそもそも裁判の公開原則は適用され
ないとする見解（以下「憲法82条不適用説」という）も主張されている。たとえ
ば,前掲福岡高決平成20年5月12日は,当該事件で申し立てられた検証を採
用したとしても,「その証拠調べ自体は公開の法廷において行うことが当然に
予定されているものであり（なお,申立人も,当該証拠調べが行われる弁論期
日に出席することは当然に可能である。）,ただ,申立人及び傍聴人が本件不開
示文書の内容を確認することができないというに過ぎないから,上記制限を
もって,裁判の公開に抵触するものとは解されない」と述べている。これは直
接的には検証に関する判示であるが,より一般的に,「憲法82条の公開審理の
要請は,法廷の公開を要求しているだけで,被告の提出した証拠を原告に見せ
ることまで常に要求していないと解すれば,真実発見のための特段の理由のあ
る場合には,証拠共通の原則を制限して,その証拠に関しては非公開審理を導
入することが許されると言うべきである」との指摘もある[19]。

---

17)　佐藤幸治『現代国家と司法権』（有斐閣,1988年）427頁以下,佐藤幸治＝中村睦男＝野
　中俊彦『ファンダメンタル憲法』（有斐閣,1994年）319頁以下［佐藤執筆］など。
18)　松井茂記『裁判を受ける権利』（日本評論社,1993年）254頁以下,松井・前掲注2)363
　頁以下。平成21年最決における泉・宮川補足意見もこれに近いように思われる。
19)　阿部泰隆『行政法解釈学Ⅰ』（有斐閣,2009年）542頁。すでに,行政改革委員会行政情
　報公開部会において,秋山幹男委員は,「別に法廷を閉めるということとは違うので,82条
　に関係はするが,それについてあまり大上段に振りかぶった議論はしないで,裁判官だけが
　見るという手続をどう位置づけるか」（第25回）,「傍聴人を閉め出さない代わりに,実は私
　は少し腹案を持っているが,例えば,公開法廷で見て,傍聴人もいるけれども,相手方当事
　者とか傍聴人が具体的に情報を見ない形で,何らかの形で裁判所だけが見るという形はあり
　得るのではないかと」（第29回）と発言していた（もっとも,これは検証手続を念頭に置い
　ているようである）。また,情報公開法の制度運営に関する検討会において,小早川光郎委
　員は,「人事訴訟法と特許法の例は公開の停止だから,当事者間で情報を制限するわけでは
　ない。だから,そこは根本的に違うので,それは参考にならない。まさに憲法には直接かか
　わるかもしれないが」（第10回）と述べている。

347

第 3 部　行政情報手続

(b)　検　　討

(ア)　憲法 82 条適用説について

　憲法 82 条の適用を前提として，例外要件を緩和する学説に対しては，種々
の批判があるところである。

　まず，近時比較的有力と思われる公序概念拡張説に対しては，公序概念をそ
こまで広く解しうるか疑問であるとの批判[20]がある。また，人事訴訟や知財
訴訟においては，非公開審理を認めなければ訴訟の提起や陳述そのものが困難
となるのに対し，情報公開訴訟においては必ずしもこのような状況はないから，
人事訴訟や知財訴訟と同視しうるか，という問題もあるように思われる。

　例示説に対しては，憲法 82 条 2 項の条文からすると，例示と解するのは困
難である[21]，また，非公開の範囲を画する基準がない[22]との批判がある。

　非公開審理権説に対しては，憲法 32 条によって実効的権利保護が保障され
ているとしても，憲法 82 条 2 項に定める条件を外すことには疑問があるとの
批判[23]がある。

　これらの学説のうち，公序概念拡張説が近年有力であり[24]，比較的難も少
ないように思われる。

(イ)　憲法 82 条不適用説について

　本稿の冒頭で指摘したように，インカメラ審理の定義にいう「非公開」の意
味として，これが法廷の非公開を意味するのであれば，裁判の公開と正面から
抵触する。しかし，これが当事者に対する非公開（閲覧の禁止）を意味するに
すぎないとすれば，裁判の公開原則とは本来関係ないとも考えられる（この点
で法廷それ自体の非公開を定める人事訴訟法 22 条などとは異なる）。もっとも，この
説についてはなお検討を要する点がある。

　第 1 に，法廷を公開したとしても，審理が専ら書面で行われると，裁判の公

　20）　佐藤ほか・前掲注17）320 頁。

　21）　戸波江二「裁判の公開原則と営業秘密に関するメモ」司法制度改革推進本部知的財産訴
　　　訟検討会第 12 回配付資料（2003 年 10 月 6 日）2 頁。

　22）　長谷部恭男『憲法〔第 3 版〕』（新世社，2004 年）308 頁。

　23）　戸波・前掲注21）2 頁。

　24）　長谷部・前掲注22）308 頁では，人事訴訟法 22 条の非公開審理手続は公序概念拡張説に
　　　よるものとの見方が示されている。

第4章 情報公開訴訟におけるインカメラ審理

開の意味がなくなってしまうという問題がある。すでに指摘されているように，裁判の公開は「常に口頭主義を前提とし，口頭主義の否定されるところに公開はあり得ない」[25]。そうすると，裁判の公開原則は，本来，証拠物そのものの公開も要請するものという見方もできよう。もっとも，こうした原則は現在の訴訟実務においては必ずしも実現されていないし，条文自体が硬直的な憲法82条について，そこまで要求していると考えるのは妥当な解釈とはいえないであろう。

　第2に，いわゆる「当事者公開」をどう見るかという問題がある。当事者公開とは，訴訟関係人に審理の立会，記録の閲覧・謄写等を許すことを意味し，法廷の一般公衆への公開を意味する一般公開と区別されている[26]。憲法82条が当事者公開をも保障していると解すると，インカメラ審理はこの保障と抵触することになる。しかし，一般公開と当事者公開はかなり性質を異にしている。まず，一般公開が裁判に対する国民の信頼保護を目的としているのに対し，当事者公開はむしろ当事者の手続保障を目的としている。保障内容についても，一般公開は法廷の公開であるのに対し，当事者公開は，単なる法廷への出席にとどまらず，記録の閲覧等も含んでいる。さらに，法廷を非公開にする場合でも，当事者の出席や記録の閲覧等を許容することはありうるし，インカメラ審理の場合のように，法廷を公開にしたまま，当事者に記録の閲覧等を許さない場合もありうるから，両者は必ずしも連動するわけではない。このように考えると，一般公開と当事者公開は明確に区別する必要があり，しかも，上記目的からすると，当事者公開は憲法82条の問題ではなく[27]，むしろ次に述べる

---

25)　鈴木忠一『非訟・家事事件の研究』（有斐閣，1971年）270頁。

26)　新堂・前掲注16)457頁など参照。ドイツにおいても同様の理解が一般である。L. Rosenberg, Lehrbuch des DeutschenZivilprozessrechts, 2. Aufl.,1929, S.63; A.Nikisch, Zivilprozessrecht, 2. Aufl.,1952, SS.201,335; O. Jauernig, Zivilprozessrecht, 29. Aufl., 2007, S. 84. こうした区別は19世紀半ばにおいてすでになされていた。J. C. Bluntschli, Allgemeines Statsrecht geschichtlich begründet, 1. Aufl., 1851, SS.479f.

27)　前掲最大判平成元年3月8日は，憲法82条の趣旨は「裁判を一般に公開して裁判が公正に行われることを制度として保障」するものとし，同判決の四ツ谷巌裁判官の補足意見も，「憲法八二条一項の規定の趣旨は，裁判を一般に公開して裁判が公正に行われることを制度として保障し，ひいては裁判に対する国民の信頼を確保しようとすることにあって……，右規定の要請を満たすためには，各法廷を物的に傍聴可能な状態とし，不特定の者に対して傍

349

第3部　行政情報手続

「訴訟の基本原則」，すなわち訴訟当事者の審問（尋）請求権ないし弁論権の保障の問題と解すべきであろう[28]。

第3に，より実質的な問題として，憲法82条不適用説が公開の法廷におけるインカメラ審理を前提としていることがある。仮に，文書の性質から，公開の法廷における証拠調べが不適切な場合もあるとすれば，もはやこの説では対処できないことになる（この問題については4(2)(d)(エ)参照）。

(2) 「訴訟の基本原則」との関係

(a) 「訴訟の基本原則」と憲法32条

平成21年最決は，「訴訟で用いられる証拠は当事者の吟味，弾劾の機会を経たものに限られるということは，民事訴訟の基本原則である」と述べているが，インカメラ審理は「明文の規定がない限り，許されない」としていることからすると，この原則を法律レベルのものと見ているようである。

しかし，最近の学説においては，この原則を憲法レベルの問題ととらえる見解も有力である。民事訴訟法学においては，いわゆる審問請求権ないし弁論権（裁判において訴訟当事者が自らの意見を述べる機会を保障されるべきこと）が憲法上保障されることは一般に認められている[29]。

この点をさらに進めて，裁判を受ける権利（憲法32条）によって保障される上記の審問請求権ないし弁論権には，積極的に自らの攻撃防御方法を提出する

聴のための入廷を許容し，その者がいわゆる五官の作用によって，裁判を見聞することを妨げないことをもって足りる」と述べている。

28)　山本克己「審理の方式に関する諸原則とその変容」法教200号（1997年）34頁。その他，当事者公開を審問（尋）請求権の問題ととらえる見解として，兼子一『新修民事訴訟法体系〔増訂版〕』（酒井書店，1965年）216頁以下，上田徹一郎『民事訴訟法〔第6版〕』（法学書院，2009年）247頁，中野貞一郎＝松浦馨＝鈴木正裕編『新民事訴訟法講義〔第2版補訂版〕』（有斐閣，2006年）230頁など。ドイツにおいても同様の指摘がある。「裁判手続の公開は，裁判経過を手続に関係のない者が直接に見分する可能性を意味する（一般公開）。一般公開を除外した審理に当事者を参加させることは，制約されない法的聴聞の必要によって根拠づけられるのであって，かかる審理に公開の属性を付与するものではない。当事者公開という表現は妥当なものではない」（G. Kleinfelle, Lehrbuch des Deutschen Zivilprozessrechts für das akademische Studium, 3. Aufl., 1925, S.168）。

29)　新堂・前掲注16)41頁以下，中野貞一郎『民事手続の現在問題』（判例タイムズ社，1989年）13頁以下など。

機能（弁論権の積極的側面）と並び，手続上の有意的な事象と情報を適時に知る機会が与えられうること（弁論権の消極的側面）が含まれるとする見解が主張されている[30]。このような見解によれば，最高裁のいう「民事訴訟の基本原則」は，裁判を受ける権利（憲法32条）の一内容であり，単なる立法政策の問題にはとどまらないことになる[31]。

(b) 「訴訟の基本原則」とインカメラ審理

こうした見解が正しいとするならば，インカメラ審理は審問請求権ないし弁論権を保障する憲法32条に抵触し，違憲であるとも考えられる。しかし，憲法32条は，他方において，実効的権利保護を要請しており[32]，訴訟においてインカメラ審理が認められなければ不開示事由該当性について十全な審査を行うことができない場合には，実効的権利保護の要請によって，その限りで審問請求権ないし弁論権の制約が許容されうるとも解されるように思われる。この点で参考になるのがドイツ法である。

ドイツにおいては，基本法19条4項が公権力の行使に対する実効的権利保護を，同103条1項が法的聴聞請求権（審問請求権）を，それぞれ保障している。インカメラ審理については，当事者の法的聴聞請求権を侵害することから，従来は憲法に反し許されないと解されていた[33]。しかし，連邦憲法裁判所は，1999（平成11）年のバイエルン協会事件において，インカメラ審理の導入を立法者に命じる決定を行った[34]。この事件は，社団法人であるバイエルン協会

---

30) 山本・前掲注28)33頁以下，山本克己「民事訴訟の現在」『岩波講座・現代の法5 現代社会と司法システム』（岩波書店，1997年）189頁。笹田栄司『司法の変容と憲法』（有斐閣，2008年）209頁以下もこの見解を支持する。

31) 藤原＝平野・前掲注12)2810頁，平野・前掲注12)68頁。これに対し，渋谷秀樹「知る権利・インカメラ審理と憲法」自正61巻9号（2010年）50頁は，「双方審尋主義は，民事裁判の基本原則であるが，憲法上の要請ではなく，事案の性質に応じて法律または最高裁判所規則，さらには訴訟の実践の局面に応じて柔軟に修正されてしかるべき原則にすぎない」とする。

32) さしあたり，村上裕章『行政訴訟の基礎理論』（有斐閣，2007年）32頁以下参照。

33) 山田洋「情報公開と救済」市原昌三郎先生古稀記念論集『行政紛争処理の法理と課題』（法学書院，1993年）207頁以下，藤原静雄『情報公開法制』（弘文堂，1998年）270頁以下参照。

34) BVerfG Beschl. v. 27.10.1999, BVerGE 101,106. この決定を紹介するものとして，笹田・前掲注30)197頁以下，山下義昭「行政上の秘密文書とインカメラ審理」川上宏二郎先生古稀

第3部　行政情報手続

の職員が，バイエルン州憲法擁護庁による調査の結果，同協会の雇用継続を拒否されたため，憲法擁護庁に対して当該調査に係るデータの開示を求めた訴訟において，当該データの証拠としての提出を拒否した決定等に対して提起された憲法異議事件である。連邦憲法裁判所は，次のように，これを実効的権利保護と法的聴聞請求権の調整の問題ととらえ，インカメラ審理を認めなければ裁判所は十分な審理を行うことができず，実効的権利保護が保障されなくなるから，その限りで法的聴聞請求権の制限は憲法上許容され，インカメラ審理を行わないことは基本法19条4項に反して違憲であると判断した（〔　〕は引用者による補足）。

　「しかしながら，基本法19条4項と基本法103条1項を，相互に対立するものと捉えてはならない。むしろ，基本法103条1項の法的聴聞請求権は，基本法19条4項に基づく権利保護保障と密接な関係を有する。両者は同じ目的に，すなわち，実効的権利保護の実現という目的に仕えるものである……。基本法103条1項は，諸々の利益の衡量と，それに基づく法的聴聞の制限を禁ずるものではない……。実質的根拠によってそれが十分に正当化されるときは，法的聴聞を制限することができる……。」

　「基本法19条4項によって保障されている実効的権利保護が，——事実の秘密保持の必要が問題となる事案のように——法的聴聞の制限によってのみ可能となる場合には，それによる次のような利益には，憲法裁判所の判例の意味での〔法的聴聞請求権を制限するための〕十分な実質的根拠が存する。すなわち，少なくとも裁判所がすべての文書を見分し，この見分に基づいて，秘密保持の利益が存在しないか，あるいはそれが優越しないかについての結論を出すことができる，という利益がそれである。個々人の権利保護に仕える法的聴聞請求権は，その限定的な放棄が個々人の権利保護を例外的に改善する場合には，この権利保護を否定するために持ち出すことはできない。当事者の権利保護を受ける地位を弱めるためではなく，上記の要件の下においてのみ，『インカメラ』手続は基本法に適合する。」

────────────

　記念論文集『情報社会の公法学』（信山社出版，2002年）522頁以下，平良小百合「裁判を受ける権利の憲法的保障」九大法学100号（2010年）83頁，春日偉知郎「ドイツにおける行政庁の文書提出義務とその審理」法学研究83巻1号（2010年）197頁以下などがある。

わが国においても同様に考えることができるように思われる。すなわち，一方において，憲法32条は，訴訟当事者に対し，手続上の有意な事象と情報を適時に知る機会を与えることを要請しており，インカメラ審理はこの点で問題がある。しかし，他方において，インカメラ審理を認めなければ，裁判所が開示決定等の適法性を十全に審査できない場合には，憲法32条の保障する実効的権利保護が果たせないことになる。そこで，このような場合には実効的権利保護の要請によって審問請求権ないし弁論権を制限することが必要となり，インカメラ審理が憲法上許容される，と解するわけである。以上のように考えれば，憲法32条が審問請求権ないし弁論権を保障していると解したとしても，インカメラ審理を合憲と見る余地があることになる。

(3) 小　括

以上のように，インカメラ審理に関しては，憲法82条と32条の適用が問題となりうる。そして，解釈としては，①憲法82条と32条のいずれも適用される，②憲法82条のみが適用される，③憲法32条のみが適用される，④いずれの規定も適用されない，という選択肢がありうる。

このうち，憲法82条については，その適用を前提として，例外を認める考え方と，そもそも適用されないとする考え方があるが，本稿では，上記のような問題はあるが，不適用説も一応成り立ちうると解する。憲法32条については，その適用を前提として，実効的権利保護の要請との調整として，インカメラ審理が許容されるとの立場をとる。そうすると，本稿はさしあたり上記③の立場ということになる。

4　立法化に向けて

すでに述べたように（2(3)），平成21年最決は，インカメラ審理は「明文の規定がない限り，許されないものといわざるを得ない」と述べているので，立法による導入は憲法上問題がないと解しているようである。以下では，これまでに行われたインカメラ審理に関する立法の提案を概観した上で，主要な個別

第3部　行政情報手続

の論点について検討を加えることにしたい。

(1)　従来の提案

　これまでになされた提案としては，日本弁護士連合会の「情報公開法（試案）」（以下「日弁連試案」という），同連合会の「情報公開法の見直しにあたっての裁判手続におけるヴォーン・インデックス手続及びインカメラ審理の導入の提言」（以下「日弁連提言」という），民主党「情報公開法改正案」（以下「民主党案」という），内閣府「行政透明化チームとりまとめ（案）」（以下「内閣府案」という）などがある。参考までに，アメリカ合衆国及びドイツの関係条文も紹介する。

ⓐ　日弁連試案

　1997（平成9）年3月，日本弁護士連合会は，「情報公開法（試案）」を公表したが，そこに含まれているインカメラ審理に関する規定は次の通りである。

（審理）

第53条　裁判所は，実施機関の長に対し，非開示とした情報の内容について，当該情報の表題，記載された事項の項目及び公開除外理由について，裁判所の指定する方式により分類・整理することその他の方法により，文書による説明を求めることができる。

2　前項の場合において，実施機関の長の説明によっては当該情報が公開除外情報に該当するか否かの判断ができないときは，裁判所は，原告の申立てにより又は職権で，実施機関の長に対し，記載事項の項目及び内容について説明の補充を求めることができる。

3　裁判所は，前項の補充説明にもかかわらず，なお当該情報が公開除外情報に該当するか否かの判断ができないときは，原告の申立てにより，実施機関の長に対し当該情報の提出を求め，公開の法廷において，当事者の立会いなしで当該情報を閲覧することができる。

4　裁判所は，前項の閲覧を行ったときは，実施機関の長の説明文書の記載項目及び内容を検証した結果を調書に記載するものとし，当事者は調書を閲覧し，及び複写することができるものとする。

第4章　情報公開訴訟におけるインカメラ審理

　日弁連試案の特色として，次の点を挙げることができる。①適用領域については，さしあたり国の情報公開制度に限定されている。逆FOIA訴訟も対象となるものと解される。②インカメラ審理の実体的要件については，実施機関の長の説明と補充説明にもかかわらず，公開除外事由に該当するか否かの判断ができないときとされており，比較的緩やかである。③手続については，いわゆるヴォーン・インデックス35)が前置されていること，原告の申立てによるとされている（被告の申立ては認められていない）こと，当事者の意見聴取は求められていないこと，公開の法廷において行うことが明示されていること，裁判官の全員一致の決定は求められていないこと，調書の作成と当事者による閲覧複写が規定されていることなどが特色である。明示されているわけではないが，「検証類似の手続」として位置付けられており，公開の法廷において実施すれば，裁判の公開原則（憲法82条）に抵触しないとの理解に基づくようである36)。

(b)　日弁連提言

　2004（平成16）年8月20日，日本弁護士連合会は「情報公開法の見直しに

---

　35)　ヴォーン・インデックスとは，①開示しない記録の範疇についての記述，②それぞれの範疇についての不開示情報の条項，③不開示情報に該当する理由を記載したインデックスを意味する。宇賀・前掲注2)134頁など参照。

　36)　日本弁護士連合会の「情報公開法要綱案に対する意見書」（1997年1月31日）では次のように説明されている。「当連合会は，意見1のとおり，不服申立手続と同様に，司法救済手続においても，ヴォーン・インデックスと類似の手続を採用すべきこととしたが，さらに意見2のとおり，検証類似の手続として，裁判所の指定する方式による請求拒否の理由に関する個別具体的な説明を記載した文書の正確性を担保するために，裁判所が公開の法廷において開示請求にかかる行政文書の提出を求め，請求拒否を受けた訴訟当事者が本手続の採用を求める場合には当該訴訟当事者に閲覧させずにその内容を見分することができる方法を提言するものである。当連合会は，民訴法改正における文書提出命令の改正等で，文書提出命令の事前審査として裁判官による非公開審理を積極的に提言してきたが，意見2はそれとの整合性をも満たすものであり，あくまでも請求拒否理由記載文書の正確性を担保するものにすぎず，対象〔ママ〕全体の公開を義務付ける憲法82条の趣旨がただちに及ぶものではないと解することができる。実際にも，(1)情報開示請求者による反論・反証の機会を失うものでなく，(2)控訴理由の主張で，情報開示請求者は当該情報を全く知らずに主張をしなければならないという事態を避けることができ，(3)裁判官もまた請求拒否理由記載文書の正確性を担保したうえで，これに基づき説得力ある判決を下すことができ，(4)上級審裁判所においても，正確なことが確認された請求拒否理由記載文書に基づいて原判決に対する判断も充分に可能である」（〔　〕は引用者による補足）。

355

第3部　行政情報手続

あたっての裁判手続におけるヴォーン・インデックス手続及びインカメラ審理
の導入の提言」を公表したが，インカメラ審理に関する部分は次の通りである。

（裁判所の調査権限）
(1)　裁判所は，「行政機関の長」（独立行政法人等情報公開法の場合には「独立行
　　政法人等」と読み替える。以下同様であり，かっこ内は省略する。）に対し，
　　不開示とした情報の内容について，当該情報の表題，記載された事項の項目及
　　び不開示とした理由について，裁判所の指定する方式により分類・整理するこ
　　とその他の方法により，文書による説明を求めることができる。
(2)　前項の場合において，行政機関の長の説明によっては当該情報が不開示事由
　　に該当するか否かの判断ができないときは，裁判所は，原告の申立てにより，
　　又は職権で，行政機関の長に対し，記載事項の項目及び内容について説明の補
　　充を求めることができる。
(3)　裁判所は，前項の補充説明にもかかわらず，なお当該情報が不開示事由に該
　　当するか否かの判断ができないときは，原告の申立てにより，行政機関の長に
　　対し当該情報の提示を求め，当事者の立会いなしで当該情報を閲覧することが
　　できる。
(4)　裁判所は，前項の閲覧を行ったときは，行政機関の長の説明文書の記載項目
　　及び内容を検証した結果を調書に記載するものとし，当事者は調書を閲覧し，
　　複写することができる。

　日弁連提言の内容は日弁連試案とほぼ同じであるが，独立行政法人等情報公
開法にも適用されることが明示されている点，「公開の法廷において」という
文言が削除されている点が異なる。後者の点は，日弁連試案では，上記のよう
に，インカメラ審理が「検証類似の手続」とされていたのに対し，日弁連提言
では，非公開の弁論準備手続として位置付けられていることによるようであ
る37)。

---

　37)　第2回情報公開法の制度運営に関する検討会（2004年5月26日）において提出された日
　　本弁護士連合会の意見書骨子では，次のように説明されている。「国民の迅速な裁判を受け
　　る権利を保障するうえでも，司法上の手続として，インカメラ審理とヴォーン・インデック
　　ス手続が採用されることが必要不可欠です。」「もっとも，この場合，既に，先の民事訴訟法

356

第4章　情報公開訴訟におけるインカメラ審理

(c)　**民主党案**

2005（平成17）年7月28日，当時野党であった民主党は「情報公開法改正案」を公表したが，そこに含まれているインカメラ審理に関する規定は次の通りである。

（不開示決定にかかる行政文書の標目等を記載した書面の提出）

第21条の2　情報公開訴訟（不開示決定（行政文書の一部を開示する旨の決定及びその全部を開示しない旨の決定をいう。）又はこれに係る不服申立てに対する裁決若しくは決定に係る抗告訴訟に限る。次条において同じ。）においては，裁判所は，訴訟関係を明瞭にするため必要があると認めるときは，行政機関の長に対し，当該不開示決定に係る行政文書の標目，その開示しない部分についてこれを特定するに足りる事項，その内容の要旨及びこれを開示しない理由その他必要な事項を，その裁判所の定める方式により分類又は整理して記載した書面の提出を命ずることができる。

（審理の特例）

第21条の3　情報公開訴訟においては，裁判所は，前条に規定する書面の提出を受けて審理を行った場合において，第5条又は第6条に該当する事由の有無について当該行政文書の提出を受けずに判断をすることが適正な裁判の実現という観点から相当でなく，かつ，審理の状況及び当事者の訴訟遂行の状況その他の事情を考慮して必要があると認めるときは，当事者の申立てにより，決定で，当該行政文書を保有する行政機関の長に対し，当該行政文書の提出を命ずることができる。この場合においては，何人も，裁判所に対し，提出された行政文書の開示を求めることができない。

2　裁判所は，前項の決定をするにあたっては，あらかじめ，当事者の意見を

改正の際に文書提出命令の申立ての判断のために非公開審理による提示手続が法制化され（民事訴訟法223条6項），さらに著作権法改正により著作権関係訴訟にも非公開審理による文書提出命令や検証物提示命令が法制化され（著作権法114条の2），実際に運用されていることや，今般の民事訴訟法の改正に伴い，人事訴訟に非公開審理による本人尋問手続や証人尋問手続（人事訴訟法22条）が設けられたことにかんがみ，憲法82条の裁判公開原則の例外として，情報不開示処分取消訴訟等においても，『公開の法廷において』ではなく，弁論準備手続などを活用したうえでの非公開審理手続として，制度化されることが求められるべきです。」

第 3 部　行政情報手続

聞かなければならない。

3　第 1 項の決定に対しては，即時抗告をすることができる。

　民主党案の特色として次の点を挙げることができる。①適用領域については，さしあたり行政機関情報公開法に限定されているのは，日弁連試案と同じである。ただし，適用対象となる情報公開訴訟が不開示決定等に関する抗告訴訟と定義されているため，逆 FOIA 訴訟には適用されない可能性がある[38]。②インカメラ審理の実体的要件は日弁連試案よりかなり加重されている。③手続については，ヴォーン・インデックスが前置されていること（ただしその内容は若干異なる），裁判官の全員一致の決定が求められていないことは，日弁連試案と同じである。これに対し，原告のみならず，被告の申立ても認められている点，当事者の意見聴取が求められている点，決定によること，文書提出命令の形がとられること，抗告が認められることが明示されている点，公開法廷で行う旨や，調書の作成については，明文では規定されていない点などは，日弁連試案と異なる。

(d)　内閣府案

　2010（平成 22）年 8 月 24 日，内閣府は「行政透明化検討チームとりまとめ（案）」を公表したが，インカメラ審理に関する部分は次の通りである。

　第 5　情報公開訴訟に関する改正

　　訴訟による事後救済を確実に行うため，いわゆる「ヴォーン・インデックス」の作成・提出に関する手続（下記 2）を創設するとともに，いわゆる「インカメラ審理」（下記 3）を導入する。制度の詳細については，法案立案過程において調整することとする。また，原告の訴訟にかかる負担に配慮し，各地の地方裁判所でも訴訟ができるようにする。具体的には以下のとおり。

　1　〈略〉

　2　不開示決定に係る行政文書の標目等を記載した書面の提出（行政機関情報公開法，独立行政法人等情報公開法関係《新設》）

---

38)　一部開示決定の場合は逆 FOIA 訴訟においても適用可能と解されるので，立法論としては一貫性を欠くように思われる。

第4章　情報公開訴訟におけるインカメラ審理

　情報公開訴訟においては，裁判所は，訴訟関係を明瞭にするため必要があると
認めるときは，行政機関の長・独立行政法人等に対し，当該開示決定等に係る行
政文書・法人文書の標目，その開示しない部分についてこれを特定するに足りる
事項，その内容の要旨及びこれを開示しない理由その他必要な事項を，その裁判
所の定める方式により分類又は整理して記載した書面の作成・提出を求めること
ができる。

3　審理の特例（行政機関情報公開法，独立行政法人等情報公開法関係《新設》）

　(1)　情報公開訴訟においては，申立てがあった場合には，裁判所は，裁判官の
　　　全員一致により，審理の状況及び当事者の訴訟遂行の状況その他の事情を考
　　　慮して，不開示事由の有無等につき，当該行政文書・法人文書の提出を受け
　　　なければ公正な判断をすることができないと認めるときは，<u>当事者（当該行
　　　政文書・法人文書を保有する行政機関の長・独立行政法人等を除く。）の同
　　　意を得た上で</u>,[39] 決定により，当該行政文書・法人文書を保有する行政機関
　　　の長・独立行政法人等に対し，当該行政文書・法人文書の提出を命ずること
　　　ができる。この場合においては，何人も，裁判所に対し，提出された行政文
　　　書・法人文書の開示を求めることができない。

　(2)　裁判所は，(1)の決定をするに当たっては，あらかじめ，当事者の意見を聴
　　　かなければならない。

　(3)　裁判所は，(1)の決定をしたときは，行政機関の長・独立行政法人等に対し，
　　　2の書面の作成・提出を求めなければならない。ただし，当該書面が既に提
　　　出されている場合は，この限りではない。

　(4)　(1)の決定に対しては，即時抗告をすることができる。

　内閣府案は概ね民主党案と同様であるが，異なる点もある。①適用領域につ
いては，行政機関情報公開法及び独立行政法人等情報公開法が対象とされてい
る。これに対し，地方公共団体への適用については慎重に検討することとされ
ている[40]。逆FOIA訴訟にも適用があるものと解される。②インカメラ審理

---

　39)　下線部は，2010年4月20日に公表された「情報公開制度の改正の方向性について」（大
　　　臣案）になかった部分である。
　40)　「第9　情報公開条例の扱い」において，「情報公開条例……の規定による，開示決定等に
　　　相当する処分またはこれにかかる不服申立てにおける裁決・決定に対する抗告訴訟において

359

第3部　行政情報手続

の実体的要件は，民主党案よりも軽減されているが，日弁連試案よりも重いものとなっている。③手続については，ヴォーン・インデックスの提出が前置されているわけではないが，少なくともインカメラ審理と同時にその提出を求めるものとされている。文書提出命令の形で，決定手続によること，抗告が可能とすること，調書について明文がないこと[41]などは，民主党案と同様である。手続の性質については明示されていない[42]。申立ての主体も明示されていないが，被告の申立ても認める趣旨とすれば，この点も民主党案と同様である。これに対し，当事者の同意が要求されていること[43]，裁判官全員一致の決定が要求されていること，当事者が開示を求めることができないとの明文規定があることは，民主党案とも異なる点である。

(e)　アメリカ合衆国

アメリカ合衆国の情報自由法では，インカメラ審理について，次のように規

も利用できるよう検討する」とされている。その説明においては，「ヴォーン・インデックス，及びインカメラ審理手続の必要性は，情報公開条例の規定による開示決定等に相当する処分またはこれにかかる不服申立てにおける裁決・決定に対する抗告訴訟においても，同様に認められる。他方で，地方分権化の視点からは，地方公共団体の実情に配慮した制度の設計を行うことが重要である。そこで，ヴォーン・インデックス，及びインカメラ審理手続を情報公開条例に係る抗告訴訟に導入することを，慎重に検討する」とされている。

41)　行政透明化検討チームの三宅弘座長名で公表された「『情報公開制度の改正の方向性について』に関する論点整理〔3訂版〕」(2010 年 8 月 24 日，以下「論点整理」という）においては，「裁判所書記官の守秘の問題を避けるために運用上，インカメラ審理手続を実施した旨の調書の記載の仕方にも工夫を凝らす必要がある」とされており，簡略な調書を作成することが想定されているようである。

42)　この点については，「当該手続の導入に当たっては，検証等の証拠調べ手続として定めることが想定されるが，釈明処分としての検証や，事実行為としてなされる手続も検討対象となりうる」と説明されている。橋本博之「『知る権利』を基軸とする情報公開法制定に向けて」自正 61 巻 9 号（2010 年）56 頁に示された考え方もこれに近い。論点整理においては，「従前，下級裁判所において実施された例のある訴訟当事者の合意（開示請求者側の立会権放棄を含む）に基づく手続の他に，民事訴訟手続上の検証手続とすることが考えられる」とされている。

43)　これは，被告が国または独立行政法人等である場合，被告からの申立ても認めつつ，原告の同意を必要とする趣旨と解される。なお，同意が必要な「当事者」から，「当該行政文書・法人文書を保有する行政機関の長・独立行政法人等」が除かれているが，行政機関の長は当事者に当たらないように思われる（行政事件訴訟法 11 条 1 項・6 項参照）。行政機関の長の同意は必要ないが，国の同意は必要とする趣旨ではあるまい。

第4章　情報公開訴訟におけるインカメラ審理

定されている[44]。

　訴えに基づき，原告の居住地，その主たる営業地，行政機関の記録の所在地又はコロンビア特別区の合衆国地方裁判所は，行政機関の記録非公開措置の差止め及び不当に非公開とされた記録の提出を命じる権限を有する。この場合，裁判所は，事件を新たに（de novo）審理することを要し，本条(b)項に規定する適用除外事項に従い当該記録又はその一部を非公開措置としなければならないか否かを決定するために，非公開審理で（in camera）行政機関の記録の内容を審査することができる。挙証責任は行政機関が負う。裁判所は，裁判所が十分に尊重する他のあらゆる事項に加えて，(2)号(C)及び(b)項の下での技術的実行可能性並びに(3)号(B)の下での返還可能性に関する行政機関の決定についての行政機関の宣誓供述書を十分に尊重しなければならない。

　アメリカ法の特色として，この規定はさしあたり情報公開訴訟のみを対象としていること，インカメラ審理が可能であることは規定されているが，その実体的要件や手続に関する詳細な規定を欠くことを挙げることができる。

(f)　ドイツ

　ドイツにおいては，上記バイエルン協会事件に関する連邦憲法裁判所の決定を受け，2001年12月20日に行政裁判所法99条2項が改正された[45]。その内容は次の通りである（〔 〕は訳者による補足）。

（文書の提出及び行政庁による情報提供）

99条　〔1〕行政庁は，文書又は記録の提出，電子文書の提示及び情報提供の義務

---

　44)　5 U. S. C. § 552 (a) (4) (B) . 訳文は行政改革委員会事務局監修・情報公開法制『行政改革委員会の意見』（第一法規出版，1997年）373頁による。これは1996年改正法の翻訳であるが，当該部分は現行法（2009年改正）においても変更されていないようである。

　45)　Gesetz zur Bereinigung des Rechtsmittelrechts im Verwaltungsprozess v. 20. 12. 2001, BGBl I 3987. 改正法の内容は笹田・前掲注30)230頁以下及び春日・前掲注34)183頁以下に詳しく紹介されている。なお，同法は2005年に改正され（Gezetz über die Verwendung elektronischer Kommunikationsformen in der Justiz v. 22.3.2005, BGBl I 837），訳文の下線部が追加されている。

361

第3部　行政情報手続

を負う。〔2〕これらの文書，記録，電子文書又は上記情報の公表が，連邦又はラントの福祉を害する場合，若しくは，当該事実が法律により又はその性質上秘密にされなければならない場合は，管轄を有する最高監督行政庁は，文書又は記録の提出，電子文書の提示及び情報提供を拒否することができる。

2　〔1〕上級行政裁判所は，関係人の申立てに基づき，文書又は記録の提出，電子文書の提示若しくは情報提供の拒否が適法か否かについて，口頭弁論を経ることなく，決定によって確認する。〔2〕連邦最高行政庁が，文書，記録，電子文書又は情報の内容の公表が，連邦の福祉を害するとの理由で，提出，提示又は提供を拒否するときは，連邦行政裁判所が決定を行う。連邦行政裁判所が第50条により本案について管轄を有する場合も同様とする。〔3〕申立ては本案につき管轄を有する裁判所に対してなされなければならない。〔4〕当該裁判所は，第189条により管轄を有する裁判部46)に対し，申立書及び本案記録を送付する。〔5〕最高監督行政庁は，当該裁判部の求めに応じて，第1項第2文によって提出を拒否した文書又は記録を提出し，電子文書を提示し，拒否された情報を提供しなければならない。〔6〕当該最高監督行政庁はこの手続に参加を求められる。〔7〕この手続には物的秘密保護に関する規定が適用される。〔8〕これらの規定を遵守することができない場合，若しくは，秘密保持又は秘密保護に関する特別の理由から文書又は記録の提出若しくは電子文書の提示ができない旨を管轄を有する最高監督行政庁が主張した場合は，第5文による提出又は提示は，文書，記録又は電子文書が，最高監督行政庁の定める場所において提供されることによって行われる。〔9〕第5文によって提出された記録，電子文書，並びに，第8文によって主張された特別の理由については，第100条47)は適用されない。〔10〕裁判所の構成員は秘密保持を義務付けられる。決定理由は，秘密とされた文書，記録，電子文書及び情報の種類及び内容を表示してはならない。〔11〕裁判官以外の職員については，人的秘密保護に関する規律が適用される。〔12〕連邦行政裁判所が決定を行わないときは，決定は独立の抗告によって争うことができる。〔13〕上級行政裁判所の決定に対する抗告については，連邦行政裁判所が決定を行う。〔14〕抗告手続には第4文ないし第11文が準用され

---

46)　本項に定める決定のために上級行政裁判所及び連邦行政裁判所に設置される専門部を指す。

47)　関係人の記録閲覧権等を定める規定である。

362

る。

　ドイツ法の特色は次の通りである。①適用領域については，行政訴訟一般が対象とされ，情報公開訴訟等に限定されていない。また，日本における文書提出命令手続に当たる場合も同じ条文で規定されている[48]。②インカメラ審理の実体的要件については，特段の制限がない[49]。③手続については，本案裁判所と異なる上級裁判所の専門部が，中間手続として行う点が特徴的である[50]。口頭弁論は予定されておらず，書面審理となっている。被告の申立てが認められている点，当事者による閲覧が明示的に禁じられている点などは，民主党案や内閣府案と同様である。

(2) 検　　討

　これらの提案を踏まえつつ，以下ではインカメラ審理を立法化するにあたって問題となる点として，憲法上の制約，適用領域，実体的要件，手続について

---

　[48]　笹田・前掲注[30]232 頁参照。

　[49]　もっとも，インカメラ審理は常に行われるわけではない。最高監督行政庁が文書提出等を拒否したといえるためには，本案裁判所が当該文書提出等を求めることが前提となる。本案裁判所は当該文書等が判決を下すために必要かどうかを判断し（BVerwG, Beschl. v. 15. 8. 2003, NVwZ 2004, SS. 105（106）und 745），これが否定された場合はインカメラ審理は行われない。文書提出等を求める関係人は，99 条 2 項の申立てによってではなく，本案判決に対する上訴によってこれを争うべきとされている（OVG Saarlouis, Beschl. v. 21.6.2002, NVwZ 2003, S.367（367f.）; S. Schuly, Das "in camera"-Verfahren der Verwaltungsgerichtsordnung, 2006, SS. 137f.; J. Bader, Aktuelles Verwaltungsprozessrecht, JuS 2005, S.126（128）; F. O. Kopp/W.-R.Schenke, Verwaltungsgerichtsordnung: Kommentar, 16. Aufl., 2009, § 99 Rn. 5, 17, 21;R. Rudisile, in: F. Schoch/E. Schmidt-Asmann/R. Pietzner（Hrsg.）, Verwaltungsgerichtsordnung: Kommentar（Stand 2003）, § 99 Rn. 35c）。最高監督行政庁が文書提出等を拒否し，関係人が申立てをした場合，上級裁判所等の専門部はインカメラ審理の実施を義務付けられ，この点に裁量は認められない（Rudisile, a.a.O., § 99 Rn. 37）。専門部は最高監督行政庁による文書提出等の拒否が適法かどうかを審査することになる。

　[50]　秘密保持の必要性から，文書等に接する裁判官をできるだけ限定するためとされている（春日・前掲注[34]198 頁）。わが国のインカメラ手続（民事訴訟法 223 条 6 項等）については，文書提出命令手続における文書の見分が本案の心証に影響しうる点が問題とされているが（笹田・前掲注[30]211 頁以下参照），ドイツのような制度をとればこの問題は解消する。もっとも，情報公開訴訟のように，原告が文書そのものの開示を求めている場合は，このような問題はそもそも存在しない。

第3部　行政情報手続

検討する。

⒜　憲法上の制約

インカメラ審理が憲法上許容されるとしても，上記の検討（3）からは，いくつかの憲法上の制約があることになる。この点は憲法解釈によって結論が異なる。

㈦　憲法 82 条との関係

インカメラ審理に憲法 82 条が適用されると解した場合，裁判官の全員一致の決定（同条 2 項本文）が必要となる[51]。

また，公序概念拡張説による場合は，インカメラ審理を認めないことによって，公の秩序を害するおそれがあること，すなわち，知る権利が侵害されるおそれがあること等が必要となる。例示説による場合，公序良俗を害するおそれがある場合に準じた事由が要求される。非公開審理権説による場合は，インカメラ審理を認めないことによって，憲法 32 条に定める実効的権利保護が実現されなくなることが必要となる。これらの点は，インカメラ審理が認められる要件において考慮される必要があると解される。

他方，憲法 82 条が適用されないと解した場合，裁判官の全員一致の決定は必要なく，要件に関する上記の制約もかかってこない。もっとも，インカメラ審理を公開の法廷で行うことは必要となる。文書の性質上，公開の法廷における証拠調べが不適切な場合があるとすれば，憲法 82 条の適用を前提として考えなければならないが，この点については後述する。

㈦　憲法 32 条との関係

上記のような弁論権の消極的側面が憲法 32 条によって保障されていると解した場合，インカメラ審理が認められるのは，これを行わないことによって，同じく憲法 32 条によって保障された実効的権利保護が保障されない場合に限られることになる。この点は，インカメラ審理が認められる実体的要件において考慮される必要があると解される。

51）　もっとも，非公開審理権説によれば，憲法 32 条に基づく非公開審理は同 82 条とは別の枠組みでとらえられるから，裁判官の全員一致の決定は必要ないとされる（松井・前掲注 18）256 頁，長谷部・前掲注22）308 頁）。

第 4 章　情報公開訴訟におけるインカメラ審理

また，弁論権の消極的側面と実効的権利保護の調整の結果としてインカメラ審理を許容しうるとしても，インカメラ審理は当事者の弁論権の制限をもたらすことになるので，何らかの手続保障が必要ではないかと解される。この点はインカメラ審理の手続（具体的には当事者の意見聴取や申立権）において考慮するべき問題である。

(ウ)　小　　括

すでに述べたように（3(3)），インカメラ審理に関する憲法解釈としては，①憲法 82 条と 32 条のいずれも適用される，②憲法 82 条のみが適用される，③憲法 32 条のみが適用される，④いずれの規定も適用されない，という選択肢がありうるので，それに応じて上記の制約の考え方が異なってくる。

もっとも，憲法 82 条の適用を認める場合でも，憲法 32 条の適用を認める場合でも，インカメラ審理の実体的要件については，実質的に大差がないものと解される。

(b)　**適用領域**

(ア)　**逆 FOIA 訴訟**

インカメラ審理を行うべき場合として通常念頭に置かれているのは，（一部）不開示決定がなされ，開示請求者がこれを争う場合である。これに対し，（一部）開示決定を第三者が争う逆 FOIA 訴訟に適用すべきかについては，必ずしも明確ではない。上記のように，民主党案はこれを否定しているようにみえる。

逆 FOIA 訴訟の場合，当該情報の主体である個人または法人が原告となり，当該情報の内容を知っているのが通常であるから，当該情報を裁判所に提出しても問題はなく，したがってインカメラ審理は必要ないとも考えられる。しかし，原告が当該情報を知らない場合も皆無とは言い切れないし，また，開示請求者が訴訟に参加する可能性もあるから（行政事件訴訟法 22 条），やはりインカメラ審理の必要性はあると解される。

(イ)　**独立行政法人等情報公開法**

独立行政法人等について，国の行政機関と異なった取扱いをすべき根拠はないから，当然に適用すべきである。日弁連提言及び内閣府案もこれを明示している。

365

第3部　行政情報手続

(ウ)　情報公開条例

　地方公共団体にかかる情報公開訴訟にインカメラ審理を適用するかについては，従来の提案では明示されていない。内閣府案では，上記のように，慎重に検討することとされていた。

　しかし，インカメラ審理の必要性は，地方公共団体の場合でも同じであるし，この点で国と異なる取扱いをする理由は見当たらない。導入に当たって地方公共団体の意見を聞く必要はあるとしても，基本的に同様の取扱いをすべきであると考えられる。

(エ)　個人情報保護法（条例）

　個人情報保護制度（行政機関の保有する個人情報の保護に関する法律，独立行政法人等の保有する個人情報の保護に関する法律，及びこれに対応する地方公共団体の条例）における本人開示請求にかかる訴訟について，インカメラ審理を適用すべきかについて，従来の提案では明示されていない。

　しかし，開示請求者が文書の開示を求め，不開示事由該当性が争点となり，当該文書を裁判所に提出すると訴訟目的が達成されるという状況は，情報公開訴訟と同様であるから，個人情報保護制度についてもインカメラ審理を適用すべきではないかと考えられる[52]。

　なお，個人情報の保護に関する法律25条による個人情報取扱事業者に対する開示の求めについては，本人に開示請求権が認められるかについて争いがあるが[53]，仮に認められるとすれば，やはりインカメラ審理が必要になると考えられる。

(オ)　その他

　裁判官のみによる文書の見分が必要となる場合としては，①原告が当該文書そのものの開示を請求している場合と，②請求の当否を判断するために文書の見分が必要となる場合がある[54]。わが国では，②の場合についてはすでに民

---

　52)　三宅弘・獨協ロー・ジャーナル3号（2008年）88頁。

　53)　この問題については，宇賀克也『個人情報保護法の逐条解説〔第3版〕』（有斐閣，2009年）135頁以下など参照。

　54)　笹田・前掲注30) 222頁参照。

366

第4章　情報公開訴訟におけるインカメラ審理

事訴訟法 223 条等の規定があるため，インカメラ審理は必要ない[55]。インカメラ審理が必要となるのは①の場合であり，そのような場合が上記以外にも存在すれば，インカメラ審理の要否を検討する必要があることになるであろう。

(c) 実体的要件

これまでの提案の中で最も実体的要件が緩やかなのは，日弁連試案及び日弁連提言であり，実施機関の長の説明及び補充説明にもかかわらず，公開除外事由該当性の判断ができないときとされている。最も厳しいのは，民主党案であり，インカメラ審理を行わずに判断することが適正な裁判の実現という観点から相当でなく，かつ，審理の状況及び当事者の訴訟遂行の状況その他の事情を考慮して必要があると裁判所が認めるときとされている。内閣府案は，民主党案よりやや緩和されており，審理の状況及び当事者の訴訟遂行の状況その他の事情を考慮して，不開示事由の有無につき，インカメラ審理を行わなければ公正な判断をすることができないと裁判所が認めるときとされている。アメリカ法やドイツ法では特に要件が定められていない[56]。

すでに述べたように，インカメラ審理に憲法 82 条または 32 条（あるいは両者）が適用されると解した場合，裁判の公開原則または当事者の弁論権との関係で，インカメラ審理が認められる場合は制限を受けると考えられる。抽象的にいえば，当該事案においてインカメラ審理を行うことが必要であり（必要性），かつ，他の手段によっては開示不開示について的確な判断を行えない（補充性）場合に限られると解される。たとえば，当事者間で不開示部分の記載内容等について争いがなく，専ら法解釈が争われている場合は，必要性の要件を欠くであろうし，文書の様式やヴォーン・インデックス等から記載内容等が明らかである場合は，補充性の要件を欠くことになるであろう[57]。もっとも，具体的

---

[55] すでに述べたように，ドイツ法では①と②のいずれの場合もインカメラ審理によって対処している。

[56] もっとも，アメリカ合衆国においては，宣誓供述書やヴォーン・インデックスによって判断するのが大半であり，インカメラ審理を実際に行うのは例外であるとされている（宇賀・前掲注2) 139 頁）。その背景には宣誓供述書の信頼性が高いという事情があるようであるが（鳥居俊一「アメリカの情報公開訴訟の運用について（下）」判タ 1101 号〔2002 年〕48 頁以下参照），日本においても同様に考え得るとは必ずしも思われない。

[57] この点で参考になるのが前掲福岡高決平成 20 年 5 月 12 日である。同決定は，裁判所が

第3部　行政情報手続

にいかなる要件を設けるかについては立法裁量が認められうるし，最終的には
裁判官の裁量に委ねざるをえないように思われる。

(d) 手　　続

(ア) 手続の形式

上記のように，日弁連試案ではインカメラ審理は「検証類似の手続」による
ものとされている。「検証類似の手続」の意味は定かでないが，検証も証拠調
べ手続の一種であるから，前述したところ (3) からすると，裁判の公開原則
が証拠物等の公開まで要求しているのであれば，検証手続であっても抵触は免
れないし，そうでないとすれば，書証手続であっても抵触は生じないと考えら
れる。また，インカメラ審理は，文書の意味内容を証拠資料として収得するた
めの証拠調べ[58]であり，事物の性状・現象を検査しその結果を証拠資料とす
る[59]わけではないから，本来検証にはなじまないようにも思われる[60]。解釈
論によるインカメラ審理の場合，書証であると当事者の閲覧を禁じる根拠がな
いことから，検証手続がとられたのに対し，立法による導入についてはこのよ
うな問題は存在しないから，検証手続にこだわる必要はないと思われる。

開示請求に係る行政文書を「直接見分することが不可欠であると考えた場合にまで，実質的
なインカメラ審理を否定するいわれはない」と述べた上で，①「他に有効・適切な代替手段
がないか」，②インカメラ審理が「真に必要不可欠であるかどうか，すなわち，これを直接
見分しなければ本件不開示決定の当否を適正に判断することができないかどうか」を検討し
ている。そして，①被告国がヴォーン・インデックスの提出を拒否したこと，情報公開審査
会の調書等も存在しないとされたことから，インカメラ審理に代わり得る有効適切な手段は
見当たらないとする。次に，②行政機関情報公開法5条3号及び5号該当性を理由に不開示
とされた文書については，当該判断は多分に評価的要素を含むから，「当該不開示文書の微
妙なニュアンスまで酌み取れるように，細部にまでわたってその内容を正確に把握する必要
性が極めて高い」として，上記必要性を肯定したが，同条1号該当性を理由に不開示とされ
た文書については，その体裁や前後の文脈等から外務省担当者の個人識別情報が記載されて
いることが十分に窺われ，また，被告国は公表慣行（同号ただし書イ）がないと主張してい
るところ，「この点の要件該当性に関する判断には，評価的要素は一切含まれておらず，そ
の判断基準は一義的に明確である」から，インカメラ審理までする必要があるとは認め難い
とし，結局，同条3号及び5号該当性を理由として不開示とされた文書についてのみ，検証
物提示命令の申立てを認容した。

58)　新堂・前掲注16) 606頁。

59)　新堂・前掲注16) 611頁。

60)　平野・前掲注12) 69頁，川嶋四郎・法セ 668号（2010年）130頁。

368

第4章 情報公開訴訟におけるインカメラ審理

また，日弁連提言では，弁論準備手続によるものとされていた。しかし，文書提出命令手続とは異なり，証拠の評価そのものに関わる審理を，非公開の弁論準備手続として行うことについては，疑問もある[61]。

以上からすると，立法によってインカメラ審理を導入するのであれば，書証として文書提出命令によることが妥当と解される。

(イ) 当事者の手続保障

上記のように，憲法32条による弁論権の保障が及ぶと解する場合，インカメラ審理はこの権利を制限することになるから，当事者の手続保障を行う必要がある。憲法上の保障が及ばないと解する場合でも，インカメラ審理は当事者の利害に密接にかかわるので，手続保障を行うことが望ましいと言える。平成21年最決が指摘するように，被告側も当該文書の具体的内容を援用しながら弁論を行うことができず，また，上訴理由を的確に主張することが困難になるから，被告側についても手続保障は必要であろう。

具体的には，インカメラ審理を行う際には，当事者の申立てに基づくこと，また，当事者の意見を聞くことが最低限必要であろう。

さらに，原告のみならず，被告による申立ても認めるべきかは問題である。この点，日弁連試案及び日弁連提言は否定し，民主党案，内閣府案，ドイツ法は肯定している。憲法32条が適用されると解した場合，インカメラ審理は特に原告側の弁論権の制限を結果することから，被告側の申立てを認めないことも考えられるように思われる。内閣府案が，被告からの申立てを認めつつ，当事者の同意を要求しているのは，同様の趣旨かもしれない。

(ウ) ヴォーン・インデックスとの関係

日弁連試案，日弁連提言，民主党案では，インカメラ審理に先立ってヴォーン・インデックスを求めることが要件とされており，内閣府案でも，少なくともインカメラ審理と同時にヴォーン・インデックスの作成を求めることとされている。ドイツ法にはこうした規定はない。

確かに，行政文書が大量であり，不開示部分が多岐にわたるような場合，

---

[61]　民事訴訟法学説における「憲法上の口頭弁論」の議論については，笹田・前掲注30)216頁参照。

369

第 3 部　行政情報手続

ヴォーン・インデックスは審査を行う上で極めて有用である。しかし，文書の
量や不開示部分が少ない場合は，ことさらヴォーン・インデックスの作成を求
める必要はないように思われる。したがって，ヴォーン・インデックスの作成
をインカメラ審理の前提条件とすることは必ずしも妥当ではないように思われ
る[62]。

　㈎　法廷の公開と裁判官の全員一致の決定

　従来の提案のうち，法廷の公開を明文で定めるのは日弁連試案のみであり，
裁判官の全員一致の決定を明文で定めるのは内閣府案のみである。

　この点については，まず，インカメラ審理を公開の法廷で行うことの是非を
検討する必要がある。文書の性質によっては，外部への持ち出しが技術的に困
難であったり，秘密保持の必要からそれが不適切な場合も考えられる[63]。こ
うした点を考慮して，公開の法廷外でのインカメラ審理を想定するのであれば，
既に述べたように（3(1)(a)(イ)），憲法 82 条不適用説によって対処することはで
きず，また，裁判官の全員一致の決定が必要となる。

　㈏　調　　書

　日弁連試案及び日弁連提言によれば，裁判所は，インカメラ審理を行ったと
きは，検証の結果を調書に記載し，当事者はこれを閲覧複写できるとされてい
る。これに対し，民主党案，内閣府案，ドイツ法には調書の規定が置かれてい
ない。

　調書にインカメラ審理の対象となる文書の内容が詳細に記載され，当事者が
これを閲覧複写できるとすると，相手方に当該文書を開示したのと同じ結果と

---

[62]　アメリカ合衆国のインカメラ審理についても，「全ての訴訟において Vaughn Index が作
　　成されるわけではなく，例えば問題となる文書が少なく，Affidavit〔宣誓供述書〕で十分に
　　不開示条項に該当することの説明が可能な場合には，作成されないこともある。」と指摘さ
　　れている（鳥居・前掲注56）47 頁。〔　〕は引用者の補足）。

[63]　松井・前掲注2）367 頁注28）参照。情報公開・個人情報保護審査会設置法 9 条 1 項は，
　　同審査会の権限として，諮問庁に対し，行政文書等の「提示」を求めることができると定め
　　るが，これは審査会の委員に行政文書等を直接見せるよう要求する権限を意味し，審査会に
　　当該文書等を提出させて保管することまでの権限を与えるものではないと解されている（総
　　務省行政管理局編『詳解情報公開法』〔財務省印刷局，2001 年〕185 頁）。ドイツでは，秘密
　　保持の必要から，裁判所ではなく，最高監督行政庁が定める場所で文書等を提供することも
　　認められている（行政裁判所法 99 条 2 項 8 文）。

370

第4章　情報公開訴訟におけるインカメラ審理

なりかねない。

こうした弊害を避けるためには，①調書を作成しない，②作成するが「当該文書を見分した」程度の内容とする，③詳細な内容の調書を作成するが，当事者には閲覧を認めない，といった選択肢が考えられる。

(カ)　**提出文書に関する説明の可能性**

裁判官がインカメラ審理によって行政文書を見分したとしても，その意味内容を正確に理解し，開示不開示の判断を的確に行いうるとは限らない。情報公開審査会等においては，行政文書を見分するだけでなく，それについての諮問庁の説明を聞いた上で，開示不開示の判断を行うのが一般ではないかと思われる。しかし，訴訟においては，被告の行った説明は原告も入手できるから，被告側は当該行政文書に即した具体的な説明を行うことができない。

そこで，この点を考慮すれば，インカメラ審理に際して，裁判所が被告側に詳細な説明を求め，当該説明については，原告側が閲覧することができない，という制度を導入することが考えられる[64]。もっとも，当事者の審問請求権等との関係で，消極論もありうるかもしれない。

---

64)　アメリカ合衆国においてはこのような扱いがされているようである。「In-camera Inspection を行う場合，被告行政庁は，説明のための資料（In-camera Affidavit）と請求対象となった記録を裁判所に提出する。In-camera Affidavit の記載内容は，通常の Affidavit と異なることはないが，これは裁判所のみが見ることができ，原告は見ることができない。したがって，In-camera Affidavit では，通常の Affidavit よりも，より詳細な説明は可能となる」（鳥居・前掲注56）51頁）。宇賀・前掲注2）139頁も参照。ドイツにおいても，インカメラ審理に係る中間手続において相手方当事者が提出した書面（提出等が求められた文書等以外のもの）について，それが当該文書等の種類と内容を推認させる場合には，明文規定はないものの，当事者には閲覧権は認められないとする見解があった（M. Redeker/P. Kothe, Die Neuregelung zur Überprufung verweigerter Aktenvorlage im Verwaltungsprozess, NVwZ 2002, S. 313（315）; M. Redeker, in: K. Redeker/H.-J. von Oertzen, Verwaltungsgerichtsordnung: Kommentar, 15. Aufl., 2010, §99 Rn.25: Rudisile, a.a.O.（Fn.49），§99 Rn. 38; Schuly, a.a.O.（Fn.49），S.152）。しかし，判例は，こうした法的聴聞請求権の制限は秘密保護のために必要ではないとして，上記のような書面も当事者に全面的に閲覧させなければならないとした（BVerwG, Beschl. v. 17. 11. 2003, NVwZ 2004, S. 486. Vgl. Bader, a.a.O.（Fn.49），S.126（129）; Kopp/Schenke, a.a.O.（Fn.49），§99 Rn.20; H. Geiger, in: E. Eyermann/L.Frohler, Verwaltungsgerichtsordnung: Kommentar, 13.Aufl., 2010, §99 Rn. 18）。もっとも，最高監督行政庁が専門部への文書提出等もできないとする「特別の理由」（行政裁判所法99条2項8文）については，明文によって当事者の閲覧が否定されている（同項9文）。

第3部　行政情報手続

(キ)　文書不存在・存否応答拒否の取扱い

　開示請求に対し，行政機関の長が対象文書を保有していないとして不開示決定を行い（行政機関情報公開法9条2項括弧書き），当該決定の取消訴訟が提起された場合，不存在を主張している行政側としては，開示請求対象文書を提出することができないから，インカメラ審理を行うことができない。情報公開審査会等においては，諮問庁に対して関係資料の提出を求めて審査を行い，たとえば，文書が存在するが行政文書に該当しないとされているときは，当該文書を見分してその当否を判断している。ところが，訴訟においては，当該文書を裁判所に提出すると，相手方もこれを閲覧できるから，訴訟の目的が達成されてしまう。

　存否応答拒否についても同様の問題がある。この場合，裁判所が問題となった行政文書の提出を求めたとしても，行政側としては文書の存否を明らかにできないから，これに応じることはできない（提出すると文書の存在を明らかにしたことになる）。したがって，インカメラ審理は行えないことになる。情報公開審査会等においては，諮問庁に対して当該文書を資料として提出させ，存否応答拒否の是非を判断している。しかし，訴訟においては，資料として提出された文書は相手方も閲覧できるから，こうした方法をとることはできない。

　以上からすると，文書不存在や存否応答拒否の事案では，通常のインカメラ審理を行うことができなくなる。こうした事案においてはインカメラ審理を行えないとするのもひとつの考え方ではあるが，開示請求の対象となった文書そのものに加え，上記のように資料として提出された文書についても，相手方の閲覧を禁止する制度を設けることも考えられる。この点についても，当事者の審問請求権等との関係で，議論がありうるかもしれない。

5　おわりに

　本章では，情報公開訴訟におけるインカメラ審理について，従来の議論を整理した上で，憲法上の問題と立法論を検討した。

　憲法82条との関係については，公序概念拡張説によってインカメラ審理を合憲と解する余地がある。また，公開の法廷におけるインカメラ審理を前提と

第4章　情報公開訴訟におけるインカメラ審理

するならば，憲法82条不適用説も成り立ちうる。最高裁のいう「訴訟の基本
原則」については，憲法32条によって保障される審問請求権ないし弁論権に
よって保障されていると解されるが，同じく憲法32条によって保障されてい
る実効的権利保護の要請により，その制限を正当化することが可能である。

　立法論としては，インカメラ審理を逆FOIA訴訟，独立行政法人等情報公
開法，情報公開条例，個人情報保護制度にも適用すべきであるが，必要性と補
充性を実体的要件とすべきであり，当事者の手続保障に配慮すべきである。
もっとも，被告の申立てを認めるべきか，ヴォーン・インデックスの提出を要
件とすべきか，調書の作成方法をどうするかなどは，なお検討の必要がある。
また，提出文書に関する説明や，文書不存在・存否応答拒否との関係で，イン
カメラ文書以外にも当事者の閲覧権制限を認めることも考えられるが，審問請
求権等との関係で議論がありうる。さらに，インカメラ審理を公開の法廷で行
うべきかについても，なお詰める必要がある。

　以上のように，残された課題も多いが，本章がインカメラ審理に関する議論
を深めるきっかけとなれば幸いである[補注]。

[補注]　原論文の公表後，2011（平成23）年にインカメラ審理に関する規定を含む情報公開法改
　　正法案が国会に提出されたが，審議未了廃案となった。同法案については*第1部*第5章を参
　　照。

■第5章 ────────────────────────────

インカメラ審理

1 インカメラ審理の意義

　情報公開制度や個人情報保護制度に基づく開示請求に対して不開示決定がなされ，当該決定が訴訟で争われた場合，不開示事由に該当するとされた情報が実際に記載されているか，不開示の判断が適法か，部分開示の範囲が適切かなどについて判断するためには，裁判官が当該行政文書を実際に見分するのが最も有効かつ確実な審理方法である。しかし，当該行政文書が書証として裁判所に提出されると，原告もこれを閲覧できるから，訴訟の意味が失われてしまう。そこで必要となるのがインカメラ審理である。

　インカメラ審理とは，もともとアメリカ合衆国における用語であり，裁判官が公開の法廷ではなく裁判官室において記録を調べる審理方法を意味する（宇賀克也『清報公開法——アメリカの制度と運用』〔日本評論社，2004〕139頁以下，松井茂記『情報公開法』〔有斐閣，2001〕527頁以下など参照）。わが国では，「相手方当事者にもその内容を知らせない非公開審理」（行政改革委員会「情報公開法要綱案の考え方」〔1996年12月16日，以下「考え方」という〕8(2)イ），「裁判所だけが文書等を直接見分する方法により行われる非公開の審理」（最決平成21年1月15日民集63巻1号46頁）などと定義されている。

　地方公共団体の審査会等は行政機関の保有する情報の公開に関する法律（以下「行政機関情報公開法」という）の制定以前からインカメラ審理を行ってきたが，同法により国の情報公開・個人情報保護審査会（以下「審査会」という）の

権限として明文で認められた。これに対し，裁判所によるインカメラ審理については，憲法の定める裁判の公開原則（82条）との関係などをめぐって議論があり，これまで実施されてこなかった。以下では，審査会によるインカメラ審理（2）と裁判所によりインカメラ審理（3）に説明を加える。

　なお，インカメラ審理の意味について2点指摘しておきたい。第1に，現行法上も，文書提出命令の決定手続において，裁判所のみが文書を見分する制度がある（民訴223条6項等）。しかし，この手続（一般に「インカメラ手続」と呼ばれる）は，証拠調べを裁判所のみが行う上記のインカメラ審理とは区別される。第2に，上記の定義のうち，審理の「非公開」については，非公開の法廷で行われるという意味か，当事者に非公開とするという意味か，必ずしも明確ではない（この点については後述する）。

2　審査会によるインカメラ審理

(1)　はじめに

　行政機関情報公開法制定以前から，地方公共団体においてはインカメラ審理の必要性が認識されており，不服申立てについて諮問を受ける審査会等が，資料提出要求権限などを根拠に，運用上インカメラ審理を行っていた（兼子仁＝佐藤徳光＝武藤仙令『情報公開・個人情報条例運用事典』〔悠々社，1991年〕301頁，井出嘉憲＝兼子仁＝右崎正博＝多賀谷一照編『講座情報公開』〔ぎょうせい，1998年〕400頁〔兼子執筆〕など参照）。その後，インカメラ審理は行政機関情報公開法27条によって明文で規定され，個人情報保護関連法が制定された際に，情報公開・個人情報保護審査会設置法（以下「設置法」という）9条に規定されるに至った。地方公共団体でも，これにならう規定をおくところが多くなっている（兼子仁『情報公開審査会Q＆Aマニュアル』〔ぎょうせい，2000年〕10頁）。以下では設置法9条によるインカメラ審理について解説する。

　なお，この規定は，審査会の権限が及ぶ場合，すなわち，行政機関情報公開法18条，独立行政法人等の保有する情報の公開に関する法律（以下「独立行政法人等情報公開法」という）18条2項，行政機関の保有する個人情報の保護に関する法律（以下「行政機関個人情報保護法」という）42条，独立行政法人等の保

第3部　行政情報手続

有する個人情報の保護に関する法律（以下「独立行政法人等個人情報保護法」という）42条2項による諮問が行われた場合に適用される（設置法2条参照）。

(2) 審査会の提示要求権限

審査会は，必要があると認めるときは，諮問庁に対し，行政文書等または保有個人情報の提示を求めることができる（設置法9条1項前段）。裁判所と異なり，審査会に提出された資料については，相手方が当然にすべて閲覧できるわけではないから（設置法13条1項による閲覧についても，「正当な理由」があれば閲覧を拒否できる），明文規定がなくともインカメラ審理は可能と解され，上記のように実際にそのような運用がされてきた。しかし，審査会にこのような権限が認められるかは必ずしも明確ではないし（松井・前掲313頁），また，インカメラ審理は極めて重要な調査権限であるので（宇賀克也『新・情報公開法の逐条解説』〔有斐閣，2002年〕225頁），運用上の措置に委ねることなく，法律に明記されたものである。

ここで「審査会」とは，不服申立てに係る事件について調査審議を行う合議体，すなわち，原則として委員3名で構成する部会，場合によっては委員の全員をもって構成する総会（設置法6条）を意味する（総務省行政管理局編『詳解情報公開法』〔財務省印刷局，2001年〕184頁）。また，審査会は，必要があると認めるときは，その指名する委員に，インカメラ文書の閲覧を行わせることができる（設置法12条）。

審査会が提示を求めうるのは，「行政文書等又は保有個人情報」（以下「インカメラ文書」という）である（設置法9条1項前段）。「行政文書等」は，行政機関情報公開法10条1項に規定する開示決定等に係る行政文書及び独立行政法人等情報公開法10条1項に規定する開示決定等に係る法人文書を，「保有個人情報」は，行政機関個人情報保護法19条1項，31条1項または40条1項に規定する開示決定等，訂正決定等または利用停止決定等に係る行政保有個人情報及び独立行政法人等個人情報保護法19条1項，31条1項または40条1項に規定する開示決定等，訂正決定等または利用停止決定等に係る法人保有個人情報をいう（設置法8条2項・3項）。諮問庁が開示請求に係る行政文書等または保有個人情報の不存在を主張している場合，諮問庁は立場上インカメラ文書を提

376

示できないから，審査会は必要に応じて資料の提出（設置法9条4項）を求め，諮問庁の主張の当否を判断することになる。諮問庁が存否応答拒否を主張している場合も，インカメラ文書の存在を前提として提示を求めることはできないから，やはり資料の提出を求めて審査を行う必要がある。

　審査会が諮問庁に求めることができるのは，インカメラ文書の「提示」である。この点について，行政改革委員会の「情報公開法要綱案」では「提出」を求めることができるとなっていた（第20）。「提示」を求めることができるとは，審査会の合議体を構成する委員に，インカメラ文書を直接見せるよう求める権限を意味し，審査会に提出させて保管することまでの権限を与えるものではない。しかし，行政機関の長の判断により，提出することも可能である（総務省行政管理局編・前掲185頁）。

　「必要があると認めるときは……提示を求めることができる」という文言からもわかるとおり，審査会はインカメラ審理を行うことを義務付けられているわけではなく，その行使には裁量が認められる（宇賀・前掲226頁，松井・前掲314頁）。「必要があると認めるとき」とは，インカメラ文書に記録されている情報の性質，当該事件の証拠関係等に照らし，審査会がインカメラ文書を実際に見分しないことにより生ずる適切な判断の困難性等の不利益と，インカメラ文書を不服審査会に提示することにより生ずる行政上の支障等の不利益とを比較衡量した結果，なお必要と認められることを意味する（考え方6(2)イ）。

　必要が認められない場合としては，例えば，既に同じ文書についてインカメラ審理を行ったことがある場合（松井・前掲315頁）や，文書が大量であって，その一部についてインカメラ審理を行えば足りる場合などが考えられる。

　また，インカメラ文書に記録されている情報の性質上，特定の最小限度の範囲の者にしか知らせるべきでないものや，情報源・情報交換の方法について当該情報交換の当事者以外には知らせるべきでないものなど，当該情報の性質に応じて特別の考慮を払う必要があるものがありうる。そこで，このような情報が問題となっている場合には，諮問庁から必要な説明を聴き，当該文書を提示することによって生ずる支障の内容及び程度を的確に把握し，諮問に関する説明の要求その他の方法による調査を十分に行った上で，当該文書の提示を求める必要性について判断すべきであるとされる（考え方6(2)イ，総務省行政管理局

編・前掲 185 頁，宇賀・前掲 226 頁以下）。これに対しては，審査会の委員は守秘義務を負わされ（設置法 4 条 8 項），しかも守秘義務違反に対しては罰則まで定められている（同 18 条）から，審査会の委員にすら見せることが適切でないような情報があるとは思われず，この規定はインカメラ審理が明らかに不必要な場合にしなくてよいという可能性を残しただけと解すべきであるとの見解もある（松井・前掲 315 頁）。

なお，諮問庁は，インカメラ文書に記録されている情報が，その取扱いについて特別の配慮を必要とするものであるときは，審査会に対し，その旨を申し出ることができ（情報公開・個人情報保護審査会設置法施行令 3 条 1 項），審査会は，この申出を受けた場合において，当該文書の提示を求めようとするときは，当該諮問庁の意見を聴かなければならない（同条 2 項）。

(3) 諮問庁の提示義務

諮問庁は，審査会から設置法 9 条 1 項による求めがあったときは，これを拒んではならない（設置法 9 条 2 項）。インカメラ文書の提示を求めるか否かについて慎重な検討を行った結果，審査会が提示を求めることとしたのであれば，当該文書の見分は事件を適切に判断する上で不可欠であるということである。そこで，本項は，諮問庁が当該文書の提示の求めを拒むことができないことを確認的に規定したものである（総務省行政管理局編・前掲 186 頁）。

このように，諮問庁は審査会に対してインカメラ文書を提示する法的義務を負うと解されるが，諮問庁が当該文書の提示を拒否した場合，審査会が提示を強制する手段は規定されていない。諮問庁が提示を拒否することは想定されていないとも解され，本来あってはならないことである。にもかかわらず諮問庁が提示を拒否した場合，審査会としては，不開示事由該当性の判断ができないとして，開示を求める答申を行うことが考えられる。諮問庁には答申に従う法的な義務はないから，このような答申は無視される可能性もあるが，答申は公表されるので（設置法 16 条），一定の実効性があるといえるであろう。

(4) 開示請求の否定

審査会が諮問庁に対してインカメラ文書の提示を求めた場合には，何人も，

審査会に対し，その提示された文書（以下「提示文書」という）の開示を求めることができない（設置法9条1項後段）。提示文書は開示の可否を適切に判断するために提示されたものであるから，開示決定に基づいて開示される場合を除き，委員以外の者がこれを閲覧することは不適当である。このため，何人も，審査会に対して，提示文書の開示を求めることができないことを明記したものとされる（総務省行政管理局編・前掲185頁以下）。

　不服申立人その他の第三者が，提示文書について，行政機関情報公開法や行政機関個人情報保護法等に基づき，内閣総理大臣（審査会に開示決定等の権限が委任されている場合は審査会）に対して，開示を請求することも考えられる。この場合も，当該提出文書が不開示事由に当たるときは，開示を拒否することができる。しかし，当該提示文書については，審査会が諮問に応じて判断し，それに基づいて諮問庁が裁決を行うことが予定されているから（あるいはすでにそれが行われているから），別途の開示請求を認める必要性に乏しいし，審査会にとっても過剰な負担となる（宇賀・前掲227頁以下，松井・前掲316頁）。本項は，上記のような開示請求があった場合に，不開示事由に該当するか否かの判断をすることなく，設置法9条1項前段により提示された行政文書等または保有個人情報に当たるという理由だけで，開示を拒否することを認める趣旨であると解される。

3　裁判所によるインカメラ審理

(1)　はじめに

　裁判所によるインカメラ審理は，憲法上の問題がある等の理由からこれまで実施されておらず，裁判官は一般に，行政文書を直接見分することなく，推認等によって不開示事由該当性を判断してきた（宇賀・前掲178頁）。平成21年の最高裁決定によって流れが変わり，立法化の作業が進められているが，憲法上の問題もなお残されている。

(2)　情報公開法をめぐる議論

　行政機関情報公開法の制定時には，インカメラ審理の必要性を指摘する見解

第3部　行政情報手続

があったものの，裁判の公開原則（憲82条）などとの関係で疑義が表明され，導入には至らなかった。行政改革委員会はその理由を次のように説明している。「この種の非公開審理手続については，裁判の公開の原則（憲82条）との関係をめぐって様々な考え方が存する上，相手方当事者に吟味・弾劾の機会を与えない証拠により裁判をする手続を認めることは，行政（民事）訴訟制度の基本にかかわるところでもある。また，情報公開条例に基づく処分の取消訴訟や公務員法等の守秘義務違反事件の訴訟では，この種の非公開審理手続なしに，立証上種々の工夫をすることなどが現に行われており，情報公開法の下では，不服審査会における調査の過程で得られた資料が訴訟上活用されることも期待されるところである。」「今後，上記の法律問題を念頭に置きつつ，かつ，情報公開法施行後の関係訴訟の実情等に照らし，専門的な観点からの検討が望まれる」（考え方8⑵イ）。

　行政機関情報公開法施行4年後の見直し作業の一環として設置された「情報公開法の制度運営に関する検討会」は，2005年に報告書を提出しているが，そこでもインカメラ審理の導入を提言することは見送られた。同報告書はこの点を次のように説明している。「現状では，情報公開条例に係る訴訟は相当数あるが，情報公開法に係る訴訟の件数は多くない状況にあることもあり，憲法上の裁判公開（特にいわゆる当事者公開）の要請および行政（民事）訴訟における当事者平等原則との関係等について，必ずしも議論が十分熟しているとは言えない。」「情報公開訴訟におけるインカメラ審理については，審査会の調査審議においてインカメラ審理が有効であると認められること等に照らし積極的に導入を検討すべきとの考え方がある。しかし，情報公開法に係る訴訟の状況等からその要否について現時点で判断することは困難であり，また，必ずしも法的問題についての議論が十分熟しているとは言えないことから，本検討会において結論を出すには至らなかった。理論的実務的な今後の蓄積を踏まえつつ，引き続き検討する必要がある課題であると考える」（第2章6⑵イ）。

⑶　判　　例

　インカメラ審理については明文規定を欠くことから，判例においては，開示請求の対象となる文書について，検証物の提示命令（民訴232条1項，223条1

第 5 章　インカメラ審理

項）を申し立てるとともに，検証への立会権を放棄するなどして，実質的なインカメラ審理を達成することができないかが争われた。

　この問題について最初に判断を行った東京地決平成 16 年 12 月 21 日訟月 51 巻 10 号 2578 頁は，検証物の提示命令等は所持者が当該目的物を提示すべき義務等がない場合には発することができないとした上で，情報公開訴訟において開示請求の対象となった文書を提示しなければならないとすると，訴訟の目的が達成されてしまうところ，このような結果は情報公開制度の趣旨に照らして不合理であるから，被告は当該文書の提示義務を負わないとし，また，原告が検証への立会権を放棄したとしても，検証の結果は裁判所によって調書にとどめられ，記録の一部となって当事者に閲覧謄写可能なものとなるものであるから，上記の結論は左右されないとして，申立てを却下した（同決定の本案判決に対する控訴審である東京高判平成 20 年 1 月 31 日裁判所 HP もほぼ同旨）。

　これに対し，福岡高決平成 20 年 5 月 12 日判時 2017 号 28 頁は，行政機関情報公開法はインカメラ審理を全く許容しない趣旨ではなく，行政文書の開示・不開示に関する最終的な判断権者である裁判所が，その職責を全うするために当該文書を直接見分することが不可欠と考えた場合にまで，実質的なインカメラ審理を否定するいわれはないとして，上記のような検証の申立てを一部認容した（この事件において申立人は，検証への立会権を放棄するとともに，不開示文書の記載内容の詳細が明らかになる方法での検証調書の作成を求めない旨も陳述している）。

　同決定に対して最高裁に抗告がなされたが，最決平成 21 年 1 月 15 日民集 63 巻 1 号 46 頁は原決定を破棄し，申立てを却下した（同決定については，さしあたり村上裕章〔判解〕判例セレクト 2009 [Ⅱ]〔法教 354 号別冊付録，2010 年〕6 頁〈本書 391 頁以下〉を参照）。最高裁はその理由を次のように述べている。「訴訟で用いられる証拠は当事者の吟味，弾劾の機会を経たものに限られるということは，民事訴訟の基本原則であるところ，情報公開訴訟において裁判所が不開示事由該当性を判断するために証拠調べとしてのインカメラ審理を行った場合，裁判所は不開示とされた文書を直接見分して本案の判断をするにもかかわらず，原告は，当該文書の内容を確認した上で弁論を行うことができず，被告も，当該文書の具体的内容を援用しながら弁論を行うことができない。また，裁判所がインカメラ審理の結果に基づき判決をした場合，当事者が上訴理由を的確に

381

第3部　行政情報手続

主張することが困難となる上，上級審も原審の判断の根拠を直接確認することができないまま原判決の審査をしなければならないことになる。」「このように，情報公開訴訟において証拠調べとしてのインカメラ審理を行うことは，民事訴訟の基本原則に反するから，明文の規定がない限り，許されないものといわざるを得ない」。

　この決定により，解釈論でインカメラ審理を実現する道は当面閉ざされたといえる（もっとも，鎌野真敬〔判解〕ジュリ1382号〔2009年〕124頁は，当事者間の合意に基づく事実上のインカメラ審理は現行法上も許されるとする）。しかし，他方で，同決定は，裁判の公開原則に触れることなく，インカメラ審理は「明文の規定がない限り」許されないとしているので，素直に読めば，立法による導入は憲法上許されると解しているようであり（宇賀克也『行政法概説〔第4版〕』〔有斐閣，2011年〕193頁など），同決定に付された泉德治裁判官及び宮川光治裁判官の補足意見はその旨を明言している（もっとも，鎌野・前掲124頁はこの点を留保している）。そこで，立法に向け具体的な制度設計が今後の課題となる。もっとも，同決定が仮にインカメラ審理が裁判の公開原則に反しないという立場に立つとしても，その法的根拠は明らかでない。また，同決定は，「民事訴訟の基本原則」をもっぱら法律レベルの問題とみているようであるが，これを裁判を受ける権利（憲32条）の内容と解する見解もある。そこで最後にこれらの憲法上の論点について説明することにしたい。

(4)　憲法上の問題

(a)　裁判の公開原則

　憲法は，「裁判の対審及び判決は，公開法廷でこれを行ふ」（憲82条1項）と定めている。その趣旨は，「裁判を一般に公開して裁判が公正に行われることを制度として保障し，ひいては裁判に対する国民の信頼を確保しようとすることにある」とされる（最大判平成元年3月8日民集43巻2号89頁）。裁判の公開の例外については，「裁判所は，裁判官の全員一致で，公の秩序又は善良の風俗を害する虞があると決した場合には，対審は，公開しないでこれを行ふことができる」（憲82条2項本文）と定められている。この規定からすると，裁判の公開について例外が認められるのは，「公の秩序又は善良の風俗を害する虞」

第 5 章　インカメラ審理

がある場合に限られることになり，従来，この例外事由は厳格に解されてきた（宮澤俊義［芦部信喜補訂］『全訂日本国憲法』〔日本評論社，1978 年〕700 頁など）。

　しかし，近年では，憲法 82 条に定める裁判の公開原則はあまりに厳格であるとして，解釈によってこれを緩和する見解が大勢となっている。このような学説としては，①同条にいう「公の秩序」を広く解し，実定法秩序によって保護された利益が裁判の公開によって侵害される場合には公開を制限しうるとする公序概念拡張説（戸波江二「裁判を受ける権利」ジュリ 1089 号〔1996 年〕281 頁，伊藤眞『民事訴訟法〔第 3 版 3 訂版〕』〔有斐閣，2008 年〕230 頁以下，新堂幸司『新民事訴訟法〔第 4 版〕』〔弘文堂，2008 年〕456 頁），②憲法 82 条 2 項に定める例外事由を例示と解し，裁判の公開によって支障が生じる場合にはこれを停止しうるとする例示説（佐藤幸治『現代国家と司法権』〔有斐閣，1988 年〕427 頁以下，佐藤幸治＝中村睦男＝野中俊彦『ファンダメンタル憲法』〔有斐閣，1994 年〕319 頁以下［佐藤執筆]），③インカメラ審理は実効的権利保護（憲 32 条）のために必要であるから，そこから非公開審理を求める権利が導かれるとする非公開審理権説（松井茂記『裁判を受ける権利』〔日本評論社，1993 年〕254 頁以下，松井・前掲 363 頁以下）などがある。①に対しては，公序概念をそこまで広く解しうるか疑問であるとの批判，②に対しては，条文から例示と解するのは困難である，また，非公開の範囲を画する基準がないとの批判，③に対しては，憲法 32 条によって実効的権利保護が保障されているとしても，憲法 82 条 2 項に定める条件を外すことには疑問があるとの批判がある（宇賀克也＝大橋洋一＝高橋滋編『対話で学ぶ行政法』〔有斐閣・2003 年〕130 頁以下など参照）。いずれにせよ，これらの見解に立てば，インカメラ審理は裁判の公開原則に反しないと解する余地も出てくる。

　さらに，最近では，インカメラ審理はそもそも裁判の公開原則とは関係ないとする見解も主張されている。たとえば，前掲福岡高決平成 20 年 5 月 12 日判時 2017 号 28 頁は，上記の検証を採用したとしても，「その証拠調べ自体は公開の法廷において行うことが当然に予定されているものであり（なお，申立人も，当該証拠調べが行われる弁論期日に出席することは当然に可能である。)，ただ，申立人及び傍聴人が本件不開示文書の内容を確認することができないというにすぎないから，上記制限をもって，裁判の公開に抵触するものとは解されない」と述べている。これは直接的には検証に関する判示であるが，より一

383

第3部　行政情報手続

般的に，「憲法 82 条の公開審理の要請は，法廷の公開を要求しているだけで，被告の提出した証拠を原告に見せることまでは常に要求していないと解すれば，真実発見のための特段の理由がある場合には，証拠共通の原則を制限して，その証拠に関しては非公開審理を導入することが許される」との指摘もある（阿部泰隆『行政法解釈学 I』〔有斐閣，2009〕542 頁）。冒頭で指摘したように，インカメラ審理の定義にいう「非公開」の意味として，これが法廷の非公開を意味するのであれば，裁判の公開と正面から抵触することになるのに対し，これが当事者に対する非公開（閲覧の禁止）を意味するに過ぎないとすれば，裁判の公開原則とは本来関係ないとも考えられる（この点で法廷それ自体の非公開を定める人事訴訟法 22 条などとは異なる）。後者の理解が成り立ちうるとすれば，インカメラ審理が裁判の公開原則によって制約されることはなく，また，裁判官の全員一致による決定（憲 82 条 2 項本文）も要しないことになる（以上については，村上裕章「情報公開訴訟におけるインカメラ審理」法政研究 77 巻 4 号〔2011 年〕629 頁以下〈本書 348 頁以下〉参照）。

(b)　裁判を受ける権利

前掲最決平成 21 年 1 月 15 日民集 63 巻 1 号 46 頁は，「訴訟で用いられる証拠は当事者の吟味，弾劾の機会を経たものに限られるということは，民事訴訟の基本原則である」と述べているが，インカメラ審理は「明文の規定がない限り，許されない」としていることからすると，この原則を法律レベルのものとみているようである。しかし，最近の学説においては，これを憲法レベルの問題ととらえる見解も有力である。

民事訴訟法学においては，いわゆる審問（尋）請求権ないし弁論権（裁判において訴訟当事者が自らの意見を述べる機会を保障されるべきこと）が憲法上保障されることは一般に認められている（新堂・前掲 41 頁以下，中野貞一郎『民事手続の現在問題』〔判例タイムズ社，1989 年〕13 頁以下など）。この点をさらに進めて，裁判を受ける権利（憲 32 条）によって保障される上記の審問（尋）請求権ないし弁論権には，積極的に自らの攻撃防御方法を提出する権能（弁論権の積極的側面）と並び，手続上の有意的な事象と情報を適時に知る機会が与えられうること（弁論権の消極的側面）が含まれるとする見解が主張されている（山本克己「民事訴訟の現在」岩波講座『現代の法 5 現代社会と司法システム』〔岩波書店，1997 年〕

384

第5章　インカメラ審理

189頁，同「審理の方式に関する諸原則とその変容」法教200号〔1997年〕33頁以下。
笹田栄司『司法の変容と憲法』〔有斐閣，2008年〕209頁以下もこの見解を支持する）。
このような見解によれば，最高裁のいう「民事訴訟の基本原則」は，裁判を受
ける権利（憲32条）の一内容であり，単なる立法政策の問題にはとどまらない
ことになる（藤原昌子＝平野朝子〔判解〕訟月55巻8号〔2009年〕2810頁，平野朝
子〔判解〕ひろば62巻10号〔2009年〕68頁）。

　もっとも，以上のように解したとしても，インカメラ審理が直ちに違憲とい
うことにはならないと考えられる。なぜなら，憲法32条は他方で実効的権利
保護も要請しており（さしあたり村上裕章『行政訴訟の基礎理論』〔有斐閣，2007〕
32頁以下参照），訴訟においてインカメラ審理が認められなければ不開示事由該
当性について十全な審査を行うことができない場合には，実効的権利保護の要
請によって，その限りにおいて審問（尋）請求権ないし弁論権の制約が許容さ
れうるとも解されるからである（村上・前掲法政研究631頁以下〈本書350頁以下〉
参照）*補注*。

補注　原論文の公表後，2011（平成23）年にインカメラ審理に関する規定を含む行政機関情報
　　公開法改正案が国会に提出されたが，審議未了廃案となった。同法案については第*1*部第**5**
　　章を参照。

385

■第6章 ────────────────

事 例 研 究

1. 公共安全情報該当性の立証責任
──自衛隊燃料購入関係文書

東京地裁平成15年9月16日民事第38部判決〔棄却〕
平成14年（行ウ）第341号，行政文書一部不開示処分取
消請求事件（訟月50巻5号1580頁）

事実 X は Y（防衛庁長官）に対し，「『テロ対策特措法に基づく自衛隊
部隊の活動実績について（14・1・16)』に記載された米英艦艇に対
する給油約2万5千kℓの油の購入費用に係る支払決議書及び当該支払いに係る
請求書兼領収書」の開示を請求した。Y は各3件の支払決議書及び請求兼領
収書を対象文書として特定した上で，そのうち「発議者の印影」，「振込銀行名
等」及び「受取人住所等」部分を不開示とし，その余の部分を開示する決定を
したので，X が右決定のうち不開示部分の取消しを求めて出訴した。

判旨 請求棄却。
1 (1) 行政機関の保有する情報の公開に関する法律（以下「法」
という）5条1号本文該当性を判断する際には，プライバシー侵害の有無を考
慮することなく，特定の個人を識別できるか否かという観点から判断すれば足
りる。「発議者の印影」部分は発議者の個人に関する情報であって，印影に

386

第6章 事例研究 1. 公共安全情報該当性の立証責任

よって同人を識別できるから，不開示情報に当たる。

(2) 法5条1号ただし書は同号本文によって不開示とされる情報の例外を定めた規定であり，開示を求める原告がこれに該当する事実を主張立証する責任を負う。「発議者の印影」部分はただし書イとハのいずれにも当たらない。

2 (1) 法5条4号は行政庁に比較的広範な裁量権を付与したものと解されるから，裁判所は処分に「社会通念上著しく妥当性を欠くなどの裁量権の逸脱ないし濫用があると認められる点があるかを判断するという審査方法」によるべきであり，同号該当性を否定する原告が裁量権の逸脱または濫用があったことを基礎づける具体的事実を主張立証する責任を負う。

(2) 同号が行政庁に比較的広範な裁量権を与えたことには合理性があり，情報公開法の創設に際し立法裁量が認められることからすると，憲法1条及び21条1項に反しない。

3 本件各支払決議書は米英艦艇に対する燃料補給のための油購入に関するものであり，「受取人住所」及び「受取人氏名」の各部分に記載された情報は油の購入先である者の住所及び氏名を含む。米軍等への協力支援活動を行う自衛隊と通常の商行為として契約を締結している者を標的とした種々の妨害活動が行われる可能性があることは優に認めることができる。したがって，上記情報を公にすることにより，人の生命，身体，財産への不法な侵害等を誘発し，または犯罪の実行を容易にするおそれがあると判断したことには相当な理由があり，法5条4号の不開示事由に該当する。

4 一般に法人等の口座情報（振込先金融機関名，預金種目，口座番号等）は内部管理情報として秘密にしておくことが是認され，法人等はこれを自己の意思によらないでみだりに公表されない利益をもつ。こうした金融情報は第三者に知られることにより悪用され，金融上の営業秘密等が流出するおそれもある。したがって，一般的な飲食業者等のように口座情報が広く知られることを容認している例外的場合を除き，同情報は保護に値する。本件ではかかる例外的事情を認めるに足りる証拠はなく，法5条2号イに該当する。

5 (1) 法9条2項が，通知書に一度理由を付記した以上，実施機関が当該理由以外の理由を不開示決定の取消訴訟において主張することを許さないものとする趣旨を含むと解すべき根拠はなく，Yは訴訟において新たな理由を追

387

第3部　行政情報手続

加して主張できる。

(2)　「振込銀行名」及び「口座種別番号」には油の購入先の法人等の口座情報が含まれており，上記3と同じく法5条4号に該当する。

6　本件各請求兼領収書のうち「請求者名」，「請求者の印影」，「口座主住所」及び「口座主名」の各部分には油の購入先である法人等の住所及び名称の記載が含まれており，上記3と同じく法5条4号に該当する。

$\boxed{\text{研究}}$　1　本判決は多岐にわたる重要な論点について判示しているが，本稿では付記理由の差替え (2)，個人情報 (3)，法人情報 (4)，公安情報 (5) の順に検討を加えたい。

2　処分時に付記しなかった理由を訴訟で差し替えることができるかについては従来争いがあったが，最判平成11年11月19日民集53巻8号1862頁はこれを肯定した。同判決は特定の条例の特定の条項に関するものではあるが，説示が一般的であることから，実際上かなり広い射程をもつ旨の指摘がある（大橋寛明・最判解民事篇平成11年度〔下〕〔2002年〕830頁以下）。本判決はこの最判を引用しつつ，法9条2項について同じ結論を導いている（**判旨5(1)**）。

3　識別可能な個人情報を不開示事由とする規定（法5条1号もこれに当たる）については，識別可能であれば直ちに不開示とするか（文言説），プライバシー侵害も考慮するか（限定説）が争われており，下級審判例は分かれている（村上裕章・判評489号〔判時1685号，1999年〕22頁以下〈本書98頁以下〉参照）。本判決は文言説をとるが（**判旨1(1)**），法制定の経緯（例えば，情報公開法研究会「情報公開制度のポイント」49頁以下参照）に鑑みて妥当と思われる。

注目されるのは，本判決が法5条1号ただし書の例外事由について原告側に立証責任があるとしている点である（**判旨1(2)**）。不開示事由一般について行政庁側に立証責任があることは既に判例上確立しているが（最判平成6年2月8日民集48巻2号255頁），例外事由については原告側とする説（静岡地判平成13年6月29日判自227号44頁）と被告側とする説（仙台高秋田支判平成9年12月17日判時1642号89頁，村松勲・法時71巻6号〔1999年〕39頁）が対立している。行政訴訟における立証責任については未だ定説がみられないが（塩野宏『行政法Ⅱ〔第2版〕』〔有斐閣，1994年〕122頁以下参照），法律要件分類説からは本判決のような結論を導き出すことも可能であろう。しかし，同説に対する批判にもある

388

第6章 事例研究 1. 公共安全情報該当性の立証責任

ように，立法者が立証責任を考慮して規定を設けたか必ずしも明らかでないこと，ただし書該当性についてはむしろ被告側に訴訟資料があると考えられることからすれば，法5条1号本文に該当し，かつただし書に該当しないことについて，被告行政庁側に立証責任がある，と解することもできるように思われる。

4 法人等の口座情報が法人情報（法5条2号イ）に当たるかについて下級審判例は分かれていた（宇賀克也『ケースブック情報公開法』〔有斐閣，2002年〕33頁以下参照）。最判平成14年9月12日判時1804号21頁は，内部管理情報であっても管理の実態によっては不開示事由に当たらないとした上で，飲食業者は一般に多数の顧客に口座情報を交付し，それが広く知られることを容認していることを理由に，かかる業者の口座情報について不開示事由該当性を否定した。本判決はこの判決に依拠しているようであり，本件業者と飲食業者との相違を理由に不開示事由該当性を認めている（**判旨**4）。しかし，本件業者による口座情報管理の実態が具体的に認定されているわけではない。本判決は飲食業者のような「例外的事情を認めるに足りる証拠もない」と述べているが，本号該当性については被告行政庁側に立証責任があると解されるから（上記3参照），このような判断には疑問がある。

なお，上記最判は内部管理情報の開示先を限定する利益それ自体が「正当な利益」に当たることを前提としているようである。しかし下級審では，何らかの実質的な不利益が必要と解する見解も有力であり（徳島地判平成7年6月2日行集46巻6＝7号631頁，静岡地判平成7年11月24日判自149号9頁，仙台地判平成8年7月29日判時1575号31頁，熊本地判平成10年7月30日判自185号42頁，鳥取地判平成11年2月9日判タ1073号150頁，千葉地判平成11年3月3日判タ1059号94頁，東京高判平成11年4月28日判時1714号50頁，宮崎地判平成12年9月4日判タ1108号174頁，奈良地判平成12年12月20日判自214号45頁等），後者の解釈も十分成り立ちうるように思われる。

5 公安情報に関する法5条4号は，行政機関の判断を尊重する趣旨から，支障を及ぼすおそれがあると「認めることにつき相当の理由がある」という文言を用いている。従来の条例とは大きく異なる点であり，この場合に裁判所の統制がどこまで及ぶかが注目されていた。本判決は同号が行政機関に「比較的広範な裁量」を付与したものと解し，裁判所は「社会通念上著しく妥当性を欠

389

第 3 部　行政情報手続

く」か否かのみを審査することができ，しかも立証責任は原告にあると判示する（**判旨** 2⑴）。しかしこの点については疑問がある。

　行政裁量といっても広狭様々な場合があるとするのが現在の判例である（藤田宙靖『第 4 版行政法Ⅰ（総論）』〔青林書院，2005 年〕115 頁以下参照）。立法過程においては，公安情報（及び国家安全情報）について行政機関の判断を尊重する方針に立った上で，①公務員の分限処分（最判昭和 48 年 9 月 14 日民集 27 巻 8 号 925 頁），②在留期間更新拒否処分（最大判昭和 53 年 10 月 4 日民集 32 巻 7 号 1223 頁），③原子炉設置許可処分（最判平成 4 年 10 月 29 日民集 46 巻 7 号 1174 頁）に関する判例を検討し，行政機関に広範な裁量を認めた②ではなく，「合理性をもつ判断として許容される限度を超えた不当なもの」か否かという①の基準を参考にすることとされた（情報公開研究会『情報公開制度のポイント』〔ぎょうせい，1997 年〕62 頁以下参照）。本判決の「社会通念上著しく妥当性を欠く」という基準は②のそれに近く，まずこの点に問題がある。

　次に，一般に裁量処分については原告側に立証責任があるといわれているが，この点も立ち入った検討を要する。上記判例③は原告側に立証責任を課しており（ただし事実上立証責任を転換している），②もその趣旨と推測されるが（最判昭和 42 年 4 月 7 日民集 21 巻 3 号 572 頁参照），直接の参考とされた①は立証責任に触れていない。他方，参議院総務委員会における審議において，本号が立証責任に影響を及ぼさないかとの質問に対し，政府委員は判断の合理性については行政機関が立証する旨を明確に答弁している（畠基晃『情報公開法の解説と国会論議』〔青林書院，1999 年〕64 頁参照）。この答弁に基づいて国会が立法を行った以上，本号についての立証責任は被告行政庁側にあると解さざるをえないと思われる。

　このように本判決の前提には疑問があり，法 5 条 4 号該当性についての判断（**判旨** 3，5⑵，6）については再検討が必要である。なお，本判決が指摘するような事情があるとしても，原告の主張によれば，本件で問題となった油は自衛隊が一般目的で購入したうちの一部を米英軍に融通したにすぎないとのことである。仮にそうであれば，本件業者は自衛隊の一般的な取引業者でしかないとの見方も可能であり，そのような者に対する妨害行為が起きる蓋然性がどの程度あるか検討の余地があるように思われる。

390

第6章　事例研究　2.　情報公開訴訟におけるインカメラ審理

2.　情報公開訴訟におけるインカメラ審理

最高裁平成 21 年 1 月 15 日第一小法廷決定（破棄自判）
平成 20 年（行フ）第 5 号，検証物提示命令申立て一部提
示決定に対する許可抗告事件（民集 63 巻 1 号 46 頁，判時
2034 号 24 頁，判タ 1290 号 126 頁）

| 論点 |

情報公開法に基づく行政文書の開示請求に対する不開示決定の取
消訴訟において，不開示とされた文書を検証の目的として被告に
その提示を命じることができるか。

〔参照条文〕憲 32 条・82 条，民訴 223 条 1 項・232 条 1 項，行政情報公開 5 条・9 条 2
項

| 事実 |

X が，行政機関の保有する情報の公開に関する法律（以下「情報
公開法」という）に基づき，外務省の保有する行政文書の開示を請
求したところ，外務大臣はその一部（以下「本件不開示文書」という）につき不
開示決定をした。X が国を被告として同決定の取消訴訟を提起したが，1 審は
請求を棄却したので，X が控訴。控訴審で X は，本件不開示文書の検証の申
出及び国に対する検証物提示命令の申立て（以下「本件検証物提示命令の申立て」
という）を行うとともに，検証への立会権を放棄し，本件不開示文書の記載内
容の詳細が明らかになる方法での検証調書の作成を求めない旨陳述した。原審
（福岡高決平成 20 年 5 月 12 日判時 2017 号 28 頁）は申立てを一部認容したので，国
が許可抗告を申し立てた。

| 決定要旨 |

破棄自判（本件検証物提示命令の申立てを却下）。

「訴訟で用いられる証拠は当事者の吟味，弾劾の機会を経
たものに限られるということは，民事訴訟の基本原則であるところ，情報公開
訴訟において裁判所が不開示事由該当性を判断するために証拠調べとしてのイ
ンカメラ審理を行った場合，裁判所は不開示とされた文書を直接見分して本案
の判断をするにもかかわらず，原告は，当該文書の内容を確認した上で弁論を

391

第3部　行政情報手続

行うことができず，被告も，当該文書の具体的内容を援用しながら弁論を行うことができない。また，裁判所がインカメラ審理の結果に基づき判決をした場合，当事者が上訴理由を的確に主張することが困難となる上，上級審も原審の判断の根拠を直接確認することができないまま原判決の審査をしなければならないことになる。」「このように，情報公開訴訟において証拠調べとしてのインカメラ審理を行うことは，民事訴訟の基本原則に反するから，明文の規定がない限り，許されないものといわざるを得ない。」

研究　　情報公開法等に基づく不開示決定の取消訴訟において，行政文書の不開示事由該当性が争われた場合，裁判官が当該文書を直接見て判断するのが最も確実な審理方法である。しかし，当該文書が書証として提出されると，原告もこれを閲覧できるから，訴訟の意味が失われてしまう。そこで，裁判官のみが当該文書を直接見分する審理方法（インカメラ審理）が必要となる。情報公開法制定時にこの点が議論されたが，裁判の公開原則（憲82条）と抵触するおそれがある，相手方当事者に吟味・弾劾の機会を与えない証拠により裁判をする手続を認めるのは訴訟制度の基本に関わる等の理由で，導入が見送られた。現在，裁判官は一般に，行政文書を直接見分することなく，推認等によって不開示事由該当性を判断している（宇賀克也『新・情報公開法の逐条解説〔第4版〕』〔有斐閣，2008年〕163頁参照）。現行法上も当事者に非公開で文書を見分する制度があるが（民訴223条6項等），証拠申出の採否を判断するための手続であり，証拠調べ手続である上記インカメラ審理とは異なる。

　本件においてXは，検証物提示命令（民訴232条1項，223条1項）を申し立てる一方，検証への立会権を放棄するなどして，実質的にインカメラ審理を実現しようとした（同種の申立てを不適法としたものとして，東京地決平成16年12月21日訟月51巻10号2578頁）。原審は，情報公開法はインカメラ審理を全く許容しない趣旨ではなく，行政文書の開示・不開示に関する最終的な判断権者である裁判所が，その職責を全うするために当該文書を直接見分することが不可欠と考えた場合にまで，実質的なインカメラ審理を否定するいわれはないとして，申立てを一部認容した。しかし，本決定は，インカメラ審理を認めた場合の具体的支障を指摘し，「民事訴訟の基本原則」に反するから，明文の規定がない限り許されないと判断した。これによって解釈論でインカメラ審理を実現する

第6章 事例研究 2. 情報公開訴訟におけるインカメラ審理

道は当面閉ざされたといえる。もっとも，本決定は「証拠調べとしてのインカメラ審理」を否定しているので，当事者間の合意に基づく事実上のインカメラ審理（具体例については，森田・後掲神奈川ロージャーナル 98 頁以下参照）は現行法上も許されるとの指摘がある（鎌野・後掲 124 頁）。

　他方，本決定は，裁判の公開原則に触れることなく，インカメラ審理は「明文の規定がない限り」許されないとするので，立法による導入は合憲と考えるようである（宇賀克也『行政法概説Ⅰ〔第 3 版〕』〔有斐閣，2009 年〕193 頁や後掲評釈等の多くはそう解する。ただし，鎌野・後掲 124 頁は留保）。泉・宮川両裁判官の補足意見はその旨明言しており，立法に向けた制度設計が今後の課題となろう。もっとも，本決定が合憲説に立つとしても，その法的根拠は不明であり，なお理論的検討を要する（この点については，宇賀克也ほか編『対話で学ぶ行政法』〔有斐閣，2003 年〕130 頁以下参照）。また，本決定は「民事訴訟の基本原則」をもっぱら法律レベルの問題と見るようであるが，裁判を受ける権利（憲 32 条）の内容とも解しうるので（山本克己「審理の方式に関する諸原則とその変容」法教 200 号〔1997 年〕34 頁，笹田栄司『司法の変容と憲法』〔有斐閣，2008 年〕209 頁以下，藤原＝平野・後掲 2810 頁，平野・後掲 68 頁），この点も残された課題である。

＜参考文献＞　本決定の評釈等として，鎌野真敬・ジュリ 1382 号〔2009 年〕122 頁，藤原昌子＝平野朝子・訟月 55 巻 8 号〔2009 年〕2802 頁，平野朝子・ひろば 62 巻 10 号〔2009 年〕62 頁，森田明・自正 60 巻 8 号〔2009 年〕44 頁，同・神奈川ロージャーナル 2 号〔2009 年〕87 頁，友岡史仁・法セ 654 号〔2009 年〕127 頁，北村和生・速報判例解説 vol.5〔法セ増刊，2009 年〕45 頁，渡井理佳子・季報情報公開・個人情報保護 34 号〔2009 年〕28 頁，三宅弘・民商 140 巻 6 号〔2009 年〕700 頁。

第 3 部　行政情報手続

3.　情報公開法 36 条 2 項に基づく移送申立事件

仙台地裁平成 14 年 3 月 29 日第 1 民事部決定（却下）

平成 13 年（行ク）第 4 号，移送申立事件（判例集未登載））

事実　　仙台市に所在する市民団体 X は，複数の日本国大使館等の平成 11 年度の報償費に関する文書開示を請求したが，外務大臣 Y がこれを拒否したため，行政機関の保有する情報の公開に関する法律（以下「法」という）36 条 1 項に基づき，仙台地裁に右処分の取消訴訟を提起した（以下「本案訴訟」という）。これに対して Y は，複数の日本国大使館等の報償費関係文書（本案訴訟と一部対象が重なる）に関する情報公開訴訟（以下「別件訴訟」という）が東京地裁に係属中であるとして，法 36 条 2 項に基づき，右裁判所への移送を申し立てた。仙台地裁は，同項の要件のうち，特定管轄裁判所に訴えが提起されたこと，他の裁判所に同一または同種若しくは類似の行政文書に係る情報公開訴訟が係属していることを認めた上で，移送の「相当」性について次のように判示して申立てを却下した。

決定要旨　申立て却下。

1　Y は別件訴訟との間で判断が矛盾抵触する可能性を理由に移送すべきであると主張するが，移送規定以外に右可能性を遮断する手当はされていないこと，先行訴訟が上訴されると移送の余地がないことからすると，法は右可能性を容認し，上訴審による判断の統一を期していると解すべきである。確かに移送規定の活用によって矛盾抵触を回避できるが，他の管轄裁判所に同種訴訟が係属するだけで移送が命じられているわけではないこと，抽象的な矛盾抵触の可能性を理由として移送するのを原則とすれば特定管轄裁判所を認めた意義が大きく減殺されることからすれば，右可能性を「それ自体独立して移送を相当とする決定的な事情として過大視することはできない」。むしろ，情報公開制度の趣旨目的，特定管轄裁判所を設置した経緯，本案移送規定の内容に照らせば，同裁判所に出訴する原告の利益は大いに尊重されるべき

394

であり，移送を相当とする個別具体的な事情が必要である。

2　不開示情報該当性は開示請求者等の個別的な利益及び事情とは無関係に判断され，被告の主張立証方法も相当程度類型的かつ抽象的たらざるを得ないから，本案訴訟と別件訴訟における同一文書に関する主張は同様になる可能性が高い。その余の文書も同種または類似の文書と認められるから，両訴訟において争点はおおむね同様になると予想される。

3　別件訴訟と本案訴訟の立証方法はいずれも書証が中心となると見られ，現段階では本案訴訟において証人尋問の必要性は認められないことからすると，両訴訟の立証方法は共通のものとなると解されるものの，証人の出頭確保や負担の増加という問題は生じない。

4　移送によりXにとって訴訟代理人の旅費日当の負担が増加し，東京近郊の訴訟代理人を委任または復委任すれば打合せが困難となる可能性がある。他方，特定管轄裁判所で審理する場合，Yは当該管轄地の法務局職員らを指定代理人として訴訟追行できるものの，出先機関を持たないことから打合せ等の準備に不便を被り，指定代理人の旅費等の負担が増加する可能性がある。そこで検討するに，法1条所定の目的に加え，国民の出訴の便宜を考慮して特定管轄裁判所の制度が設けられたことを考えると，右裁判所での審理によって行政機関に応訴上の負担が加わることは本来法が予定しているというべきである。「したがって，複数の裁判所に同一又は同種若しくは類似の文書に係る訴訟が係属することによって，行政機関の応訴の負担が著しく過大なものとなるような特段の事情がある場合はともかく，そうでない限り，訴訟追行についてはできるだけ原告の出訴の便宜を尊重するのが同法の趣旨に副うものと解すべきである」。本件では右特段の事情があるとはいえない。

5　本案訴訟では証人尋問の必要性は認められないから，証人の出頭確保の困難により審理が遅延するおそれは認められず，併合によって訴訟関係者の日程調整が容易になるともいえないので，移送した方が審理遅延の程度が少ないと速断することはできない。

研究　情報公開訴訟の裁判管轄について，行政改革委員会の意見及び政府法案は特段の配慮を行っていなかったが，衆議院での修正により特定管轄裁判所に関する法36条が付加された（この間の経緯については，畠基

第3部　行政情報手続

晃『情報公開法の解説と国会論議』〔青林書院，1999 年〕152 頁以下に詳しい）。これ
によって出訴は容易になったが，同条 2 項は移送を裁判所のかなり広い裁量に
委ねているため，運用次第では特定管轄裁判所制度の存在意義が薄れる可能性
もある（北沢義博＝三宅弘『情報公開法解説』〔三省堂，1999 年〕149 頁）。本決定は，
移送規定の要件に詳細な判断を加えた上で，厳格な解釈を示しており，非常に
注目される。

　　Ｙは，移送規定は判断の矛盾抵触を回避するための制度であり，本件にお
いては右のおそれがあるので移送すべきであると主張していた。しかし，本決
定が詳細に論駁する通り（**決定要旨** 1），この点は相当性判断の一要素にとどま
ると解するべきであろう（総務省行政管理局編『詳解情報公開法』〔財務省印刷局，
2001 年〕213 頁も同旨と思われる）。矛盾抵触する判断によって行政実務が混乱す
る旨をＹは力説しているが，行政側としては，不服のある判決を上訴で争い，
確定するまで開示を控えることで対応できる（阿部泰隆『論争・提案 情報公開』
〔日本評論社，1997 年〕50 頁）。

　　両当事者の負担についても，本決定は行政に厳しい判断を示している（**決定
要旨** 4）。法の目的並びに特定管轄裁判所制度の趣旨からすれば，原告と被告
の負担を単純に比較衡量することは確かに不適切であろう。もっとも，「行政
機関の応訴の負担が著しく過大なものとなるような特段の事情」がいかなる場
合を意味するかは明らかではない。本件では，Ｙが出先機関を持たないとい
う事情はこれにあたらないとされたが，多数の裁判所に同種訴訟が係属する場
合などを指すのであろうか。

　　本件の場合，争点及び立証方法が共通し，判断が矛盾抵触する可能性はある
ものの，証人の出頭確保等の問題は生じないこと，被告に過大な負担が生じる
わけではないこと，審理が遅延するともいえないことから，移送する相当の理
由はないとされた。本決定の考え方によれば，移送が認められるのは，証人尋
問が見込まれる場合，特に対象文書に第三者情報が含まれる場合や，上記「特
段の事情」がある場合等に限られることになるであろう。

事項索引

あ 行

安全確保の措置	176, 196
安全管理措置	203
意見書提出の機会	54
——の付与	322
移送申立て	394
委託	230
委託先の監督	203
一身専属的	133
インカメラ審理	21, 26, 43, 56, 62, 313, 314, 340, 374, 391
インカメラ手続	14, 341, 375
ヴォーン・インデックス	62, 63, 65, 369
運用基準	20
営利的利用	60
欧州評議会	282
欧州連合指令	193, 217
公の秩序	346
オンライン接続	229

か 行

外国人住民	183
開示義務	205
開示決定等	311
——の期限	318
開示実施手数料	312
開示請求	310, 316
——権	4, 40, 46, 177, 198, 250
——書	310
——手数料	312
開示の実施	323
確認規定説	52
合算情報	94
カルテ	299
勧告	207
監督	211, 257

監督機関	178
——の権限	207
議会	87
——文書	79
機能的等価	274
義務的意見聴取	334
逆 FOIA 訴訟	63, 133, 314, 365
給付付き税額控除	190
行政機関	3, 173
——非識別加工情報	5, 175, 179
行政指導	136
行政情報手続	310
行政文書	3, 39, 175
共通記載部分	168
共同体指令	217
苦情の申出	42
軍事情報包括保護協定	11
警察	81, 87
刑事罰	201, 208, 225, 237
契約による解決	281
決裁供覧文書	3
検証	63, 344, 392
限定説	99, 114, 129, 388
権利濫用	57, 102, 320, 326
公安委員会	81
公益開示条項	145
公益減免	328
公益条項	108
公益情報	5
公益性	139, 144
公益法人	144
公開の聴聞	135
公共安全情報	6, 386
交際費	128
口座情報	110, 389
興信所	251
公表基準	136

公表情報	5, 106, 107, 114, 128	裁判官の守秘義務	64
公表予定情報	107, 131, 144	裁判事務	44
公文書	79, 87, 90	裁判所における情報公開	28
公文書管理法→公文書等の管理に関する法律		裁量	53
公文書等の管理に関する法律	3, 24	——的開示	8, 40, 51, 61, 178
公務員	5, 107, 109, 113, 116	三条機関	189
国外へのデータ提供	242	事案の移送	321
国勢調査判決	216	自己情報	304
国民主権	2, 25, 29	——コントロール権	172
国民審査	35	私事	116
国立公文書館	25	死者	298
個人識別型	4, 98, 113, 127, 308	自主規制	192, 208, 210, 276
個人識別符号	174	実効的権利保護	351, 385
個人情報	4, 57, 174	実態説	88
——取扱事業者	173, 194	自動引出手続	229
——ファイル	175, 177, 198	司法行政文書	28, 39
——ファイル簿	177, 198	司法権の独立	31
——保護委員会	179, 189	事務事業情報	7, 150, 154, 156, 158
——保護制度	172	釈明処分	62
要配慮——	174, 210	住基ネット→住民基本台帳ネットワーク	
個人データ	219	従業者の監督	203
——の処理における個人の保護のための		従事者の義務	176, 197
作業班	274	収集	223
——保護ガイドライン	172	住所	181
個人番号カード	185	住民	180
個人番号関係事務	186	住民基本台帳	180
——実施者	186	——ネットワーク	173, 182, 193
個人番号利用事務	185	——の閲覧	181
——実施者	186	——法	180
個人メモ	4	住民自治	2
戸籍の附票	181	住民票	180
国家安全情報	6	——コード	182

さ 行

裁判		受益者負担	326
——の公開	28, 32, 66, 346, 382	受託業務	176
——の公正	32	守秘義務	10, 378
——を受ける権利	350, 384, 393	主務大臣	207, 212
裁判官会議	45	消去	224
最高裁——	45	——義務	254
		証拠調べ	63
		情報監視審査会	18

情報公開

　──条例 ………………………………… 3

　──制度 ………………………………… 2

　──訴訟 …………………………… 63, 340

　裁判所における── …………………… 28

情報公開・個人情報保護審査会 …… 17, 60, 200,

　　　　　　　　　　　　　211, 312, 342, 374

情報公開法改正案 ………………… 3, 55, 56

情報自己決定権 …………………………… 216

情報自由法 ………………………………… 2

情報照会者 ………………………………… 186

情報処理及び自由に関する全国委員会 …… 212

情報単位論 …………………………… 8, 59, 165

情報提供 …………………………… 2, 19, 68

　──者 …………………………………… 186

　──等記録開示システム ……………… 190

　──等の記録 …………………………… 187

　──ネットワークシステム …………… 184

情報の有意性 ……………………………… 166

情報保全監察室 …………………………… 17

情報保全諮問会議 ………………………… 17

食糧費 ……………………………… 112, 127

助言 ………………………………………… 207

処分基準 …………………………………… 135

処理 ………………………………………… 223

知る権利 ……………………………… 18, 56

審議検討情報 ………………… 7, 58, 144, 156

審査請求 …………………………………… 312

　──前置主義 …………………………… 313

審問請求権 …………………… 350, 351, 384

信用情報機関 ……………………………… 233

信頼関係 …………………………………… 150

信頼性 ……………………………………… 259

診療記録 …………………………………… 299

診療報酬明細書 …………………………… 303

正確性の確保 ……………………… 176, 196

制裁的処分 ………………………………… 133

正当な利益 …………………… 143, 147, 159

正当な理由 ………………………………… 324

正当利益侵害情報 ………………………… 6

セーフ・ハーバー制度 …………………… 288

説明責任 ……………………………… 30, 76

前科 ………………………………………… 136

センシティブなデータ …………………… 210

創設規定説 ………………………………… 52

相続人による開示請求 …………………… 298

組織共用文書 ………………………… 4, 86

訴訟記録 ……………………………… 28, 38

訴訟の基本原則 …………………………… 350

措置要求 …………………………………… 177

損害賠償責任 ……………………………… 257

存否応答拒否 ………… 9, 40, 53, 66, 178, 372

た　行

第三国条項 ………………………………… 271

第三者機関 …………………… 17, 43, 47, 189

第三者提供の制限 ………………………… 204

第三者に対する意見聴取 ………………… 41

第三者の意見聴取 ………………………… 330

第三セクター ………………… 108, 140, 143

大量請求 ……………………………… 320, 326

ダイレクト・マーケティング ……… 237, 249

蓄積 ………………………………………… 223

　──機関 ………………………………… 218

地方公共団体情報システム機構 …… 182, 185

調書 ………………………………………… 370

通知義務 …………………………………… 246

提供 ………………………………………… 224

提示 ………………………………… 65, 377

提出 ………………………………………… 65

訂正義務 ……………………………… 206, 253

訂正請求権 …………………………… 178, 200

データファイル …………………………… 220

データ保護受託者 ………………………… 258

データ保護文化 …………………………… 258

データ・マッチング ………………… 183, 184

適正な取得 ………………………………… 202

適正な保護水準 …………………………… 273

適性評価 …………………………………… 15

手数料 ……………………………… 60, 312, 326

399

手続的保障	322
手続保障	75, 330, 365
デュッセルドルフ会議	263
電磁的記録	4
同意	226
当事者公開	349
当事者の同意	64
特定管轄裁判所	61, 395
特定個人情報	186
——ファイル	188
——保護委員会	179, 189
——保護評価	188
特定秘密	12
——の保護に関する法律	3, 10
特定秘密保護法→特定秘密の保護に関する法律	
特定防衛秘密	11
匿名化	240
独立公文書管理監	17
届出義務	243

な 行

内閣総理大臣の勧告	61
内部的データファイル	221
任意的意見聴取	331
認定個人情報保護団体	208

は 行

番号制度	173
番号法	173, 184
非違行為	137
非違情報	160
非公開約束情報	6, 58, 145
非識別加工情報	175
ビッグデータ	175
1人にしてもらう権利	172
評価書	189
標準契約条項	284
封鎖	224
——義務	255
不開示情報	4, 40, 177

プッシュ型サービス	190
部分開示	7, 40, 59, 117, 148, 161, 178
部分単位説	91
プライバシー・バイ・デザイン	188
プライバシー・マーク	209
プライバシー型	4, 98, 113, 127, 168, 308
プライバシー権	172, 183
文書単位説	91
文書不存在	66, 318, 372
弁論権	350, 384
防衛秘密	11
法人等情報	6, 57, 115, 133, 136, 141
法人等の職員	114
法人番号	184
法的権限説	88
法的聴聞請求権	351
冒用	95
法律の根拠	73
補正	319
保全監視委員会	17
保存期間	25, 136
保有個人情報	174
保有の制限	175, 196
本人	175
——確認	307
——確認情報	182, 310
——の権利	198, 245
——の同意	279

ま 行

マイナポータル	190
見える番号	184
密約	24
みなし拒否処分	319
民事訴訟の基本原則	392
名誉毀損	75
命令	207
文言説	98, 114, 129, 388

や　行

有意の情報 ……………………………… 149
予防原則 …………………………………… 71

ら　行

濫用 ………………………………… 41, 60
リスク・コミュニケーション …………… 78
立証責任 ……………… 55, 58, 314, 386
理由の差替え …………………………… 388
理由の提示 …………………… 318, 337
理由付記 …………………………………… 59

利用 …………………………………… 224
　――及び提供の制限 …………… 176, 197
　――停止義務 ……………………… 206
　――停止請求権 ………………… 178, 200
　――目的 …………… 175, 196, 202
歴史公文書等 …………………………… 25
連邦データ保護監察官 ………………… 267
ロビンソン・リスト …………………… 237

わ　行

ワンストップサービス …………………… 190

〈著者紹介〉

村上 裕章（むらかみ・ひろあき）

1959 年　福岡県に生まれる
1988 年　九州大学大学院法学研究科博士後期課程単位取得退学

　　　　九州大学助手，九州国際大学法経学部助教授，北海道大学
　　　　法学部助教授，同大学院法学研究科教授を経て
現　在　九州大学大学院法学研究院教授

主要著書
『行政訴訟の基礎理論』（有斐閣，2007 年）
『行政法〔第 3 版〕』（共著，有斐閣，2015 年）
『重要判例とともに読み解く 個別行政法』（共著，有斐閣，2013 年）

行政情報の法理論　　　　　　　　　　（九州大学法学叢書 5）
Legal Theory of Administrative Information

2018 年 3 月 31 日　初版第 1 刷発行

　　　　　　　著　者　　村　上　裕　章
　　　　　　　発行者　　江　草　貞　治
　　　　　　　発行所　　株式会社　有　斐　閣

　　　　　　　　　　　　郵便番号 101-0051
　　　　　　　　　　　　東京都千代田区神田神保町 2-17
　　　　　　　　　　　　電話（03）3264-1314〔編集〕
　　　　　　　　　　　　　　（03）3265-6811〔営業〕
　　　　　　　　　　　　http://www.yuhikaku.co.jp/

印刷・萩原印刷株式会社／製本・牧製本印刷株式会社
© 2018, Hiroaki Murakami. Printed in Japan
落丁・乱丁本はお取替えいたします。

★定価はカバーに表示してあります。

ISBN978-4-641-22747-7

JCOPY　本書の無断複写（コピー）は，著作権法上での例外を除き，禁じられています。複写される場合は，そのつど事前に，(社) 出版者著作権管理機構（電話03-3513-6969，FAX03-3513-6979，e-mail：info@jcopy.or.jp）の許諾を得てください。

本書のコピー，スキャン，デジタル化等の無断複製は著作権法上での例外を
除き禁じられています。本書を代行業者等の第三者に依頼してスキャンや
デジタル化することは，たとえ個人や家庭内での利用でも著作権法違反です。